第24卷

行政法论丛

ADMINISTRATIVE LAW REVIEW VOL.24

沈岿/主编

教育部人文社科重点研究基地

北京大学宪法与行政法研究中心/主办

法律出版社

LAW PRESS CHINA

目录

卷首语

司法审查专题研究

论文

会议综述

卷首语

●面对传统、现在与未来的行政法学

沈　岿*

一、行政诉讼是法治基石

2019年是《中华人民共和国行政诉讼法》颁布的第三十周年。这部俗称"民告官"的法，意义并不仅仅在于让人民可以到法院去起诉政府，更在于开启了中国走向真正法治的序幕。

自1840年鸦片战争以来，中国历经列强辱华、清朝覆灭、民国初建、军阀混战、国共第一次内战、抗日战争、国共第二次内战、共和国建立；此后，再经土地改革、镇压"反革命运动"、抗美援朝、私有制改造、"反右斗争"、"大跃进"、"文化大革命"，直至改革开放。这其间，虽有现代法制之播种、生根、发芽，但毕竟风云际会、动荡频仍，权力集中胜于权力约束。节制权力、防止滥用的真正法治之精神，并未在执政团体中获得认同，更遑论普及拓延至广大人民，制度建构也缺乏稳定、平和、持续进行的适宜土壤及环境。

"文化大革命"结束后，以邓小平为代表的中国共产党领导层痛定思痛、深刻反思，呼吁建设一个不受领导人个人意志左右的法制。1978年12月，邓小平说："为了保障人民民主，必须加强法制。必须使民主制度化、法律化，使这种制度和法律不因领导人的改变而改变，不因领导人的看法和注意力的改变而改变。"①在中国共产党十一届三中全会召开之

---

* 沈岿，北京大学法学院教授，北京大学宪法与行政法研究中心执行主任，北京大学人权与人道法研究中心主任。

① 邓小平：《解放思想，实事求是，团结一致向前看》，载《邓小平文选》（第二卷），人民出版社2003年，第157页。

前，时任第五届全国人大常委会委员长的叶剑英在中央工作会议上指出："一个国家非有法律和制度不可。这种法律和制度要有稳定性、连续性，它们是人民制定的，代表社会主义和无产阶级专政的最高利益，一定要具有极大的权威，只有经过法律程序才能修改，而不能以任何领导人个人的意志为转移。"②以经过民主程序的、稳定的法律和制度取代变化不定的领导意志，显然已经十分接近以约束权力为主旨的现代法治理念。

行政诉讼法即于如此时代背景下诞生。第七届全国人大常委会副委员长、法制工作委员会主任王汉斌在《关于〈中华人民共和国行政诉讼法（草案）〉的说明》中特别指出，这部法律的制定是"我国社会主义法制建设的一件大事，也是我国社会主义民主政治建设的一个重要步骤"，不仅可以"贯彻执行宪法和党的十三大报告提出的保障公民合法权益的原则""维护和促进行政机关依法行使行政职权，改进和提高行政工作"，也可以促进"治理经济环境，整顿经济秩序和廉政建设"。在我国，相比较人民代表机关和司法机关，政府及其部门对经济、社会生活的影响更具常规性和统治力。因此，一部行政诉讼法虽然主旨只针对行政机关依法行使职权，却如同一根指挥棒，牵引着政府、司法乃至整个执政体系，迈上了通往法治国的艰难但正确的道路。

自行政诉讼制度普遍建立之后，作为其姊妹篇的行政复议制度先后经《行政复议条例》和《行政复议法》而建立和完善，规范国家为其侵权行为承担独立公法责任、为受害人提供救济的《国家赔偿法》也随后出台。接着，行政处罚、行政许可、行政强制这三类对个人或组织之自由权、人身权、财产权等在极大范围内产生影响的行政作用方式，也分别由《行政处罚法》《行政许可法》和《行政强制法》予以规范。其间，《立法法》又对国务院及其部门、地方政府制定行政法规和规章的活动进行权限和程序上的严格控制，也为城市流浪乞讨人员收容遣送、城市房屋拆迁管理、劳动教养等制度的废除或改良奠定了基础。《政府信息公开条例》则推动习惯于"民可使由之，不可使知之"的政府向开放、透明转型。

每一项制度的产生都有其自在的背景和使命，都有其自在的时代性

② 毛磊：《不同寻常的中国特色之路——从改革开放三十年看中国特色社会主义法律体系基本形成》，载《中国人大》2008 年第 16 期。

和历史性。将每一项促进政府法治的制度之形成，皆追根溯源地归结于行政诉讼法的功劳或行政诉讼法制定者预设的美好意志，肯定是言过其实的。然而，假设没有这部法律的存在，绝大多数后续的立法努力将是无法想象的。因为，约束行政权行使的规范离开纸面落于实处，必须要有坚实的、常规的、权威的司法审查作为保障。尽管它不是唯一的保障，但绝对是举足轻重、不可或缺的。

二、司法面向的行政法学传统

行政诉讼法的颁布和施行，与改革开放以后中国行政法学传统的形成是同步的。这个传统是“移植型法学”或“学习型法学”的结果。③ 中国本土虽有“民告官”之历史，却无现代意义上的驯服权力之法治传统，以及与此法治相匹配的系统化行政诉讼制度之传统，故此处所谓“传统”是新的、舶来的、年轻的、尚未深深扎根的。这个传统肇始于20世纪初，其所蕴含的行政法总则（总论）知识体系，即逻辑上形成的行政组织法、行政行为法（行政作用法）和行政救济法的三分结构，有着更多的欧陆法基因，甚至可以准确地说，是日本同时代行政法学的基因，是日本所摹效之德国行政法学的基因。④ 虽然此知识传统曾经一度因学习对象转向苏联而有所中断，但改革开放后，它很快便得以复苏。⑤

相较而言，当时，英、美行政法同样在考察之中，却对这个传统没有构成决定性影响。当代行政法巨擘王名扬先生最早介绍的英国行政法，在

③ “移植型法学”并不是绝对地照搬照抄，所以，“学习型法学”似乎更贴切。然而，作为初学者的学习与作为研究者的学习是不同的，最初的学习基本是以移植为主，就如同每个人在牙牙学语阶段都是以模仿为主一样。

④ 参见沈岿：《1949年以前行政法学研究梗概》，载北大公法网：http://www.publiclaw.cn/?c=news&m=view&id=805，2019年5月22日最后访问。

⑤ 全国第一本行政法教材中，总论部分的构成包括“我国国家行政管理的指导思想和基本原则”“国家行政机关”“国家行政工作人员”“行政行为”“国家行政管理的法律监督”。参见王珉灿主编：《行政法概要》，法律出版社1983年版。类似的教材结构是“行政组织法”“国家工作人员法”“行政活动法”“行政诉讼法”“行政法制监督”。参见姜明安：《行政法概论》，北京大学出版社1986年版，第五章以下。20世纪90年代初，对当时的行政法学研究进行综述和评价的一本书，也以“行政法学绪论”“行政主体”“行政行为”“行政复议”“行政诉讼”“行政赔偿”为体例，后三项可归为行政救济法范畴。参见张尚鷟主编：《走出低谷的中国行政法学》，中国政法大学出版社1991年版。

体系上看似也有上述三分结构的影子。⑥ 然而,正如先生所言,英国行政法发展较晚,没有较完整的系统,各学者间的著作体系也不一致,“一个外国人写英国行政法时不能不首先确定自己的体系”。而“中国人所接受的法学教育,不论在旧中国或是在社会主义新中国,在法学体系和基本概念方面和欧洲大陆法系比较接近”。⑦ 可想而知,该书的体系结构有王名扬先生自己思考的印记。而在该书此前,美国学者伯纳德·施瓦茨所著《行政法》得以翻译出版,美国行政法被定位于“对行政机关的授权,行使行政权力必须遵从的方式(主要强调法定程序规则),以及对行政行为的司法审查”,比法国等大陆法系国家的行政法概念更为狭窄。⑧

尽管大陆法系(德日)与英美法系早先在有关行政法范围和行政法核心内容的认识上存在差异,英美行政法上也罕见所谓行政法分论之说,但是,在行政法总论方面,它们还是分享了一个共性,即只关注行政权力的行使如何受到规范和约束,对行政管理实质目标的实现不加关注。经由日本对中国产生影响的德国近代行政法总论体系源于奥托·迈耶的创造,其目标是克服极权国家或警察国家的弊端和建立法治国家,强调行政的合法律性、可控性以及司法对行政合法性的控制和检验。其与后来的美国行政法落足行政程序和司法审查不同,而是选定行政行为作为基础概念。但其并非探讨行政行为如何实现行政管理目标,而是关注行政行为的形式化、可预测性与可计算性,希望借由法的形式理性限制国家权力。与形式法治主义相随的法教义学/法释义学,在奥托·迈耶处也表现为以行政行为为核心的“行政方式法释义学”,使行政法最终发展为“行为方式——权利救济”的固定模式。⑨ 英美行政法学同样不关注行政实体。在美国,不仅将大陆法系行政法经常关注的公务员法、行政财产的取

---

⑥ “中央政府”“地方政府”“公法人”可归为行政组织法,“行政机关权力的性质、根据和行使方式”“委任立法”“公开调查听证和调查法庭”可归为行政活动法,“行政上的救济手段”“行政裁判所”“司法审查”“行政上的赔偿责任”“行政监察专员”可归为行政救济/监督法。参见王名扬:《英国行政法》,中国政法大学出版社1987年版。

⑦ 同上书“序言”,第2~3页。

⑧ 参见[美]伯纳德·施瓦茨:《行政法》,徐炳译,群众出版社1986年版,第1~2页。

⑨ 参见沈岿:《监控者与管理者可否合一:行政法学体系转型的基础问题》,载《中国法学》2016年第1期。

得和管理、公共事务和行政责任等视为公共行政范畴，⑩而且，通常也都“不讨论政府决策的实体问题，例如行政机关何时必须授权提高收费标准或批准发放残疾人社会保障补助”。⑪

行政诉讼法在中国的出现，加之长期以来就有的以诉讼或司法为面向的法学方法论，强化了这个对公共行政本身如何运作才能达成有效政府、善治政府问题有意无意忽略不计的行政法学传统。在当时一本极具影响力的行政法学综述和评价的书中，以下阐述将行政法学研究的基本出发点定位于行政诉讼，是对这一倾向的充分展示。

那么，行政法学研究的基本出发点是什么呢？我们认为，这个基本的出发点应该是行政诉讼。其理由是：

从整个法学研究讲，其最基本的出发点是诉讼，可以说，整个法学的大厦就是以诉讼为基础，所有法学学术上的观点、理论上的概念最终都服务于诉讼这一实践需要，离开了诉讼这一基础，法学也就失去了存在的必要……

法律与诉讼之间这种密切的联系，导致法学研究也必须以诉讼为其基本出发点。行政法学当然也不例外。否则，行政法学也就失去其存在的价值……⑫

于是，行政法基本原则（合法性原则、合理性原则）的概括与梳理，同行政诉讼合法性审查建立联系；行政组织法的研究落在“行政主体的角度，所有的行政组织法规范不过是在确立各个行政机关在行政法上的主体地位”；行政行为理论所涉及的概念、分类、效力以及具体实施形式等，也都要“放入到行政诉讼这一背景中去考虑时，才能具有实际价值”。⑬

由此，行政诉讼法不仅是中国走向法治的基石，同样是当代中国行政法学发展的基石。当行政法学沿着这个司法面向展开时，学习对象——大陆法与英美法——之间的差异似乎化于无形，学习研究的国别不同不再成为严重的阻隔。曾经有一段时间，由于英语在学者中间的更大普及

---

⑩ 同前注⑧，第2页。

⑪ ［美］理查德·皮尔斯：《行政法》（第一卷）（第5版），苏苗罕译，中国人民大学出版社2016年版，第3页。

⑫ 同前注⑤，第704页。

⑬ 同前注⑤，第705～707页。

率，对英美法系行政法的研究超过对法、德、日的研究，少数学者对后者作出的贡献弥足珍贵，但丝毫不影响行政法学对前者的借鉴。英美法语境中才有的“司法审查”，[14]被用来作为中国行政诉讼的另一称谓，被视为更有助于把握该制度的精髓。[15] 较之大陆法系国家，英国的自然正义、美国的正当程序以及美国的《联邦行政程序法》，似乎在中国行政程序法的发展中受到更多关注，以至于最终，在尚无统一行政程序法的情况下，程序正当、正当程序成为在中国立法、政策和司法中生根的话语。[16]

三、行政诉讼法与传统的局限

行政诉讼法确实给行政法学的研究找到了立足之处，“学习型法学”也很快摆脱了悬空的境界，与行政诉讼实践形成彼此呼应，对域外理论进行了本土化改造。然而，司法面向的行政法传统，自然也就受制于中国行政诉讼本身及其发展，形成了自己独有的特色和局限。

1. 行政组织

由于行政诉讼法的投射，行政组织法的研究基本限于行政主体理论，一是为行政诉讼确定适格被告，二是为各单行立法进行行政职权配置时提供三种可供选择的组织形态：（1）行政机关；（2）法律法规（后来延及规章）授权组织；（3）受委托组织。公务员法虽然为行政法教科书所覆盖，但也停留在法规范介绍和解读层面。行政组织的设置、职能配置是否违反组织法，是否可以促进有效善治政府，中央和地方行政的关系，地方与地方行政之间的关系，公务员的权利——尤其在受惩戒过程中——是否得到保障等问题，一概在行政诉讼法的视野之外，也就较少为学者所关注与深入研究。于是，在大陆法系国家受到行政法学关注的行政组织诸多问题，并未在有大陆法系传统的中国全面展开。

---

[14] 由于法国行政法院的特殊历史和定位，法国行政法上的对应术语是“行政诉讼”或“行政审判”，而不是“司法审查”。

[15] 参见罗豪才、王天成：《中国的司法审查制度》，载《中外法学》1991 年第 6 期。另外参见罗豪才主编：《中国司法审查制度》，北京大学出版社 1993 年版。

[16] 国务院 2004 年发布的重要文件《全面推进依法行政实施纲要》提及依法行政的基本要求之一是“程序正当”。《国有土地上房屋征收与补偿条例》《普通高等学校学生管理规定》等行政法规、规章中有“程序正当”规定。关于司法实践，参见何海波：《司法判决中的正当程序原则》，载《法学研究》2009 年第 1 期。

2. 行政规则

这里以“行政规则”替代传统行政法学所用“抽象行政行为”一词，指称行政法规、规章和其他行政规范性文件。制定行政规则实际上是当代行政最富争议的核心权力。无论在什么体制之下，只要在政治和宪法理论上承认人民是主权者，代表人民行使主权的机关是立法机关，行政机关是立法机关的执行者，那么，行政规则——尤其是创制性行政规则——的制定，就涉嫌僭越代议机关（代表机关）的权限。因此，如何给行政规则制定权划出不可逾越之权限边界，如何让制定者在较为宽阔的权力驰骋疆域内合理合度地操控缰绳，如何使人民摆脱等待者、被实施者的消极角色而进入规则制定场域成为介入者、影响者，就成为规训、驯服行政的一个重要课题。

令人遗憾的是，1989 年制定的行政诉讼法在这方面没有作出突出贡献。其只是允许与抽象行政行为对应的具体行政行为直接进入司法审查视域，⑰而明确把行政规则排除在受案范围之外。当然，这并不意味着法院完全丧失对行政规则的审查权。行政诉讼法关于行政审判依据的规定（依据法律、行政法规和地方性法规，参照规章），以及该法本身没有明确但被普遍认同的下位法应当服从上位法的法制统一原则，被解释为让法院获得了对行政规则进行间接审查的权力，法院可以在对被诉行政行为进行审查时附带审查该行为所依据的行政规则是否合法。根据理论，行政法规、规章和其他行政规范性文件皆可受审，实践中也的确如此。⑱ 然而，一是这种附带的间接审查运用较少；二是这种审查以行政规则付诸实施转化为行政行为、行政行为又被提起诉讼为前提，不能应对行政规则在未转化为针对个人或组织的行政行为之前即造成个人或组织权益受到侵害的情形（如超市遵循行政规则将不符合要求的商品下架，使商品生产者受损），也不能应对行政规则让个人或组织面临遵守或不遵守都会使自己

⑰ 为适应《行政诉讼法》于 2014 年的修改，下文皆以“行政行为”替代原先的“具体行政行为”。

⑱ 行政法规受到审查的案例，参见章剑生：《依法审判中的“行政法规”》，载《华东政法大学学报》2012 年第 2 期；规章受到审查的案例，较为典型的，可见最高人民法院 2012 年 4 月 9 日发布的指导案例 5 号“鲁潍（福建）盐业进出口有限公司苏州分公司诉江苏省苏州市盐务管理局盐业行政处罚案”。

权益受损的“两难”选择(如遵守规则可能直接导致经济损失,不遵守规则就会面临被罚);三是这种审查仍然局限于狭义的合法性审查,即是否与上位法相抵触的审查,难以预防和治愈行政规则与法的一般原则发生冲突的情形。

3. 行政合同

2014年修改前的行政诉讼法并未明确将行政合同或行政协议争议纳入受案范围,审判实践中即便有此类争议通过行政诉讼加以解决,也并不多见。因此,虽然行政法学者一直将行政合同作为行政行为或行政活动的一种,但行政合同理论更多的是在引介域外,并尝试拿来主义地适用诠释于国有土地有偿出让合同、全民所有制工业企业承包租赁合同、粮食定购合同、农村土地承包合同、人事聘用合同、公共工程合同等。[19] 然而,由于此类合同争议常见地经民事诉讼解决,加之,民法学者普遍倾向于将这些同样类型的合同视为民事合同,并呼吁“警惕将经济合同定位为行政合同的倾向,以免计划经济的手段在新的名义下死灰复燃”。[20] 所以,行政合同在这个传统中并未获得可以进行充分理论研究的司法资源,直至行政诉讼法的修改。

4. 公产或公物

王名扬先生早年在介绍法国行政法时提及,“行政机关为了执行职务,除必须具备法律手段外,还必须具备人的手段和物的手段”“物的手段,即行政主体的财产制度”。行政主体的财产可分为公产和私产,前者受行政法支配和行政法院管辖,后者受私法支配和普通法院管辖。公产可分为两类:(1)公众直接使用的财产;(2)公务用财产,即行政主体从事公务所用、其自然状态或经过人为加工以后的状态是专门或主要适应于公务所要达到的目的的财产。公产在公共使用目的的设定、废除和变更、公产界线的划定、公产的相邻关系、公产的维修、不能转让性以及公产保护的处罚、公产的使用等诸多方面,都应受到不同于民法的行政法特殊规范之约束。[21]

---

⑲ 参见应松年主编:《行政行为法》,人民出版社1993年版,第十六章;张树义:《行政合同》,中国政法大学出版社1994年版。

⑳ 史际春:《〈合同法〉的喜与忧》,载《法学家》1999年第3期。

㉑ 参见王名扬:《法国行政法》,中国政法大学出版社1997年版,第301~356页。

这一显具大陆法系公法私法划分之烙印的理论，并未在学习借鉴过程中被直接拿来，行政公产问题始终未得到广大行政法学者的关切。究其原因，第一，当时的行政法学注意力集中于行政行为，对行政物质手段未能顾及；第二，财产问题向属民法学研究范畴；第三，公产研究难度大，所有、使用、管理、保护等一系列问题非行政法学擅长。[22] 其实，假设行政诉讼法起草之时，因行政公产引发的争议被纳入受案范围，注意力、学科范围、研究难度等自然会迎刃而解。当然，也许正因为最初行政法学者没有深入专门的研究，行政诉讼法的起草也就不可能将这已经属于民法学、民事诉讼"势力范围"的问题划归其管辖，最终形成互为因果的循环。

行政法学对行政公产研究的匮乏，使行政公产需要行政法予以特殊规制的认识没有普遍形成或接受，这在一定程度上成为滋生公产保护不足之弊端的原因。例如，在公私合营的民营化过程或国企改制中，管理者的腐败、过低的估价、经验决策多于依法科学决策、决策责任制的缺失等因素，或居其一，或多个交织，造成国有资产的流失。[23] 这些因素的存在，与传统行政法在此领域的缺席不无关联。

综上所述，改革开放以后的当代中国行政法学，虽然沿袭了近代以来的传承，以大陆法系尤其是德国、日本为参考摹本，司法面向、法律实证主义、法律自治的基因特征得以保留，但是，在本土的发展以行政诉讼法的颁布施行为底基，以后续的行政复议、国家赔偿、行政处罚、行政许可、行政强制等制度为主干，加之受到同时期发展的民法学、经济法学之影响，又使其自身形成了独有的特点和局限。

2014 年行政诉讼法的修改，授权法院可以对行政法规、规章以外的其他行政规范性文件进行附带审查，从而把原先通过法解释方法获得的间接审查权"扶正"了；另外，也明确因政府特许经营协议、土地房屋征收补偿协议等行政协议而发生的争议，归入行政诉讼受案范围。因此，上述有关行政规则、行政合同的不足，或可通过更多的行政审判实践、案例积累、学说提炼、制度建构等，得到一定程度的弥补和完善。然而，沿着行政诉

---

[22] 同前注⑤，第 711 ~ 712 页。

[23] 参见王乐夫、陈干全：《我国政府公共服务民营化存在问题分析——以公共性为研究视角》，载《学术研究》2004 年第 3 期。

讼法维度的行政法学发展,终究会受制于这个维度继续延伸的限度。行政规则的司法审查仍然会在一段时期内是附带的、形式法治定位的,在行政组织、行政公产等方面可能的争议仍然会处于行政诉讼法辐射范围之外,这些方面的研究和制度建构也就会继续游走在行政法学边缘。此外,行政诉讼法维度再怎么延伸,范围再怎么扩大——假设法院可以于特定情形下对行政规则进行直接审查,司法审查强度再怎么深入行政过程——假设法院可以判断行政规则是否滥用职权、反复无常或明显不当,似乎都无法突破司法面向的传统偏向于行政权合法性控制的局限。

四、真的不用回答行政实体问题?

如前所述,大陆法系(德日)[24]和英美法系的行政法学传统虽有较大差别,但共通的是,不关心行政实体问题,不关心政府如何组织和运作可以更好地处理经济、社会问题,只关心政府权力的行使必须在公法——狭义的只是实定法明文规定,广义的包括实定法未予直接或间接体现的公法原则——的框架内、轨道上,这个驯化、羁束行政权的任务就主要落在法院那里,让法院、法官拿着公法规范尺子去衡量争议的行政行为是否符合法的要求。而且,这个共性也被认为是公法、公法学应有的使命,政府组织和运行的有效性、最佳性问题,应该交由公共行政、行政学去研究,公法学人不应该去做分外之事,也做不好分外之事。真的应该这样吗?

在许多国家,这个关乎行政法范围的问题,可以说由来已久,而非新鲜事。英美公法学人反思其历史,承认过去法律"可用于纠正或规制行政,且无须被完全牵扯到使公共政策指令运作的日常活动之中"。然而,"有关公法范围的学术争论有时追求法与行政更有效的结合"。美国第28任总统,著名政治学、行政学家伍德罗·威尔逊早在1887年就发表文章批评"英国人长期以来成功地学习控制行政权力的艺术,而不断忽略完善行政方法的艺术"。100年以后,英国政治学家加文·德鲁瑞也感慨公法与公共行政之间"缺少合作"。不仅研究公共行政的学者批评法律疏远

---

[24] 此处主要指向对中国近当代行政法更具影响的日本,及其背后的学习摹本——德国。法国行政法院的特殊历史及其地位,使法国行政法有着不同于德国、日本的行政面向。法国行政法院本身就隶属行政系统而非司法系统,"法官主要来源于法国国家行政学院的高材生。他们进入法院以后,通过各种措施结合法律知识和行政经验"。同前注㉑,第22页。

行政,加拿大最具影响力的已故公法学者约翰·威利斯也认为法律人过于执着地对政府运作施加宪法和类宪法限制,行政法过于关心法律,未充分考虑其他学科,经验根据也不够充分。㉕

在德国,由于财政危机、资源短缺,具有命令性质的高权行政从传统领域退出,接近市场运作的形式(如私有化)和有利于社会自我规制的形式得到极大发展,合作和契约型的行政活动日渐增多,政府组织也在工作流程、组织间交流、透明度等方面进行更有效率的重新架构。这些行政实践已经使传统行政法落后了,"特别是行政活动形式的理论、行政程序理论和法律保护理论等,在面对这些发展时仍然表现出了不甚清晰的态度"。行政法院对行政自主裁量空间的控制力不从心,越来越倾向于适用行政自己发展出来的标准,这就需要行政和司法共同地、合作地承担责任。㉖

在日本,"公法学的基本性视角是通过法院以及法官的眼睛思考如何处理既已发生的纠纷,即它有着将法作为病理学而予以把握的特点",而现在,有更多的学者是通过实证的、经验的研究去分析现实的行政活动,分析其与法律之间的偏差及原因。行政法学的当代使命是对新的行政现象、行政手段进行事实描述,理解协商型的、取得相对人同意型的行政手段以及建议、警告、推荐等非正式行政活动在现代行政中的作用,认识其中较多是不具有法律效力的或者仅具有"宽松效力",进而探求它们对法治主义原则发展的意义。㉗

以上罗列仅仅是直接或间接影响中国当代行政法之学习对象国正在发生变化的冰山一角,在学习对象国,对此尚有不少的争议,但是,无论如何,已经足以显现倾向于司法面向的行政法学传统之缺陷:它是偏重解决行政纠纷的、事后规范的、只关心已经发生的行政行为是否达标的,而很难为制度具体化建构的、事前规范的问题——政府组织应该如何架构、应

㉕ 参见[加]韦德·麦克兰奇兰:《公共服务法与新公共管理》,载[新西兰]迈克尔·塔格特编:《行政法的范围》,金自宁译,中国人民大学出版社2006年版,第144~145页。

㉖ 参见[德]迈哈特·施罗德:《德国行政法》,载[荷]勒内·西尔登、弗里茨·斯特罗因克:《欧美比较行政法》,伏创宇等译,中国人民大学出版社2013年版,第154~156页。

㉗ 参见[日]大桥洋一:《行政法学的结构性变革》,吕艳滨译,中国人民大学出版社2008年版,第3~58页。

该采取什么样的活动方式和手段及其组合去更有效地实现民主或准民主过程所设定之行政目标——给出自己的贡献。而这个问题恰恰是当代行政合法化(legitimization)的核心。

在当代,经济、社会交往的发展及其复杂性,注定了在具体事务上政府与市场、政府与社会的作用边界应该如何划定——无论是通过立法划定还是通过行政自我改革划定——成为必须经常讨论的重要议题。"大政府、小市场、小社会"或"小政府、大市场、大社会"等大而无当的观念或原则都是无济于事的。进而,当政府作用边界基本划定、政府作用目标基本设定后,立法者不得不交给政府更多、更广阔自主空间去考虑政府应当以什么活动和手段发挥作用,也就是,粗疏的立法需要行政进行具体化制度填充。这也同样成为一个无法回避的经常性议题。然而,这些议题多半不是发生在司法场合,"新行政法的主要来源是行政和立法部门"。㉘在缺乏对法律、法规、规章甚至其他行政规范性文件进行有效司法审查的中国,情况更是如此。

面对这些在立法过程、行政政策过程中亟待解决的问题,行政法学人真的可以无视之,简单地闭上眼、摆摆手称"这不是我们所应研究和所能研究的"?或者,虽然参加这些议题的探讨,却不管不顾行政目标究竟为何,不管不顾什么样的组织架构、活动方式或手段是可用的、有效率的,只顾拿着法律保留、法律优先、越权无效、比例原则、信赖保护、正当程序等法治原则,去衡量被别的学科或实务部门提出来的有关组织、活动或手段的方案是否合法吗?难道只要消极的审查立场,而完全不顾积极的建设立场?会不会被"到底有没有更好的建设性意见"难倒?又或者,当立法宽泛授权逐渐成为常态,法律保留、法律优先、越权无效等已经基本松弛无力的情况下,行政法学人是不是就可以拿着"比例原则"这杆秤走天下,而不顾该原则内含的目的正当性考量、多手段比较权衡、成本—效益分析等所提出来的、在具体语境中对跨学科研究的需求以及对行政实体问题探究的需求?

㉘ 同前注㉕,第141页。

五、迎面扑来的现在与未来

40 年中国经济、社会的快速发展，带来了世界第二大经济体的成就，同时形成了利益更加多元化、利益分歧和碰撞更加频繁发生的局面，人民维护权益的意识和行动也在不断加强。契约自由、迁徙自由、表达自由、信仰自由等自由权，消极防卫意义上和积极获得意义上的财产权，牵涉城乡差异、户籍改革、农民工权益、教育平等的平等权，以及人格尊严、名誉和荣誉、隐私权、个人信息安全等各类权益，都有着不同的群体或个体提出各自诉求，且彼此之间难免发生一定的冲突。㉙

面对利益多元化、利益均衡发展的重大使命，政府的作用边界、组织结构、活动方式和手段、工作程序等，也正在发生并且将持续发生剧烈的变化。自改革开放伊始，始终需要应对的政府与市场、政府与社会之间的关系，会在越来越多的具体领域、具体情境、具体议题中加以处理。在是否应当打破垄断、营造市场，是否应当设定特定许可或审批，是否应当让特定事项交给市场或社会自我管理、自我规制或自我服务，是否应当在某个领域或行业实施民营化，是否应当加强公私合作等问题上，总是萦绕着放权还是集权又或放管结合的经典问题。而深层次的问题是，怎样的政府—市场—社会关系结构，可以更好地完成做大蛋糕又能比较公平地分配蛋糕的事业。毕竟，作为全球第二大经济体的中国，人均 GDP 在世界上的排名仅仅是 70 余位。㉚

而在政府作用的空间内，面对多元冲突的利益，实现行政管理或服务目标的决策机制，势必要摆脱单方行政模式，而转向由多方利益参与、协商的行政过程。㉛ 在促进目标有效实现的可用手段清单里，不仅仅只是行

㉙ 例如，廉租房建设、安居工程建设对部分群体的居住条件的改善，会与现有土地或房屋所有权人或使用权人发生冲突；异地求学参加中考、高考的利益诉求若要实现，会增加当地居民子女竞争难度；针对恐怖主义的威胁采取的信息收集，会影响到个人隐私、个人信息安全；等等。

㉚ 参见王文、卞永祖、刘延洁：《我国人均 GDP 排名变动情况及人均 GDP 预测》，载《当代金融研究》2018 年第 6 期。

㉛ 2004 年国务院发布的《全面推进依法行政实施纲要》就提出“建立健全公众参与、专家论证和政府决定相结合的行政决策机制。实行依法决策、科学决策、民主决策”。最新的立法例是国务院于 2019 年颁布的行政法规《重大行政决策程序暂行条例》，其中第 6 条规定：“作出重大行政决策应当遵循民主决策原则，充分听取各方面意见，保障人民群众通过多种途径和形式参与决策。”

政命令、行政处罚、行政许可(审批)、行政强制、行政收费等,协议、指导、奖励、建议、劝告、曝光、约谈等并非以强制为后盾的手段,也日益受到重视。在行政与行政相对人、利害关系人之间,除了命令—服从的关系模式外,协商—合意的关系模式在更大范围内推行,且经常交织在一起。

近些年,随着信息化、网络化、电子化、数据化、全球化的拓展和深入,一种利用信息、数据作为治理手段的趋势方兴未艾,且有加速推广的明显迹象。利用信息、数据可以对行政管理或服务对象进行"精准画像",有助于政府在较少成本的条件下形成管理或服务策略和手段方案的精准选择。更加令人关切的趋势是,政府收集和利用个人或组织违法信息、分享相关数据,以及倡导实行对应的联动(经常称为联合惩戒)措施,包括记入失信记录、提醒告诫、重点监管、声誉不利、资格限制或剥夺、自由限制等,希冀由此起到原先法律实施机制所不能达到的预防违法犯罪之威慑效果。[32] 在这个过程中,相较特定公共事业领域的民营化、特定项目建设或管理的公私合作关系(public-private partnership),政府主导下的公私联动呈现出前所未有的规模和看似没有边界的走向。

于是,以规范行政、使其有效运作以保护和促进公民权益为不变之宗旨的行政法以及行政法学,现在和未来需要应对的两大主题是:

1. 如何确定行政法的疆域边界

行政法的疆域也就是行政法的适用领地,其涉及传统上的公法和私法之划分。过去,这个界线本就不是绝对泾渭分明的,以后,会更加具有模糊性和变动性。在找准和划定疆域边界时,必须考虑公法和私法规范各自以及互动的效果。

第一,政府是否应该在特定领域或事项上退出,交给市场和社会的问题,不是一个简单地运用类似于《行政许可法》关于"公民、法人或者其他组织能够自主决定的、市场竞争机制能够有效调节的,就可以不设行政许可"的行政法规范就可以迎刃而解的。此类规范内含了一个场景模拟和试验,在其中,与个人或组织自主决定、市场竞争机制有关的公法和私法

---

[32] 参见国务院于2014年颁布的《社会信用体系建设规划纲要(2014—2020年)》和2016年颁布的《国务院关于建立完善守信联合激励和失信联合惩戒制度加快推荐社会诚信建设的指导意见》。

规范应该是什么,以及它们各自的以及配合的效应如何,都必须在模拟试验中充分考量。

第二,在公共事业民营化的过程中和以后,或者在具体项目建设或管理上形成公私合作关系的过程中和以后,肯定会出现公法和私法混合适用的现象,棘手之处在于哪些方面适合由行政法介入,哪些方面则应当由私法规范调整。民营化或公私合作关系往往是以行政协议的方式实现的,且大多涉及行政机关支配的物,因此,与之相关但不完全重合的是,行政协议的缔结与履行、行政公产的使用与保护,也存在类似问题。

第三,在政府主导下公私联动的社会信用体系建设中,企业、社会组织与政府进行的联合惩戒,是要在一定范围内受公法规范的约束,还是将其仍然划归私法范围、确立特殊的私法规范对其实施的失信惩戒进行限制。

第四,当电商平台越来越被视为电子商务领域实行公共治理的一个重要主体时,其与平台内用户——经营者和消费者——的关系是一个纯粹基于契约(同意协议,点击进入)的民事关系,完全受私法调整,还是因为其在一定程度上处于支配地位,且在执行本应由政府完成的工作或类似于政府的职能,就应该由行政法适度介入。

2. 如何实现有效性与合法性的结合

毫无疑问,对于绝大多数行政官员而言,摆在首要位置的问题是,如何运用资源和手段去有效地实现各种复杂的管理和服务目标,从而完成立法机关、上级机关交办的任务。至于其行动和手段是否合法的问题,在法治松弛的环境下并不会被关注,在法治严明的环境,即便受到重视,也只是放在第二位的。与之相反,从事行政审判工作的法官,面对的是原告提出来的被诉行政行为不合法的主张,需要查明和判断该主张是否成立,亦即被诉行为是否具备合法性。至于被诉行为是否有效地完成了管理和服务目标,不应该是优先考虑的。

司法面向的行政法学传统,更关切的是法官考虑的问题。理论上探讨的行政组织地位、行政行为形式化、类型化、行政行为效力、行政行为程序、行政诉讼构造以及司法审查标准等,都是直接或间接给法官合法性评判提供智识支持的。即便传统行政法学也是立法者制定立法法、行政处罚法、行政许可法、行政强制法等法律的智识渊源,但这些法律的主旨也还是为行政权合法行使设定框架和轨道。

然而,在任何国家和地区,在任何时代,若作为整体的行政法制度——与行政有关的所有法律制度——只是执着于给行政设定不可逾越之规矩,而不去设定行政所欲追求的目标,不去考虑为目标实现而提供给行政必需的、有效的资源和手段,这是令人难以想象的。如此制度及其设计者和执行者势必被人民所唾弃。因为,人民更需要的是一个可以促进经济发展、财富增长、秩序稳定、人权实现、民生保障、社会公平的政府。传统行政法学只是关注和展现了其所研究对象的一面,而基本无视了行政法的另一面,无视了它在有效性维度上已经作的以及应当作的努力。因此,现在与未来的行政法学,需要植入行政官员的视角和问题意识,需要为行政的有效性提供概念和知识工具,以期实现有效性与合法性的有机结合。

第一,在政府—市场—社会的关系结构中,可以考虑确立一个假定或原则,即在为人民提供更多产品、服务乃至管理上,竞争性市场、开放性社会相比政府更具有效性。这个假定或原则并不是放之四海而皆准的,但至少为行政官员在是否向市场化、社会化改革或者是否动用政府之手干预市场、社会等问题上提供思考的方向和优先选择的方案。除非有更具说服力的证据和理由,否则,该假定或原则就适用于具体方案的确定。

第二,凡是依法或依委托提供公共管理或服务的组织,无论本来属性是行政机关和机构,还是非行政机关的企业、事业单位和其他组织,它们的设置、内部组织架构、内部工作机制和流程、跨科室、跨部门、跨地域之间的沟通合作等,都应该有助于管理或服务目标的有效实现,并有相应的规则予以保障。行政法学可以也应该对此作出贡献。

第三,在传统的行政命令、行政处罚、行政许可、行政强制、行政奖励、行政指导、行政合同(协议)等行政行为形式化之外,应当研究标准制定、信息规制、价格控制、资源配置、私人规制、国有化、建议、劝告、约谈等措施的效用及其边界,[33]研究在什么情况下、针对什么问题可以采取什么样

---

[33] 类似的研究,参见[英]安东尼·奥格斯:《规制:法律形式与经济学理论》,骆梅英译,苏苗罕校,中国人民大学出版社2008年版;[美]史蒂芬·布雷耶:《规制及其改革》,李洪雷等译,北京大学出版社2008年版。

的措施,以及决定采取措施和执行决定时应当遵循的程序和实体正当的规范等问题。[34] 如此,行政官员如同拥有一个有效解决问题的装备库,供其有针对性地进行决策选择。

第四,决定当今经济、社会样态的一支重要力量是技术。生物技术、信息技术、新材料技术、新能源技术、空间技术、海洋技术被普遍认为是高新技术集中的六大领域。[35] 在这些领域快速发展的技术,同样快速地改变着我们生活的世界,我们在获得和享有技术提升带来的好处的同时,也面临着层出不穷的新的问题。政府或者更广义的公共管理者或服务者也是如此。以信息技术为例,它以电子技术为基础,包括通信技术、自动化技术、微电子技术、光电子技术、光导技术、计算机技术和人工智能技术等。正是信息技术的进步,使行政自动化、通过数据的治理以及更大范围内更高效率的公私合作治理成为可能。但是,如何对待自动化的错误或故障,如何对待自动化抑制裁量,如何使自动化处理及"处于黑箱中"的算法是合理的,如何防范黑客攻击对行政的干扰和破坏,如何保护个人隐私,如何避免小说《一九八四》里的"老大哥"24 小时不间断无盲区的监控,[36]如何防止出现公对私的大面积强制或侵夺等一系列问题也由此产生。如果不对特定技术、技术的效用、技术的风险等有所了解,是很难应对这些问题的,更不能给出一个适度实现技术有效性的规范框架。试想,信息、网络、数据、人工智能正在声势浩大、铺天盖地地迎面走来,以很难预测的速度改变着周围一切,我们是不是还认为,行政法学仍然只需在合法性维度上拓展和深入?

六、结语:感谢·期待

"不是我不明白,这世界变化快。"30 年前,行政诉讼法颁布之际,

[34] 比如,2018 年 4 月,我曾经针对高校约谈学生的工作,草拟《学校约谈指南(建议稿)》并通过"现代法学前沿"微信公众号发布公开征求意见。该指南就学生拒绝约谈权,请求回避权,亲友或律师陪同权,约谈的合适时间与时长,一般不同时约谈亲属的规则,约谈的平等、尊重、保障正当权益原则等,提出了建议性规范。由此,我试图传达:并不因为约谈属于传统行政法学中的"行政指导"范畴,或者属于柔性行政的范畴,就可以忽视其程序和实体的正当性要求。

[35] 参见郭朝先:《高新技术究竟包括哪些领域》,载《中国经济导报》2010 年 5 月 4 日,第 B05 版。

[36] 参见[英]乔治·奥威尔:《一九八四》,刘绍铭译,北京十月文艺出版社 2013 年版。

正是崔健这首歌收录专辑《新长征路上的摇滚》、唱响全国的时候。在快速转型的时代，公共行政发生着巨大的变化，以公共行政为规范对象的行政法也同样如此。只是行政法学似乎仍然停留在百多年前学自日本、间接学自德国的框框里，尽管其中不间断地进行着新的制度、知识、学说的填充。

回顾传统，我们要向传统的近代奠基者和当代复兴者前辈们表达崇高的敬意和感谢！在群星荟萃的他们中间，就有《行政法论丛》(以下简称《论丛》)的第一任主编、广受敬重爱戴而于去年逝世的罗豪才教授，也有《论丛》的第二任主编、自80年代至今始终对行政法治孜孜以求、始终精力充沛地活跃在教学、科研和培训舞台上的姜明安教授。他们于1998年创办的《论丛》，迄今已历21年，成为行政法学领域独具特色的专业辑刊。

承蒙姜明安教授以及北京大学宪法与行政法研究中心其他同事的信任，让我接棒第三任主编，深感责任重大。在同姜明安教授、北京大学宪法与行政法研究中心主任王锡锌教授商量之后，《论丛》编委会得以重新组建，感谢新任委员们的鼎力支持！《论丛》也将从第25卷开始试行执行主编轮流制，感谢南开大学法学院副院长宋华琳教授慷慨允诺担任第一任执行主编！期待大家共同努力将《论丛》继续办好、办得更好！

在思变的时刻，我们必须清醒，传统的其实还远不够扎实和成体系，正在变革的还尚未成型，且仁智意见相左。面对传统与变革，我们需要着力完成行政法学的三大学术任务和挑战：一是更加成熟的体系化，即全面实现行政法学概念、原理、教义等的逻辑关联性、融贯性、统一性和整体性；二是接地气的本土化，即在中国行政法的规则、制度、判例等经验基础上成就自己的体系；三是超越传统法学的局限，即突破以法官适法为导向的行政法学传统体系格局，回应行政法制度层面促进行政目标、任务高效实现的需求。

这三大任务相互交织、彼此影响，未来的中国行政法学会是怎样的？让我们带着期待探索，在探索中期待。

司法审查专题研究

●法院为什么拒绝进行规范性文件审查？
——兼论规范性文件的司法认定*

戴　杕**

摘　要：规范性文件附带审查制度实施后，一些具有规范性文件特征的行为并没能得到法院的审查。为了考察这种现象的成因，本文对80起规范性文件审查进行了实证研究，发现规范性文件“不特定对象”等原有标准虽未发生变化，但法院先前扩大受案范围的努力使这些标准出现了不同解释，从而缩小了规范性文件的范围。同时，司法实践中对于可诉行政行为已经出现新的“影响权利义务”标准，这一标准在部分法院对规范性文件进行认定时也得到了应用，有望成为规范性文件新的认定标准，同时，这种新标准的应用使可诉行政行为与规范性文件有望作出各自独立的判断，为直接审查与附带审查之间的壁垒提供了突破的可能。

关键词：规范性文件；可诉行政行为；附带审查；案例研究

一、问题的提出

2014年修订的《行政诉讼法》中规定了规范性文件附带审查制度，允许当事人在对行政行为提起诉讼时，可以一并请求对行政行为所依据的规范性文件进行审查。该法实施后，各地规范性文件附带审查案件层出不穷，截至2018年6月20日，在“北大法律信息网”的司法案例数据库

* 本文系国家社科基金重大项目“构建中国特色案例制度的综合系统研究”（项目编号：16ZDA068）的研究成果之一。

** 戴杕，北京大学法学院宪法学与行政法学专业博士研究生。

中，法院在裁判文书中明确引用《行政诉讼法》第53条的案件已达到590起。这些案件并非都走入了规范性文件附带审查程序，一部分案件中，当事人误将法规、规章、国务院颁布的规范性文件乃至党委文件作为请求进行附带审查的对象，以上文件或者不属于行政事项，或者已经被立法明文排除出可接受附带审查的范围，法院拒绝对其进行审查，并不存在太多争论。然而在另一部分案件中，一些文件确实具有规范性文件特征，却最终并没能得到法院的审查。

在四川省发生的一系列案件就是典型的例子：四川省卫生和计划生育委员会于2014年发布《关于做好医师资格遗留问题有关工作的通知》（以下简称《通知》）。[①] 在该《通知》的实施过程中，一些行政相对人对当地卫生行政主管部门不予受理和上报医师资格认定申请材料的行为提起诉讼，并要求对该《通知》一并进行审查。[②] 在判决中，一些法院将该《通知》认定为规范性文件，对其进行了附带审查；[③]另一些法院却认为其不属于规范性文件，拒绝对其进行审查。[④] 类似的情形也发生在江西，国务院法制办公室《对〈关于对国家行政机关工作人员执行职务过程中的违法行为能否给予治安处罚的请示〉的复函》曾在大量案件中被作为依据引用，[⑤]但在"黄某某诉兴国县公安局案"[⑥]中，该复函却被认为不属于规范

① 该《通知》的主要内容为"对《中华人民共和国执业医师法》颁布之日前具备医师资格认定条件、但未在规定时间内申请认定的人员组织实施一次认定补办工作，对《中华人民共和国执业医师法》颁布之日前取得有效行医资格、但不具备医师资格认定条件的个体行医人员组织实施一次省医师资格考试"。参见"邓某与资中县卫生和计划生育局卫生行政管理上诉案"，四川省内江市中级人民法院"（2017）川10行终28号"行政判决书。

② 在"北大法律信息网"司法案例数据库中以该通知全称为关键词进行全文搜索，共搜得终审判决文书38份，最后检索日期：2018年6月20日。

③ 参见"魏某荣与成都市卫生和计划生育委员会许可上诉案"，四川省成都市中级人民法院"（2017）川01行终1192号"行政判决书；"宗某勇与自贡市沿滩区卫生和计划生育局因卫生行政其他上诉案"，四川省自贡市中级人民法院"（2017）川03行终14号"行政判决书等。

④ 参见"冷某华等诉绵阳市卫生和计划生育委员会不履行法定职责案"，四川省绵阳市中级人民法院"（2017）川07行终96号"行政判决书；"邓某与资中县卫生和计划生育局卫生行政管理上诉案"，四川省内江市中级人民法院"（2017）川10行终28号"行政判决书等。

⑤ 在"北大法律信息网"司法案例数据库中，以该复函全称为关键词进行全文搜索，共搜得将其作为规范性文件依据的终审判决文书25份，最后检索日期：2018年6月20日。

⑥ 参见江西省赣州市中级人民法院"（2016）赣07行终146号"行政判决书。

性文件,不接受附带审查。上述案件中所涉及的文件都具有规范性文件的特征,甚至已经被其他法院直接认定为规范性文件,但仍然未能进入附带审查程序。

以上情形难免会引发人们的担心,《行政诉讼法》创设规范性文件审查制度,意在加强对规范性文件的监督,但如果规范性文件连司法审查的门槛都无法进入,那监督自然也就无从谈起。更让人的担心是,这些案件中涉及的文件本身具有相当的规范性文件特征,如果当事人在另一起案件中对其提起直接诉讼,又会面临被法院认为不属于可诉行政行为,从而不予受理的风险。

一个非常容易产生的怀疑是:部分法院是否出于各种考虑,有意回避对规范性文件的审查。鉴于过往的经验,⑦这可能是许多人存在的担心。不过从案件反映出的情况来看,这种担心未必能够成立。前述四川省系列案件中的"张某佃与江油市卫生和计划生育局因行政管理上诉案"等三起案件⑧可以作为例证。在这三起案件中,法院一方面认为《通知》不能反复适用,不能进行规范性文件附带审查,另一方面又表示"鉴于该通知已被江油卫计局引用,并作为不予受理原告医师资格认定申请的依据,该院在审查被诉行政行为合法性时,可对被告适用该通知是否正确进行审查",最终认定该《通知》突破了上位法的规定,被告所作行政行为适用依据错误,应予撤销。可以看到,这三起案件中的法院在作出《通知》不属于规范性文件的认定后,并没有就此停止,反而是以法律适用审查的名义对《通知》合法性作出了否定评价,审查力度甚至高于那些进行了附带审查的法院。⑨ 这虽然不能代表全部法院的态度,但至少可以说明,法院的回避态度并不能完全说明其拒绝附带审查的原因。

那么,法院究竟是出于什么考虑,将这些具有规范性文件特征的文件排除在附带审查范围之外?为了寻找这一问题的答案,本文决定从司法

---

⑦ 王庆廷法官在2011年的调查指出,当时相当多的案件存在回避审查规范性文件的情形。参见王庆廷:《隐性的"法律"——行政诉讼中其他规范性文件的异化及其矫正》,载《现代法学》2011年第2期。

⑧ 参见四川省绵阳市中级人民法院"(2017)川07行终6、7、9号"行政判决书。这三起案件的一审法院均为四川省江油市人民法院。

⑨ 在前注③中提到的数起案件中,法院尽管对《通知》进行了附带审查,但并未进行详细说理便认定《通知》合法。

判例入手,揭示法院对规范性文件进行认定的具体标准,并寻找其作出不同判断的原因所在,以期为规范性文件附带审查制度的健康运行提供帮助。

二、规范性文件的认定:统一标准下的不同理解

为了对司法实践中的规范性文件认定问题进行考察,本文在前述590起明确引用《行政诉讼法》第53条的案件中进行了筛查,在这些案件中,有154起案件就规范性文件的认定具体说明了理由。其中涉及被诉文件究竟是规范性文件,还是可直接受理的可诉行政行为问题的案件达到80起,具体包括三种情形:一是法院认定被诉文件属于规范性文件,并进行了实体审查;二是法院认定被诉文件不属于规范性文件,驳回了当事人的审查请求;三是法院认定被诉文件属于规范性文件,但当事人系单独对规范性文件提起诉讼,不符合《行政诉讼法》第53条中“一并提起”的要求。下面本文将结合这80起案件,对规范性文件认定的具体情况进行分析。

(一)统一的规范性文件认定标准:“三特征”说

关于规范性文件的认定问题,我国学界的观点相对统一。在最高人民法院《关于执行〈中华人民共和国行政诉讼法〉若干问题的解释》(以下简称《若干解释》)于2000年开始实施之后,根据《若干解释》第3条“行政诉讼法第十二条第(二)项规定的‘具有普遍约束力的决定、命令’,是指行政机关针对不特定对象发布的能反复适用的行政规范性文件”⑩之规定,规范性文件具有针对不特定对象作出、能反复适用、具有普遍约束力三项特征,已经是我国学界与实务界普遍接受的观点。⑪ 而在2014年《行政诉讼法》修订后,学者们关于规范性文件的讨论也延续着这种“三特征”的进路。⑫ 司法实践中反映出的情况也与学界的认识基本一致,在

---

⑩ 这一表述在2017年最新颁布的最高人民法院《关于适用〈中华人民共和国行政诉讼法〉的解释》第2条中得到了沿用。

⑪ 参见陈越峰:《中国行政法(释义)学的本土生成——以“行政行为”概念为中心的考察》,载《清华法学》2015年第1期。

⑫ 参见孙首灿:《论行政规范性文件的权限》,载《中国行政管理》2016年第8期;程琥:《新〈行政诉讼法〉中规范性文件附带审查制度研究》,载《法律适用》2015年第7期;王东伟:《法治理念下规范性文件的法院审查研究》,载《时代法学》2015年第3期。

前述80起规范性文件认定案件中,有79起案件使用了“三特征”中的全部或一部⑬来对规范性文件进行认定,占全部案件的98.75%。可以说,法院对规范性文件的认定标准是高度统一的,“三特征”说占据了绝对的主流。

(二)统一标准下的不同理解:对三项特征的具体考察

规范性文件认定标准上的高度统一,意味着无论法院对规范性文件的性质作出肯定还是否定的判断,其所依据的准则都应当是一致的。然而问题并非如此简单,本文通过对前述80起案件的梳理发现,尽管看上去法院都采取了“针对不特定对象作出、能反复适用、具有普遍约束力”三项特征作为认定标准,但在三项特征的具体判断上,却存在不同的关注焦点。尤其在其中46起法院对规范性文件性质作出否定评价的案件里,法院在“被诉文件为什么不属于规范性文件”的问题上进行了比较有针对性的说明,这些说明主要围绕“对象是否特定”和“能否反复适用”两项内容展开,⑭可以反映出法院拒绝审查的原因。

1. 法院对“特定对象”的认定

(1)从“特定对象”到“特定发布对象”

在规范性文件的认定中,一个重要问题便是关于对象是否特定的判断。在一些情况下,“特定对象”的判断是相对容易的。常见的一种情况是,被诉的文件明确针对某特定对象作出。例如,在“禄某仓与陕西省食品药品监督管理局药品其他行政行为上诉案”⑮中,主审法院认为,“规范性文件的适用范围可以无限制,也可以有限制,但不能直接对应到特定的个体”,上诉人请求审查的文件“直接作用于浙江天元生物药业有限公司”,故而不属于规范性文件的范畴。除了这种直接针对单个行政相对人作出的文件之外,针对多个明确相对人作出的文件,同样会被法院认定为不属于特定对象。例如,在“江门潮连大桥有限公司与江门市交通运输局

⑬ 从判决文书中的情况看,一些法院在认定被诉文件不属于规范性文件时,仅指出其未能符合的特征,而并不会援引全部三项特征。

⑭ 根据案件中的观察,在“针对不特定对象作出、能反复适用、具有普遍约束力”三项特征中,“普遍约束力”特征的使用更多是总结性的,并不直接对应某项具体理由,法院的说理过程主要围绕“对象是否特定”和“能否反复适用”这两个问题展开。

⑮ 参见西安铁路运输中级法院“(2017)陕71行终551号”行政判决书。

等交通行政协议纠纷上诉案”[16]中，广东省交通运输厅制定《关于加快推进我省收费公路专项清理工作有关事项的通知》，宣布对27个收费公路项目进行整改，其附件中明确列举了所涉及的27个收费公路项目，其中包含了上诉人所经营的江门市潮连大桥项目。法院据此认为，该文件是对特定主体进行的调整，不应当认定为规范性文件。

以上对对象是否特定的理解，主要是从相关文件的适用对象出发，或者说，规范性文件具有“涉及不特定的公民、法人或者其他组织的权利和义务”[17]的特征。然而在部分案件中，法院会将对象是否特定的判断标准理解为“发布对象是否特定”，从而将上级行政机关对特定下级部门的“批复”“复函”理解为针对“特定对象”作出的文件。例如，在“马某等24人诉乐山市住房和城乡规划建设局城建规划违法行政判决书案”[18]中，法院认为原告申请审查的乐山市人民政府办公室《关于乐山市蟠龙片区PL(Ⅱ)-C-04-01、02号地块规划条件的复函》“系市政府办公室就市住建局相关请示所作出的答复”“不属于针对不特定对象发布”的文件。

这种看法可能源自对《若干解释》的错误理解。《若干解释》第3条中使用“行政机关针对不特定对象发布的能反复适用的行政规范性文件”的表述，从该表述的原意来看，“发布”一词更多是强调规范性文件必须经过发布，是一项程序上的要求。换言之，其可以表述为“行政机关制定和发布的，针对不特定对象，能反复适用的行政规范性文件”。程琥法官也将规范性文件表述为，国务院部门和地方人民政府及其部门依照法定权限和规定程序“制定并公布”的除规章以外的，涉及不特定的公民、法人或者其他组织的权利和义务，在一定时期内反复适用并具有普遍约束力的各类行政文件。[19] 但是由于“针对不特定对象”和“发布”二者在文字上的连接顺序，部分法官可能会将“针对不特定对象发布”作为一个

---

⑯ 参见广东省江门市中级人民法院“(2017)粤07行终65号”行政判决书。

⑰ 程琥:《新〈行政诉讼法〉中规范性文件附带审查制度研究》，载《法律适用》2015年第7期。

⑱ 参见四川省峨眉山市人民法院“(2016)川1181行初18号”行政判决书。

⑲ 参见程琥:《新〈行政诉讼法〉中规范性文件附带审查制度研究》，载《法律适用》2015年第7期。

完整的特征使用，[20]从而将"发布对象"作为考察的重点。

当然，这种观点并非普遍存在。在一些案件中，法官已经注意到了被诉文件所针对的对象不能简单等同于发布对象。例如，在"赵某峰诉浙江省公安厅高速公路交通警察总队温州支队直属大队案"[21]中，法院即认为被诉的浙江省交通运输厅《关于调整 S26 诸永高速公路限速标志限速值的复函》"虽是浙江省交通运输厅针对高速公路经营单位请示的批复，但是具有针对不特定的对象、能反复适用、有普遍约束力的特点"，对该批复进行了附带审查。而在"李某军与绍兴市上虞区环境保护局处罚上诉案"[22]中，法官根据《浙江省行政规范性文件管理办法》第 3 条[23]的规定，将"不特定对象"进一步明确为"内容涉及不特定公民、法人或者其他组织的权利义务"。可以认为，对象的特定性是一项基于文件内容的考察，而非仅仅基于发布对象的考察，这种看法已经得到绝大多数法官的认可。不过在实践中，仍有部分案件将关注点放在了文件的发布对象上。考虑到 2017 年颁布的最高人民法院《关于适用〈中华人民共和国行政诉讼法〉的解释》第 2 条沿用了《若干解释》中"行政机关针对不特定对象发布的能反复适用的行政规范性文件"的表述，这种关于"发布对象"的争议在未来有可能继续存在。

(2)从"特定对象"到"特定范围"

司法实践中另一种常见的情况，是尽管文件中没有指明具体对象，但其适用对象可以确定，这类文件通常也被认为不属于规范性文件。这种

[20] 参见王庆廷：《隐性的"法律"——行政诉讼中其他规范性文件的异化及其矫正》，载《现代法学》2011 年第 2 期。王庆廷法官在该文中将规范性文件定义为"行政机关制定的除法规和规章之外的，针对不特定对象发布的，可以反复适用的，具有普遍约束力的规范性文件"。可以看到，在这种表述中，"发布"一词已经与前面的"行政机关制定"相分离，而与"针对不特定对象"重新组合为一个独立的特征："针对不特定对象发布"。当然，这并不是说王庆廷法官会采取与"马某等 24 人诉乐山市住房和城乡规划建设局城建规划违法行政判决书案"判决相同的观点，而只是为了说明不同的文字排列可能会导致不同的理解。

[21] 参见温州市龙湾区人民法院"(2016)浙 0303 行初 64 号"行政赔偿判决书。

[22] 参见浙江省绍兴市中级人民法院"(2017)浙 06 行终 79 号"行政判决书。

[23] 《浙江省行政规范性文件管理办法》第 3 条规定，本办法所称行政规范性文件，是指除政府规章以外，行政机关依照法定权限和规定程序制定的，涉及不特定公民、法人或者其他组织的权利义务，在一定时期内反复适用，在本行政区域内具有普遍约束力的各类行政文件。

思路早在《行政诉讼法》修订之前就已经存在。甘文法官在2002年曾指出,当时大多数法院已经开始受理大面积拆迁补偿标准决定案件,理由是即使该决定涉及面再广,拆迁对象还是特定的,因此补偿标准适用的对象也是特定的。[24] 而在《行政诉讼法》修订之后的案件中,这种判断方法也得到了延续。例如在"宋某凤与贵阳市乌当区人民政府补偿上诉案"[25]中,法院认为被诉《乌当区人民政府关于水田镇耕地地上附着物补偿上限的批复》"虽然适用的人数众多,但对象是相对具体明确的",故不属于规范性文件。

在部分案件中,这种判断方法逐渐演化成了对文件所涉范围是否特定的判断。例如,在"周某强与中山市城乡规划局、广东省住房和城乡建设厅城乡建设行政管理:城市规划管理(规划)案"[26]中,法院认为被诉《关于港口镇大丰工业区控制性详细规划修编(京珠高速以东)的批复》"所同意的《控规》所涉土地范围内的任一坐标地块均是唯一的、特定的,所影响的相对人也是特定的",故而"并非规范性文件"。该判决便将被诉文件所涉地块是否"唯一、特定"作为了规范性文件的判断标准。与此同时,在"杨某琨诉乐山市五通桥区人民政府等合同案""胡某栋与新余市渝水区人民政府补偿上诉案""郁南县建城镇东坑村委会济公坪村民小组与郁南县林业局、云浮市林业局林业行政许可纠纷行政判决书案"等一系列案件中,法院的说理均明显体现出被诉文件所针对的特定地域范围与特定对象之间的关联。[27] 可以说,在被诉文件针对对象众多且未加以特别明确的情况下,该文件所针对的地域范围是许多法院借以判断其对象是否特定的重要因素。因此,一些适用地域范围相对特定的文件,就会被法院认为不属于规范性文件,不接受附带审查。

2. 法院对"反复适用"的认定

在被诉文件能否"反复适用"的判断上,该文件针对的事项是否特

---

[24] 参见甘文:《对抽象行政行为的司法审查》,载《人民司法》2002年第4期。

[25] 参见贵州省高级人民法院"(2017)黔行终549号"行政裁定书。

[26] 参见广东省中山市第一人民法院"(2017)粤2071行初50号"行政判决书。

[27] 分别参见四川省乐山市中级人民法院"(2017)川11行初26号"行政裁定书、江西省高级人民法院"(2017)赣行终285号"行政判决书、广东省郁南县人民法院"(2015)云郁法行初字第31号"行政判决书。

定，是一个常见的判断理由。例如，在“包某品与丽水市城市管理行政执法局不履行法定职责行政判决书案”[28]中，法院即认为被诉《会议纪要》“对特定事项作了处置，显然不具反复适用的特征”。在全部46起案件中，法院使用“特定事项”理由作出裁判的案件达到25起，占案件总数的50%以上。

然而具体到什么是“特定事项”，法院的判决文书中并没有体现出非常明确的说明，从判决结果上看，可以认为法院的思路大致体现在空间和时间两个方面。在空间上，相较适用于全市范围的征收补偿办法，对特定区域的征收实施方案更容易被认定为针对特定事项；相较于城市整体规划，特定地块规划的制定和变更更容易被认定为针对特定事项。[29] 而在时间上，相对于某地区事业单位招考工作、村民换届选举工作的整体规定，有关该地区特定年份、特定届次的考试、[30]选举工作[31]的规定更容易被认定为针对特定事项；同时，文件的有效期长短，也是一些法院在作出认定时的考虑因素，“短时期内”对企业的整治工作部署，[32]“明确载明有效期一年”的土地规划复函[33]等，都有可能被法院认为“不能反复适用”，从而认定不属于规范性文件。

此外，法院认为被诉文件不能反复适用的另一项理由，是该文件针对的是“一次性”的工作。这一理由与前述“只适用于特定事项”有一定的重合之处，例如关于某特定区域征收补偿工作的规定，该区域征收工作完

㉘ 参见浙江省丽水市中级人民法院“(2016)浙11行终69号”行政判决书。类似案件见“林某贤诉瑞安市人民政府案”，浙江省温州市中级人民法院“(2016)浙03行初67号”行政判决书、“上海迪比特实业有限公司诉上海市闵行区规划和土地管理局土地一案行政判决书案”，上海市第一中级人民法院“(2016)沪01行终226号”行政判决书、“张某家与五莲县住房和城乡规划建设局、五莲县人民政府行政征收行政判决书案”，山东省高级人民法院“(2016)鲁行终443号”行政判决书，等等。

㉙ 参见前文关于“特定范围”的讨论。

㉚ 参见“冷某华等诉绵阳市卫生和计划生育委员会不履行法定职责案”，四川省绵阳市中级人民法院“(2017)川07行终96号”行政判决书。

㉛ 参见“贾某与宝鸡市陈仓区虢镇街道办事处行政决定附带审查规范性文件纠纷案”，陕西省宝鸡市中级人民法院“(2015)宝中行终字第00024号”行政裁定书。

㉜ 参见“衢州市程氏钙业有限公司诉衢州市衢江区人民政府环保其他行政行为案”，浙江省衢州市中级人民法院“(2017)浙08行初7号”行政判决书。

㉝ 参见“马某等24人诉乐山市住房和城乡规划建设局城建规划违法行政判决书案”，四川省峨眉山市人民法院“(2016)川1181行初18号”行政判决书。

成后就不再适用，可以称为“一次性”的工作。不过，判决中对“一次性”一词的使用并不限于以上情形。例如，在“谭某耀等诉郁南县林业局等撤销纠纷案”[34]中，法院将针对郁南同乐大山省级自然保护区扩大范围和功能区调整的广东省林业局《关于同意调整郁南同乐大山省级自然保护区范围和功能区的复函》（以下简称《复函》）称为“一次性准许行政行为”，认为其并不具有普遍约束力和反复适用性。从上述表述来看，法院所谓“一次性准许行为”似乎意指该自然保护区的调整在《复函》作出后即告完成，不存在“反复准许、反复调整”的情况。

综上所述，法院在规范性文件的认定过程中，虽然主要是以“针对不特定对象作出、能反复适用、具有普遍约束力”三项特征作为标准，但对于三项特征的具体理解不同，导致其可能将一些可能具有规范性文件特征的文件排除在附带审查范围之外。这其中一些理解，如“特定发布对象”的问题，可以认为是法院在法律解释上存在误读，但在另外一些如“特定范围”“特定事项”的理解上则很难说存在对错之别，毕竟是否“特定”的判断具有相对性，究竟到什么程度才具有地域或时间上的特定性，并没有一个明确的标准，更加取决于法院的个案判断。

三、上述不同理解的成因：受案范围的变化对规范性文件认定的影响

以上结论似乎已经为法院拒绝进行附带审查的行为寻找到了某些理由，这种理由可以归结于：规范性文件的三项特征在判断上本来就存在模糊之处。正如蔡小雪法官等所指出的，“抽象行政行为与具体行政行为之间没有一个明确的绝对的界限。法院在进行司法审查的时候，只能根据具体案情作出判断”。[35] 即便在具体案情相同或相似的情况下，不同法院对认定标准也会有自己的理解，以致一些处于模糊地带的行为不被受理，这实属正常。不过本文并不打算停留于此，而是希望继续探求，这些对规范性文件特征的具体理解究竟源自哪里？带着这样的问题，本文回溯了规范性文件及其相关概念的发展过程，最终发现，在我国行政诉讼发展过程中，由于规范性文件与行政行为“具体—抽

---

[34] 参见广东省云浮市中级人民法院“（2016）粤53行终2号”行政判决书。

[35] 蔡小雪、甘文：《行政诉讼实务指引》，人民法院出版社2014年版，第17页。

象”之分的历史联系，以及“具体行政行为”概念与受案范围问题的密切关系，[36]法院扩大受案范围的努力使部分规范性文件事实上已经被纳入可诉行政行为，是法院出现上述不同理解，从而限缩了规范性文件范围的原因。

（一）“规范性文件”与“具体行政行为”在概念上的对立

从我国行政法学的历史发展来看，规范性文件的认定问题与行政行为的“具体—抽象”之分密切相关。早在我国第一部行政法统编教材《行政法概要》中，王名扬教授就提出了国家机关“抽象的行为”和“具体的行为”的区分，并指出“国家机关在实行行政管理时合法制定的普遍性的规则，称为行政管理法规……制定行政管理法规的行为是抽象的行政行为”。[37] 自1989年《行政诉讼法》在立法上确立了具体行政行为的概念之后，学者也多通过“规范性文件”一词来对作为具体行政行为相对概念的抽象行政行为进行界定。例如，湛中乐教授认为，抽象行政行为包括行政立法行为与制定其他规范性文件的行为；[38]方世荣教授认为，抽象行政行为一般认为是行政机关制定行政法规、行政规章的行政立法行为和制定行政管理规范性文件的行为，基本上是行政机关的行政立法活动。[39] 从这些定义来看，规范性文件基本上被看作“具体行政行为”的对立概念，法院在判断受案范围时，相当程度上就是在判断，被诉行为究竟是具体行政行为还是规范性文件。在这一问题上，最高人民法院2000年《若干解释》中的“三特征”已经成为业界普遍接受的判断标准。

这种概念上的对立目前是否仍然成立，可能会存在不同的看法。2014年《行政诉讼法》的修订中，第2条关于受案范围的规定将原先的

---

[36] 陈越峰教授对《行政诉讼法》立法初期“具体行政行为”概念对立法与相关司法解释的影响进行了总结说明，指出：法释义学上在“（具体）行政行为”上的作业，逐渐集中于解决行政诉讼的可诉性问题。参见陈越峰：《中国行政法（释义）学的本土生成——以“行政行为”概念为中心的考察》，载《清华法学》2015年第1期。

[37] 王珉灿主编：《行政法概要》，法律出版社1983年版，第101页。

[38] 参见湛中乐：《论行政法规、行政规章以外的其他规范性文件》，载《中国法学》1992年第2期。

[39] 参见方世荣：《再论具体行政行为的几个基本理论问题》，载《法商研究》1994年第6期。

“具体行政行为”改为“行政行为”，这使不少学者认为，传统的“具体行政行为”概念已经被取代。[40] 然而在受案范围的具体判断上，传统的分类方法仍具有相当的影响力，如全国人大法工委便认为，“可诉行政行为”与“规范性文件”仍是一对相对的概念。[41] 最高人民法院在“金某等诉北京市海淀区人民政府履行法定职责案”[42]中也表达了类似的观点，认为“除去涉及行政不作为、行政事实行为、双方行政行为的场合，在撤销之诉中，行政行为的概念仍然应当理解为原来意义上的具体行政行为”。从以上情形来看，尽管立法中的用语已经修改，但“具体行政行为”概念仍然在受案范围的判断上发挥着实质性的作用，规范性文件与具体行政行为的对立状态也并没有消除。

（二）行政诉讼受案范围的演变与规范性文件认定的变化

前文中立法者与法院的态度表明了，自1989年《行政诉讼法》制定至今，“具体行政行为”概念对行政诉讼的受案范围判断一直有重要影响。不过在《行政诉讼法》的实施过程中，法院对于受案范围的具体认识已经逐渐发生了变化。“董某华诉重庆市人民政府拆迁行政复议案”（以下简称“董某华案”）[43]是这一领域的重要案例。在该案中，最高人民法院以被诉的《关于认真做好北苑小区旧城改造房屋拆迁补偿安置工作的通知》“为相对人设定了义务与法律后果”，“含有具体行政行为的内容”为由判决其属于复议范围，从而将“义务与法律后果”作为了判断复议范围的标准。有学者认为，最高人民法院通过“董某华案”等一系列案例，已经跳出了“抽象—具体”的释义框架，转而以具体内容及对原告的权益影响作为

[40] 参见王万华：《新行政诉讼法中“行政行为”辨析——兼论我国应加快制定行政程序法》，载《国家检察官学院学报》2015年第4期。事实上，早在行政诉讼法修订之前，便有学者认为，根据最高人民法院《关于执行〈中华人民共和国行政诉讼法〉若干问题的解释》等规定，原先作为行政诉讼受案范围的“具体行政行为”概念已经被“行政行为”或“可诉行政行为”所取代，参见闫尔宝：《司法解释放弃定义具体行政行为的策略检讨》，载《法制与社会发展》2012年第4期；陈越峰：《中国行政法（释义）学的本土生成——以“行政行为”概念为中心的考察》，载《清华法学》2015年第1期。

[41] 参见信春鹰主编：《中华人民共和国行政诉讼法释义》，法律出版社2014年版，第8页；童卫东：《进步与妥协：〈行政诉讼法〉修改回顾》，载《行政法学研究》2015年第4期。

[42] 参见中华人民共和国最高人民法院“（2016）最高法行申2856号”行政裁定书。

[43] 参见最高人民法院“（2001）行终字第16号”行政判决书，另载最高人民法院行政审判庭编：《中国行政审判指导案例》，中国法制出版社2010年版。

是否可诉的判断标准。㊹

行政诉讼受案范围的实质标准发生了变化,然而法院并未直接放弃"具体—抽象"的话语体系,而是试图通过对概念的扩张解释,扩大"具体行政行为"所能涵盖的范围。这种解释思路在"董某华案"中有清晰的体现。首先,该案法院将被诉行为"为相对人设定了义务与法律后果"作为其"含有具体行政行为的内容"的理由,从而将"影响权利义务"纳入"具体行政行为"的一项判断标准。其次,在运用"影响权利义务"标准之外,"董某华案"还在"特定对象""反复适用"等问题上作出了与以往案件不同的解释:在原审判决中,重庆市高级人民法院认为,被诉拆迁通知在对象方面"尽管范围限于北苑小区,但并没有特指小区内的某个被拆迁单位或被拆迁户,而是泛指位于小区内的全部被拆迁单位和被拆迁户";在反复适用性方面,"在拆迁期间,对小区内的不同单位和个人均可反复适用"。而最高人民法院完全推翻了这两项判断,将"北苑小区的全部被拆迁单位和被拆迁户"解释为"特定对象",将通知内容"一旦小区拆迁工作完成即失去效力"解释为"不能反复适用"。这样一来,被诉拆迁通知不但可以因其影响相对人权利义务而具有可诉性,在传统"三特征"标准方面亦能满足可诉行政行为的要求。

"董某华案"中,法院一方面将"影响权利义务"标准纳入对具体行政行为的判断,另一方面改变对具体行政行为传统"三特征"的解释,最终将被诉行为解释为具体行政行为。这种思路对后续判决产生了两方面的影响:第一,由于行政行为"具体—抽象"之分继续得以保留,那些原先属于规范性文件,但后来被纳入具体行政行为范畴的行为,也就相应地不再被认为是规范性文件。第二,由于法院在接纳新的"影响权利义务"标准的同时,继续采用《若干解释》的"三特征"标准,使"三特征"标准的具体认定出现了变化,如在拆迁案件中,法院对"特定对象"的看法就与过去有所不同,㊺这种不同的看法从拆迁案件逐渐扩展至其他各类案件,从而导致

㊹ 参见陈越峰:《中国行政法(释义)学的本土生成——以"行政行为"概念为中心的考察》,载《清华法学》2015 年第 1 期。

㊺ 例如,甘文法官就曾指出,以往很多法院不受理拆迁案件,"理由是拆迁决定涉及面太广,补偿标准适用的对象不特定",而后来大多数法院已经受理此类案件,"理由便是即使涉及面再广,拆迁对象还是特定的"。参见甘文:《对抽象行政行为的司法审查》,载《人民司法》2002 年第 4 期。

了前述法院在“特定范围”“特定事项”等问题上的态度。最终,法院一方面坚持规范性文件传统“三特征”的判断标准,一方面又通过对“三特征”的不同解释,事实上缩小了规范性文件的范围,使一些在传统观点中符合“三特征”的行为不再被看作规范性文件,从而不接受附带审查。

四、“影响权利义务”作为规范性文件认定新标准

(一)“影响权利义务”标准与“三特征”标准并存的情况

前文中提到,大多数法院对规范性文件仍坚持“三特征”的判断标准,其对于“三特征”的不同解释导致了规范性文件范围的缩小。然而“董某华案”中所体现出的另一项重要内容,也就是“影响权利义务”标准在规范性文件认定同样也有体现。在前述80起规范性文件审查案件中,有两起案件在规范性文件认定方面明确采用了“影响权利义务”标准。[46] 这一数字相对较小,尚不足以说明问题。不过,除了直接引用《行政诉讼法》第53条的案件之外,在其他案件,特别是涉及受案范围的案件中,法院同样有可能会对规范性文件作出认定。为此,本文对相关司法判决进行了进一步的搜索,共搜到《行政诉讼法》修订后作出的,法院未引用《行政诉讼法》第53条,但在受案范围判断中对规范性文件作出明确认定且具体说明理由的判决文书151份。[47] 在这151起案件中,有15起案件的法院将“是否直接影响相对人权利义务”作为判断被诉行政行为是否属于规范性文件的理由,可以说已经初具规模。与“董某华案”中的思路类似,在以上17起案件中,大部分案件[48]也是将“影响权利义务”标准与传统的三项特征并列使用,共同构成了判决理由。

(二)对“三特征”解释进路的反思

接纳“影响权利义务”标准,同时改变对“三特征”的解释,这在旧《行

---

[46] 参见“蓝某灿诉上杭县人民政府土地行政征收纠纷案”,福建省三明市中级人民法院“(2017)闽”04行初43号行政判决书;“陈某荣诉南京市浦口区人民政府作出征收补偿方案违法案”,最高人民法院“(2017)最高法行申8129号”行政裁定书。

[47] 在“北大法律信息网”司法案例数据库中,以“规范性文件”为关键词进行全文搜索,最后检索日期:2018年6月20日。另外,为了保证结果的准确性,本文只选取明确使用了“规范性文件”概念的判决文书,不包括虽然实质判决思路可能一致,但未明确使用“规范性文件”者(如判决中使用了“抽象行政行为”等类似概念)。

[48] 参见“董某成诉吉林省四平市人民政府复议决定案”,最高人民法院“(2018)最高法行申66号”行政裁定书等。

政诉讼法》的背景下，不失为扩大受案范围的一种变通手段。在新法背景下，这种做法使更多的行政行为可以接受直接审查而非附带审查，似乎也更有利于对行政行为的司法监督。然而这种通过对“三特征”进行不同解释，从而达到受案目的的做法真的妥当吗？一个显而易见的问题是，这些解释本身就存在一定的争议。例如在“反复适用”问题上，同样的补偿标准在拆迁期间不断适用于不同的被拆迁人，说它“可反复适用”恐怕也并无不妥。[49] 而在“特定对象”问题上，这种以可确定人数来认定“特定对象”的做法[50]也受到了学者们的质疑，因为“只要依赖先进的科学手段，一个市、省乃至全国的人口都是可以统计出来的”。[51] 当然，法律解释上的争议永远存在，“三特征”解释进路所导致的真正问题并不在此，而在于这种解释进路很多时候并不能反映出行政行为可诉与否的核心区分点。

前文已经提到，许多法院在“特定对象”的解释上，依赖于被诉行为所针对的人数是否能够确定，进而转化为对“特定区域”的判断。这种做法在最高人民法院最近所作出的一起判决中受到了质疑。在“陈某蒙等20人诉浙江省天台县人民政府其他行政行为案”（以下简称“陈某蒙案”）[52]中，最高人民法院认为，“不能将规范性文件适用的特定行政区域视为特定对象”，“不特定对象表现为特定行政区域内作为适用对象的公民、法人或者其他组织不特定”，被诉《西冷坑行政村、立新行政村严令自然村移民实施办法》尽管仅适用于西冷坑行政村、立新行政村两个特定行政区域，“但对该区域内的具体人员的适用却具有不特定性”，因此不属于规范性文件。

---

[49] 事实上，一些法院便未遵从最高人民法院在“董某华案”中对“反复适用”的解释，仍然认为拆迁（征收）补偿方案系对一定区域内具有普遍约束力、能够反复适用的文件。参见“王某群等与福州市仓山区住房保障和房产管理局征收补偿方上诉案”，福州市中级人民法院“（2017）闽01行终507号”行政裁定书；“袁某珠与福州市国土资源局复议决定上诉案”，福州市中级人民法院“（2017）闽01行终578号”行政裁定书等。

[50] 最高人民法院行政审判庭早在2000年就表达了以人数是否确定来区分抽象行政行为与具体行政行为的观点，其认为抽象行政行为和具体行政行为的区别“在于对象的确定与不确定”，“抽象行政行为的对象是不确定的，无法统计的；具体行政行为的对象是确定的，尽管有时涉及的人很多，但人数是确定的，是可统计的”。参见最高人民法院行政审判庭编：《关于执行〈中华人民共和国行政诉讼法〉若干问题的解释释义》，中国城市出版社2000年版，第11页。

[51] 罗文燕、石红卫：《具体行政行为和抽象行政行为区别标准新表述》，载《浙江工商大学学报》2004年第4期。

[52] 参见最高人民法院“（2016）最高法行申2751号”行政裁定书。

在“陈某蒙案”与“董某华案”均采取了“特定对象”解释进路的情况下，这种“对具体人员适用的特定性”的判断方法可以认为是对“董某华案”中“特定对象”的解释形成了补充。正如“陈某蒙案”判决中所言，“任何规范性文件都有特定的适用区域”，该特定区域内人数一定是可确定的，那么在对象是否特定的判断上，就不能仅仅考察人数是否确定，还应考察其“对具体人员适用的特定性”。那么，所谓“对具体人员适用的特定性”又如何理解？“陈某蒙案”一审判决书[53]中的记载或许能说明问题。该判决书中显示，本案规范性文件的涉争内容是原告认为被告“将省政府批准专项用于西冷坑地质灾害移民安置的4.0134公顷（60.201亩）土地中的30亩随意安排给立新行政村严岭自然村高山移民所用”。换言之，这一规定是对该特定区域土地用途的整体安排，并不涉及每个村民能分多少土地、拿到多少补偿。这样一来，“陈某蒙案”中被诉的文件就可以与“董某华案”等拆迁案件中所涉及的，虽然针对众多被拆迁人，但已经将每个被拆迁人的权利义务具体化的拆迁补偿标准决定相区分，“对具体人员适用的特定性”可以被理解为每个具体人员权利义务的具体化。如果以这种方式来理解“特定对象”，那么我们就会发现，这样的“特定对象”标准与“影响权利义务”标准并不存在本质差别，进而也就不需要作为一项独立判断标准而存在。

从“董某华案”到“陈某蒙案”，最高人民法院在对“特定对象”的解释上绕了一个圈，最终却又回到了“影响权利义务”的原点。由此看来，比起在“特定对象”含义上的纠结，直接采取“影响权利义务”标准显然更清晰，而试图将传统“三特征”标准解释出与“影响权利义务”标准相同结果的做法并不具有必要性。

（三）新的可能：单独的“影响权利义务”标准

既然在采取“影响权利义务”标准的情况下，通过对“三特征”标准的解释来使其判断结果保持一致的做法已不再必要，那么我们就需要承认，在一些案件中，新旧标准在判断上可能会出现不一致的情形。关于这种不一致要如何解决，一种可能的判决思路是，在两种标准出现冲突的情况下，我们可以放弃对传统“三特征”的要求，转而以“影响权利

[53] 参见浙江省台州市中级人民法院“（2015）浙台行初字第123号”行政裁定书。

义务”标准为准。

这种判决思路在实践中是否存在？对这个问题的考察要相对困难一些，因为“法院采取了什么标准”容易判断，但“法院放弃了什么标准”是难以证明的。即便在一起案件中，某法院只就“影响权利义务”标准进行了论述，而没有谈及“三特征”标准，我们也不能得出定论，说该法院已经放弃了“三特征”标准，因为有可能法院只是认为这不是本案的争议焦点。不过在个别案件中，法院在适用“影响权利义务”标准的同时，已经明确表达了对传统标准的否定。例如，在“李某等19人诉桦甸市人民政府电动车专项整治行为案”（以下简称“李某案”）[54]中，法院一方面承认被诉《桦甸市人民政府关于开展三（四）轮电动车专项整治的通知》“并未列明特定管理对象”，另一方面又认为原告“确因此次整治工作，导致其车辆现在无法在市区内上路行驶”，最终受理该案并作出实体判决。而在“欧某明与重庆市铜梁区人民政府环境整治通告上诉案”（以下简称“欧某明案”）[55]中，法院的态度更加明显，被诉《重庆市铜梁区人民政府关于涪江饮用水源保护区环境整治的通告》“虽在一定的时间和空间内具有普遍的约束力，在作出时亦未明确针对特定的行政相对人”，但由于该《通告》对原告权利义务可能产生影响，仍然被法院认定为属于行政诉讼受案范围。

可以看到，“李某案”与“欧某明案”体现出了与先前案件截然不同的判决思路。在这两起案件中，法院并未试图在“三特征”标准上向可诉行政行为靠拢，而是直接承认被诉文件系针对不特定对象，具有普遍约束力；但即便在此情况下，法院仍然认为，只要被诉行为影响到了相对人权利义务，就可以认定为可诉行政行为。这样一来，规范性文件的传统“三特征”标准就与其可诉性问题彻底剥离，被诉行为符合传统规范性文件特征，并不必然影响其可诉性。

---

[54] 参见吉林省吉林市中级人民法院“（2017）吉02行初3号”行政判决书。

[55] 该案实际上是一个“串案”，另有五起类似案件，除了原告不同之外，基本案情与判决理由完全一致，参见重庆市高级人民法院“（2017）渝行终51、52、53、55、56、57号”行政判决书。此外，该案中铜梁区人民政府在一审答辩中明确提出了被诉文件系规范性文件的观点，法院在判决理由虽未使用“规范性文件”概念，但对该答辩理由予以了实质性回应，并明确指出该答辩理由不能成立，故可以认为本案包含了法院对规范性文件的态度。

(四)可诉的规范性文件是"规范性文件"吗?

综上,随着法院在可诉行政行为的判断上对"影响权利义务"标准的采用,一些法院也将这一标准相应地用在了规范性文件的认定上。"影响权利义务"标准在大多数情况下仍与"三特征"标准共同出现,不过随着司法实践的发展,两种标准之间脱离联系已经成为可能。即便是符合传统规范性文件特征的行为,只要其影响到了相对人权利义务,仍然可以作为可诉行政行为接受直接审查。

然而这里就出现了一个问题:这样的行政行为还是"规范性文件"吗?从本文所引用的所有案例来看,无论其采用的是单独的"三特征"标准,还是单独的"影响权利义务"标准,抑或是两者的综合,法院在"可诉行政行为"和"规范性文件"的态度上都是非此即彼的,肯定其中一项的同时一定会否定另一项。这样一来,答案可能就是:既然一个行为已经进入可诉行政行为范畴,那么它便不可能再是规范性文件。但是这就会造成另一个后果:如果当事人在起诉时选择了附带审查,那由于该行为已经不再属于规范性文件,法院就只能驳回当事人的诉求,这显然会造成当事人无所适从的境地,不利于对当事人诉权的保护。

这种境况的根源,在于可诉行政行为与规范性文件始终被视为对立概念。在过去行政行为"具体—抽象"区分决定着行政诉讼受案范围的情况下,这种对立牵涉司法审查权的成立与否,具有一定的合理性。然而随着立法的变革与审判实践的发展,受案范围与行政行为"具体—抽象"之分已经不再具有必然联系,法院可以逐渐将"影响权利义务"标准作为独立的判断标准,而不再纠结于各项传统特征,其对可诉行政行为的判断也没有必要通过对其规范性文件性质的否定来完成。这样一来,可诉行政行为与规范性文件并不必然处于对立状态,可诉的规范性文件仍是规范性文件。

事实上,规范性文件是否绝对不可诉,这一点本身就值得质疑。我国学者已经指出,是否可诉的关键不在于文件性质,而在于其是否侵犯行政相对人的合法权益或对相对人产生不利影响,主张应用"成熟原则"进行判断,确立在特定情况下可对规范性文件"直接诉"的制度。[56] 与此同时,

---

[56] 参见姜明安:《对新〈行政诉讼法〉确立的规范性文件审查制度的反思》,载《人民法治》2016 年第 7 期。

在之前的司法实践中，将传统上被认为是规范性文件的行为进行直接受理的情况也并不罕见，拆迁补偿案件就是一个典型的例子。由此看来，可诉行政行为与规范性文件，直接审查与附带审查之间并不存在绝对的壁垒，一个行为完全可能既符合规范性文件特征，又符合可诉行政行为特征。在这种情况下，不在行为性质上作非此即彼的判断，而更多从当事人的诉求出发，适当放宽两种审查程序的门槛，可能是更加妥当的选择。

五、结语

综上所述，本文对我国司法实践中规范性文件认定的基本情况进行了考察，发现在可诉行政行为与规范性文件相对立的语境下，前者的扩张相应带来了后者的限缩。然而，随着可诉行政行为逐渐地摆脱传统标准的限制，转而取决于“影响权利义务”标准的判断，其与规范性文件之间的对立也存在打破的可能。在《行政诉讼法》未来的实施过程中，我们或许可以不再试图寻求受案范围与规范性文件认定标准的绝对统一，而是大方承认，对规范性文件在特定情况下可以直接起诉，同时这种可直接起诉也不影响其规范性文件的性质，从而使直接审查与附带审查之间具有更具弹性的选择空间。

● 论行政解释司法审查中的“考虑相关因素标准”
——源于指导案例60号的思考

黄　琳*

摘　要：法院在指导案例60号“奥康食品案”中运用“考虑相关因素标准”进行审查，为讨论这一标准提供了契机。学理研究显示，行政机关需要在个案行政解释过程中考虑法定要素、立法目的所蕴含的要素和导致行政解释明显不当的要素。司法实践表明，“考虑相关因素标准”司法审查主要采用三阶审查模式：第一，评判“相关因素”的范围；第二，确定个案行政解释是否合法合理；第三，检视行政机关权衡相关因素的过程。其中，在第一阶与第二阶审查过程中，法院主动审查相关因素的判断过程；在第三阶审查中，法院宜尊重行政机关对相关因素的权重判断。

关键词：行政解释；考虑相关因素；司法审查

一、引言

“解释是任何规则适用的一个不可或缺的步骤。”①行政机关在适用法律时需要对法条中的不确定法律概念进行解释。根据应用场域的不同，可以将行政解释分为两类：一般性的行政解释与个案中的行政解释。具体而言，“一般性的行政解释”通常由国务院及主管部门以规范性文件

---

* 黄琳，清华大学法学院博士后研究人员。本文初稿曾在浙江大学光华法学院举办的“第26期行政法判例研读”与南京师范大学法学院举办的“第二届长三角地区行政法博士生培养研讨会”上作汇报。感谢各位师友对文稿提出的宝贵意见。

① ［英］维尔：《宪政与分权》，苏力译，三联书店1997年版，第313页。

的形式作出，内容具有普遍性，形式上接近于成文法。[②] 在实际操作中，凡国务院自行制定颁布的法规，有些在附则中规定由国务院解释，有些没有规定由谁解释，但多数情况下是授权法规所涉及的主管部门制定实施细则和(或)解释；如果是部门制定报国务院批准颁布的法规，一般由制定部门解释。[③] 学界通常将其统称为"行政规范性文件"。与之相反，"个案中的行政解释"是行政机关在行政认定[④]过程中，为确定事实、解释不确定法概念和一般性条款而作出的解释。

近年来，学界对于行政规范性文件的研究热情持续高涨，但有关个案行政解释的讨论却异常冷清。[⑤] 造成这种落差的成因很多，其中一个原因或许与我国司法审判实践中法院较少针对个案行政解释作详细审查有关。毕竟，对于"主要证据不足""适用法律、法规错误""违反法定程序"[⑥]的行政行为，司法审查的重点直接且明确。相反，对于个案行政解释的判断，需要结合具体案情作详细分析，仔细考察行政机关在个案解释过程中是否考虑了相关因素，审查难度较大。与此同时，尽管"考虑相关因素标准"不是一个新鲜词，但多数学者仅将其作为行政裁量合理性问题讨论过程中的一个小分支，观点大同小异，鲜少将其作为研究重点。

指导案例60号"盐城市奥康食品有限公司东台分公司诉盐城市东台工商行政管理局工商行政处罚案"(以下简称奥康食品案)的出台为我们提供了研究个案行政解释的良好契机。该案中，原被告双方对于GB 7718－2004《预包装食品标签通则》中所涉及的不确定法律概念的理

---

② 1981年第五届全国人大第19次常委会通过的《关于加强法律解释工作的决议》规定："不属于审判和检察工作中的其他法律、法令如何具体应用的问题，由国务院及主管部门进行解释。"

③ 参见张志铭：《关于中国法律解释体制的思考》，载《中国社会科学》1997年第2期。

④ "行政机关适用法规范处理个案时，需要在法定程序规范下进行调查、核实个案的事实，同时，还需要分析、解释法规范中的构成要件，在此基础上完成个案认定的事实与法规范中构成要件之间的逻辑勾连。上述过程可称之为'行政认定'。"参见章剑生：《现代行政法总论》，法律出版社2014年版，第95页。

⑤ 笔者以"行政规范性文件""行政规范性文件的司法审查"为关键词在中国知网上检索相关论文，检索结果超过500篇；而以"个案解释""行政解释"为关键词进行检索，相关论文少于20篇。最后检索时间日期：2017年8月26日。

⑥ 《行政诉讼法》第70条规定："行政行为有下列情形之一的，人民法院判决撤销或者部分撤销，并可以判决被告重新作出行政行为：(一)主要证据不足的；(二)适用法律、法规错误的；(三)违反法定程序的；(四)超越职权的；(五)滥用职权的；(六)明显不当的。"

解产生分歧。法院在审理过程中运用“考虑相关因素标准”详细考察了行政机关的个案解释，揭示出原告与行政机关之间的分歧成因，为解决涉案争议奠定了基础。为进一步解析考虑相关因素标准的适用机理，本文将以“奥康食品案”为切入点，分析法院审查个案行政解释的逻辑框架与裁判思路；同时，结合相关行政诉讼法学理论，解读考虑相关因素标准的内在构造与判断基准。笔者希冀在上述思考中探寻考虑相关因素标准在个案行政解释司法审查中的容身之所，进而使之成为法院手中挥舞自如、得心应手的利器。

二、隐匿于指导案例60号的问题

（一）案情概要

2012年2月21日，被告盐城市东台工商行政管理局（以下简称东台工商局）行政执法人员在执法检查时，发现原告盐城市奥康食品有限公司东台分公司（以下简称奥康公司）所销售的金龙鱼牌橄榄原香食用调和油未标示橄榄油的添加量。被告东台工商局经立案调查，认定原告经营标签不符合《食品安全法》规定的食品，属于食品标签上特别强调添加某种有价值、有特性配料而未标示添加量的情形，随后作出责令改正、没收违法所得的行政处罚。原告不服，申请行政复议，复议机关维持该处罚决定。原告遂起诉至法院，由是成讼。

原告奥康公司诉称：被告东台工商局作出的行政处罚决定违反了GB 7718－2004《预包装食品标签通则》（以下简称《2004通则》）的规定。原告认为，其经营的金龙鱼橄榄原香食用调和油标签上的“橄榄原香”是对产品物理属性的客观描述，并非对某种配料的强调，不需要标明含量或者添加量。橄榄油不是“有价值、有特性的配料”。

被告东台工商局辩称：原告奥康公司经营的金龙鱼牌橄榄原香食用调和油标签正面突出“橄榄”二字，配有橄榄图形，吊牌写明“添加了来自意大利的100%特级初榨橄榄油”，但未注明添加量，这就属于食品标签上特别强调添加某种有价值、有特性配料而未标示添加量的情形。

法院审理后认为，《2004通则》规定的“强调”是特别着重或着重提出，在一般意义上，通过名称、色差、字体、字号、图形、排列顺序、文字说明、同一内容反复出现或多个内容都指向同一事物等形式表现，均可理解为对某事物的强调。有价值、有特性的配料,是指对人体有较高的营养作用,本身不同于一般配料的特殊配料。通常理解,此种配料的市场价格或营养成分应高于其他配料。本案中,原告销售的金龙鱼牌橄榄原香食用调和油的外包装突出了“橄榄”二字,强调了该食用调和油添加了橄榄油的配料。因此,奥康公司未标示橄榄油的添加量,属于违反食品安全标准的行为。故判决维持东台工商局所作的行政处罚决定。

(二)问题整理

“奥康食品案”作为指导案例公布时,由最高人民法院(以下简称最高院)整理的裁判要点有两个:

(1)食品经营者在食品标签、食品说明书上特别强调添加、含有一种或多种有价值、有特性的配料、成分,应标示所强调配料、成分的添加量或含量,未标示的,属于违反《中华人民共和国食品安全法》的行为,工商行政管理部门依法对其实施行政处罚的,人民法院应予支持。

(2)所谓“强调”,是指通过名称、色差、字体、字号、图形、排列顺序、文字说明、同一内容反复出现或多个内容都指向同一事物等形式进行着重标识。所谓“有价值、有特性的配料”,是指不同于一般配料的特殊配料,对人体有较高的营养作用,其市场价格、营养成分往往高于其他配料。

对比最高院公布的判决要点与法院的审理思路可以发现,针对“强调”“有价值、有特性的配料”这两个引起争议的不确定法律概念,法院将审查重点落在解读过程中的考虑因素。这其中蕴含的思考逻辑在于,“强调”和“有价值、有特性的配料”这两组词是使用频率较高的日常用语,其特点在于概念核心广为人知,但概念外围的边界却模糊不清。因此日常用语的内涵通常由生活经验而非先验逻辑所决定。⑦ 在“奥康食品案”中,法院选择的办法是运用“考虑相关因素标准”,考察行政机关在解释这两个内涵模糊的概念时所考虑的各类具体因素,主要包括“名称、色差、字体、字号、图形、排列顺序、文字说明”等,以及“不同于一般配料的特殊配料”“对人体有较高的营养作用”等,来确定“强调”和“有价值、有特性的

⑦ 参见金自宁:《地方立法行政许可设定权之法律解释——基于鲁潍案的分析》,载《中国法学》2017年第1期。

配料”在《2004 通则》中的内涵。通过列举比对上述因素，不断缩小这两个日常用语的概念核心，将其概念外围收缩在一个相对固定的界限内。而最高院发布的裁判要点直接将法院的审判理由纳入其中，更是间接证明了最高院对该案中法院审理逻辑的赞同。就此而言，“奥康食品案”可以作为我们考察“考虑相关因素标准”的适当入口。

乍一看，“考虑相关因素标准”似乎简单明确。但是明确不意味着确定。在此标准之下，尚有许多具体的制度设计与考察对象等待逐步构建。经过梳理，笔者将下文等待论证的问题提炼为：(1)如何确定“考虑相关因素标准”的内涵，亦即什么是“相关”的因素，怎样对这些相关因素进行“考虑”；(2)探索“考虑相关因素标准”在司法审查实践中的运用现状及其背后的学理渊源；(3)在此基础上，回顾“奥康食品案”的裁判逻辑，分析“考虑相关因素标准”在未来的行政诉讼实践中的基本适用框架和制度构造。

值得一提的是，在学者研究的过程中，“不考虑相关因素标准”常常与“考虑相关因素标准”相提并论。简言之，行政主体在实施行政行为时，若考虑了不应当考虑的事项，或者没有考虑应当考虑的事项，就是不相关的考虑。[⑧] 由于“不考虑相关因素标准”所涉及的具体因素与“考虑相关因素标准”有很大的重合度，且“不考虑相关因素标准”不在“奥康食品案”所涉及的实施问题之内，因此下文的讨论仅聚焦于“考虑相关因素标准”的构成要素与制度功能。

三、从“学理—判决”的互动中解读“考虑相关因素标准”

相关因素，是指与行政自由裁量的各环节或要素之间有某种合理的关联性的各类因素。究其本质，相关因素会对行政机关作出裁量决定的推理过程与质量产生一定的影响，能够保证行政行为基本上按照法律设定的目标方向作出有助于推进和实现法律所体现的特定目的和政策。[⑨] 由此成为焦点的问题是，究竟应如何提炼这些值得考虑的因素。目前学

⑧ 参见叶必丰：《行政合理性原则的比较与实证研究》，载《江海学刊》2002 年第 6 期。

⑨ 参见余凌云：《行政自由裁量论》（第 3 版），中国人民公安大学出版社 2013 年版，第 81 页。

界相关讨论中较有代表性的学说视角主要有如下两种：一种观点倾向于从处理方式是否违反比例原则、是否没有正当理由的区别对待、是否违背业已形成的裁量准则、行政先例或者法律原则等角度来评判；⑩另一种则认为应从是否属于法律明确规定的条件、是否属于宪法和组织法上的规定、是否符合立法意图等方面入手。⑪ 下文将分述之。

（一）规范考量：法定要素

"在现代民主法治国家权力分立体制下，为达保障人权与增进公共福祉之目的，要求一切国家作用均应具备合法性，此即依法行政原则。"⑫根据依法行政原则，行政欲为特定之行为，必须有法律之授权依据。⑬ 由此可知，在行政机关的个案解释过程中，为达成依法行政的要求，法定要素的考虑比重必将远远大于其他要素。

根据要素在法律条款中出现形式的不同，我们可以将法定要素分为两种：

其一，明确列举的要素。例如，《行政处罚法》第 4 条第 2 款规定："设定和实施行政处罚必须以事实为依据，与违法行为的事实、性质、情节以及社会危害程度相当。"根据这一规定，行政机关决定是否给予行政处罚决定时应当考虑"违法行为的事实、性质、情节以及社会危害程度"，使当事人承担的法律责任与其违法行为的社会危害程度相当。由于法律法规往往对行政处罚的构成要件只作概括和抽象的规定，裁量基准便担任着使这些要件内容具体化或补充其内容的角色。"裁量基准制度的核心手段是根据情节轻重将法定的裁量幅度分割为若干裁量格次，并预设每一格次的裁量标准。"⑭裁量基准制度的格次标准设计增强了法条的可操作性，其所罗列的各类因素无疑与行政机关的个案解释过程密切相关。如《上海市工商行政管理局关于违反〈广告法〉行政处罚裁量基准》第 6 条第 1 款列举了 11 种

---

⑩ 参见何海波：《论行政行为"明显不当"》，载《法学研究》2016 年第 3 期。
⑪ 同前注⑨，第 83～84 页。
⑫ 翁岳生主编：《行政法》（上册），中国法制出版社 2009 年版，第 184 页。
⑬ 同注⑫，第 191 页。
⑭ 周佑勇：《裁量基准的正当性问题研究》，载《中国法学》2007 年第 6 期。

从重处罚的情形。[15] 由此可见,上海市工商行政管理局在决定是否对行政相对人给予从重处罚决定时,显然需要重点考虑当事人的违法行为是否属于这11种情形之一。在实务操作中,裁量基准也备受行政机关的青睐。

其二,默示列举的要素。根据通常理解,"默示"列举意味着该因素在法条中的位置不像"明确列举"的因素那么直接明了,但又属于该条文的射程范围之内。此时,"如何确定默示要素的具体内涵"无疑成为行政机关面临的一大难题。面对这一难题,或许有人会提议,可以通过法律解释或法律续造的方法确定法条中的默示要素。笔者认为,这两类方法皆不可取。法律续造与法律解释实质上是同一思考过程的不同阶段,"当某一个解释超越了字义所包含的范围,那么就应当认为该解释已经跳脱出解释的领域,进入下一环节的续造了"。[16] 法律续造以存在法律漏洞为前提,亦即存在"违反计划的不圆满性"。[17] 精准的法律解释或法律续造需要以深厚的法学功底作支撑,要求我国的基层行政执法机关在个案中完成这一复杂的学理过程,显然是不可行的。

笔者认为,凯尔森所主张的"框架理论"对于解决这一问题或许具有启发意义。凯尔森认为,法律秩序是一种从上位规范向下位规范动态推进的框架秩序。"法律秩序上下位阶之间的关系,是一种规定或曰拘束关系。上位规范对于下位规范制定行为或其他执行行为而言,在性质上是

---

[15] 《上海市工商行政管理局关于违反〈广告法〉行政处罚裁量基准》第6条从重处罚的情形:"(一)广告内容涉及政治性问题,有损国家、民族尊严或利益的;(二)广告含有淫秽、色情、赌博、迷信的内容,造成较恶劣社会影响或其他严重违法后果的;(三)广告违法内容造成损害未成年人或残疾人身心健康的后果的;(四)利用广告贬低其他生产经营者的商品或者服务,给竞争对手造成严重损失的;(五)广告内容虚假,有损害消费者人身、财产安全的后果,或导致群体性投诉、举报的;(六)违反《广告法》第十五条第一款、第三十七条规定的行为;(七)涉案广告含有两个以上违法内容(行为),违反《广告法》不同条款规定,且违法内容(行为)不含有减轻或从轻处罚情形的;(八)广告经营者、广告发布者未履行核对广告内容的法定义务,且广告内容违法,造成较恶劣社会影响或其他严重违法后果的;(九)当事人委托或自行从事广告经营活动,或者接受行政调查过程中,有提供虚假证明文件、作虚假陈述或者篡改伪造证据材料等行为,且广告内容违法的;(十)伪造、变造广告审查批准文件的行为;(十一)其他可以依法从重处罚的情形。"

[16] [德]卡尔·拉伦茨:《法学方法论》,陈爱娥译,商务印书馆2003年版,第250页。

[17] 同上注。

一种框架,其内容要由该行为去填充。”⑱这一理论的启发意义在于,当我们说某一个要素属于个案行政解释过程中应予考虑的默示要素时,实质上是指该要素蕴含于上位法的框架之内。因此,检视如何认定默示要素的问题,考察的重点在于该要素能否被合乎逻辑地从上位法中推导出来。该要素可能不是唯一的默示要素,但只要其处在法律框架内,或者说处在法律秩序可接受的范围内,行政机关在执法过程中就应当将其纳入考虑范围。

(二)目的考量:立法目的所蕴含的要素

“立法趣旨探求,是阐释法律疑义之钥匙。”⑲当无法通过解读法条内容来确定需要考虑的相关因素时,人们常常求助于立法目的的意涵,试图探索立法目的所蕴含的要素。然而,关于目的论解释是否有效的问题,学界争议迭起、难定一尊。

支持者认为,在语义空间内,有且只有目的论解释可以确保制定法的拘束。⑳ 科赫便是积极的目的论解释学倡导者。恰恰相反,以阿列克西为代表的反对者曾对目的论解释表示强烈怀疑,认为目的论解释本身极为复杂,何为法律的授权目的常常有歧义。㉑ 的确,现代社会中的立法过程往往长达数年,并交织着各种观点主张的争论和妥协,要求行政机关在日常执法工作中清楚而无疑义地探知某个法条在制定过程中的原本含义,显然太过强人所难。

笔者认为,或许可以尝试通过另外两种途径来探寻涵摄于立法目的的相关考虑因素。一方面,可以尝试对立法者的意图作一种历史的思想史和社会史的阐释。㉒ 原始的立法目的根植于特定的历史环境背景。为

⑱ [奥]凯尔森:《法与国家的一般理论》,沈宗灵译,中国大百科全书出版社 1996 年版,第 31 页以下。

⑲ Oertmann, Interesse und Begriff in der Rechtswissenschaft, 1931, S. 12. 转引自王泽鉴:《民法思维》,北京大学出版社 2009 年版,第 190 页。

⑳ Hans-Hoachim Koch, Unbestimmte Rechtsbegriffe und Ermessenserm? Chtigungen im Verwaltungsrecht, Frankfurt am Main, 1979, S. 28f. 转引自王天华:《行政法上的不确定法律概念》,载《中国法学》2016 年第 3 期。

㉑ 参见[德]罗伯特·阿列克西:《法:作为理性的制度化》,雷磊编译,中国法制出版社 2012 年版,第 223 页以下。

㉒ 参见[德]赫尔穆特·科殷:《法哲学》,林荣远译,华夏出版社 2003 年版,第 212 ~ 213 页。

避免对立法目的的解读陷入教条僵化的尴尬,行政机关在个案解释过程中可以借助立法者的“制度记忆”,[23]将当下的社会生活环境与立法者的境况作对比,将过去的考虑因素嵌入当下环境的判断。这样一来,行政解释可以实现前后连贯,兼顾当时的立法目的与现实的个案情境。另一方面,在适用文义解释方法之后,可以运用体系解释的方法,综合考察某一法律条文的立法目的。美国的 Souter 大法官在审理案件时曾指出,体系解释对于行政解释的结果影响重大。[24] 将需要解释的不确定法律概念置于整个法律文本甚至整个法律体系中进行观察和把握,有助于深化行政机关对该法立法目的的认识。

(三)行为结果考量:导致行政解释明显不当的要素

2014 年《行政诉讼法》修订时,新增了“行政行为明显不当”审查标准。根据《行政诉讼法》第 70 条的规定,对于“明显不当”的行政行为,“人民法院判决撤销或者部分撤销,并可以判决被告重新作出行政行为”。而第 77 条第 1 款规定,对于“行政处罚明显不当,或者其他行政行为涉及对款额的确定、认定确有错误的”,人民法院可以判决变更。由于社会事务多元复杂,为避免明显不当的行政解释,行政机关在确认不确定法律概念的具体内涵时,需要履行个案考虑义务,斟酌个案中的所有情况,实现与个案相匹配的个别化。

那么,一个亟待解决的问题就是:如何判断某个行政解释是否明显不当呢?换言之,明显不当的判定标准是什么?笔者认为,对该问题的回答,或许可以从以下三个方面入手。

首先,考察该行政解释涉及的要素是否符合比例原则。综观学者的论述可以发现,比例原则的审查一般包括适当性原则、必要性原则和狭义比例原则。[25] 适当性原则是指公权力行为的手段必须能够促成其所追求

---

[23] 美国学者 Peter Strauss 将各类立法资料档案称为“制度记忆”(institutional memory),包括国会和行政机关往来的各种备忘录、听证记录、文书附件,也包括白宫和总统办公室所提出的公文和审查意见。参见 Peter L. Strauss,“When the Judge Is Not the Primary Official with Responsibility to Read: Agency Interpretation and the Problem of Legislative History”,66 *Chicago-Kent L. Rev.*,1990,p. 330。

[24] “There is, then, no ‘effectively irrebuttable’ presumption that the same defined term in different provisions of the same statute must be interpreted identically. Context counts.” Environmental Defense v. Duke Energy Corp.,549 U. S. 576,576 (2007).

[25] 也有学者将比例原则概括为“适当性、必要性和平衡性”三个子原则。参见杨登峰:《从合理原则走向统一的比例原则》,载《中国法学》2016 年第 3 期。

的目的;必要性原则要求在多种可能的适当手段中,选择最温和、对被限制对象干预最小的手段;狭义比例原则要求手段所追求的目标大于对基本权利造成的损害或者不利益。[26] 透过比例原则来观察个案行政解释是否构成明显不当,其实质考验在于:行政机关在解释过程中考虑的相关因素是否适当;该因素的存在对行政机关作出的解释结论是否必要;该因素能否满足利益衡量方案的要求。

接下来,让我们把目光转向司法实践,观察比例原则在涉及"行政行为明显不当"的行政诉讼案件中的适用情况。笔者同时以"明显不当"和"比例原则"为关键词在北大法宝数据库中进行搜索。搜索结果显示,共有 33 个行政判决适用比例原则审查行政行为是否构成明显不当。[27] 其中,有为数不少的法院仅在判决理由中以春秋笔法简单提及"比例原则",未对比例原则的内涵、规避明显不当行政行为的因素作详细阐释。如在"陈某诉济南市城市公共客运管理服务中心行政处罚纠纷案"[28]中,法院指出,"行政处罚应当遵循比例原则,做到罚当其过。被告将本案行政处罚所针对的违法行为及其后果全部归责于原告,并对其个人作出了较重的行政处罚,处罚幅度和数额畸重,存在明显不当"。

但也有例外,如在"桃江县浮邱山乡人民政府与陈某莼等其他行政行为上诉案"[29]中,一审法院不仅适用比例原则审查被诉行政行为,而且进一步指出该行政行为违反了必要性和狭义比例原则,指出"被告完全可以在强制过程中将原告的苗木进行移栽或用其他有效手段妥善处置,但却采用碾压的方式进行损坏,扩大了原告的损失,也违反了最小侵害原则,被告的行政行为明显不当"。而在"佛山市国土资源和城乡规划局等诉李某规划行政许可案"[30]中,法院不仅确认被诉行政行为违反了比例原则,更精确地指出被告应该考虑,但未考虑的因素包括"原告房屋日照、采光方面受到的影响、选址、规格等审核内容"。

---

[26] Pieroth/Schlink,a,a. O. S. 68f. 转引自张翔、田伟:《"副教授聚众淫乱案"判决的合宪性分析》,载王利明主编:《判解研究》2011 年第 2 辑(总第 56 辑),人民法院出版社 2011 年版,第 170 页以下。

[27] 载北大法宝:http://www.pkulaw.cn/Case/,最后访问日期:2017 年 8 月 29 日。

[28] (2015)市行初字第 29 号。

[29] (2017)湘 09 行终 14 号。

[30] (2016)粤 06 行终 422 号。

其次,考察该行政解释考虑的要素是否符合社会大众的正常判断。为避免行政解释陷入“明显不当”的困境,除比例原则外,行政机关也需要对另一个判断标准予以关注——“社会大众的正常判断”。囿于社会大众意识形态的多元化,我们难以确立一个量化的标准来框定其内涵。因此,多数学者选择以定性描述的方式来指导行政解释符合“社会大众的正常判断”。例如,有学者主张,如果一个正常的理智的公民毫无争议得一眼就能发现,则该行政解释属于明显不当。[31] 也有学者认为,社会大众的判断只能以大多数人的理解为基准,即舍去高智商者(法学家、法官等)和低智商者(文盲、精神病患者等)的判断,取两者的中间值,即正常人、一般人的判断。[32] 与此同时,也需要将公序良俗原则、社会影响、行政效率等情况纳入权衡的范围。由此,个案行政解释才能做到真正符合社会一般价值观念。

最后,考察该行政解释所考虑的因素是否有助于实现“同案同判”。“明显不当”的第三个评判标准是“同案同判”。正如博登海默指出的,“正义的一个基本原则要求就是,法律应当以相同的方法处理基本相似的情形”。[33] 行政机关在个案执法过程中,当面对相同或相似的个案事实时,若在法律适用过程中作出的行政解释差异过大,不仅不利于实现个案正义,而且会在一定程度上危及行政相对人对行政机关的信任。而同案同判的关键就在于,行政机关需要继承延续在先的行政解释所采纳的解释逻辑与考虑因素。实践中,行政机关可以采取遵循行政惯例与保持说明理由前后一致的方式来实现这一目标。与前述“制度记忆”的功能类似,行政惯例与行政机关的理由说明对于行政解释前后一致大有裨益。

一方面,遵循行政惯例有助于增强法律之内的连续性与稳定性。[34] 行政惯例早已“出现在一定时期内统治者及其公务员作出的裁决、宣言及习惯做法中,已经具有了跨事件、跨程序的反复适用效力,并作为具体行政

㉛ [德]汉斯·J.沃尔夫、奥托·巴霍夫、罗尔夫·施托贝尔:《行政法》(第3卷),高家伟译,商务印书馆2007年版,第83页。

㉜ 同前注⑧。

㉝ [美]E.博登海默:《法理学—法哲学及其方法》,邓正来、姬敬武译,华夏出版社1987年版,第496页。

㉞ See Frank A. Schubert, *Introduction to Law and the Legal System* (Seventh Edition), Houghton Mifflin Company, 2000, p. 231.

行为的重要依据”。[35]

另一方面,强化行政惯例约束力量的一个重要举措就是要求行政机关在说明理由的过程中维持前后一致。“行政机关如欲偏离前案中的理由,作出不同的行政行为,则必须承担起罗列案件之间的相异点,以支撑不同利益衡量的举证责任。”[36]然而,由于当前的行政法规范尚无明确规定要求行政机关在书面行政决定书中说明理由,通过说明理由来约束行政解释的美好愿望恐怕难以实现。鉴于这种困境,一个可行的办法是将关注点集中于行政机关在行政诉讼过程中向法院递交的答辩意见,通过解读行政机关为自己所作的变化,逐步界定该行政解释在处理具体问题时的个性化努力是否有助于实现“同案同判”,同时等待行政过程中说明理由制度的设计与落实。

(四)小结

概而论之,个案行政解释审查中“考虑相关因素标准”的内涵主要包括三个方面:(1)考虑法定要素,包括明确列举的要素和默示列举的要素。(2)考虑立法目的所蕴含的要素。为避免对立法目的的解读过于僵化,需要运用历史的解读视角与体系解释的方法,兼顾立法原意与当下环境中的立法目的。(3)考虑容易导致行政解释明显不当的要素。具言之,可以从三个角度着手来确认是否构成明显不当:考察该行政解释涉及的要素是否符合比例原则;考察该行政解释考虑的要素是否符合社会大众的正常判断;考察该行政解释所考虑的因素是否有助于实现“同案同判”。

上述几个要素互有关联,且彼此相依。法定要素的内容最为重要,在所有相关要素中行政机关应最先予以考虑。法定要素在个案中的具体内涵有时会与立法目的所蕴含的要素存在部分重叠。但经过解释学方法诠释后,立法目的要素的射程往往比法定要素更广。与前两类要素相比,造成明显不当的要素更重视价值判断与利益衡量,其内容也更烦琐具体,个案差异性程度较高。行政机关在进行个案解释时适用,对于“考虑相关因素标准”不能只是单纯的机械推演,而是要完成一个分析具体事实与权衡

---

[35] [法]莱昂·狄骥:《宪法学教程》,王文利等译,辽海出版社、春风文艺出版社1999年版,第31页。

[36] 郑春燕:《现代行政中的裁量及其规制》,法律出版社2015年版,第226页。

相关要素的思维过程。

四、"考虑相关因素标准"在司法实践中的运用

行文至此,我们已对个案行政解释中的"考虑相关因素标准"作了深入剖析。接下来的任务就是观察"考虑相关因素标准"在鲜活的司法实践中的适用情况,为司法机关提供一个相对清晰的适用框架。

(一)"考虑相关因素标准"的三阶审查模式

从逻辑上讲,"考虑相关因素标准"的司法审查过程可分为三个阶段:第一,评判"相关因素"的范围,亦即审查个案行政解释中行政机关考虑了哪些因素。第二,确定行政机关考虑了这些因素后得出的行政解释是否合法合理。合法的行政解释必然符合"依法行政原则"的要求,合理的行政解释则需要通过"明显不当标准"的考验。第三,若个案行政解释不合法或明显不当,检视行政机关对于前述相关因素之间如何进行衡量和权重。换言之,对这个不合法或明显不当行政解释的"病灶"进行精准定位。

这三个审查阶层中,第一阶和第二阶审查涉及评判方法问题,即法院需要确定从哪些方面去考察个案行政解释牵涉的相关因素,以及分析解释结果的合法性与合理性。第三阶审查涉及评判尺度问题,即如何把控司法审查触及行政解释过程的界限与范围。由于上述三阶审查涵盖的问题存在相互重叠的现象,实践中法院往往会混合考虑。有鉴于此,我们有必要对上述三阶层审查模式作进一步探讨,以便更好地构筑"考虑相关因素标准"司法审查的方法论进路。

(1)第一阶审查与第二阶审查:法院审查"相关因素"的判断过程。功能主义程序性审判模式认为,实体性判断专属于行政机关,而程序上的控制则交给法院。法院着重审查行政决定的程序、过程是否公正。[37] 根据这一主张,司法审查的目的在于维护客观的行政法律秩序和救济个人权利,法院的角色应始终限定为"公正的维护者"。[38] 这一论点内含两个面向。一方面,法院的救济权能应当是被动消极的。换言之,法院应恪守其法律守护者的身份,防止过度入侵行政疆域。因为"过多的司法干预将不

---

[37] 参见王贵松:《行政裁量的构造与审查》,中国人民大学出版社 2016 年版,第 77 页。

[38] 同前注⑨,第 94 页。

仅抑制政府效率和及时行动的能力，而且违反人民通过选举、立法与执法机构来实行自治的民主原则”。[39] 另一方面，“只有当结果极不合理、极不公正时”，[40]法院才能进行干预。此时，法院可以将行政过程作为观察对象，考察行政机关是否考虑前述的三大类相关因素，在此基础上审查行政解释结果与相关因素之间的互动过程，对行政解释的妥当性进行评价。然而，当面对纯粹的价值判断问题时，司法机关应当给予行政解释必要的尊重。

上述“相关因素”判断过程的理论建构必须立基于现实的司法实践。通过观察和梳理已有的判决，我们可以了解法院对于需要纳入考量范围的因素的认定姿态。有时，法院会概括性地指出行政机关应当予以考虑的因素。例如，在“王某萍诉河南省中牟县交通局交通行政赔偿案”[41]中，法院经审理后认为，当时原告拖拉机上载着31头生猪，被告在作出行政处罚决定时“未考虑按照常理应当考虑的因素”，因而判决被告对原告进行赔偿。而在另一些情境中，法院没有仅仅停留在笼统概括上，而是更进一步地讨论了个案中“相关因素”的详细内容。例如，在“侯某等诉上海市普陀区住房保障和房屋管理局无业区域划分案”[42]中，法院认为，被告行政机关在划分物业管理区域时，综合考虑了“同创大厦与同乐住宅小区在同一个规划设计中”“其配套设施设备上存在共用性”“小区的自治管理”等因素，因此被诉行政决定具有合理性。又如“陈某诉辽宁省庄河市公安局不予行政赔偿决定案”[43]中，法院采用比例原则进行衡量后指出，“相对于人的生命而言，破损车门或者造成轿车毁损对他人利益的损害明显较小，交警在紧急情况下采取气焊割门的方法强行打开车门救出韩勇的行为，具有充分的合理性”。而在“苏州鼎盛食品有限公司与江苏省苏

---

[39] 张千帆：《西方宪政体系》，中国政法大学出版社2000年版，第228页。

[40] 同前注⑨，第94页。

[41] 《中国行政审判指导案例》第18号案例，载《中国行政审判指导案例》（第1卷），中国法制出版社2010年版，第90页。

[42] 《中国行政审判指导案例》第108号案例，载《中国行政审判指导案例》（第3卷），中国法制出版社2013年版，第139页。

[43] 《中国行政审判指导案例》第19号案例，载《中国行政审判指导案例》（第1卷），中国法制出版社2010年版，第94页。

州工商行政管理局工商行政处罚上诉案”[44]中,法院认为,被告未考虑“鼎盛公司主观上无过错”“侵权性质、行为和情节显著轻微”“尚未造成实际危害后果”等因素,对鼎盛公司并处50万元罚款,导致行政处罚的结果与违法行为的社会危害程度之间明显不适当。

(2)第三阶审查:法院尊重行政机关对相关因素的权重判断。前已述及,第三阶主要针对司法审查界限的问题。法院一般不干预相关因素考虑过程中的纯粹权重问题,而是尊重行政机关在实体决策中的判断。此处限制司法权介入行政权领域的深度和广度,其目的是“使行政权的行使有一个足以控制社会秩序的基本效率”。[45] 具言之,司法通常基于以下几个面向对行政解释给予尊重。

第一,尊重行政专长。对于某些高度复杂或专业化的领域,行政机关具有远高于法院的事实认定能力,对于环境标准、产品质量等技术性强的领域则尤其如此。[46] 这种专业知识上的优势类似于韦伯所称的“卡利斯玛型权威”。[47] 另一方面,行政机关及其工作人员长期从事本职工作所积累的工作经验,增强了其行政解释的可信度。

第二,尊重行政机关的判断余地。“判断余地”是德国行政法上的概念,意指法院应当充分尊重行政机关享有的“有限的决定自由空间”。[48] 虽然我国法院没有明确提出过“判断余地”的概念,在长期的司法实践中,各级法院不约而同地在几个特定领域中收缩自己的审查疆域。例如,涉及风险预测的判断、高度人身性的专业判断(如考试结果评判)、专家委员会的判断等,法院会给予较大程度的尊重。[49]

第三,出于司法职能转变的考虑。除行政专长与判断余地外,现代行政国家大背景下司法的职能转变也是促成行政尊重的缘由之一。有学者

---

[44] (2011)苏知行终字第4号,载《最高人民法院公报》2014年第10期(总第204期)。

[45] 参见章剑生:《现代行政法基本理论》,法律出版社2014年版,第104页。

[46] 周汉华:《论行政诉讼中的司法能动性——完善我国行政诉讼制度的理论思考》,载《法学研究》1993年第2期。

[47] 韦伯所称的“卡利斯玛型权威”,强调对非凡品质以及神圣性的效忠。参见马克思·韦伯:《支配的类型》,康乐等译,载《韦伯作品集Ⅱ:经济与历史支配的类型》,广西师范大学出版社2004年版,第303页。

[48] [德]毛雷尔:《行政法学总论》,高家伟译,法律出版社2000年版,第136页。

[49] 同前注[37],第67页。

曾将现代国家喻为“保姆国家”,指出“到了 1990 年之后,这个保姆已经上了年纪,她的表现已经大不如前。她应该退休了,或是卸下她的部分责任”。[50] 鉴于此,法院也需要调整其司法职能,在某些领域中限缩其审查权能,适度尊重行政机关的实体判断。毕竟,“虽然法官必定拥有最后决定权,然而法官的最后判决却不因此而是最佳的决定”。[51]

（二）检视“考虑相关因素标准”在指导案例 60 号中的适用

上述讨论构筑起了一个相对完整的“考虑相关因素标准”适用图景,包括三类具体的“相关因素”与三阶层司法审查路径。基于这样的认知脉络,为使论证过程更加完整,我们有必要回溯“奥康食品案”的审查逻辑,重新审视“考虑相关因素标准”在该案中的适用状况。

从“奥康食品案”的判决书来看,法院的审理过程主要分为三个步骤:

首先,法院对涉及食品安全标准的相关规定作了梳理,确认《2004 通则》是对《食品安全法》作细化规定的下位规范,且在案件发生时尚未被 GB 7718 - 2011《预包装食品标签通则》取代。故被告东台工商局适用法律正确。

其次,法院将审查重心落在对《2004 通则》的解读。《2004 通则》规定 4.4 条规定:“预包装食品标签的所有内容,不得以虚假、使消费者误解或欺骗性的文字、图形等方式介绍食品;也不得利用字号大小或色差误导消费者。”5.1.3.1 条规定:“如果在食品标签或食品说明书上特别强调添加了某种或数种有价值、有特性的配料,应标示所强调配料的添加量。”本案的争议集中于对“强调”“有价值、有特性的配料”这两组不确定法律概念的理解。结合“考虑相关因素标准”的内涵来细读本案裁判理由,我们发现法院并没有试图从《2004 通则》或《食品安全法》中寻找法定要素或立法目的所蕴含的要素。事实上,不仅这两个规范性文件中没有提及,其他相关的规范性文件中(如《江苏省行政执法责任追究办法》《江苏省行政处罚监督办法》等)也难以寻觅对于食品标签的框架性规定。有鉴于此,法院选择另辟蹊径,从明显不当要素切入。法院认为,“一般意义上,

---

[50] Stephen Crook, Jan Pakulski, Malcolm Waters, *Postmodernization: Change in Advanced Society*, London, Sage Publication, 1992, p. 79.

[51] [美]德沃金:《法律帝国》,李常青译,中国大百科全书出版社 1996 年版,第 336 页。

通过名称、色差、字体、字号、图形、排列顺序、文字说明、同一内容反复出现或多个内容都指向同一事物等形式表现,均可理解为对某事物的强调”。而“有价值、有特性的配料”的通常理解是“此种配料的市场价格或营养成分应高于其他配料”。从此裁判理由中我们可以看到,法官裁判逻辑起点是社会大众的正常判断。

最后,为满足“同案同判”的要求,与“常熟市聚满仓食品有限公司诉无锡工商行政管理局北塘分局、第三人无锡市洁雷副食品商行工商行政处罚纠纷上诉案”[52]相似,法院仔细考察了原告奥康公司所销售的金龙鱼牌橄榄原香食用调和油的外包装,认为原告的食品标签上“以图形、字体、文字说明等方式突出了‘橄榄’二字”,并且“在吊牌(食品标签的组成部分)上有‘添加了来自意大利的100%特级初榨橄榄油’等文字叙述”。由此,法院得出结论:原告所销售的橄榄油违反了《2004 通则》5.1.3.1 条的规定。

令人遗憾的是,法院的判决理由没有提及“考虑相关因素标准”的第三阶层审查,或隐或显地表现出回避的姿态,错失了通过指导案例深化“司法尊重”的好机会。或许在法院看来,经审理后发现被告东台工商局所作的行政处罚决定“具有事实和法律依据”,法院的任务就已完成。

五、结语

当下的中国正处在艰难的社会转型中,我们的法治建设也进行到了关键时期,正逐步迈向自主型进路,即“把解决中国实际问题、实现有效的社会控制与治理的要求渗透到法律及其运作的整个过程之中,从而形成与中国国情相适应的法治体系”。[53] 囿于法律体系的封闭性与法律语言的模糊性,法律解释在这个时刻显得尤为重要。本文无意也不可能全面完成行政解释司法审查标准的分析与归纳,而是把焦点集中在“考虑相关因素标准”上,对这一传统行政法学研究经常提及,但甚少投入关注的领

---

[52] (2010)锡知行终字第 1 号,最高人民法院公布 2010 年中国法院知识产权司法保护 50 件典型案例之四十七。该案中,为审查原告销售的产品是否构成不正当竞争,法院仔细比对了两种涉案商品的外包装。

[53] 顾培东:《中国法治的自主型进路》,载《法学研究》2010 年第 1 期。

域进行深入探索。通过对指导案案例 60 号与其他相关本土案例的充分挖掘,本文初步建构起“考虑相关因素标准”的适用框架,包括三类相关要素的内涵与三阶层审查逻辑,希冀为司法机关今后面对类似问题时提供足够的智识资源。

●行政奖励的承诺与审查

——源于《中国行政审判案例》第56号案例的思考

苏笑梦*

摘　要:行政奖励广泛运用于地方政府发展经济的招商引资工作中，就其中的行政机关拒绝兑现承诺奖励的行为进行制约与救济机制的探讨,对保护公民权利具有重大意义。《中国行政审判案例》第56号采取民法思维的裁判路径,把公法义务的来源和审判标准均搭建在民法理论之上,将引发公法权利与行政法体系在受案范围上的排异反应,也不符合依法裁判的要求。着眼于以规范性文件形式所承诺的行政奖励,以"法定职责"为主线所重构的救济路径,将履行行政义务拉回到依法行政的轨道上,是对行政奖励这类新型的行政行为进行公法体系下的救济出路的探索。在法的拘束下,根据规范的要求法对行政奖励,可因授益特征作适当调整,不作法律保留。行政机关在特定领域内享有政策形成的自由,但该自由也应接受法的拘束。若政策形成的内容不抵触上位法,且具有明确、可预测性强等特点,司法应给予适当尊重。

关键词:行政奖励;承诺;法的拘束;合法性审查

一、引论:招商引资中拒绝兑现承诺奖励的问题

在现代国家中,尽管政府所肩负的行政任务不断被丰富,但其中的发展经济任务始终占据重要位置。为发展地方经济,在政策的驱

---

* 苏笑梦,华东政法大学法律学院2016级宪法学与行政法学专业硕士研究生。作者感谢华东政法大学法律学院陈越峰老师、张心泉老师对本文给予的悉心指导,感谢上海交通大学博士研究生朱思懿、华东政法大学硕士研究生周鹏、张昊、陈红、张怡静、陈洁和吴嘉懿等师友所给予的宝贵意见。

使下，地方各级政府长期以来将招商引资作为繁荣经济的主要途径，并利用税收优惠、配套基础设施等各类举措扩大优势，吸引优质商业资源进驻本地发展。除此之外，在招商引资过程中，还有一种致力于吸收民众参与经济任务达成的奖励手段也得到了地方政府的普遍运用。①

奖励手段在实践中表现形态多样。地方各级政府多以规范性文件形式进行奖励承诺，个别也会采用公告或者协议等发布奖励内容。② 相比传统的行政行为，这种行政奖励驱动民众挖掘自身经济价值的同时，也暗含经济管理目标的实现过程，不仅凸显了利益平衡的积极效果，还呈现了个人与政府协同合作的良好状态。

诚然，行政奖励通过统一个体利益和公共利益，推动招商引资项目的顺利落地，但在这一柔性行政手段背后，按照奖励的条件协助完成经济任务的公民遭行政机关拒绝兑现承诺也是业已发生的事实。对于因此而发生的诉讼纠纷，司法机关能否为公民提供救济，以何种机制提供救济，不仅关系到公民权利的保护程度，也影响到依法行政的实现。虽然自《中国行政审判案例》第22号黄某友案后，将招商引资领域内因行政机关拒绝兑现承诺奖励的纠纷纳入行政诉讼框架内调整已逐渐成为司法实务界的共识，③但由于行政奖励的规范制度建构较为滞后，司法机关在禁止拒绝裁判和行政法规范建设不充分的矛盾中，也尚未形成明确而统一的裁判

① 《法治政府建设实施纲要（2015—2020）》强调要创新行政执法方式，推广运用说服教育、劝导示范、行政指导、行政奖励等非强制执法手段。各地方政府为更好规范行政奖励工作相继制定实施细则，如《杭州市行政奖励实施细则》（杭政函〔2018〕25号）。

② 截至2018年5月25日，笔者以“招商引资、奖励、承诺、允诺”为关键词在“无讼案例网”（来源中国裁判文书网）进行搜索查询，共检索到72项判决记录。经收集和整理，剔除36项民事记录和9项刑事记录，还剩下27份行政诉讼的判决记录，22个案例。在这22个有关招商引资奖励承诺的纠纷案件中，就有19个被告以规范性文件形式的奖励承诺。

③ 2004年1月14日，最高人民法院结合行政裁判实践经验发布《关于规范行政案件案由的通知》，其中将行政奖励、行政允诺等活动纳入行政行为种类之一，这在一定程度上扩充了民众的行政诉权；2009年11月9日，最高人民法院印发《关于印发保护行政诉讼当事人诉权的意见的通知》（法发〔2009〕54号），再次强调依法积极受理行政给付、行政允诺等新类型案件，回应民众现实司法需求。另外，“行政允诺”与“行政承诺”仅用语习惯上的不同，为避免混淆，下文将统一使用“行政承诺”。

方式。④

在学界,有学者很早就关注到了这一类对相对人不产生直接约束力而引发的行政法律关系,并强调应将其作为现代行政法学的重要研究课题加以探讨,⑤随后,也有为数不多的著作着墨于行政奖励的相关问题。这些著作中既有概念分析与建构、现实运作弊病的揭露,也有论及监督和制约行政奖励权的迫切,都较好地展现了行政奖励的大部分面貌。但较为遗憾的是,这些研究都毫无例外地将问题的解决指向了宏观的行政奖励制度建设和完善,⑥而与公民切实相关的权利救济机制、行政机关兑现奖励的义务基础等问题却未见应有的论述与澄清,存在较大的缺漏。在更为广阔的法的拘束问题上,法对奖励承诺行为具有何种程度的拘束更是鲜有细致而深入的讨论。

行政机关对承诺奖励的兑现在政治、经济和法律上都具有重要意义。⑦ 如果对行政奖励的阐述不引入法的拘束理论,或者不重视其中的公民权利的救济机制,行政奖励的品质将难以保证,所欲达成的目的也极有可能流失。此外,鉴于行政奖励与财政资金的直接关系,而财政资金又牵涉公民对私人财产的让渡,所以对行政奖励应当予以合法性审查,这点不应有疑义。但司法究竟应对这类掺杂多方政策性因素的行政行为运用何种程度的审查,却不甚了了,研究匮乏。

行政奖励的运行规律体现在个案中,从行政奖励领域的具体案例切

---

④ 例如,在《中国行政审判案例》第22号黄某友行政允诺案中,法院首先对附有奖励内容的规范性文件进行合法性审查,确认合法有效后再审查黄某友等人的招商引资行为,最后判定其与行政机关之间成立行政允诺关系,因而黄某友要求政府兑现承诺的奖励的要求合理、合法,其权益应当受到保护。参见最高人民法院行政审判庭编:《中国行政审判案例》(第一卷),中国法制出版社2010年版,第108页;在《中国行政审判案例》第78号郭某明诉广东省深圳市社会保险基金管理局不予行政奖励案中,最高人民法院在“裁判要旨”中提到,当行政相对人的行为符合规定条件时,行政机关应当遵循诚信原则给予承诺的行政奖励。需要说明的是该案并未涉及招商引资事宜,但由于争议内容属于要求行政机关履行行政奖励,与本文要讨论的问题关联性较高,因而纳入考虑范围。参见最高人民法院行政审判庭编:《中国行政审判案例》(第二卷),中国法制出版社2011年版,第231~235页。

⑤ 参见罗豪才等主编:《行政法学》,北京大学出版社2016年版,第18页。

⑥ 参见傅红伟:《论行政奖励研究》,北京大学出版社2003年版,第151~215页;姬亚平:《行政奖励法制化研究》,法律出版社2009年版,第104~106、第125~127页。

⑦ 参见[德]罗尔夫·施托贝尔:《经济宪法与经济行政法》,商务印书馆2008年版,第574页。

入展开研究，更有助于对相关问题的深入讨论。鉴于《中国行政审判案例》第56号案例是最高人民法院行政审判庭将合同法理论贯穿始终的行政奖励类案件的典型，并且笔者对上述问题的思考最初也是源于对其的观察，因此，下文将以该案作为研究起点，在考察裁判思路和体系性反思的基础上，尝试完成公民权利救济机制在行政法体系下的重构。在体系性整合之后，再回归到依法行政的视野下进一步思考怎样把握行政奖励与法的拘束关系更为妥当，这类授益行政行为的司法审查标准与尺度又该如何拿捏等问题。最后，以期在法教义学层面提出行政奖励制度建构与完善的有益内容。

二、拒绝兑现行政奖励案件中的"依约裁判"思路及其问题

（一）案件概要

2002年，绍兴市人民政府（被告）发布《绍兴市人民政府关于对市区外（内）商投资项目引荐者实施奖励的规定通知》（以下简称绍政发〔2002〕6号文件）。该通知载明："对直接介绍外（内）商投资者来绍兴市投资的境内外机构、单位和有关个人，按外（内）商投资项目实际到位金额的3‰给予奖励。"2002年2月，张某脉、裘某玲（原告）获悉甬金高速公路绍兴段招商引资，便引荐上海茂盛公司。在张某脉、裘某玲的牵线搭桥下，被引荐方与绍兴交通公司签订合资建设协议书。在明确公司注册资本金（9.59亿元）、首期各方的资金占比、投资期数和资金到位时间等内容后，双方于2002年共同组建成立绍兴市甬金高速公路建设发展有限公司。2002年7月11日，该公司协议文本得到绍兴市人民政府的批复同意（绍政发〔2002〕43号文件）。截至项目公司成立，被引荐方出资1.05亿元，协议被批复后又增资1.05亿（实际到位共2.1亿元）。

成功引资后，张、裘二人于2004年3月向绍兴市经济贸易委员会申请项目引荐奖励并提供相关证明（以实际到位的2.1亿元为奖励基数）。绍兴市经济贸易委员会因故未予核定。两原告为了解情况一直反映，未果。2008年，张、裘二人提起民事诉讼寻求救济被驳回后，再次以绍政发〔2002〕6号文件系绍兴市人民政府为自己设定的公法义务的行政承诺为由提起行政诉讼，请求被告以被引荐方投资建设项目总投资额为27.7亿元为基数（被引荐方占比70%）支付招商引资奖金

581.7 万元(27.7×70%×3‰)及其逾期付款违约金。被告答辩认为,两原告的引荐工作在其引荐的项目经被告批准同意后即告完成,协议批复后被引荐方的增资不应包含在奖励基数内。

(二)判决内容与裁判思路

综观案件事实,本案的争议焦点落在了作为奖励计算基数——"投资项目实际到位金额"的理解上。[⑧] 在判决中,法院认定原判以甬金项目公司成立时被引荐方投入的注册资金作为本案的计奖依据不当,应予纠正,由此判决撤销绍兴市中级人民法院(2009)浙绍行初字第5号行政判决,判令被告按绍政发〔2002〕6号文件规定履行向张某脉、裘某玲以被引荐方实际投入的注册资金总和3.3亿元(第一期注册资金1.05亿元+第二期注册资金1.05亿元+第三期注册资本2.7亿元-被引荐方抽逃出资的1.5亿元)支付招商引资奖励人民币99万元的职责,限判决生效之日起10日内付清;驳回张某脉、裘某玲的其他诉讼请求;驳回绍兴市人民政府的上诉。

结论之外,构成判决的是法院对两大问题的分析。其一,是争议焦点。法院的基本判断是以引荐方实际投入的注册资金作为奖励计奖基础。法院以绍政发〔2002〕6号文件未明确要求提供据以确定项目"实际到位资金"的材料,没有明确计算截止日期以及配套《实施细则》有关规定这三点作为上述判断成立的理由,据此驳回原告主张。其二,法院认为当事人在绍政发〔2002〕6号文件内容的基础上达成招商引资奖励的一致意思表示,所以该文件应成为本案的审查依据。但结合本案请求履行之诉的案件类型,溯回到争议焦点的上游,会发现法院对"承诺的奖励构成行政机关应当履行的职责"这一应当论证的前提却没有论证。不过,就这一点而言,最高人民法院在《中国行政审判案例》的"评析"部分作出了补充,即"行政承诺的性质类似民法上之要约,系行政主体单方意思表示。因此仅就行政承诺而言,因缺乏法律关系的相对方,其仅对承诺者产生拘束力。然而,当特定的社会主体接受承诺并实施相应行为时,在行政主体与相对人之间即形成了类似于合同的法律关系,使

---

⑧ 原告起诉是否超过起诉期限是本案的另一个争议焦点,限于讨论内容,本文不作具体说明。

行政主体向不特定人所承诺的义务演变为特定人的义务，构成了行政主体应当履行的职责之一”。[9]

概括而言，法院的裁判思路以解决奖励计算基数为中心，从以下两个层面展开：第一，从行政承诺入手，以民事法律关系的成立及其法律效果类推得出行政机关的兑现承诺的义务来源；第二，当承诺的奖励文件同时满足内部意思表示一致，外部与上位法没有抵触这两大条件后，以双方认可且合法的规范性文件作为审查行政行为合法与否的规范依据。

（三）体系性反思

在《中国行政审判案例》第56号案例中，被告绍兴市人民政府承诺的奖励可分为前后两个阶段来理解：第一个阶段是被告对外公开作出关于相对人以何种条件获取奖励的决定；第二个阶段是在相对人按照这一决定完成特定任务之后，被告未按照文件兑现此前承诺的奖励。该案纠纷源于被告拒绝兑现承诺的奖励这一行政行为，第一阶段的决定未对相对人产生特定权利义务的影响，因而不在争议范围内。

在可受理性上，法院认为伴随行政机关单方承诺而产生的自我拘束力因后续法律关系成立而演变为对特定人的义务之后，兑现奖励的承诺构成行政机关应当履行的职责，故而因行政机关不履行或者未正确履行承诺而提起的诉讼应当属于人民法院受案范围。在法定权限上，行政机关“受组织法规之限制……不能从事与本身职权无关之事务”，[10]所以司法对行政行为合法之判断理应将职权依据作为形式合法性的审查重点，尤其是当职权依据也是各地政府在招商引资过程中实施奖励承诺的主要违法风险点时。但令人遗憾的是，判决文书中却未见法院就这一内容所展开的相应说明。

在实质合法性审查部分，法院借鉴民法的相关理论对行政机关履行职责来源以及审判标准分别展开论述。若进一步检视法院借助民法解决行政争议的论证进路，便会涉及公法与私法的界限问题。公私法二元论是大陆法系国家法律制度建构的基础，尽管各类学说都对它进行了不同

---

⑨ 最高人民法院行政审判庭编：《中国行政审判案例》（第二卷），中国法制出版社2011年版，第101页。

⑩ 吴庚：《行政法之理论与实用》，中国人民大学出版社2005年版，第13页。

程度的批评,但不可否认的是,将两者进行划分至少在法律救济制度方面具有重要意义:公民在公法上的权利往往不能通过民事诉讼途径请求保护。[11] 换言之,在公法和私法的区分之下,不同性质的权利会通往不同的权利救济途径,从而能够更好地实现权利的保护。就《中国行政审判案例》第56号案例而言,相对人请求行政机关依承诺兑现奖励是一项公法上的权利,因此法院认为该权利所对应的诉讼救济通道应为行政诉讼而非民事诉讼,并无问题。就法院适用民法理论于行政争议的做法,尚不能轻易加以否定。在公法权利实现不能基础上发生的行政争议被纳入行政诉讼受案范围并不必然就意味法院不能选择和适用其他部门法规范来调整这类争议。实际上,现行《行政诉讼法》并没有将法院的审判依据限定在行政法体系之内,只是根据行政法规范的相应层级来决定法院的受拘束程度。[12] 此外,《行政诉讼法》中更是对法院适用《民事诉讼法》相关规定进行了明文的表述。[13] 因此,从规范层面看,就具体行政争议的处理,法院在选择和适用规范上其实是留有援引其他部门法规范的空间和余地的。

鉴于行政机关所参与的活动并非都是行政活动,所形成的关系并非都是行政法上的法律关系,需要阐明的是,法院在审理行政机关所参与的非行政法上的法律关系时援引民法规范的情况不属于本文的讨论范畴。在诸如行政机关对必需物质条件的采购,以营利为目的的经营行为或者以私法方式执行行政任务的情形中,[14]行政机关主动进入了归属于私法调整的领域,与私人主体一样参与私法活动。这些特定类型的活动的性质为私法,所以行政机关除了接受必要的公法约束外,[15]如财政资金的依法使用,非但不享有任何优越于私人主体的法律地位,还必须遵循私法的逻

---

[11] 参见[日]美浓部达吉:《公法与私法》,黄冯友译,周旋勘校,中国政法大学出版社2003年版,第126页。

[12] 参见《行政诉讼法》第63条。

[13] 这一准用性规定的成文化可能是多方因素作用的结果,值得注意的是,条文中所提及的"未见规定"不能被理解为法院适用的充分条件。参见《行政诉讼法》第101条。

[14] [德]哈特穆特·毛雷尔:《行政法学总论》,高家伟译,法律出版社2000年版,第36~38页。

[15] 这一制约是基于行政主体内部需要而进行的有关私法行为的一定制约,对于该私法行为的私法性质并无任何影响。参见杨建顺:《日本行政法通论》,中国法制出版社1998年版,第167页。

辑承受权利和义务。[16]

如上文所述，法院在处理行政争议时，在选择和适用的规范上并非完全封闭的，更进一步说，民法规范也包含在法院的援引范围内，究其原因则在于公私法规范之间巨大差异之外的共通性。公法规范和私法规范不仅在出发点和功能上存在实质性的不同，[17]而且在其说理的必要性上也有较大区别。私法一般奉行决定自由，无须说明理由，与此相反，公法中的行政行为则受到约束。[18]但继承罗马法的大陆法系国家在区分公法与私法的格局下，通常也都承认两者具有法这一本质的共通性。无论公法或私法都会受到处于法的价值序列顶端的原则支配，以此间接实现法对所有社会关系的调整。行政法和民法是公法和私法中的典型，这一共通的见解也可作为民法规范具有准用于行政争议可能性的理由。当然，除此之外民法悠久的历史沉淀及其与行政法之间的关系，也创造了两者之间相互借鉴的可能性。但两者之间存在借鉴的空间还不足以得出法院于特定案情之下引用民法规范于行政争议具有正当性这一结论。有关援引是否正当或许还需要结合更多条件加以审视。

援引正当性可转化为在何种条件下才能将民法规范适用于行政争议之中这一问题。有关适用的条件，既有基于同样的事物应遵循同样的规律的原理，认为准用的条件在于民法的规律对象之事项的同一性，[19]也有要求具体的若干要件，即"行政法体系无法自我调节，而私法有相应的规定，并且类推适用的法律关系之间具有相同的特征"。[20] 但不论是原则还

---

⑯ 上述活动只适用于财产的法律制度，且国家必须以私人参与经济的形式出现，参见［德］奥托·迈耶：《德国行政法》，刘飞译，商务印书馆 2002 年版，第 121 页；杨建顺：《日本行政法通论》，中国法制出版社 1998 年版，第 170 页；［德］哈特穆特·毛雷尔：《行政法学总论》，高家伟译，法律出版社 2000 年版，第 36 ~ 37 页；目前德国等多数国家较为认可的公私法划分标准为实质特别法说，该说主张承受法律规范权利义务的是高权主体的规范属于公法，弥补了形式特别说公权力不能成为私法主体的缺陷。参见［德］汉斯·J. 沃尔夫等：《行政法》（第一卷），高家伟译，商务印书馆 2003 年版，第 210 ~ 211 页。

⑰ 参见［德］哈特穆特·毛雷尔：《行政法学总论》，高家伟译，法律出版社 2000 年版，第 40 页。

⑱ Diwter Medicus, Allgemeiner Teil des BGB, 10. Aufl., 2010, RN. 4.

⑲ 参见［日］美浓部达吉：《公法与私法》，黄冯友译，周旋勘校，中国政法大学出版社 2003 年版，第 218 ~ 219 页。

⑳ ［德］哈特穆特·毛雷尔：《行政法学总论》，高家伟译，法律出版社 2000 年版，第 50 ~ 52 页。

是具体要件，都含有对“相同”之要求。“相同”指的是民法所调整的对象——民事法律关系，与援引后将调整的对象——行政法律关系之间的相同，并且这一比较对象之间的相同程度，不可作百分之百的严格要求。因为行政法律关系和民事法律关系的差异是客观存在的事实，忽略此事实的理解实质就是将两者之间援引的可能性削减至零，从而直接舍弃适当性援引所能产生的价值。目前，在法学领域内，主要对构成要件进行相同与否的对比，但构成要件要达到何种程度的相似才适当，实则缺乏可操作性。在这种情况下，法律适用者有责任就每一个生动的个案，站在更高的行政法基本原则下运用正确的方法谨慎论证，钳制价值判断，在维护民主与法治原则中把握类推的界限。㉑ 除相同特征这一关键要素外，行政法体系无法自我调节也应作为援引的前提。对于行政法体系自身能化解的矛盾而言，无需给予法律适用者选择自由，否则便有违背立法者意志之嫌疑。

行文至此，行政争议的解决具有在规范适用上的开放性，民法规范准用于行政争议正当性成立的关键在于三个阶段的把握，即在援引前，行政法体系须已穷尽救济可能；在援引时，比较对象之间在构成要件上具有相似特征；在援引后，无抵触行政法基本原则之效果。

围绕以上三点，下面将具体展开对《中国行政审判案例》第56号案例援引正当性的分析。囿于结构安排，这部分的分析重点将关注援引时和援引后两个阶段，至于行政法体系是否无法自我调整的内容有待在下文的救济路径重构部分继续展开。

在阐述构成要件相似性这一点之前，需要指出的是，在实质合法性审查部分，细究《中国行政审判案例》“评议”部分——游离于行政法体系之外的民法思维，其实也未必与民法解释脉络相符。法院一方面强调“行政承诺的性质类似于民法上的要约，系行政主体单方意思表示”；另一方面却将奖励表示为行政机关合同订立之“承诺”，难以符合合同法的解释脉络，因为按照合同法的思路，奖励应是行政机关发出的要约。因此，在这部分的解释中，最高人民法院借用合同关系成立的要约与承诺规则，却又

㉑ 有学者具体指出行政法中类推民法规范需遵循三大界限。参见王贵松：《民法规范在行政法中的适用》，载《法学家》2012年第4期。

脱离合同对承诺的原有理解，不但混乱了合同法的解释脉络，也使行政机关集“要约人”和“承诺人”于一身，导致对行政相对人的地位缺乏应有的界定。

援引时，比较对象在构成要件上是否相似，关键在于个案中具体法律关系的甄别。通常认为行政法上法律关系的成立很大程度上是借鉴民法的框架，但是行政上的法律关系也有民法所不具备的独特特征，如法律主体地位的不同。具体而言，在法律关系的发生方面，民事法律关系（此处指合同）的成立奉行“私法自治”原则，[22]除了在形式上要经过要约和承诺两个步骤，在内容上还强调当事人自由决定，即内容是自决的结果。表意人除被要求意思表示不能违反法律规定外，仍旧享有相当可观的自决空间。而将目光投射到行政法上的法律关系成立阶段时，会发现若将行政机关视为意思表示的作出主体，也并不存在理解上的障碍，因为行政机关作为执行法的主体，作出的行为自然会带有显著的目的指向，并包含其所欲发生的客观上的法律效果。但深入到意思表示的内容形成，行政机关作出的行政行为的内容本质上是由法所确定的。换言之，行政机关的意思表示空间将受到法的严格限制，而相对人的意思表示也不能对合意内容产生实质性影响。虽然行政机关以行政行为具体化法规范并非只是对法的精准临摹，相对人也并不是完全不能参与内容形成的过程，但是这种法拘束之下的意思自决显然无法与民事主体的意思表示在内容形成上的支配地位相比拟。随着给付行政的大量涌现，行政行为的样式也日趋丰富，不再局限于传统的高权行政行为。由此在这些新式的行为方式基础上所发生的行政法上的法律关系，也不单是高权性质的法律关系，也有如接受服务等非高权性质的法律关系。《中国行政审判案例》第56号案例中的承诺奖励行为，不像行政处罚一般，未对相对人产生强烈的支配作用，也就是说对于有关法律关系的成立与否，相对人是保有选择的自由的。这一点，的确更接近民事法律关系（合同）的缔约自由。但是民事法律关系所体现的私法自治原则，不仅在于自由决定是否缔约，还在于自由决定内容，即内容自由。在第56号案件中的行政机关以实现地区经济发

---

[22] 私法自治，是指个人得依其自主的意思，自我负责地形成其私法上的权利义务。参见王泽鉴：《民法概要》，中国政法大学出版社2003年版，第78～79页。

展这一公共利益为导向作出承诺奖励的意思表示，相对方接受既定的内容并实施了相应的行为，触发了行政法上的法律关系的成立。从行政一方来说，它的意思表示是对法的要求的贯彻，强调“依法行政”，无民法意义上的自由可言，如奖励金额的确定是单方的提前设定而非合意的产物。而且根据法安定性原则，即便意思表示有瑕疵，原则上仍然推定有效。在相对人一方，是否接受行政机关的意思表示由其自由决定，但在这一形式之下，其意思表示没有进一步深入有关内容的形成。也就是说，相对人的意思表示并没有决定其行为的效果，而只是对既有法效果的接受。所以在构成要件相似性问题中，行政法上的关系与民事法律关系仅有形式上的相似性，除了公共利益这一重要的区别点外，在实质内容上，支配民事法律关系成立的“意思自治”与主导行政法上关系形成的“依法行政”具有本质上的不一致。根据“不同情况不同对待”之原则，法院就此类推民法规范，不具有适当性。

从援引效果来看，行政法体系难以包容法院运用合同之要约(被承诺对特定人的义务)来解释行政机关履行承诺的义务所产生的效果。在《中国行政审判案例》第56号案例中，原告主张的诉讼请求为判令被告兑现承诺。[23] 行政机关兑现奖励的前提是其负有兑现的义务，所以法院应当围绕行政机关是否负有兑现义务展开行政行为的合法性审查。最高人民法院将行政承诺类比民法上之要约，认为要约一经承诺(合同的法律关系成立)便转化要约方对承诺方的义务，所以行政承诺(要约)待相对人承诺后(成立类似合同的法律关系)也转化为作出行政承诺的行政机关对相对人的义务。梳理这一推理步骤就会发现，类似合同的法律关系的成立触发了行政承诺的履行义务的生成。也就是说，行政机关对其承诺是否有履行义务取决于类似合同的法律关系是否成立。类似合同的法律关系一成立，行政承诺义务便形成，进而这种义务就构成了行政机关应当履行的

---

[23] 法院表述为请求履行行政职责。“行政职责”对应的概念是“行政职权”，尚未成为法律术语。现行《行政诉讼法》主要使用“不作为”和“法定职责”这两个法律概念。笔者以《中国行政审判案例》四卷本为样本，进行案件名称统计，发现各地法院对职责的表达并不统一。在160个案例中，有10个案件的案名使用“法定职责”，2个表述为宽泛的“职责”，1个采用“行政职责”(本案)，1个采用“不作为”。“行政职责”与“法定职责”一般不作严格区分，行政职责是行政机关在行使职权过程中依法必须承担的义务，参见胡建淼：《行政法学》，法律出版社2015年版，第529页。

职责。如果不考虑这种解释逻辑对其他行政法相关理论的影响，的确将更有利于公民权利获得合法评价与保护。但如果把这种解释逻辑植入对行政职责来源的理解上，行政职责就会被扭曲成要约与承诺互动的产物，而与行政职责所对应的公民权利的公法性也会淡化甚至被抹掉。基于此，我们有理由质疑：既然行政机关被类比为要约人，其在公法秩序下的公法行为的义务也被放置于私法规则下生成，那么，培育在私法土壤上的公法义务又该如何被行政法体系所接纳而成为《行政诉讼法》的受案范围呢？

据此，从援引效果看，法院运用民法理论就行政机关兑现承诺的义务来源展开论证，最终为公民兑现奖励的权利找到了救济入口，但从更深层次上来看，法院对民法理论的借鉴还诱发了一个不容忽视的危险后果，即生成于私法规则下的行政义务将难以与行政法体系相兼容。这种将行政义务的来源，错置在私法义务推演的逻辑之下，不仅会带来公私法理论的模糊不清，行政法体系内部要素之间也并无契合之可能。因此，法院借鉴民法规范不具有正当性。

承诺只有在作出承诺的行政机关有权作出所承诺的行政行为时才属合法。[24] 鉴于以上困于承诺的依约裁判思路及其问题和《中国行政审判案例》第56号案例中行政机关所承诺的是兑现奖励这两大因素，下文将围绕依法行政这一主线进入行政机关承诺的实质内容——行政奖励，在对行政奖励与法的拘束的关系、行政奖励的合法性审查两个命题的讨论中，解决遗漏问题——行政法体系是否已穷尽救济可能，并完成对案件的另一种审查路径的建构。

三、行政奖励的承诺与法之拘束

法的秩序与形成任务要求所有的行政行为受到法的拘束，[25]以此来抑制行政机关的恣意，确保民众对生活具有稳定性、确定性和可预测性。法的拘束有多重含义，不仅是将行政奖励的承诺置于法的所有表现形式下加以全面把握，在法的规范种类之下，还应进一步分析行政奖励与法律保

---

[24] 参见赵宏：《法治国下的目的性创设——德国行政行为理论与制度实践研究》，法律出版社2012年版，第442页。

[25] 参见[德]施密特·阿斯曼：《秩序理念下的行政法体系建构》，林明锵等译，北京大学出版社2012年版，第49页。

留之间的关系。

在论述依法行政原理下的法律保留原则时，日本行政法学者盐野宏先生从行政与法律的关系这一维度，技术性地将法律分为组织规范、根据规范和规制规范三类，从而进一步指出法律的保留论，主要指其中的根据规范的问题。[26] 虽然这一分类在我国实定法上并未得到不折不扣的实现，但它毕竟充分认识到了法规范的不同特征，使法对行政活动的拘束体现地更清晰和全面，并且该分类所带来的效果正是法治国家所追求和努力的方向，由此值得借鉴。本文也强烈认同这一分类所富含的意义和价值，因此有关行政奖励与法的拘束的讨论也将以此为技术支撑展开。

（一）行政奖励的承诺主体须有组织规范上的权限

行政奖励是政府实现经济任务的有益尝试，通常以授予相对人一定的物质利益或精神鼓励为特征。组织规范是专门以行政权限分配为目的，使整个行政活动即行政事务分配给行政机关的规范。行政机关工作人员行为的效果只有在组织规范内作出才能归属于行政机关。[27]

行政机关在组织规范的安排之下运行行政权力，与公民产生权利义务关系。表面上看，组织规范负责的是行政机关事务的配置，无关公民的权利义务，但组织规范对权力结构的调整和权力运行秩序的保障功能，最终仍会影响公民的权益的真正实现。正是基于其与公民权益这一深层次的关联，“依法组织”要求行政的组织，或说行政组织权的行使、行政组织的形成必须要受到法的约束。[28] 就权力格局来说，组织规范其实也涉及立法和行政之间权限的分配。因此，行政机关作出行政行为必须要有组织规范上的相应权限，行政奖励自然也是如此。

我国《宪法》第107条中有关县级以上地方人民政府“管理本行政区域内的经济……行政工作”的内容是相关行政机关管理经济工作在宪法上的职权依据。质言之，县级以上地方人民政府负有管理经济工作的职

㉖ 参见［日］盐野宏：《行政法总论》，杨建顺译，北京大学出版社2008年版，第46～47页。这一分类也得到了其他日本学者们的认同，参见［日］藤田宙靖：《日本行政法入门》，杨桐译，中国法制出版社2012年版，第32～33页。

㉗ 参见［日］盐野宏：《行政法总论》，杨建顺译，北京大学出版社2008年版，第46～47页。

㉘ 参见应松年：《行政组织法研究》，法律出版社2002年版，第62页。

权。另外,地方组织法——《地方各级人民代表大会和地方各级人民政府组织法》第 59 条第 5 项也有对县级以上地方各级人民政府的“管理本行政区域内经济工作”的职权作出的类似表述。据此可以明确的是,行政机关管理经济工作具有组织规范上的依据。

行政奖励须以组织规范为前提,但仅以组织规范还不足以说明行政机关承诺行政奖励具有合法性。职权依据的“有与无”与行政行为的“合法和非法”是两个不同层面的问题。权限并非行政行为合法的唯一要件。法治国也不可能允许行政机关依据组织规范便可以作出任意行为。在一般的权力关系中,法定任务(或者权限范围)的赋予往往还需要有关采取具有拘束力的单方面处理措施的具体授权,[29]因而具有职权不一定得出行政行为合法的结论。就内容来说,横向(不同权力主体)和纵向(中央和地方)权力的设置与分配是组织规范的重要内容之一,除此之外的具体的执行方式和程序并不在其范畴之内。所以,以上无论是宪法还是地方组织法都只涉及行政事务分配和规范范围内的效果归属,至于职权分配之后行政机关如何执行的问题仍有待其他类型的规范加以明确。

行政机关实施行政行为以组织规范为必要条件,但行政行为仅以组织规范为依据不具有充分的说服力,因而可以在法的其他类型的规范中对行政奖励继续加以检视,这样就可以更清晰地辨别行政机关以行政奖励方式管理经济工作是否符合事实要件和法律后果,而这个规范就是根据规范。

(二)行政奖励的承诺不作根据规范的形式要求

所谓的根据规范,是指规定行政机关行使权限的要件及效果的条文。行政机关在组织规范的基础上,以根据规范为行使权限的根据。换言之,为保护私人利益,行政行为的作出,除了组织规范,还需要与组织规范不同的、成为活动根据的规范时的规范。[30]

行政奖励与根据规范的关系,我国讨论不多。有笼统地提及行政奖励是一种法定的行政行为,任何行政奖励都必须坚持法定的标准和

---

[29] 参见[德]汉斯·J.沃尔夫等:《行政法》(第一卷),高家伟译,商务印书馆 2003 年版,第 344 页。

[30] 参见[日]盐野宏:《行政法总论》,杨建顺译,北京大学出版社 2008 年版,第 46~47 页;[日]藤田宙靖:《日本行政法入门》,杨桐译,中国法制出版社 2012 年版,第 333 页。

条件。[31] 也有具体针对行政奖励的创设权，在对行政奖励作出竞争型和非竞争型的分类之后，将涉及其他社会公众获得利益机会的竞争型奖励的创设限定在法律、法规和规章层级，主张把非竞争型奖励的创设进一步降至规范性文件。[32] 总体而言，无论是行政奖励，还是行政奖励的创设，现有的讨论都主张应有相应的根据规范，只是在创设权问题上有过根据规范的形式的区分。

在比较法上，日本的资金行政与根据规范（法律）之间也存在争议。不过，学理通常认为，至少要在预算审议中保障民主和公正性。[33] 资金行政与预算之联结的发生，源于预算为资金行政提供财政支持。在德国经济行政领域，也认为合法的行政奖励以预算授权为必要，因为立法机关在作出是否奖励以及奖励的数额等重大决策时，已经通过预算立法参与了行政决策过程。[34] 我国的行政奖励与日本的资金行政虽不是完全相同的概念，但在都需要财政支持这一点上应是没有疑问的。在规范面向下，我国预算体系在立法机关与行政机关之间已经形成了审查和监督的预算关系，[35]政府的全部收入与支出都应当纳入预算，县级以上地方各级政府编制本级预算、决算草案，须报本级人大审查和批准。[36] 在实际的招商引资工作中，地方政府一般设有招商部门统筹协作，制定专项招商方案、预算，并公开招商引资专项经费。所以，从行政奖励与日本资金行政的共同特点出发，在考量本国预算制度的设计与招商引资的实际情况后，一个基本

---

[31] 参见姜明安主编：《行政法与行政诉讼法》，北京大学出版社、高等教育出版社 2015 年版，第 240～242 页。

[32] 参见胡芬：《行政奖励的创设权分析》，载《行政与法》2003 年第 8 期。

[33] 参见［日］南博方：《日本行政法》，杨建顺等译，中国人民大学出版社 1988 年版，第 30 页。

[34] 参见［德］罗尔夫·施托贝尔：《经济宪法与经济行政法》，商务印书馆 2008 年版，第 306～307 页。

[35] 1995 年，我国施行第一部《预算法》，并在历经四次审议后，于 2014 年完成了首次修改。修订之后的《预算法》将规范政府收支行为纳入宗旨，进一步细化了预算编制，确立全口径的预算体系，加强对预算审查监督、决算审查重点等。详情参见《预算法》第 1 条、第 4 条、第 22 条、第 32 条、第 48 条。

[36] 其中报送审查和批准的预算草案应当根据不同预算的性质按其功能编列到项进行细化。（招商引资属于一般公共预算支出，按经济性质分类，基本支出应当编列到款）各级政府、各部门、各单位的支出必须以经批准的预算为依据，未列入预算的不得支出。另外，还有预算执行的监督等，因限于讨论内容，故在此不详细展开。

的判断是,我国行政奖励的承诺也必须考虑预算,进一步来讲,行政奖励的承诺须接受预算的管控。只有相应的资金被编入本级政府预算并经本级立法机关批准后,对应的行政机关才能作出承诺。

预算制度保证财政资金的合理分配和正当适用。行政机关对行政奖励的承诺以预算授权为前提。就我国而言,虽然《预算法》已经确立了全口径的预算体系,但有关规定仍不乏宽泛和抽象。在实际预算编制中,尤其是细节部分,行政机关活动的空间仍不小,所以在预算达到根据规范对要件和效果规定上的具体程度之前,预算适宜作为对行政奖励的授权,不应再从根据规范上加以解读。

与《中国行政审判案例》第56号案例类似,大多数行政机关会以规范性文件的形式对外公开作出奖励的承诺,可是在他们承诺行政奖励时并不存在可供依据的上位的法律规范。针对这一现象,随之而来的问题是,行政机关能否在没有法律法规或规章规定的情况下承诺行政奖励?如果对行政奖励需要以根据规范为依据的观点不持异议的话,那么对于根据规范的形式,又是否有必要作法律保留呢?

其实,根据规范中聚集了大量有关法律保留的学理讨论。沿着德国法的发展历史来看,作为宪法工具发展起来的法律保留最初主要强调行政行为对最高价值的自由和财产的侵害应当要有法律授权,即侵害保留。后来,在民主主义和给付行政等的冲击下,侵害保留理论被突破。[37] 在日本,法律保留在明治宪法与日本宪法的更替中也经历了类似的发展。[38] 直至20世纪70年代,德国联邦宪法法院才创造性地以基本权利为出发点和价值追求提出了所谓的“重要性理论”。区别于侵害保留,“重要性理论”认为行政行为是否符合法律保留原则,取决于行政行为对公民基本权利的影响程度。德日两国都有关于这一理论批评意见,且都集中在对概念不甚明了的批评。[39]

---

[37] 参见[德]哈特穆特·毛雷尔:《行政法学总论》,高家伟译,法律出版社2000年版,第109页。

[38] 参见[日]盐野宏:《行政法总论》,杨建顺译,北京大学出版社2008年版,第46~47页。

[39] 参见[德]哈特穆特·毛雷尔:《行政法学总论》,高家伟译,法律出版社2000年版,第110页。

上述关于法律保留的范围或者说法律调整行政活动的空间大小的讨论,产自特定的国家体制及其历史背景下。不难发现,在这些讨论中,根据规范都被限定为法律形式。这一做法的初衷是这些国家出于对国民主权原理的考量,因为法律作为民众意志构成的立法机关所制定的规范,在对影响公民权利和利益的行政活动的必要性有无及其要件等中表明民众的共同意志的同时,还代表着对于行政活动的"民众的同意"的拟制。[40]我国行政法律制度建构与上述国家存在紧密关联,并且上述理论和学说所表现出的对民主主义和人权的关注和关怀也是我国政治制度安排的根基,但不对社会形势变动加以辨别,草率地将他国进程与本国行政奖励的发展相结合,可能会造成混乱,因此有关个案行政奖励与根据规范的关系处理,更为重要的是基于本国的思考。

总体来说,行政奖励以根据规范为必要依然是一个不变的认识。行政奖励不产生侵害私人领域财产或者人身自由的客观危害,也应当需要以根据规范为行为依据,这是在新的行政特征下,对侵害保留理论的一种补充。也就是说,对私人领域的自由和财产具有危险性的行政行为仍需要根据规范,而且涉及重要的基本权利的事项要根据《立法法》的有关内容进行法律保留。但是,结合特定行政行为对公民权利影响,对不属于法律保留的事项如行政奖励,可采取一种缓和的做法,即对根据规范的形式不作法律保留。

首先,在行政行为授益性不断扩大的趋势下,与之前的侵害行政相比,法律作为控制行政的有效工具总体来说已经大为衰减,但行政行为依据根据规范作出仍是法治应有之义。社会生活常变不息,法作为一种社会关系的调节器,对行政活动的控制,应当根据不同的行政关系或者行政特征在规范强度上作出适当的调整。行政奖励作为一种促进政府管理经济活动的手段,明显不同于"命令—制约"的传统行政行为,它服务于经济目的,内容授益,手段非高权。行政奖励的出现在一定程度上证明行政不是只有先天的侵害性,还可能培育着不断扩大的授益性。如果不对行政行为的印象加以适时更新,反而不加区别地对所有行政行为都扣上重"枷

[40] 参见[日]市桥克哉等:《日本现行行政法》,田林等译,法律出版社2017年版,第23页。

锁”，从而落入全部保留理论这一极端观点，那么，社会的新发展极有可能受到阻碍。相应地，政府积极从事管理活动所带来的有益性也就无法期待了。行政行为的授益性特征，一方面意味着政府和公民之间的二元对抗局面有所缓解，双方也有可能出现利益的一致，但另一方面授益性并非完全取代了行政的侵害性。在可预见的将来，政府依然是社会秩序和安全的主要维护者，对立、管理和侵害还会继续见于国家与公民的关系中，所以法治国家还不能割舍根据规范所具有的，以明确且具体的要件和效果来实现保护公民权利的工具功能。

其次，行政事务的地域性和专业性将为行政奖励的根据规范提供支撑。行政奖励作为地方行政机关的管理手段之一，服务于地方经济发展这一目标。我国幅员辽阔，地方经济发展具有极强的地域性和政策判断因素，单是要求立法机关在全国统一层面制定有关行政奖励的奖励基数的法律，就会面临地区经济发展的巨大差异之难题。而如果通过诸多不确定的法律概念或者授权行政裁量的表述来规定要件部分，实现法律对行政奖励的制约，可执行性并不一定就能得到保证。当然，相关的抽象的法律概念和行政裁量也可通过司法机关的统一解释或裁量基准等来规范地方行政机关权力的行使，但这种后续的措施似乎也是在例证以法律形式的根据规范来约束行政奖励的不足。因此，现代行政事务的复杂性，已经对作为行政机关行为依据的根据规范继续停留在法律层面作出了否定性回答。在根据规范中，法对行政奖励的拘束应该如何调整，值得深思。

最后，放宽行政奖励根据规范的形式要求，并未对公民权利保护造成实质上的不利影响。不可否认的是，将根据规范上升至法律层面，是对保护公民权利的高度重视。但降低对根据规范的形式要求，也不意味着违背法的拘束原理保护公民权利的初衷。一方面，行政奖励是经济行政领域的重要手段，降低法对行政奖励的根据规范的拘束层级之前，权限和预算的要求不会有任何改变。行政机关对行政奖励的承诺依然要具备组织规范上发展经济的权限和预算资金的授权，并且本级立法机关对预算执行的监督还要求其对资金的使用要符合预算安排的目的和计划。另一方面，规范性文件的层级虽低，但其将奖励条件等加以具体化和发布，仍可满足私主体对经济行政法措施的可预见性的要求，也就是说它具备根据规范的形式要求。我国《行政诉讼法》第 53 条所确立的规范性文件的附带审查制度说明规范性文件在事实上就已经起到了根据规范的效能。此外,规范性文件的自我约束法理也肯定了行政相对人完成特定事项的兑现奖励请求权,而且相比较法律,其更有利于灵活回应招商引资的形势变动,修改或废除不适当的文件。在司法审判中,如"沈阳市甘露饺子馆案"(最参行第27号)"郭某明案"(最参行第78号)等判决都对授益性规范性文件的效力给予了肯定,因而公民的权利保护有了实质上的保障。

综上所述,在根据规范上,法对行政活动的拘束可以突破法律这一形式。除此之外,行政行为接受法的拘束,也不单流于上述多样的规范形式,还应融入更多实质的内容。比如,平等原则就是实质法治对行政机关的必然要求。因此,承诺行政奖励时不能损害其他个体的特定权利,对任何主体都要有平等的授益性。

(三)行政奖励的承诺受规制规范的调整

法的拘束原理不仅要求组织规范和根据规范对行政活动进行法的治理,还要求利用规制规范对行政活动进行拘束。而规制规范就是指以某行政机关进行某行政活动为前提,为了确保其公正而设置的规范。[41] 它与组织规范一样都不是根据规范,主要目的在于规定(设定)行使该权限的方法。[42] 一般认为,行政机关进行行政活动所遵循的程序规范,属于规制规范的一种形式。

规制规范的定位导致它不能像组织规范一样在权限层面控制行政活动,也无法如根据规范一般将行政机关的权限行使具体化,但它对程序的适当规定依然可以对行政活动产生拘束。在行政机关承诺行政奖励中,规制规范所产生的拘束效力体现在两个方面:其一,当有权限的行政机关获得承诺行政奖励的预算授权,并且依据根据规范设定获取奖励的条件和奖励金额等要件和效果后,规制规范可以确保奖励公正地交付于每一个符合要件的行政相对人手中,来达到对行政机关的拘束。其二,在行政相对人之间,规制规范也落实了经济平等原则的要求。

---

[41] 参见[日]盐野宏:《行政法总论》,杨建顺译,北京大学出版社2008年版,第46页。

[42] 参见[日]藤田宙靖:《日本行政法入门》,杨桐译,中国法制出版社2012年版,第33页。

我国尚未制定统一的《行政程序法》,目前典型行政行为的规制规范主要包含于各自的根据规范当中,比如《行政许可法》《行政处罚法》和《行政强制法》等。这种根据规范与规制规范一体化的情况,也即根据规范不但设置了行政行为作出的要件和法律效果,也对有关事项的办理程序和步骤加以详细交代,具有个性化调整的优势。在《中国行政审判案例》第56号案例中,开展经济活动所承诺的行政奖励的根据规范实际上就发生了规制规范与根据规范的重合。

总体来说,规定奖励内容的规范性文件是行政机关就行政相对人何以获得奖励以及获得何种奖励的行为依据,但由于其中也涉及程序办理内容,所以行政奖励的根据规范往往也可能是规制规范。

四、行政奖励的合法性审查

行政奖励手段被运用在招商引资过程中,理想的局面当然是公益和私益均得到实现,相对人完成特定的行为后,行政机关按照奖励承诺进行兑现。但潜藏在奖励资格、计奖基数等方面的认识不一致,往往会导致相对人的奖励得不到兑现,由此司法救济程序得以启动。法院对行政机关拒绝兑现承诺奖励的实体审查部分,主要从行政相对人具备获取奖励的资格和行政机关负担兑现承诺的义务两部分入手。前者需要结合个案进行事实审查,不作为本文论述的重点。对于后者,由于在体系性反思部分,还有关于援引民法规范于行政争议之前是否已经穷尽行政法救济的问题尚未分析,因此下文将尝试进行行政法体系下救济思路的整合,并重点考虑司法环节中行政奖励的审查标准的确定与审查尺度的把握等问题。

(一)行政体系下拒绝兑现奖励案的裁判思路重构

以《中国行政审判案例》第56号案例为代表的行政机关拒绝兑现行政奖励的案件大多具有以规范性文件承诺奖励这一重要特征。所以若着眼于规范性文件探寻行政机关义务履行来源,把行政机关履行行政奖励的义务归入法定职责范畴,并结合奖励类型的行政行为调整法定职责中"法"的范畴,将"法"扩大到规章以下的规范性文件,便产生了在行政法体系内化解此类矛盾的可行性。

在具体论证这一操作的可行性之前,需指出的是,有关法定职责与行政不作为的认识在学理上存在分歧：既有不区分两者的，[43]也有将两者进行区分的。在区分之下，有一种观点从因果关系角度切入，认为行政不作为的缘由既可以是不履行法定职责，也可以是不履行行政义务，但不履行法定职责限于法定职责。而行政机关不兑现承诺，构成行政不作为，归入行政义务，但不宜划入不履行法定职责。[44] 这一观点认为，行政承诺属于行政不作为，而不能作不履行法定职责的理解。但如果细分作出承诺的形式，这一判断其实存在例外，比如，承诺以规范性文件形式出现并且文件经审查合法，此时将法定职责中的法有条件地延伸至规范性文件，就可从广义上构成行政机关的法定职责。不履行承诺，既是不履行行政义务，也是不履行行政机关通过规范性文件承诺给付行政奖励的法定职责。

始于和立足于奖励以规范性文件形式承诺的事实发现，将以《中国行政审判案例》第56号案例为代表的拒绝兑现奖励案件放置行政法体系下加以整合，有建构“法定职责”的审查路径的可能性，而对法的实质性判断标准、组织规范层面上的法定职权、规范性文件的法拘束理论等因素的综合把握，才是该审查路径得以成立的关键。

第一，规范性文件不是形式意义上的法，但其具有法的规范性功能，事实上影响公民的权利义务，可构成广义上的法。传统法源说认为，在行政法的规范体系下，行政规范性文件不是法的表现形式——法源。支撑这一说法的理由主要有《宪法》及相关组织法的规定、[45]《行政诉讼法》中审判依据的规定以及2000年《立法法》首次以实定法的形式将行政法规和规章纳入法源体系的立法事实。[46] 由此，行政规范性文件因不具有行政法规和规章的形式，不作为通常意义上的法。但着眼于规范性文件的实

---

[43] “行政不作为是指行政主体依行政相对人的合法申请，应当履行也有可能履行相应的法定职责，但却不履行或拖延履行的行为形式。”参见罗豪才主编：《中国司法审查制度》，北京大学出版社1993年版，第168页。

[44] 参见章剑生：《行政诉讼履行法定职责判决论——基于〈行政诉讼法〉第54条第3项规定之展开》，载《中国法学》2011年第1期。

[45] 《宪法》第89条第1款第1项规定，国务院根据宪法和法律，规定行政措施，制定行政法规，发布决定和命令。《宪法》第90条第2款规定，各部、各委员会根据法律和国务院的行政法规、决定、命令，在本部门的权限内，发布命令、指示和规章。

[46] 上述包括宪法在内的法律体系其实并没有直接作出法源与非法源的区分，因此这一主流学说也受到了一些学者的反驳。参见何海波：《形式法治批判》，载罗豪才主编：《行政法论丛》（第6卷），法律出版社2003年版，第45页。

际作用与功能,行政规范性文件与行政法规和规章之间的区别实则并不明显。以承诺奖励为内容的行政规范性文件为例,在现实的经济事务管理活动中,县级以上行政机关在缺乏上位法律规范的情况下制定奖励内容的规范性文件,这些规范性文件不仅规范行政行为,而且早已发生影响社会成员们权利义务的作用。以不具有行政法规和规章的形式否定其在现代社会中的外部规范作用,一律将这些所谓的非法源的行政规范性文件逐出法的范畴,并不能改变行政规范性文件具有与法源的法律规范一样的效能的事实。拘于法与行政主体职权的形式性判断标准因为社会实践发生变化有了补充的余地。若尝试将规范性文件与调整对象联系,关注其对社会成员的权利义务的影响,将原来的法的范畴扩张至规章以下的规范性文件,实则并不违背民众的认识,也更符合法治的精神。[47] 因为从世界各国对于法治中法的要求来看,只有良法的质量要求,而没有法的性质的限制。[48]

第二,法定职责中的法的范围大小,在组织规范的职权之下因特定类型的行政行为可作相应调整,延伸至规章以下的规范性文件。首先,职责对应的是行政机关的义务,而不是相对人的义务。根据《立法法》规定,属于本行政区域的具体行政管理事项,没有法律、法规和地方性法规的依据,地方政府的规章不得设定减损公民、法人和其他组织权利或者增加其义务的规定。作为规章的下位阶的规范性文件,行政机关在其中自然也不能有减损公民权利或者增设其义务的内容。行政奖励是行政机关自我增加义务,且对相对人具有授益性,因此不违背立法法的上述精神。其次,法定职责与法定职权不可分割来理解,县级以上行政机关具有管理地区经济的法定职权,必然意味着其同时负有管理经济工作的职责,这是权利义务在行政机关内部统一的表现。职权中的权力不同导致职权法定中法的范围有所不同,比如行政主管权涉及与其他国家机关之间的分工,所

㊼ 参见朱芒:《论行政规定的性质——从行政规范体系角度的定位》,载《中国法学》2003 年第 1 期。

㊽ 参见柳砚涛:《行政法的嬗变:由公法到公私法融合》,载应松年、马怀德主编:《当代中国行政法的源流——王名扬教授九十华诞贺寿文集》,中国法制出版社 2006 年版,第 140 页。

以应当由宪法与法律设定。[49] 而这里的职责是在管理经济工作的行政职权下进行的，行政机关以规范性文件设定职责是促进地区的经济发展的一种手段，不涉及与其他行政机关的关系，也不损害相对人的权益，并且接受着组织规范的控制，所以将职责中法的范围扩大到规范性文件，并无不当。

第三，以规范性文件设定职责，规范性文件的法约束理论可保证行政机关履行奖励。有关规范性文件的概念，目前较为普遍的观点认为，规范性文件是除行政法规、规章外对外具有普遍约束力的政令。[50] 之所以规范性文件可以成为设定职责的法，还在于行政机关对自行创设的法也应当接受拘束，从而保证职责的履行。法对行政的拘束是多元的，不仅限于法律上位规范的宪法，而且包括行政机关自身制定的规范。[51] 宪法和法律对行政机关的职权作了概括规定，行政机关履行职责中有方式选择上的空间。在履行经济管理职权中，设定行政奖励为内容的规范性文件是行政机关选择的一种方式，但是当相对人按照规范性文件的要求完成了特定的任务，便具有了按照规范性文件的内容获取相应的正当利益的请求权，行政机关此时拒绝的空间应当限缩为零。因此，行政机关须要自觉服从其自行创设的规范性文件的拘束，也不存在障碍。若符合规定要求而不兑现奖励的，则构成违反规范性文件意义上的法定职责。

上述救济思路的整合不囿于行政承诺与民法的关系的对比分析，而是着眼于规范性文件为复杂多变的行政任务的履行寻求一个公法体系下的救济机制，除了说明《中国行政审判案例》第56号案例所呈现的判决思路的不合理性，更重要的是，将履行行政义务拉回到依法行政的轨道上，从而实现公民权利的保护。

（二）剔除合同法原理的审判标准

以《中国行政审判案例》第56号案例为代表的地方政府拒绝兑现承诺奖励的行为，被公民诉诸法院追问合法性后，法院据以制衡行政行为的

---

[49] 参见胡建淼：《行政法学》，法律出版社2015年版，第536～537页。

[50] 参见姜明安主编：《行政法与行政诉讼法》，北京大学出版社、高等教育出版社2015年版，第174页。

[51] 参见［印］M. P. 赛夫：《德国行政法——普通法的分析》，周伟译，山东人民出版社2006年版，第33～35页。

关键，是审查标准。然而，现实中奖励通常是地方政府依据职权进行承诺的，所以进入司法程序后，却没有明确的法律依据作为审判标准也是这类案件的一个常态。

为破解这一裁判困境，《中国行政审判案例》第56号案例中的法院延续了合同法原理，通过强调当事人系在规范性文件上达成有关招商引资奖励的一致意思表示来论证规范性文件应成为合法性审查的规范依据。[52]单从结果来看，规范性文件成为法院审查行政行为合法性的依据并无不妥。透过我国《行政诉讼法》第63条，规范性文件不具有裁判适用地位，但着眼于审判现实，司法解释的相关规定实则已经进一步有条件地扩充了法院审判标准的范围，认可法官对合法的规范性文件拥有适用选择权，[53]为处于无上位法规范时缺乏审查标准的法院裁判情景提供了出路。

纵使论证导向了一个可以接受的结果，但法院所使用的论据，却很难说体现了依法裁判的要求。这具体表现在法院以私法自治为主导将规范性文件解读成双方自愿形成的合同，然后根据合同约束双方的原理赋予合同裁判规范的效力，最后完成规范性文件成为审查依据的论证。毫无疑问，在民法中，双方因为合同内容发生纠纷，在不违反法律规定的情况下，法院应当尊重当事人的意思自治，并依照意思自治内容实现当事人意志。在行政奖励案件的审理中，不排除行政机关与相对人之间就规范性文件中不清晰的金额部分需要借助合同特有条款进行解释，但是整体而言，作为行政案件的审理法院面对行政行为时，应是依据“法”来判断行政行为的合法与否，另依前文所述，规范性文件中的内容的形成并没有相对人意思表示的进入，置言之相对人的意思自治并不完整。在这样的情况下仍导入合同法思维覆盖规范性文件原本法的属性，难免使法院依法裁判的立场站不住脚。

---

[52] 参见最高人民法院行政审判庭编：《中国行政审判案例》（第二卷），中国法制出版社2011年版，第101页。

[53] 详见最高人民法院2000年发布的《关于执行行政诉讼法若干问题的解释》第62条第2款；2004年最高人民法院《关于审理行政案件适用法律规范问题的座谈会纪要》；2008年最高人民法院《关于当前形势下做好行政审判工作的若干意见》；2009年最高人民法院《关于裁判文书中引用法律法规等规范性文件法律文书的规定》第6条等规定。另外，2018年2月8日施行的最高人民法院《关于适用〈中华人民共和国行政诉讼法〉的解释》第149条再次明确了规范性文件经过审查合法的应当作为行政合法的依据，上述司法解释同时废止。

结合“法定职责”的审查路径，有关审判标准的确定无须额外通过合同法原理进行解释。因为规范性文件承载了相对人的权利和行政机关的职责义务，法院对行政机关拒绝兑现奖励义务的审查，只需通过合法性审查确保规范性文件的质量，若值得信任，那么规范性文件便可作为行政机关履行行为合法性的审查依据。其中，需要注意的是，法院对作为案件审理依据的规范性文件进行的审查不同于规范性文件的附带审查。前者是有关规范性文件获得适用地位条款事实上赋予涉案法官的审查权力，法院这一主动审查是确定审判依据的需要，而后者的审查依申请进行，主要为了解决行政行为的合法性问题。

此外，2014 修订的《行政诉讼法》将行政协议的履行争议纳入受案范围，另从判决方式倒推，行政协议的效力也同样具有了可诉性。[54] 联系上述内容，从行政协议这一行政权力与契约关系的结合物来看，有人可能会质疑依约行政对于行政机关来说并不是绝对的禁区。

针对这一可能的质疑声，有必要厘清本文所反对的依约行政与行政协议意义上依“约”行政的区别。行政协议在主体、目的、内容等方面不同于民事合同是一个不争的事实。总体来说，行政协议作为行政机关履行管理职责的一种手段，内含公共利益的特质要求其接受法的约束，因此行政协议与依法行政原则具有内在的一致性。行政协议面向下的依“约”行政的“约”，其一，从形式的角度看，可理解为行政机关使用私法方式完成行政任务；其二，从实质内容上看，协议双方的意思表示在满足法的拘束下通过要约和承诺订立协议，加之公共利益的目的，协议中必然渗透进大量的公法成分，比如法定职责义务、特定协议的法定程序履行等都不得协商，相比之下可供协商的事项非常有限。因此行政协议的依“约”行政强调符合法律的规定，不仅不是对法的背离，还是对法的个案具体化，从而也不会发生私法意义上的依约行政。因为协议内容的法定性占据支配地位，即便进入司法程序很大程度上也只是协议外衣下的依法裁判。

（三）预算监督下司法应尊重合法的政策判断

通常来说，行政裁量权依附于实体规范对裁量的授权，而以《中国行

---

[54] 参见江必新主编：《中华人民共和国行政诉讼法理解适用与实务指南》，中国法制出版社 2015 年版，第 72 页。

政审判案例》第 56 号案例为典型的行政奖励纠纷案件中承诺奖励往往缺乏上位法依据，所以这种方式本身及其具体的内容设置都不能从行政裁量的角度来理解。进一步分析，这种依组织规范的权限承诺奖励的做法其实是一种履行管理任务的政策形成自由。[55]

宪法和地方组织法对县级以上地方行政机关的职权进行概括规定，地方行政机关履行发展地区经济具有政策形成上的自由，但这一自由不是法外之地，仍须接受法的拘束。法的拘束，首先表现为《预算法》的拘束，承诺奖励这一方式直接关系预算资金的合理支出，所以针对地方行政机关对预算方案的具体执行情况，相应的立法机关须发挥预算的监督权，包括是否制定招商引资的预算和行政奖励是否符合招商引资、发展经济等预算规定的目的等。其次在司法程序中，由于司法机关侧重于保护公民的权利，对于规制行政奖励的规范性文件，法院要将其性质与"侵害行政"作出区分，在保证法秩序的前提下，给予行政机关的政策判断内容以适当尊重。

在法律位阶秩序上，司法机关有义务对规范性文件的法品质保持警惕，通过合法性审查来实现法秩序的统一。法规范阶层理论要求，下位阶的法规范要在上位阶的法规范的界限范围内来具体化上位法规范内容。作为下位阶的规范性文件应遵循"不与上位法相抵触"的原则。《中国行政审判案例》第 56 号案例中的规范性文件没有行政奖励类型的上位法依据，发生低位阶和高位阶的规范冲突概率非常小。但出于整个行政法法体系的上下关联的考虑，法院对承载行政奖励内容的规范性文件进行审查其不应局限相关领域，可出于保护相对人利益的考量，如参考《立法法》《法治政府建设实施纲要》等文件中有关规范性设定的禁止性规定，[56]否定违法的规范性文件。

在内容上，行政机关制定的规范性文件不与上位法相抵触是依法行

---

[55] 在德国，这被称为一般的塑造空间，行政机关的自由不仅表现在共同体的社会制度和基础设施的塑造，还表现在法律方式的选择上，但这种自由行政应当遵守法治国家的约束。参见[德]汉斯·J. 沃尔夫等：《行政法》(第一卷)，高家伟译，商务印书馆 2003 年版，第 371～372 页。

[56] 《法治政府建设实施纲要(2015—2020)》中强调，加强规范性文件的监督管理。规范性文件不得设定行政许可、行政处罚、行政强制等事项，不得减损公民、法人和其他组织合法权益或增加其义务。

政的应有之义。除此之外,有关政策判断上的具体内容,司法机关应给予适当的尊重。因为在经济行政领域中,处于市场中立地位的政府既要以公共利益为目的导向,又要兼顾经济的平稳、可持续以及社会公正等。譬如,获取奖励条件的设置通常是行政机关在招商引资政策上的考量,其中掺杂了较多技术含量和专业的判断。相比之下,法院在上述领域中的认识有限,从解决事务的能力界限上,要求法院对行政机关基于责任和能力所作出的内容全部进行审查,往往是不可能的。

另外,行政奖励合法性审查的最终目的是将其作为审查行政机关履行行为合法与否的规范依据,对具体而明确的内容给予适当尊重,能够为裁判规范环节减少适用的难度。

法规范未对行政机关履行职责的方式作出明确规定时,行政机关享有政策形成上的自由,但仍需要接受法的拘束,不得扰乱法律秩序。当行政机关形成的政策判断内容具有明确、可预测性强时等特点时,司法应当以保护个人权利为内核,钳制审查的触角,给予政策判断适当的尊重。

五、结语

行政奖励不同于行政机关对民众生存照顾之救助,而应归类为一种吸引民众参与完成行政管理目标的手段。这一授益性行政手段的运用致使传统的公法和私法的区分趋于模糊,但在法规范的适用上,公法和私法规范的互相援引仍应当遵守严格的适用规则,以确保行政奖励在行政法体系下得到制约和救济,发挥这一手段的预期功能,保护公民合法权利。

《中国行政审判案例》第56号是有关行政机关拒绝兑现承诺奖励的案例,在对其进行判决思路整理和分析之后,本文所质疑的是涉案法院对公民权利救济的策略和效果。其一,运用民法理论论证行政机关的义务,将承诺义务类比民法义务,不但违背了合同法的解释脉络,而且不符合行政法体系,导致对应的公民公法上的权利受到行政诉讼受案范围的排异,进而产生引发“依约行政”的质疑。其二,在审判标准的适用论证中,借鉴合同法拘束合同双方理论的这一做法也动摇了法院依法裁判的立场。相比之下,以“法定职责”为主线所建构的裁判新思路,对行政奖励这类新型的行政行为进行公法体系下的救济出路的探索,更有利于其承担和实现其行政目的。

此外，将行政奖励放在法的拘束下加以审视，根据不同的行政特征来调整法对于行政行为根据规范形式要求，以及在合法性审查中对行政奖励的政策判断予以尊重，不仅实现了对法治资源的合理运用，而且在一定程度上丰富了行政行为“法无授权不可为”的内涵。但有关的议题并未止于此。例如，有关行政奖励与法的拘束的讨论还涉及行政机关错误承诺等行政瑕疵行为与信赖利益之间的关系，亟待进一步作出澄清，如此才能不断完善行政法学之体系。

论　文

●行政单边主义:行政合同的误区与出路*

——兼论简政放权作为宪法原则

雷　振**

摘　要:行政单边主义是对我国行政合同制度实践的模式概括,其主要特征是行政优益权的广泛运用、立法对行政优益权的承认和司法对行政优益权的维护。这种模式的成因从观念角度来看包括厌恶风险与追求收益最大化的行政逻辑、行政优益权的理论基础和功利主义的价值理念。这种行政单边主义模式在实效上有违功利主义的制度初衷,在制度上亦处于粗放状态,在价值上缺乏充分的正当性基础。简政放权是我国宪法中一个隐含的原则,对于行政合同制度改革具有规范作用。改革行政单边主义,需要以简政放权为方法论和基本立场,形成新的思维模式,将是否有利于促进生产力发展、是否有利于保障公民权利作为出发点,坚持平等协商、意思自治的契约原则,行政优益权只能作为例外补充。

关键词:行政合同;简政放权;行政单边主义;行政协议;宪法原则

---

* 本文系西南政法大学2015年度校级科研项目(青年项目):"风险、权力与利益博弈:突发事件应对的法律与经济分析"项目批准号2015XZQN－33;重庆市教育委员会2016年度人文社会科学研究基地项目:"应急法治中的利益平衡问题研究",项目编号:16SKJD12的研究成果。

** 雷振,西南政法大学行政法学院讲师,leizhen_law@163.com。

引 言

行政合同是一种重要的行政方式。① 由于具有合同的外观，它一般被认为是非强制性的柔性行政方式。我国传统的行政以高权强制性手段为主，虽然发挥了维护行政管理秩序的作用，但不利于充分发挥市场主体的积极性，也不符合现代政府治理模式变革发展的潮流。从国外的实践和理论来看，可以找到的"药方"包括民营化、合作行政、公私合作(PPP)、公众参与、志愿服务等，各方面研究已比较深入。这些"药方"共同的制度内核是行政合同。因为它们大都主张政府和相对人通过平等协商、当事人自愿服从来实现行政目标，这与合同制度的内在逻辑不谋而合。行政合同领域的法学研究从20世纪90年代起步以来方兴未艾，主题比较集中于行政合同之性质、行政合同中的权利义务配置、行政合同之立法模式、行政合同之司法救济等方面，在研究方法上虽然并不完全是"限于纯粹的域外借鉴或理想模式的建构"，②但确实比较缺乏对我国行政合同实践的总结与反思。鉴于此，本文试图对勘理念与实践，聚焦于行政合同中行政优益权(又称行政特权)的控制问题，从分析我国行政合同制度的模式特征入手，追溯其理念依据并进行推敲辨正，最后提出现有制度的改进方向。

如果行政合同中存在行政干预，其性质可能异化为强制性的高权行政，并由此产生一系列问题。从我国行政合同的运行现状来看，对行政合同的行政干预不但广泛存在而且占据主导地位，理论界对这种干预的正当性大多持赞同态度，行政优益权理论(政府在行政合同中享有特权)基本已成通说。总体来看，行政干预的正当性问题似乎已经尘埃落定，很少有人再关注这一基础性的理论问题。但正所谓"基础不牢，地动山摇"，由于这一问题的基础地位，它仍然值得继续探究与反复审视。若方向错误，那么及时停止也不啻为一种进步。正是出于这一考虑，本文的重点将放

---

① 行政合同又称政府合同、行政契约、行政协议，它们虽然名称不同，但指代的都是行政主体与相对人之间为实现特定行政管理目标而订立的合同，本文对它们持不加区分、交叉使用的立场，并将讨论范围限于行政主体与相对人之间签订的行政合同。通说认为，行政合同具有行政性、合意性、法定性的法律特征，应该遵循公开竞争、全面履行、公益优先的原则。参见姜明安主编：《行政法与行政诉讼法》，北京大学出版社、高等教育出版社2011年版，第318～324页。

② 郑春燕：《大陆行政合同的审查现状与困境》，载《浙江社会科学》2014年第11期。

在对行政干预正当性基础的反思之上。

随着中国政府改革的逐步推进，简政放权已经成为一个重要的政策导向。“经济体制改革的核心问题是处理好政府和市场的关系，使市场在资源配置中起决定性作用和更好发挥政府作用。”③在这一改革背景下，深入梳理行政优益权背后的行政理念，并对其实践影响作出清醒的反思，实为正本清源所必需，也可以从一个更具系统性和原理性的角度诊断我国行政合同制度的疑难杂症。行政的力量主导着我国行政合同的实践，对于这种运行特征，笔者将其概括为“行政单边主义”。这一学术概括意在强调行政干预对行政合同的决定性影响，并由此解释一些行政合同异化为强制性行政行为的原因。笔者认为，简政放权不仅是一个阶段性的政策，而且是一个具有高级法效力的宪法原则，更具有可以得到政治经济学的证成的道义优势。“行政单边主义”与简政放权存在逻辑上的抵牾与实践上的冲突，尽管简政放权已成为本届政府力推的重要政策，但“行政单边主义”的理念很难在短期内消失，它隐藏在诸多制度安排背后，成为推进简政放权的内在制约因素。笔者深信，尽管简政放权具有高级法效力与道义优势，但如果不能从理念上弄清“行政单边主义”的危害与根源，行政合同领域的简政放权势必流于形式、徒劳无功。

一、行政单边主义的实践特征

行政单边主义是笔者对我国行政合同制度特征的总体概括，在此所欲强调的是，行政干预使行政合同在很大程度上背离了合同的基本特征，异化为一种强制性、单方性的行政管理活动。在此意义上，与行政单边主义相对应的是建立在当事人自愿原则基础上的合意主义。两者的主要区别不在于是否以特定行政目标为合同目的，而在于实现这一目标的方法。为了全面准确地说明“行政单边主义”，下面简析这一模式的主要特征。

(一)行政优益权的广泛运用

行政优益权是我国行政法学界普遍承认的概念，行政合同中的行政优益权指行政机关以维护社会公共利益的名义，对行政合同享有的单方

---

③ 参见《中共中央关于全面深化改革若干重大问题的决定》，载新华网：http://news.xinhuanet.com/politics/2013-11/15/c_118164235.htm，2017年3月24日最后访问。

面的指挥、监督、变更、解除、强制执行等权力。一般认为,行政优益权的正当性基础和功能意义在于实现特定行政目的,并同时或进而实现特定公共利益,即公益优先原则。[④] 行政优益权大多是未经约定的法定权力或当然权力,其存续取决于立法规定或理论共识。从实践角度来看,行政优益权被大量运用。在近年来蓬勃开展的公用事业民营化、PPP 项目等行政合同的具体实践中,以建立或加强监管为名、实则确立或扩大行政优益权的论调已经成为理论界的一种普遍倾向。[⑤] 在这一问题上,政府与理论界之间、中国学者与外国学者之间似乎已经达成了广泛共识。

行政优益权的广泛运用在一定程度上反映了我国行政机关的强势风格和管理型政府的自我认知,但也不可避免地产生了监管惯性、裁量空间过大、权力寻租、行政垄断、不尊重相对人产权等问题,对行政优益权的规制日益成为本领域最重要的理论课题。进一步说,不谋全局者,不足以谋一域。从国家发展层面看,我国正处在政府职能向服务型政府转变和全面推进国家治理现代化的历史阶段,现有状况是否符合服务型政府"在服务中实施管理,在管理中实现服务"的理念,是否符合国家治理的合作主义精神,是否符合市场经济的平等原则,则更是值得反复探讨的。

(二)立法对行政优益权的承认

总体来说,行政优益权在我国立法上尚不成体系,原因是我国没有统一的行政法典或专门的行政合同法,但各级各类立法主体基本持肯定性立场,只是表述有明晦之别而已。

在土地管理领域中,相关法律明确规定政府可以在土地使用权出让合同期限届满前提前收回土地。[⑥] 这是行政优益权法定化的典型样本。

在近年来渐成气候的地方行政程序立法中,这种规定更为普遍。《湖南省行政程序规定》第 97 条规定:"行政机关有权对行政合同的履行进行指导和监督,但是不得对当事人履行合同造成妨碍。"类似规定如《山东省

---

④ 参见余凌云:《行政契约论》,法律出版社 2000 年版,第 118 页;姜明安主编:《行政法与行政诉讼法》,北京大学出版社 2011 年版,第 323 ~ 324 页;王旭军:《行政合同司法审查》,法律出版社 2013 年版,第 21 页。

⑤ 参见史际春、肖竹:《公用事业民营化及其相关法律问题研究》,载《北京大学学报》(哲学社会科学版)2004 年第 4 期;陈红、黄晓玮、郭丹:《政府与社会资本合作(PPP):寻租博弈及监管对策》,载《财政研究》2014 年第 10 期。

⑥ 参见《土地管理法》第 58 条、《物权法》第 184 条。

行政程序规定》第 104 条、《江苏省行政程序规定》第 81 条等。不夸张地说,这种条款已成此类立法的“标配”,甚至不同地方的条款在文字表述上也完全相同。

在政府大力推进的 PPP 运动中,以“监督管理”面目出现的行政优益权亦已成为防控项目风险、实现项目目标的必用手段。《财政部、发展改革委关于进一步共同做好政府和社会资本合作(PPP)有关工作的通知》(财金〔2016〕32 号)第 6 条规定,“各地要对 PPP 项目有关执行法律、行政法规、行业标准、产品或服务技术规范等进行有效的监督管理,并依法加强项目合同审核与管理,加强成本监督审查。要杜绝固定回报和变相融资安排,在保障社会资本获得合理收益的同时,实现激励相容。”中央基调既定,地方随之起舞。如《宁夏回族自治区人民政府办公厅关于进一步推进政府和社会资本合作模式(PPP)的实施意见》(宁政办发〔2017〕96 号)第 4 条第 5 款第 4 项规定,“政府方应从项目识别、准备、采购、执行、移交等全生命周期参与监督管理,按照诚信履诺的要求,加强信用体系建设,强化社会资本的自律约束,建立独立、透明、可问责、专业化的 PPP 项目监管体系,形成政府监管部门、投资者、社会公众等共同参与的监督机制”。这里的“监督管理”虽然在界限、内容、程序等方面还很模糊,但其肯定性立场和行政优益权的本质是毫无疑义的。

另一个比较隐蔽的承认是《行政诉讼法》对行政合同的接引。该法第 12 条第 11 项规定“认为行政机关不依法履行、未按照约定履行或者违法变更、解除政府特许经营协议、土地房屋征收补偿协议等协议的”属于行政诉讼的受案范围。根据排除法,这里的“违法变更、解除”只能解释为“缺乏法律依据的单方变更、解除行为”,它显然不能包括“依法的变更、解除”和“依照约定的变更、解除”。该款的言下之意在于,行政机关违背约定的单方变更、解除行为是否违法并非确定的结论,而是一个可以论辩的待定结果。而根据合同法原理,这种行为的违法性质本来是确凿无疑的。

(三)司法对行政优益权的维护

在 2014 年 11 月《行政诉讼法》被修改之后,“行政合同”这一学理概念以“行政协议”之名一跃而成法律概念,关于行政合同是否存在、行政合同是否属于行政诉讼受案范围之类的争议也逐渐平息。随之产生了诸多案例,以下择取两个有指导性的案例分析。在最高人民法院第76号指导案例“萍乡市亚鹏房地产开发有限公司诉萍乡市国土资源局不履行行政协议案”中,⑦裁判理由指出“行政协议强调诚实信用、平等自愿,一经签订,各方当事人必须严格遵守,行政机关无正当理由不得在约定之外附加另一方当事人义务或单方变更解除”。表面上看该案强调了合同法的诚实信用原则、平等自愿原则和全面履行原则,没有为行政机关运用超脱于合同约定内容之外的优益权留下空间。但仔细分析之后,一个令人惊讶(当然,对行政机关来说可能是惊喜)的发现是,它在以民法的名义为行政优益权关上前门的同时,又按照行政法的逻辑为它保留了一个后门——“正当理由”——而且,这很可能是一个趋向于无穷大的后门——因为“正当理由”尚处于立法放任行政机关自定的状态。在另一个最高人民法院的案例“王君诉长春汽车经济技术开发区管理委员会征收补偿协议案”中,⑧这一初步印象得到了进一步验证。该案的裁判理由指出“人民法院就应当按照行政诉讼法的规定,围绕被诉行政行为的合法性,优先适用行政法律规范,进行审理和判决”。其裁判要旨“优先适用行政法律规范”辐射至行政优益权领域,可能产生深远的影响。行政优益权之运用在民法上一般就是违约行为,而若按照行政法来判断则可能因存在违法阻却事由而具有合法性。⑨ 此类判例的逻辑结构可归纳为:行政法优先——行政优益权成立——行政法中存在违法阻却事由——行政优益权的运用合法。这两个案例除了可以说明最高人民法院对于行政优益权的立场,对全国各级法院来说也具有典型意义。

（四）小结

行政优益权在我国不但已在理论上被广泛承认,而且已被行政运用、被立法承认并被司法保障。从我国的经验来看,以“行政性压倒契约性”为特色的“行政单边主义”是行政优益权的本质。只要允许行政优益权的存在,它的运行就迟早会走向“行政单边主义”。尽管理论上一般认为行政优益权的行使需要满足一些条件:如必须基于公共利益的需要、程序公

⑦ (2014)萍行终字第10号。

⑧ (2016)最高法行申1611号。

⑨ 从前文的各类立法中,我们不难找到甚至可以说能够轻易找到此类违法阻却事由。

正透明、符合行政合理性原则(比例原则等),但这些条件大部分因为含混不清而易被满足。

二、行政单边主义的成因分析

建立在行政优益权基础上的行政单边主义究竟是如何形成的?支撑这种行政合同理念的背景因素究竟有哪些?若仅从法学的角度去考察其盛行的原因,可能会因视野所限影响我们结论的全面性与准确性。行政法乃是行政与法的交汇之处,我们有必要将目光投向行政合同制度的行政背景,从行政与法的关系角度重新思考这一问题。笔者认为,行政单边主义能够盛行大抵有三个方面的因素:一是行政机关的行为逻辑,二是行政优益权理论的正当化功能,三是结果主义的价值观念。下面依次分析这些因素。

(一)行政的逻辑:风险厌恶与收益最大化

"行政单边主义"是传统行政法的特征,也是我国行政权力运行的传统,从这一点上来说,我国以"行政单边主义"为特色的行政合同模式体现了传统的力量。这种传统之所以能够延续至今,并从传统行政领域扩张到新兴的行政合同领域,其背后的行为逻辑可以从消极和积极两个方面进行透视。我国政府在行政管理活动中具有典型的"风险厌恶"倾向和"收益最大化"倾向,在不同的风险预期和收益预期下,这两种倾向可能交替发挥主导作用,但无论是哪种倾向为主,其结果都会导致行政单边主义。

一方面,在守约履行的风险预期时,基于"风险厌恶"(risk aversion)的逻辑,政府官员会倾向于"宁可信其有,不可信其无",哪怕仅有1%的风险,也宁可以100%的力度来应对。根据心理学的研究成果,人们普遍具有风险厌恶的倾向。[⑩] 政府官员更是如此,他们本质上处于高度厌恶风险的经理人(代理人)地位,损失带来的痛苦(来自上级的惩罚)远远大于收益带来的慰藉(报酬的增长)。这可以解释政府官员在感知到风险之后,往往倾向于出手干预的行为模式。另一方面,当违约的风险预期较

---

⑩ 参见[美]雷德·海斯蒂、罗宾·道斯:《不确定世界的理性选择:判断与决策心理学》,谢晓非、李纾等译,人民邮电出版社2013年版,第293~295页。

小，收益预期较大时，政府官员的“收益最大化”动机也可能促使其单方变更或解除合同。

(二)优益权理论的正当化功能

在合同概念之外再建构一个“行政合同”的概念，这本身就默认了行政优益权的存在。处理行政性与契约性的矛盾是行政合同自诞生之日起就面临的核心课题。对此无非两种方案，即要么承认行政性高于契约性，要么承认契约性高于行政性。然而，承认契约性高于行政性意味着行政合同与民事合同并无本质区别，无异于取消了行政合同概念的存在价值。要成功建构行政合同，必须将行政性置于契约性之上，以行政优益权的建构为逻辑前提。因此，行政合同与行政优益权这两者是休戚相关、如影随形的“连体婴”。而行政优益权的理论建构以公共利益优先为出发点，这为行政机关“违约”提供了充足的免责理由，为行政单边主义提供了坚实的正当理由。行政合同的概念建构、行政优益权的理论建构与行政单边主义的正当化建构，这三者具有一荣俱荣、一损俱损的连带性，而行政优益权的建构显然又居于核心位置。简言之，问题是单边主义，根子是优益权。就此而言，中国行政合同制度面临的最大问题，不是行为模式和行为结果的问题，而是思维模式的问题。先解决思维模式的问题，才谈得上行为模式和行为结果的问题。不解决思维模式的问题，就根本没有可能解决行为模式的问题，更谈不上解决行为结果的问题。

(三)功利主义的价值倾向

追求“最大多数人的最大幸福”功利主义(Utilitarianism)是当代政治哲学的一大流派，其内在逻辑是只要目的正当，则手段在所不论。与之相对的则是反对用目的正当性来证成手段正当性，主张基本人权不可剥夺的权利主义。⑪ 如果我们进一步向上追溯道德哲学层面的原因，则可以发现，究其实质，行政单边主义不就是实体结果至上的思维模式吗？不就是

⑪ 这种意义上的权利主义有很强的包容性，可以包括多种在此问题上有共识的政治哲学观点，如自由意志主义(libertarianism)、自然权利理论、康德式的绝对道德主义、罗尔斯的自由平等理论等，这种包容性也反映了这一价值理念的重要性。权利主义对功利主义的反思是当代道德哲学领域的主要课题，一种有代表性的分析参见[美]桑德尔：《公正：该如何做是好？》，朱慧玲译，中信出版社 2011 年版，第 34 ~63 页。

为了追求一个公共利益最大化的结果而改变行政合同原初的权利结构吗？不就是以“目标优于手段”为主旨的功利主义吗？功利主义与权利主义孰是孰非暂且另当别论，仅就观念的作用而言，功利主义为行政优益权提供了基本的论证框架，也是潜藏在行政单边主义之下的深层观念结构。

（四）小结

以上的分析其实主要是从观念角度展开的，试图解释这种行为模式背后的逻辑。把政府行为的指导思想弄清楚，理论的反思才好拾级而上。接下来，笔者将在此基础上，结合对行政单边主义模式实效的考察，针对这种模式及其背后的观念系统展开反思。

三、对行政单边主义的反思

（一）实效上有违功利主义初衷

对于中国的行政合同制度而言，现行的行政单边主义模式在防范合同风险、促进公共利益方面不乏成功的个案。但是，在这种裁量自由度（武断性）极大的行政干预中，政府官员能否把握裁量的质量，避免“冤假错案”，却是令人不无疑问的。尤其值得关注的是，在这种模式下，如果政府方的违约总是容易被免责的话，行政合同的契约性将流于形式，势必造成社会资本失去参与的兴趣。这终将造成政府公信力受损，政府项目无人问津的尴尬境地。中国经济发展很大程度上依赖社会资本的投资，这种投资往往又要通过行政合同的方式运作以获取土地、营商环境政策等方面的保障，现在一些地方暴露出投资环境差、经济发展缺乏后劲，以及PPP遇冷的问题，其深层原因即在于政府的单边主义行为。⑫ 由于行政单边主义不能保证目标（公共利益）的可得性，即便按照它“赖以为生”的功利主义逻辑，也并非一种具备充足正当性的模式。在很多情形下，毋宁说这种急功近利的机会主义行为反倒不利于政府利益，更遑论“最大多数人的最大幸福”。

---

⑫ 参见石薛桥：《地方政府公信力下降对区域经济的影响》，载《经济与管理研究》2004年第4期；亓霞、柯永建、王守清：《基于案例的中国PPP项目的主要风险因素分析》，载《中国软科学》2009年第5期。亓霞、柯永建和王守清的案例研究揭示，政府干预是PPP项目的主要风险因素，表现为：一是对项目的直接干预；二是改变项目的竞争环境影响原项目收益，如批准竞争性项目；三是政府不守信用，存在违约行为。

(二)制度上尚处于粗放状态

仅就制度本身的合理性而言,我国现有立法和司法解释为行政优益权创设了一个高度自由、缺乏约束的法律空间,关于行政优益权的立法还处于简略粗糙的状态,这为行政干预/违约的生长提供了土壤。

首先,从立法形式和主体来看,除了《政府采购法》《招标投标法》等少量的人大立法外,大部分行政合同法律规范都以行政立法为主要渊源。笔者以"行政协议"对北大法宝法律法规数据库进行"标题"搜索的结果是0篇,进行"全文"搜索的结果是部门规章7篇(其中真正相关的只有一篇《外资保险公司管理条例实施细则》)、地方政府规章1篇、地方政府规范性文件6篇;以"行政合同"对该数据库进行"标题"搜索的结果是0篇,进行"全文"搜索的结果是行政法规2篇、部门规章15篇、地方性法规3篇、地方政府规章17篇、地方政府规范性文件565篇(见表1)。[13] 这说明现有的行政合同制度主要由行政机关自己创设,是典型的"自己为自己创设权力"。另外,现有立法集中于地方层面,缺乏统一的"龙头性法律",也是一个缺憾。

表1　行政合同的立法渊源统计

搜索关键词	搜索方式与结果	
	"标题"搜索	"全文"搜索
"行政协议"	0	部门规章7篇 地方政府规章1篇 地方政府规范性文件6篇
"行政合同"	0	行政法规2篇 部门规章15篇 地方性法规3篇 地方政府规章17篇 地方政府规范性文件565篇

其次,从广义立法来看,一方面,赋权、放权是上述立法文件的基本倾

[13] 检索日期截至2017年6月6日。需要说明的是,《行政诉讼法》第12条虽然将"行政协议"纳入行政诉讼的受案范围,但并未为行政合同创设具体规则,故本文未将其纳入统计范围。

向。这些文件的内容可分为如下类型：(1)宣示性规范，即号召、鼓励各级政府积极运用行政合同方式。如《国务院关于印发全面推进依法行政实施纲要的通知》(国发〔2004〕10号)第9条规定改革行政管理方式要“充分发挥行政规划、行政指导、行政合同等方式的作用”。《国务院关于促进市场公平竞争维护市场正常秩序的若干意见》(国发〔2014〕20号)第五部分规定市场监管执法要“积极推行行政指导、行政合同、行政奖励及行政和解等非强制手段，维护当事人的合法权益”。这类规定为数不少，虽然并没有完成行政合同的制度化，但从“民事合同”中抽离确立了“行政合同”概念，其对于行政特权的默示作用并不可忽视。(2)制度化规范，即建构行政合同具体制度的规范，主要是对行政优益权的界限、内容、程序作出规定。这类规范的特征是文字简略、内容模糊、想象空间大。例如，《湖南省行政程序规定》第97条规定：“行政机关有权对行政合同的履行进行指导和监督，但是不得对当事人履行合同造成妨碍。”这种规范的问题在于，它们没有为我们提供一个关于行政干预合法性的判断标准，而且“指导和监督”“造成妨碍”也存在很大的裁量空间。

另一方面，司法解释虽然不是我国的正式立法渊源，但众所周知它在实效意义上具有制度化功能，而它的立场亦是维护行政优益权。最高人民法院《关于适用〈中华人民共和国行政诉讼法〉若干问题的解释》第14条规定：“人民法院审查行政机关是否依法履行、按照约定履行协议或者单方变更、解除协议是否合法，在适用行政法律规范的同时，可以适用不违反行政法和行政诉讼法强制性规定的民事法律规范。”笔者认为，这意味着司法机关在很大程度上放弃了对行政干预的审查。因为这一规定实质上确立了行政法律规范的优先适用性，而由于该条所说的“行政法”在行政合同领域主要来自行政立法，其效力位阶低于全国人大及其常委会制定的民事法律规范——《民法总则》和《合同法》均由全国人大制定，属于《宪法》第62条第3项和《立法法》第7条第2款所规定的“基本法律”。显然，根据行政优益权的理论构造，行政合同需要优先适用行政法律规范，这也是该司法解释制定的意图，而根据基本法律的效力优先性，这样的司法解释又有悖于“下位法低于上位法”的常识性法理。显然，这样的司法解释不但不利于司法纠错，反而助长了行政单边主义，而且在逻辑上还需要进一步的“解释”。

（三）价值上缺乏正当性基础

行政单边主义之根基在于行政优益权，而行政优益权之根基在于功利主义道德哲学。在行政优益权理论的价值排序中，公共利益被置于合同相对方的私人利益之上，由此推导出行政优益权可以超越契约权利之上，这是典型的功利主义范式，更准确地说，这是边沁式的功利主义。桑德尔认为，边沁的功利主义哲学有两个主要缺陷：一是它没有给予人类尊严和个体权利以足够的重视，二是它错误地将一切具有道德重要性的事物都化为单一的、快乐与痛苦的尺度。⑭ 这种道德哲学推崇目的正当性的价值，否定了手段正当性的独特价值，与个体权利之保障存在紧张关系。从根本上说，其正当性基础是不牢固的。

除此之外，即便按照功利主义逻辑，行政优益权也是难以自洽的。行政干预的现实效果在于实现政府官员的利益（如政绩、物质收益），但能否实现政府利益和社会公共利益是一个有待观察、客观上并不确定的结果。再者，行政合同当事人的契约权利既具有手段价值，也具有目的价值。"信心比黄金更珍贵"，保障契约权利，才能稳定社会投资的信心，稳定人民参与公共生活的信心，这本身就是一项至关重要的公共利益。因此，在功利主义内部论证层面来说，其正当性基础也是不坚实的。

四、简政放权与行政合同

（一）从行政国家到简政放权

"行政国家"这一概念被广泛传播，当归功于美国行政学巨擘德怀特·沃尔多（Dwight Waldo）的经典之作《行政国家：美国公共行政的政治理论研究》。⑮ 这一概念与德国著名公法学家卡尔·施米特建构的"政府型国家"（又译"行政国"）相近，都是指行政机关在国家中居于主导地位。⑯ "行政国家"概念提出后在美国引发持续反响，罗森布鲁姆等行政

---

⑭ 参见［美］桑德尔：《公正：该如何做是好？》，朱慧玲译，中信出版社 2011 年版，第 41～53 页。

⑮ See Dwight Waldo, *The administrative state: a study of the political theory of American public administration*, Ronald Press, 1948.

⑯ 参见［德］卡尔·施米特：《政治的概念》，刘宗坤等译，上海人民出版社 2003 年版，第 248～249 页。

学者将其特征概括为：公共部门使用了庞大的社会资源；行政管理者在当代政府运作过程中发挥着重要作用；行政机关在总体上处于政治的核心地位；国家通过行政行为来解决其面临的问题并达成目标。⑰ 它象征的是行政权力高度扩张，获得行政立法权与行政裁判权，通过管制行政和服务行政大量介入公民生活这样一种现象。行政国家的兴起是现代国家的一个普遍趋势，主要原因在于国家赋予行政机关担当的任务大量增加（管制、服务、建设、调控等），从行政机关的角度来说就是行政职能的大大扩张。但是，“行政国家”的兴起就意味着行政权力在数量和结构上的扩大，产生不少新的问题，如打破不同权力分支之间的平衡、对公民权利的限制和自由空间的挤压、抑制经济活力、行政权力腐败、行政效率下降等。这些问题积累到一定程度往往会催生出相应的简政放权改革需求。

我国显然应被认定为行政国家，长期以来形成了“全能政府”体制。鉴于此，本届政府将简政放权作为一个战略决策，其实这也是我国政府职能改革长期以来的重要方向。⑱ 在理论上值得探究的是，简政放权仅仅是本届政府的一项战略性政策，还是一个具有长期与普遍约束力的法律原则？对于行政合同意味着什么？

（二）简政放权作为宪法原则

简政放权作为本届政府的一项重大战略决策，对于各级行政机关自然具有规范性。但是，如果它仅仅是一项行政命令，那么它对现行的行政合同制度并不能产生结构性影响。笔者认为，简政放权不但是本届政府的一项战略决策，而且是一个默示的宪法原则。以下试分析论证这一命题。

判断其法律性质，我们有必要回溯到宪法，综合宪法对国家根本任务和公民基本权利的规定进行解释。首先，简政放权是实现宪法规定的国家根本任务的必要条件。我国《宪法》序言第7 自然段规定：“国家的根本任务是，沿着中国特色社会主义道路，集中力量进行社会主义现代化建

---

⑰ 参见［美］戴维·H. 罗森布鲁姆：《公共行政学：管理、政治和法律的途径》，张成福译，中国人民大学出版社 2002 年版，第 50 页。

⑱ 参见李克强：《深化简政放权放管结合优化服务 推进行政体制改革转职能提效能——在全国推进简政放权放管结合优化服务改革电视电话会议上的讲话（2016 年 5 月 9 日）》，载《人民日报》2016 年 5 月 23 日，第 2 版。

设。”通俗点说，就是要以经济建设为中心，以解放和发展生产力作为国家行为的目标，它要求全部国家机关的任务均应当为“社会主义现代化建设”服务——这实际上构筑了一个“生产力原则”。“天下大义，当定于一。”将国家根本任务定位为以经济建设为中心，解放和发展生产力，集中力量进行社会主义现代化建设，这是中国共产党领导人民对历史经验教训的总结，在政治上是不容动摇的基本国策，在法律上是具有普遍规范效力的宪法原则。而“简政放权”则是国家根本任务内在逻辑在行政领域的展开，是生产力原则在行政领域的体现。这本质上是一个经济学问题。如何才能解放和发展生产力，使国家走向繁荣富强？从历史经验来看，就是要尊重市场的力量，更多地依靠市场主体之间的自愿协作（交易）。生产力原则并不等于片面强调生产，而是将交易置于核心位置，生产只是辅助环节。这在理念上可以追溯到亚当·斯密的《国富论》，其要义是物质的重要性不在于如何被生产，而在于如何被使用，物质只有在高效使用时才是财富，而交易则是能促进物质高效使用的过程，交易越多，财富越多，国家越富强，反之则会走向衰落。亚当·斯密指出：“每个人改善自身境况的一致的、经常的、不断的努力，是社会财富、国民财富以及私人财富所赖以产生的重大因素。这不断的努力，常常强大得足以战胜政府的浪费，足以挽救行政的重大错误，使事情得以改良。”⑲这不光是一种经济学理论，也是一条经验性规律。⑳ 欧美经济长期以来处于低增长状态，在很大程度上是“福利政府”“大政府”的国策所致，与政府过度干预破坏市场正常运转相关。政府干预的实质是对交易自由的破坏，会导致生产力的破坏。尽管我国经济中也存在大量的政府干预，但相对欧美来说还未彻底陷入福利国家的泥潭，我国经济增长率也始终保持在一个较高水平之上。

因此，生产力原则的进一步展开就是简政放权。简政放权的实质是减少政府对市场的干预，是对“大政府”的扬弃——保持政府维持市场秩序所必需的管制能力，但减少对市场经济的干预。近年来我国经济进入增长放缓的新常态阶段，简政放权正是本届政府深刻反思新形势之后作

---

⑲ ［英］亚当·斯密：《国民财富的性质和原因研究》（上卷），郭大力、王亚南译，商务印书馆 1972 年版，第 316 页。

⑳ 关于政府与市场的关系，凯恩斯主义者持相反的“大政府”立场，但从历史经验来看，凯恩斯主义在实践中的失败是显而易见的。

出的重要决策,但它同时也是生产力原则内在的规范性要求。要让市场起决定性作用,政府的经济角色就应当是谦抑性的,是裁判员而非运动员,政府功能应该限于维持市场所需要的外在秩序,而不是强迫或剥夺一部分人去帮助另一部分人。所以说,尽管简政放权表面上仅是本届政府提出的一项有时效性的政策,但深入地看它更是隐含在生产力原则之中的一项默示的宪法原则(implied principle)。它不但对于本届政府,而且对于今后的各届政府,不但对于行政机关,而且对于立法机关和司法机关都具有约束力。

其次,简政放权是尊重和保障人权的必要条件。尊重和保障人权、保障公民基本权利,同样是我国宪法的一项根本任务。尽管宪法中没有明确用"根本任务"来定义它,但它与"解放和发展生产力"这一明示的根本任务具有共生性、同构性和连带性。一方面,根据历史唯物主义的原理,人的权利取决于他所能达到的物质生活水平,这最终取决于社会生产力的发展水平。如果离开物质基础谈权利,将无异于画饼充饥,显得激进有余、理性不足。我国宪法将解放和发展生产力而非保障人权和公民基本权利设定为国家根本任务,与其从字面上解释为不重视人权保障,毋宁说是从更本质的层面来对待权利问题。另一方面,"解放和发展生产力"本身并非终极性的目的,它在本质上是为"人"服务的,也即为实现人权而服务。由此可说,简政放权直接服务于生产力的解放和发展,最终则服务于人权的保障。此外,从简政放权与权利保障的直接关联来说,简政放权意味着去除不当的政府干预,这对于保障公民的财产权、营业自由等权利有着直接的积极意义。在此意义上,简政放权亦有其道义优势。

(三)简政放权对行政合同之重整

简政放权作为一个宪法原则,它对于行政合同的要求在于逐步减少行政优益权,废除不当的行政干预,行政优益权只应保留在非常有限的范围之内。原因在于:首先,从逻辑角度,简政放权的要义在于让市场起决定性作用,尽量减少高权手段的运用。行政优益权的运行逻辑是风险厌恶与收益最大化,大多是在市场尚未完全发挥决定性作用的场合下被运用,这与简政放权的宗旨相悖。其次,从实效角度,行政优益权的存在不但不利于解放和发展生产力,而且还有消极影响。如前文所分析的那样,一方面,行政优益权并不必然导向公共利益的自动实现,相反可能被滥用，甚至可能成为权力寻租的工具；另一方面，行政优益权的现实效果往往是政府公信力的受损、营商环境的劣化与社会投资效率下降，对社会生产力具有破坏作用。最后，从价值角度，行政优益权建立在对手段性价值（社会投资者的财产权、尊严感等）的牺牲之上，而这些手段性价值本身就有公共利益属性，这种牺牲不具备充分的正当性。

考虑到行政合同在类型和内容上的复杂多样性，不可否认的是，在一定场合下，行政优益权的存在有一定必要性。[21] 例如，出于风险防控的行政优益权在风险高度积聚的场合、出于反腐监督的行政优益权在寻租空间大的场合仍然是必要的。[22] 限于主题，本文对此不作展开分析，因为简政放权作为宪法原则其规范意义是方向性的，对于例外情形的探讨并非本文的重心。笔者所欲强调的是，行政优益权不应成为原则而应定性为例外，不应成为标配式权力，而应定性为选配式权力受到必要的约束。

结语：行政单边主义模式的出路

面对经济运行的新常态，我国政府及时提出了“简政放权”的对策，这既是适时之举。这种举措应当延伸到行政合同制度的完善之中。对于“简政放权”，理论界已经给出了充分的论证，并演绎了一系列深化这一改革的具体方案。本文将简政放权定性为我国宪法中一个隐含的原则，并给出了一个初步的论证。在此，笔者进一步提出，“简政放权”这一波政府职能改革运动也是行政合同制度改革的突破口和摒弃行政单边主义模式的良机。可以说，自行政优益权成为学界通说并被制度化以后，行政合同制度迎来了一次全面改革的战略机遇。

在笔者看来，现有的行政单边主义模式既有制度原因，也有观念因素。它的形成既是立法对行政优益权的承认与司法对行政优益权的维护所致，也与那种厌恶风险与追求收益最大化的行政逻辑、行政优益权的理论基础、功利主义的价值理念有着密切关系，并造成了一系列消极的社会后果。消除行政单边主义的消极后果，确立有助于发展生产力和保障公

㉑ 参见许宗力：《论行政任务的民营化》，载翁岳生教授祝寿论文编辑委员会编：《当代公法新论（中）》，元照出版公司2002年版，第606～610页。

㉒ 参见刘飞：《试论民营化对中国行政法制之挑战——民营化浪潮下的行政法思考》，载《中国法学》2009年第2期。

民基本权利的新模式,还属于一项尚待完成的改革任务。要走出行政单边主义的误区,我们必须形成新的思维模式:

其一,行政合同的理论反思应当以是否有利于促进生产力发展、是否有利于保障公民权利为出发点;

其二,行政合同的制度革新应当以简政放权为方法论和基本立场;

其三,行政合同应当回归契约的本质,坚持平等协商、意思自治的原则,行政优益权只能作为例外的补充。

●区块链风险规制的双重进路：规范与代码的共治

苏　宇*

摘　要：区块链已经产生了巨大的社会影响，受到政府的密切关注，但相关立法和规制尚付阙如。区块链以其分布式账本、数字代币、智能合约和开发平台的功能被广泛应用，也蕴含着一系列的经济与社会风险。传统行政法形态无力应对相关的风险规制需求，对区块链的风险规制必须通过规范与代码两个层面的共治来完成。

关键词：区块链；风险规制；智能合约；数字代币

一、问题的提出

区块链的热潮正在席卷全球。早在2017年9月底，全球5500多个市场就有超过1100种加密货币(数字代币)，总值接近1500亿美元，超过了IBM和麦当劳的市值。① 2018年以来，蚂蚁金服、京东金融、腾讯、百度、360、京东、万达、美图、暴风等上市公司密集入局区块链，涉及云服务、食品溯源、内容、游戏等多个领域。② 中国工商银行、中国农业银行、中国银

---

* 苏宇，中国人民公安大学讲师，法学博士。本文系中国法学会2017年度部级法学研究课题“大数据时代背景下的警察执法信息公开范围研究”[编号CLS(2017)C07]阶段性成果。

① 参见于德良：《1100多种加密货币总价值超IBM市值》，载《证券日报》2017年11月4日，第B02版。

② 参见汪灵犀：《区块链：泡沫还是革新?》，载《人民日报(海外版)》2018年2月9日，第008版；陈莹莹、王凯文：《资本抢滩区块链金融　火热背后或藏泡沫》，载《中国改革报》2018年4月20日，第010版。

行、中国建设银行等国有商业银行也纷纷开始探索区块链相关业务。[③] 2017 年金融区块链合作联盟(深圳)发布的《金融区块链底层平台 FISCO BCOS 白皮书》认为,区块链为金融监管机构提供了一致且易于审计的数据,通过对机构间区块链的数据分析,能够比传统审计流程更快更精确地监管金融业务。[④] 不仅如此,区块链还持续引发跨领域的多方合作。例如,在雄安新区,区块链也已经被引入房屋租赁领域,"中国建设银行、链家、蚂蚁金服等机构参与了这一租房模式的建设。其中,蚂蚁金服是核心区块链技术提供方,链家和建行则提供房源租赁信息等服务"。[⑤] 甚至有些消费品,只要沾上"区块链"的概念,价格都可以蹿升至 2 ~ 4 倍的价位。[⑥] 区块链浪潮之汹涌,由此可见一斑。

但是,与此同时,区块链及相关的智能合约、数字代币等新兴事物,也暗藏着不可忽视的社会风险。首先,区块链的安全性仍然有待改进,当前的共识算法或者需要消耗惊人的能源(电力),或者过度依赖于少数集中持币的节点,尚未充分实现经济的、多中心化的安全机制;其次,区块链的衍生功能很大程度上依赖于已经用计算机程序表达的智能合约,它涉及内容合法性、格式合同、合同诈骗等一系列民刑法问题,需要对智能合约本身作系统的法律调整;再次,区块链还涉及违法犯罪信息的传播问题,涉及公民行使言论自由的法律限制与监管方式的革新;复次,区块链自身的安全、效能、可扩展性、隐私保护等关键问题仍然需要技术上的发展与突破,尤其是交易安全和交易速率(吞吐量)的兼容问题仍然有待解决;最后,区块链衍生的数字代币涉及国家的金融秩序,还可能引发金融、外汇、税收等一系列制度风险,许多交易形式和交易内容既需要获得法律的认可,又需要受到法律的限制和约束。更引人注目的是,区块链热潮引发了"泡沫化"的隐忧,不少论者表示区块链的热潮与当年的互联网泡沫存在

---

③ 参见王晓洁、陈旭:《银行竞逐区块链　诸多难题待解》,载《经济参考报》2018 年 4 月 24 日,第 006 版。

④ 参见王观:《三问区块链》,载《人民日报》2018 年 2 月 26 日,第 017 版。

⑤ 朱开云:《租赁住房平台为何引入区块链技术》,载《中国技术市场报》2018 年 3 月 13 日,第 02 版。

⑥ 参见赵剑影:《消费品一旦傍上区块链价格蹿升好几倍》,载《工人日报》2018 年 4 月 4 日,第 004 版。

一定的相似性,并呼吁立法层面和政策措施层面的应对。⑦ 这些风险使区块链的风险规制成为令人关注的重要主题。

二、区块链治理现状

区块链已经受到我国政府的密切关注。2016 年 10 月,工信部发布《中国区块链技术和应用发展白皮书(2016)》,对区块链的定位和发展提出了系统的要求。2016 年 12 月,国务院印发的《“十三五”信息化规划》在“强化战略性前沿技术超前布局”部分中明确要求:“加强量子通信、未来网络、类脑计算、人工智能、全息显示、虚拟现实、大数据认知分析、新型非易失性存储、无人驾驶交通工具、区块链、基因编辑等新技术基础研发和前沿布局,构筑新赛场先发主导优势。”2017 年,国务院及其办公厅在发布的《国务院关于进一步扩大和升级信息消费持续释放内需潜力的指导意见》(国发〔2017〕40 号)、《国务院办公厅关于创新管理优化服务培育壮大经济发展新动能加快新旧动能接续转换的意见》(国办发〔2017〕4 号)、《国务院办公厅关于积极推进供应链创新与应用的指导意见》(国办发〔2017〕84 号)等多个文件中,提及“区块链”概念的试点应用或技术利用。这就意味着国家已经正式认可并高度重视区块链的建设与发展工作。在工业和信息化部信息化和软件服务业司等有关部门指导下,工业和信息化部中国电子技术标准化研究院发布了《区块链数据格式规范》,中国区块链技术和产业发展论坛发布了《中国区块链技术和应用发展白皮书(2016)》,该论坛还发布了《信息技术区块链和分布式账本技术参考架构》(以下简称《参考架构》),对区块链形成了一定的技术指引。

但是,对于区块链所衍生的数字代币,国家采取了审慎的监管立场。2013 年,中国人民银行、工业和信息化部、银监会、证监会、保监会五部委就发布了《关于防范比特币风险的通知》(银发〔2013〕289 号),明确比特币“不是由货币当局发行,不具有法偿性与强制性等货币属性,并不是真正意义的货币。从性质上看,比特币应当是一种特定的虚拟商品,不具有

---

⑦ 参见李兴彩:《区块链概念遭热炒 泡沫背后有何期待》,载《上海证券报》2018 年 1 月 17 日,第 005 版;于德良:《1100 多种加密货币总价值超 IBM 市值》,载《证券日报》2017 年 11 月 4 日,第 B02 版;杜贺:《区块链火爆背后:泡沫与价值并存》,载《宁波经济》2018 年第 3 期等。

与货币等同的法律地位,不能且不应作为货币在市场上流通使用”,并要求“各金融机构和支付机构不得开展与比特币相关的业务”“加强对比特币互联网站的管理”等。2017 年 9 月,中国人民银行等七部委(前述五部委加上中央网信办、国家工商总局)又发布了《关于防范代币发行融资风险的公告》,指出“本质上是一种未经批准非法公开融资的行为,涉嫌非法发售代币票券、非法发行证券以及非法集资、金融诈骗、传销等违法犯罪活动”,禁止代币融资交易平台开展法定货币与代币、“虚拟货币”相互之间的兑换业务及部分相关业务。同年,司法裁判中也出现了有关比特币借贷的较复杂案件。[8] 2018 年年初,中国人民银行又发布了《关于开展为非法虚拟货币交易提供支付服务自查整改工作的通知》等文件,进一步加强了对非法虚拟货币交易的打击。

迄今为止,区块链及数字代币领域尚无专门性的立法,立法性规制的缺失也使区块链的发展多少呈现出一种无序化的状态。虽然区块链平台在一定程度上尝试进行内部治理,并建立了不同层次的机制,[9]区块链产生的负外部性仍然非常值得重视。对于区块链技术的不同应用,相应地也产生了不同的规制需求。

三、区块链的应用方式及规制需求

《参考架构》第 2.2.1 条将区块链界定为“一种在对等网络的环境下,通过透明和可信规则,构建不可伪造、不可篡改和可追溯的块链式数据结构,实现和管理事务处理的方式”。在此基础上,区块链可以有以下不同层面的功能或应用:

(一)分布式账本

区块链的本质就是分布式账本(distributed ledger),它首先是一种多中心化的存储机制,每一个区块都被接入由之前所有区块形成的链条,并由参与区块链的许多节点乃至所有节点进行分布式存储。由于使用分布

---

⑧ 例见“宋某晶与陈某飞民间借贷纠纷”一审民事判决书,案号:天津市滨海新区人民法院(2017)津 0116 民初 62540 号。

⑨ See Hsieh, Ying Ying, J. P. Vergne, and S. Wang, “The Internal and External Governance of Blockchain-Based Organizations: Evidence from Cryptocurrencies”, *Social Science Electronic Publishing*, 2017, pp. 7 – 9.

式核算和存储，不存在中心化的硬件或管理机构，因此任一节点的权利和义务都是均等的，系统中的数据块由整个系统中所有具有维护功能的节点共同维护。[10] 3代P2P网络技术的发展为区块链的多中心化奠定了基础。[11] 区块链中所有区块的信息将在各个参与节点中进行分布式存储，已确认的区块将由哈希函数等加密算法进行强有力的保护。区块链的密码学基础是哈希函数，它有抗原像攻击、抗第二原像攻击、抗碰撞攻击三种性质，对于输出长度为n的哈希函数，实现三种攻击要求的理论计算复杂度在 $2^{n/2} \sim 2^n$，[12]易言之，从当前的哈希数回溯猜中上一个哈系数的概率极低，以至于可能性几乎为零。[13] 因此，区块链单向延伸，而且此前的数据几乎不能被改写。但是，区块链的数据并非完全不可被篡改和伪造，极端情况下还是有可能遭遇一些攻击。例如，在采取工作量证明的算法下，存在51%算力攻击和基于自私挖矿策略的连续发布区块攻击方法（25%算力攻击），[14]但这要求集中的全网算力达到非常高的门槛，对于一个大型区块链项目而言，伪造和篡改数据是极端困难的。

这就导致区块链上的存储信息有着高度的安全性。这些信息不能被人为删除或篡改，在“零知识证明”（Zero-Knowledge Proof）以及全同态加密的技术基础上，区块链还可以在不泄露个人信息的前提下对外提供数据分析服务，[15]从而为大数据背景下的数据挖掘和人工智能研究

---

⑩ 参见益言：《区块链的发展现状、银行面临的挑战及对策分析》，载《金融会计》2016年第4期。

⑪ 参见朱岩等：《区块链关键技术中的安全性研究》，载《信息安全研究》2016年第12期。

⑫ 参见李志敏：《哈希函数设计与分析》，北京邮电大学计算机学院2009年博士学位论文，第3～4页。

⑬ See Joshua Baron, Angela O'Mahony, et al., *National Security Implications of Virtual Currency*, RAND Corporation, 2015, p. 13.

⑭ 关于51%算力攻击和25%算力的自私挖矿策略攻击，see Joshua Baron, Angela O'Mahony, David Manheim and Cynthia DionSchwarz, *National Security Implications of Virtual Currency*, RAND Corporation, 2015, pp. 52－54。

⑮ 参见李康等：《零知识证明应用到区块链中的技术挑战》，载《大数据》2018年第1期；田承东：《同态加密在物联网区块链数据安全中的应用》，载《网络安全与技术》2018年第3期；刘明洁、王安：《全同态加密研究动态及其应用概述》，载《计算机研究与发展》2014年第12期，等等。刘、王之论文未言及区块链，但原理相同，相关技术完全可以应用到区块链相关应用之中。

提供服务。但是,区块链的此种功能将引致重要的法律风险:首先,往区块链上写入内容的方法已经成熟,⑯儿童色情、犯罪技术、恐怖主义言论等违法信息和政治敏感内容等一旦上链,将分布存储到全球所有的参与节点且难以被修改和删除,在儿童色情方面已经发生相关案例,⑰这方面的规制需求最为迫切。其次,零知识证明机制和区块链自身的加密算法不同,它的破解难度由于算法和信息特征结构的差异可以有很大差别,在基于大数据的医学素材深度学习等一些应用场景,需要一定的规制措施应对个人信息被泄露和破解的风险,还需要注意是否违反了《网络安全法》和《刑法修正案(九)》中有关个人信息买卖与保护的相关规定。⑱ 如果未来立法承认了公民的"被遗忘权",一些个人信息也应当得到定期清理或删除。最后,针对链上的重要信息,区块链是否应当强制设置数据快速恢复机制,防止极端环境下的外部攻击或不可抗力造成数据丢失或区块损坏,也是一个值得研究的问题。

此外,维护区块链的存续与安全必须借助某些共识算法(参与节点一致承认的、事先约定的对记账或确认区块的奖励机制),而共识算法的不同类型有着不同的隐患。目前的常见共识算法包括工作量证明(proof of work,POW)、权益证明(proof of stake, POS)、委任权益证明 DPOS (delegated proof of stake, DPOS)、随机算法(Algorand)、拜占庭容错(Byzantine fault tolerance,BFT)等,其中拜占庭容错又可以进一步区分为实用拜占庭容错(practical Byzantine fault tolerance,PBFT)、鲁棒拜占庭容错(robust Byzantine fault tolerance)、冗余拜占庭容错(redundant Byzantine fault tolerance)和简化拜占庭容错(simplified Byzantine fault tolerance)等

⑯ For example, Matzutt, Roman, et al. "A Quantitative Analysis of the Impact of Arbitrary Blockchain Content on Bitcoin", Financial Cryptography and Data Security 2018 (conference), pp. 2 – 5.

⑰ Ibid, pp. 1 – 4.

⑱ 区块链相关应用即使采取提供不暴露个人信息的数据包形式,仍有可能违反禁止买卖个人信息的相关规定。关于这些行政法和刑法规定的详细分析,参见吴泓:《信赖理念下的个人信息使用与保护》,载《华东政法大学学报》2018 年第 1 期。

分支。[19] 其中,最主流的共识算法是 POW 和 POS,前者通过消耗算力破解数学难题(如碰撞哈希数)为参与节点记账提供证明,后者通过消耗持币时间(币龄)提供证明。POW 机制由于是通过工作量(主要是计算哈希函数)进行证明,可以吸引广泛的市场主体平等参与,但对算力的要求非常高,能源消耗可观。据报道,一枚比特币的电费成本约为 7200 元左右;至 2017 年年底,有报告称全球一年"挖矿"的耗电量已经超过大多国家的耗电量,大约与保加利亚的耗电量相当;[20]部分情况下用电量已经影响到优先满足民生用电需求。[21] POS、DPOS 机制则容易导致持币的集中化,削弱多中心原则对于抵御风险和确保安全的价值,而且对于硬分叉等问题尚缺乏彻底的解决方案。目前主要需要通过外部规制来防止的风险如下:一是 POW 机制下的能源消耗限制问题,二是 POS、DPOS 等机制下节点过度集中而减损区块链本质功能和安全程度的问题。

(二)数字代币

数字代币是激励区块链参与者进行记账或确认的重要动力。区块链并不必然伴随数字代币的发行和交易,联盟链(consortium chains)就经常不需要发行数字代币作为激励;但是,区块链从诞生起就伴随着数字代币(最初就是比特币)的出现,也正是数字代币的炒作在很大程度上引发了区块链的热潮。

数字代币的发行带来了大量的法律问题。首先,数字代币的发行量、发行种类和交易规则都是由私人设定,彼此之间也没有协调,许多数字代

---

[19] 这些算法已有大量研究论文加以讨论。For example, see Hidde Lycklama à Nijeholt, Joris Oudejans and Zekeriya Erkinm, "DecReg: A Framework for Preventing Double-Financing using Blockchain Technology", *Acm Workshop*, 2017, p. 30; Marko Vukolić, "The Quest for Scalable Blockchain Fabric: Proof-of-Work vs. BFT Replication", in Vukolí, Marko, *The Quest for Scalable Blockchain Fabric: Proof-of-Work vs. BFT Replication. Open Problems in Network Security*. Springer International Publishing, 2015, pp. 112 – 122; Lewis Tseng, "Recent Results on Fault-Tolerant Consensus in Message-Passing Networks", in David Hutchison et al. (edited), *Structural Information and Communication Complexity*, Springer International Publishing, 2016, pp. 92 – 104.

[20] 参见"一币耗电 18,000 度,揭秘比特币大潮下'疯狂的矿机'",载腾讯网:http://new. qq. com/omn/20180106A0DEA7. html,2018 年 1 月 8 日最后访问。

[21] 参见"比特币是如何被生产的? 再探'挖矿'生意经",载中华经济网:http://finance. china. com/news/11173316/20171117/31677827. html,2018 年 1 月 8 日最后访问。

币的涨跌幅均相当激烈，有可能给国家的金融和外汇带来巨大的冲击，如果完全不加法律约束，数字代币有可能直接冲击法定货币的地位，影响市场的货币供应量、流通速度和汇率等，从而影响国家金融安全和宏观调控的效果。链外的交易机制又进一步扩展了这种影响。受技术限制，目前区块链能够直接在主链上处理的交易吞吐量(throughput)有限，交易确认的延时(latency)也较长，大量的交易不得不依托主链之外的雷电网络(Raiden Network)或闪电网络(Lightning Network)进行，而二者与区块链自身的基础机制是不同的。[22] 即使雷电网络或闪电网络在技术上是安全的，但它们在进行多方交易时需要中介节点，有可能促成大型中介节点的产生，这就会重新回归中心化的结算模式。更重要的是这些中介节点会成为实际上的结算中心甚至地下金融机构，这对国家的金融秩序可能构成一种更具冲击力的挑战。

其次，数字代币的持有和交易是匿名化的，其来源和去向也不易被追踪，可能助长敲诈勒索、洗钱和其他违法犯罪活动，此前曾发生的黑客锁定手机勒索比特币事件即是一例。[23] 与此同时，数字代币的税收问题也值得关注。买卖和持有数字代币所产生的收益，是否存在较大的偷税漏税风险？如果依法征税，应当按照何种类别进行征税？对多中心化的交易平台及“矿工”获得的币又如何征税？如何避免税收漏洞和税负不均衡对经济结构产生的扭曲作用？如何避免通过数字代币规避外汇监管措施？这些都是值得研讨的问题。

最后，交易平台本身的可信任性也存在隐忧，大多数参与购买代币的投资者并不熟悉直接交易的规则，遂通过交易平台进行交易，但交易平台本身并不是区块链或智能合约的一部分，容易引发新的违约问题和失信风险，也容易受到黑客的攻击。不仅如此，这些数字代币还可能进一步衍

---

[22] 雷电网络和闪电网络依托的技术机制不是分布式存储，而是带有延迟收益功能的时间锁和惩罚机制，只有最后交易结果才会被广播到区块链上，由于区块链的主链每秒吞吐量有限，大量的交易是依托这些链外网络完成，相关原始技术文献均为网络开源。例见“The Bitcoin Lightning Network”，http://lightning. network/lightning-network-paper-DRAFT-0. 5. pdf，2018 年 5 月 21 日最后访问。

[23] 参见刘为军、芦天亮：《论技术勒索的综合治理》，载《山东警察学院学报》2017 年第 3 期；商小阙等：《勒索软件：一场卑劣的金钱游戏》，载《信息安全与通信保密》2016 年第 11 期。

生出相关的金融衍生品交易(如数字代币期货),需要进行金融衍生品交易的规制。我国目前虽然已经禁止了非法的数字代币交易平台,但不排除未来法律允许出现合法的数字代币存储、交易与支付平台,在此种假定前提下,如何限定交易平台的运营条件与技术资质、如何保障这些平台的安全,也需要提前进行试验性的制度布局与规则设计,需要专业而灵活的规制措施。

(三)智能合约

2013 年以太坊(Ethereum)的出现使智能合约成为区块链的关键衍生功能,大大提升了区块链的社会与经济价值,被业界习惯称为区块链的"第二次飞跃"。区块链相当难被篡改、被伪造,保护交易的私密与可靠,还具有完全的可验证性和可追溯性等,㉔这非常有利于智能合约的运行。智能合约的出现对交易秩序甚至整个社会信任体系都有着根本意义上的革新。它只需要将合约转化为双方都能接受的标准化计算机程序,通过广泛地分散在全网多个节点并且被加密系统所保护的分布式存储,满足合约中预设的交易条件时,系统自动执行其中一种交易处理方式,不需要中介和执行机制,大大降低了由于保证信任而产生的费用。大量具有信任和信用风险的合同完全可以通过区块链签订和执行。例如,一些银行已经开始寻求用区块链相关应用取代传统的信用证贸易结算方式,或简化信用证的审查手续,大大加速了国际贸易的资金周转速度和贸易效率。㉕ 同样的,P2P 住宿、汽车租赁、票据流转、健康档案建设等需要连续追踪人、物或设施的状态变化与信用的事项也开始被区块链所吸纳,生成难以篡改、不可抵赖的事实与信用记录,推动了信任和交易的发展。㉖ 在此,区块链重塑了社会的信任体系,将分散的、耗费时日的、需要各种中介实现的社会信任机制集中到一个有保障的技术平台上,并同时实现信息共享。因此,它能够衍生出多种多样的功能,甚至大部分有关信任和记录

㉔ See Hemang Subramanian, "Decentralized Blockchainbased Electronic Marketplaces", *Communications of The ACM*, Vol. 61, No. 1, January 2018, p. 80.

㉕ 相关实例参见姜丽丽:《用区块链破解国际贸易信用难题》,载《特区经济》2017 年第 1 期;周漱:《区块链改变世界? 马士基说,先从改变航运开始》,载《中国水运报》2017 年 3 月 17 日,第 007 版。

㉖ 参见周倩:《区块链技术的国际应用与创新》,载《中国工业评论》2016 年第 12 期。

的问题都可以通过区块链加以解决，包括电子档案、个人信用、商品和服务认证、金融衍生品交易、遗嘱、贸易结算等众多问题，甚至从人的出生到死亡的整个记录证明与有特定权限的查询机制，都可以期望通过区块链所提供的信任、共享与针对性保密机制解决。[27]

智能合约的法律风险首先在于合约本身的安全性。许多智能合约的代码本身就存在缺陷。以太坊的DAO项目因其程序设计缺陷受黑客攻击，造成巨额损失和深远影响就是一个典型案例。[28] 常规的程序缺陷包括可重入性（Reentrancy，包括递归调用方面的缺陷）、错误处理异常情况、发生不可预测的状态、时间戳的依赖性、调用未知变量等。[29] 这样问题一旦越出专业区块链从业者而扩及普通公众或公共机构，或者因交易额和牵涉面太大影响整个金融秩序，就有可能引发巨大的社会风险。

其次，法律风险也存在于智能合约的内容之中。智能合约因可采取匿名化、自动化的执行机制，有可能伴随各种各样的赌博、洗钱、高利贷以及其他经济违法犯罪活动；也可能成为加杠杆炒作各类金融资产的渠道。对此，如果仅凭传统的法律机制，有可能无法对这些交易引发的社会风险进行有效的预警与规制。

最后，智能合约仍需要建设相关纠纷解决机制，应对代码缺陷和黑客攻击所造成的预期外风险。智能合约的存在并非取消了合同法，而是要求一种新型的合同法及相关纠纷解决机制。对于代币交易，无论是序列到期可撤销合约（Revocable Sequence Maturity Contract，RSMC）还是哈希时间锁定合约（Hashed Timelock Contract，HTLC），都不能简单地视作传统的附期限或附条件合同，因为期限或条件在此不是作为合同生效的要件，而是作为合同违约的自力救济机制。对于承载更多交易标的和更丰富交易机制的智能合约，由于相关交易的匿名性、自动性乃至高频性，我们就更需要超脱传统的合同法和诉讼机制看待其中的

---

[27] See Scott J. Shackelford, "Block-by-Block: Leveraging the Power of Blockchain Technology to Build Trust and Promote Cyber Peace", *Yale Journal of Law & Technology*, Vol. 19, 2017, p. 379.

[28] See Grishchenko, Ilya, M. Maffei, and C. Schneidewind, "A Semantic Framework for the Security Analysis of Ethereum smart contracts", in Lujo Bauer and Ralf Küsters (eds.), *Principles of Security and Trust*, Springer Open, 2018, p. 258.

[29] Ibid, p. 264.

权益救济问题。

(四)开发平台

迄今为止,区块链已经成为一个可以容纳多种计算机语言进行开发的平台,从以太坊开始,区块链技术逐渐容纳越来越多的计算机语言直接在链上进行编程、开发,区块链应用(Dapp)亦随之不断丰富起来。由此,区块链可以向社会提供一系列服务,包括供应链管理、智能医疗、民主投票、支付结算、网络游戏等,甚至一些公共服务也可以通过区块链提供,由此,区块链逐渐能够广泛承担互联网平台的多种功能,传统互联网和移动互联网的种种规制需求,也同样地为区块链所需要。

不仅如此,区块链所独有的信任保证功能使它更加深入地发展了可靠的网络投票机制㉚和各种区块链应用,从而为区块链参与社会治理或公共服务奠定了基础。从世界范围内观之,许多公共服务已经可以通过区块链提供,例如档案和数据管理、行政许可的审批、行政合同监管、公众投票、政府信息公开、税收征管、土地注册(权属登记)、工程建设招投标,等等。㉛ 基于区块链的强大承载能力,它不仅在政府层面开始有广泛的应用,更渐有发展成独立社会治理空间之势。当前,“链基治理”(blockchain-based governance)方兴未艾,“比特国”(Bitnation)的概念已经形成,甚至“还需要国家吗?”(Is the State Still Necessary?)的声音也随之出现——很多人认为区块链将形成更有效率、共识驱动(consensus-driven)的公共平台,一系列的应用将使公民更少依赖政府,以扁平的、去中心化的结构替代层级制的国家体制。㉜ 在区块链平台上,人为的、中心

㉚ See Koç, Ali Kaan et al., “Towards Secure E-Voting Using Ethereum Blockchain”, *International Symposium on Digital Forensic and Security* 2018, pp. 1 – 5; Moura, Teogenes, and A. Gomes. “Blockchain Voting and its effects on Election Transparency and Voter Confidence”, *The, International Conference* 2017, pp. 574 – 575.

㉛ 例见张毅、肖聪利、宁晓静:《区块链技术对政府治理创新的影响》,载《电子政务》2016 年第 12 期;王鹏、丁艺:《应用区块链技术促进政府治理模式创新》,载《电子政务》2017 年第 4 期;王毛路、陆静怡:《区块链技术及其在政府治理中的应用研究》,载《电子政务》2018 年第 2 期;[奥]欧文斯:《区块链技术的前瞻及在税收领域的应用前景分析》,何振华等译,载《国际税收》2017 年第 9 期;徐妍:《区块链推动政府转型思考》,载《青海金融》2018 年第 2 期,等等。

㉜ See Marcella Atzori, “Blockchain Technology and Decentralized Governance: Is the State Still Necessary?”, *Social Science Electronic Publishing* Vol 6, No. 1, 2016, pp. 1 – 5.

化的管理将被开源的代码所取代，实现“代码即法律”（code is law），作为代表的人类机构可以被智能合约所取代，许多去中心化的治理模式和服务可以通过区块链实行，而不需要政府的介入。[33] 甚至有人已经提出了“区块链宪法”和“比特国”（bitnation）的主张，并建立了相关网站。[34] 由此看来，区块链实际上是网络主体在虚拟空间订立基础约定的一种行为，这种基础约定尽管不能在严格的意义上称为“社会契约”或者“宪法”，但也有着创建规范处境的意味；或者，我们至少可以认为，部分参与者在试图缔造一种非严格意义上的社会契约，将区块链当作一种新的基础共识，而在其中尝试形成新的政治共同体。

但是，这种尝试也是充满危险的，至少有三点原因决定了区块链不能成为替代政府的治理平台：第一，在矿池算力和持币结构相对集中的前提下，区块链的民主治理有可能成就本质上是少数人主宰的“多数人暴政”。即使是采取代议民主体制，也无法保证分散的、孤立的广泛弱势个体能够获得充分的利益代表。如果区块链夺取了政府的治理权力，其实质并不是中立的理性或社会共识取代了中心化的统治者，而是矿池和算力的拥有者——可以称为“币产阶级”的势力获得对社会事务的话语权甚至决定权。但是，在区块链的“多中心化”或“去中心化”面纱之下，隐藏着庞大的矿池、巨额的资本和游弋的各方势力，这些主体本质上绝大多数是纯粹的逐利者，不存在充分的动机以提供基于分配正义的社会福利，我们不能将“生存照顾”（Daseinsvorsorge）等现代政府系统化承担的任务寄托在逐利者的偶然善举之上。第二，区块链也不存在充分的动机去克服区块链及其应用所产生的各种外部性。区块链的竞争平台面向多种区块链开放，参与节点却是匿名化的，它们自身并不倾向于消除儿童色情、赌博、毒品交易、恐怖主义等有害信息和应用，部分平台和参与者的抵制并不能阻止它们在部分区块链及有关应用上的传播与发展，相反，它们却可能成为某些区块链平台将来吸引参与者的热点。对于能源消耗可能挤占居民正常生活用电、多种数字代币的无序竞争可能引发金融危机等外部性问题，

---

[33] See Marcella Atzori, “Blockchain Technology and Decentralized Governance: Is the State Still Necessary?”, *Social Science Electronic Publishing* Vol 6, No. 1, 2016, pp. 6 – 7.

[34] 参见比特治理 2.0，“https://bitnation.co/bitnation-constitution/”，2018 年 1 月 8 日最后访问。

如果没有政府施压,区块链自身是没有充分利益动机去妥善解决的。第三,区块链本身没有物理空间的维度,也没有组织化的暴力手段,这就注定了它不可能像一个主权国家那样维护自身的规范处境。但是,一切法都是处境法(Situationsrecht),“统治者创造并保护整个处境”,㉟这个矛盾就是区块链自身无力解决的,它会引发非常多的危机。如果没有国家强制力作为后盾,社会治理将缺乏根本上的保障,封禁账号和罚币无法替代防暴枪和手铐在打击犯罪、保护重点目标、反恐怖主义活动等方面的作用。试图通过区块链掌握国家强制力(尤其是军队和警察)更是极其危险的,这不是一个能够通过应用程序自身解决的根本问题,也不是区块链所试图缔结的技术性基础协定所能涵盖的、本质上属于政治决断的内容。区块链可以拥有一定的社会治理功能,但它不可能替代国家和政府;要实现和主权国家在社会治理问题上的合作,就需要接受主权国家的法律规范和基本政治共识,避免因立场疑虑、利益冲突和理念矛盾导致的不可弥补的损害。

这就要求主权国家对区块链的社会治理进行一定程度上的引导和规制,既承认和利用区块链在提供公共服务和进行社会治理方面的能力,又防止区块链治理的运行目标发生重大偏差和引发社会风险。总而言之,区块链的各种风险及相关规制需求对治理者提出了深刻的挑战。

四、迎接新挑战:规范与代码的共治

传统的风险规制模式是否能够充分应对区块链的上述规制需求?这是区块链治理的核心问题。在现代社会中,几乎所有国家都试图通过理性设计的正式法规、组织有序的官僚系统来防范、减少社会生活中的风险,从而形成了环境保护、食品药品监督、卫生防疫、自然灾害的预防、交通管理、工程管理等庞大的行政管理领域。㊱ 为了满足风险规制的需求,行政法治已经越来越多地容纳了一些新技术、新机制。例如,“以权利制约权力”参与型行政、通过“软法”的公域之治或者风险治理的民主化

㉟ [德]施米特:《政治的概念》,刘宗坤等译,上海人民出版社2004年版,第10页。

㊱ 参见赵鹏:《风险社会的自由与安全——风险规制的兴起及其对传统行政法原理的挑战》,载《交大法学》2011年第1期。

等,[37]也把预防原则(precautionary)引入了行政法的疆域。[38] 但是,这些改变仍然不足以应对区块链所带来的风险。无论是基于专家理性的专家咨询制度和专业行政管理、基于利益代表的公众参与还是基于正和博弈的协商治理,都不足以完全应对区块链的风险规制需求。

基于专家理性的监管模式若要充分发挥作用,需要假定专家至少一定程度上的客观性或中立性,[39]或至少外界能指望在一定条件下专家之间存在立场或意见上呈现多样化的状况,可以展示不同的、甚至是相互反对的观点,以克服专家自身利益和立场倾向的影响。[40] 但对于区块链而言,绝大部分具有专家知识的人员可能恰好是利益高度相关者,由于代币持有和交易的匿名化,我们还难以甄别专家的利益立场。不仅如此,专家可能也仅仅了解区块链代码或某一特定应用领域的基础技术,却难以估计全局性的、复杂的、深远的经济和社会风险,甚至可能出于对去中心化治理秩序的推崇及从中渔利的预期而暗中企盼助长某些风险,这就使专家难以形成可靠的规制力量。公众参与或协商治理则至少需要能够识别和组织不同的利益,但同样由于代币持有和交易的匿名化,也由于利益组织力量和专业实力的极度不对等,利益的识别和组织将面临根本困难,参与或协商的前景将相当可疑。像违法犯罪信息的全球传播、国家金融秩序受到系列冲击等影响深远的全局性问题,在现有的国家和政府间组织之外更是难以寻觅正当的、合适的利益代表,也难以将如此广泛和分散的利益组织起来参与到精巧复杂、瞬息万变的区块链治理过程中。

不仅如此,传统的风险规制过程将风险预防和分配的决定过程主要放在人的判断和互动上,但区块链带来的是全方位的广泛变革,其风险远远超出技术或科学范畴,不仅很可能超出人的预见和判断,也远远超出人的应对能力。例如,违法犯罪信息可能瞬间传播全球且难以删改、日夜不断进行每秒数以亿计的交易、黑客攻击在几秒钟之内就可以盗取十亿美

---

[37] 参见金自宁:《风险规制与行政法治》,载《法制与社会发展》2012 年第 4 期。

[38] 参见宋华琳:《风险规制与行政法学原理的转型》,载《国家行政学院学报》2007 年第 4 期;戚建刚:《风险规制的兴起与行政法的新发展》,载《当代法学》2014 年第 6 期。

[39] See James O. Freedman, "Crisis and Legitimacy in the Administrative Process", *Stanford Law Review*, Vol. 27, No. 4, Apr., 1975, p. 1058.

[40] See Richard B. Stewart, "The Reformation of American Administrative Law", *Harvard Law Review*, Vol. 88, No. 8, Jun., 1975, pp. 1757, 1782.

元级别的筹资、不受限制的杠杆率和交易结构有可能迅速摧毁一个金融秩序,等等,已经很大程度上不允许"一事一议"、不允许按部就班地开会、协商、聚合偏好或寻求共识,而是需要一种瞬间启动、智能识别风险、自动系统响应的治理机制。由此,区块链的风险规制不可能仅凭传统的行政法治理手段完成。当今的互联网法制的运行已经在很大程度上需要依赖技术手段,区块链的治理则更需要通过规范与代码两个层面的共治来完成。易言之,我们既需要纸面的规范,对人的行为进行约束,也需要将规范写进代码之中,直接对程序进行有限度的监管和控制。这是由以下几个原因决定的:

第一,区块链的防篡改与分布式存储特性决定法律规范必须置入代码之中,作为一种直接的治理手段存在。区块链汇集所有参与节点的资源来维护防篡改特性,但是在监管上可能需要对一些信息进行修改或删除,这一矛盾很可能必须借助代码进行处理,甚至只能依靠自动化、智能化的处理手段。例如,对于区块链的违法犯罪内容传播和隐私保护不足问题,目前存在四种可用对策:一是建立直接限制写入违法犯罪内容的自动化机制;二是将交易改为仅维护账户余额、仅发生金额上的改变;三是限制写入与交易无关的内容,并限制写入信息的大小;四是引入外部监督,规定内容写入后在一定条件下可被有权主体修改。每一种机制都需要从技术层面进行设定。第一种机制要求极强的智能识别能力;第二种机制会大大限制区块链衍生功能的发挥;第三种无法完全消除违法犯罪信息问题;最引人注目的第四种机制则必须以规范与代码"双管齐下"的方式实现。目前在区块链上进行外部监管的主要算法如变色龙(chameleon)可以给监管者预留"唯一陷门"(all-but-one trapdoor),使用这种"陷门"能较为方便地找到哈希数实现碰撞,从而修改某一个区块的信息。[41] 但是,如果对监管的权力不加限制,就意味着区块链的最根本特征——由多中心化和不可篡改性所形成的社会信任体系又会受到根本性

---

[41] 唯一陷门的构造方法源于有损陷门函数(Lossy Trapdoor Functions,LTDFs),这类函数在理论上对于所有基于哈希函数构建的抗碰撞加密模型都有效(帮助使用者在一定条件下基于后一哈希数倒推前一哈希数),关于此类函数的一般构造原理,See Chang,Jinyong, and R. Xue,"General Construction of Chameleon All-But-One Trapdoor Functions and Their Applications",*Journal of Software* 9.10, 2014,pp.257 -264。

的冲击,进而影响区块链功能的发挥。不仅如此,唯一陷门的掌握者还可能由于保密不足或规制俘获(regulatory capture)等原因泄露此陷门,从而导致承载巨大资源的整个区块链陷入根本危机。对此,规制区块链的相关规范就不仅仅需要转化为一个计算机程序上的陷门,还需要彻底转换为信息的限制规则、陷门的使用规则、紧急销毁规则和区块链的快速恢复机制,形成算法上的制衡结构,将监管规范转化为代码上的干预机制和防御机制,既为监管提供强有力的响应和操作渠道,也防范区块链由于监管缺陷或监管僵化而整体崩溃。

第二,区块链数字代币及智能合约的交易规模、交易机制和结算方式决定了法律规范必须有效转化为代码,实行前置性的风险控制。目前,区块链相关交易所存在的匿名性、自动性、跨国性、频率和额度使它远远超出了普通互联网交易监管机制的有效控制范围。法律决定的价值本身就随着时间变迁而变化,很多法律决定随着决定时间的推迟其价值不断递减,[42]这种递减在区块链监管问题上尤其严重。一个违法或者犯罪的智能合约被执行后,如果依赖传统手段进行人工监管,在监管决定作出之时,其收益可能早已通过数字代币转移到国外,或者事件影响已经成为区块链的一部分,严重后果难以逆转。有时监管者即使能事后控制行为人,但由于相关信息已经广布全球、程序已在昼夜运行、区块已经不可篡改,以人为唯一对象的传统行为规范对于监管和治理的价值已经大为下降。因此,自动化的代码防御与惩罚机制是必需的。它们在技术上也完全可以实现,通过智能分析程序和形式化验证方法判断合约的安全性、[43]预留撤销和变更机制、[44]建立快速恢复机制等相关技术不断发展,为代码与规范的融合进一步提供了基础。同时,部分权益救济机制也可以通过计算机程序直接置入智能合约之中,避免传统合同法渠道的救济鞭长莫及。

---

[42] See David A. Super, "Against Flexibility", *Connell Law Review*. Vol. 96, 2011, pp. 1404 - 1405.

[43] See Bhargavan, Karthikeyan et al., "Formal Verification of Smart Contracts: Short Paper", *ACM Workshop*, 2016, pp. 91 - 96; Xiaomin BAI, Zijing Cheng et al., "Formal Modeling and Verification of Smart Contracts", *ICSCA* 2018, pp. 322 - 326.

[44] See Marino, Bill, and A. Juels, *Setting Standards for Altering and Undoing Smart Contracts, Rule Technologies, Research, Tools, and Applications*, Springer International Publishing, 2016, pp. 151 - 166.

第三，区块链既是技术平台也是治理平台，它本身就为几乎所有的治理问题发展出了技术性的机制，如果法律规范和代码秩序各行其是而不能良好融合，区块链的治理反而会问题丛生。与治理区块链相关的技术机制正在日益成熟，除了前文所述的陷门机制、快速恢复机制、合约撤销和变更机制、合约安全性的智能判断技术，还包括算法注册（model registry）机制、隐私损失检测机制（如 Differential Privacy 机制、UniTraX 算法等）、区块链应用登记机制、权限管理机制等。在这些算法和技术机制的基础上，区块链已经成为有相当自治程度的网络平台。在这种技术基础上，区块链的自我规制是需要在一定程度上予以认可的。自我规制能够适应所规制的对象——科技系统，避免法律系统与科技系统之间的扞格不入，同时亦可减轻政府的规制负担。[45] 因此，若欲规范这些技术平台而又不干扰其正常运行，最好的方式就是嵌入区块链的技术之中进行治理，尽可能避免因局部问题而人为地强行终止或暂停整个区块链平台的运行，这也更符合比例原则的要求。

第四，更重要的是，随着区块链自治进程的日益加深，推动法律规范向代码空间的输入也是主权国家的必要回应。代码空间不应成为法律和法治的“化外之地”，但主权国家也难以通过完全绕过区块链自身逻辑的方式对其进行有效规制。一方面，国家可以参照电子政务建设的方式，将部分法律规范以自动执行的代码形式输入以区块链为基础的公共服务平台；另一方面，还有必要直接在代码层面保留若干应对突发极端状况的应急措施，如在极端情形下直接暂停某一区块链的运行以阻止类似 DAO 项目事件的黑客攻击或大规模的非法交易，这要求与公共服务有关的区块链预留此种技术机制。不仅如此，国家还可以自主建设若干公有链和联盟链以运行需要保存复杂记录和凝聚社会信任的公共服务，可以基于类似的原理发行数字货币或数字代币，运用区块链技术进行部分重要政府信息的记录与公开，也可以积极建立节点参加世界范围内的区块链治理、参与相关开源代码的设计和运维，在分享世界范围内区块链治理话语权的同时，也促进政府与市场在公共治理方面的链上合作，使区块链更好地

[45] 参见张青波：《自我规制的规制：应对科技风险的法理与法制》，载《华东政法大学学报》2018 年第 1 期。

为善治服务。从更一般的层面来看，主权国家和区块链在社会治理方面的合作也可以在代码层面上完成。例如，区块链的运营者和应用方可以受行政委托提供多元化的公共服务，政府所提供的公共服务也可以上链运行，但由于区块链的不可篡改和多中心存储特性，上链运行的公共服务必须符合严格的标准，并且预留技术层面上的缓冲与调整手段，如先通过类似侧链的链外机制运行，对具有一定稳定程度的结果再对全链广播。在这种合作的过程中，政府也有机会通过各种内嵌于算法的激励和约束机制引导区块链的相关应用健康、规范运行，而这就更加要求法律与政策的代码化。

当然，以上通过代码的治理手段并不排斥传统法律规范形态及其调整方式，许多情形下传统法律规范及其授权的公权力行为还是“代码法”所暂时不能替代的。例如，能源消耗的限制、居民生活用电的优先保障、违反金融法律制度的惩戒等。但是，在人类的法律规则体系中建立“代码法”的层面，发展“代码法”与“纸面法”的良好转换与整合机制，对于区块链乃至大数据、云计算和人工智能等信息科技前沿领域的监测、引导和治理却很有必要。随着这些信息科技前沿的高速发展，网络行为的速度、规模与多样性已经远远超出了以人力为基础的传统监督与治理手段可以企及的范围，这要求越来越多的规制措施越过人工判断的阶段而直接在预设的代码中被及时作出。传统法律规范和人本身应当坚守基本原则与立场，负责属于“目的王国”的价值判断和有关规范理解的根本决断，而将技术性的若干法律实施环节交给赛博空间和智能手段进行。

结　语

区块链的风险规制需要“自治”和“他治”、代码和规范、社会和政府的合力。能否实现规范与代码的有效共治，既是未来区块链的风险能否得到有效预防的前提，也是它在中国能否获得良好发展环境的关键，更是社会能否因区块链而全面获益的基础。区块链在重塑信任机制之余，也将革新风险规制和社会治理的技术和理念，提升人类社会通过科技手段应对技术挑战的制度建设能力。

●美国环境公民诉讼制度的再思考

崔　瑜*

摘　要：公民诉讼制度作为美国环境法律的创新，其确立是基于特定的立法背景和特有的法律文化，在补充行政机关执法、保护环境方面发挥着重要作用。但公民诉讼制度在某些情况下可能会偏离立法者将其作为环境法律实施的补充和保证的最初设想，具体表现在干扰行政机关执法、破坏程序价值理念、威胁权力分立原则、滥用公民诉讼权利等方面。对此，应当将公民诉讼制度放在整个环境公益保护背景下辩证思考。我国公益诉讼制度的深化除了考察域外经验外，还要基于自身独特的法治体系与法治传统，将公益诉讼制度作为公益保护体系的一环，构建多层级、内部和谐的公益保护体系。

关键词：公民诉讼；行政执法；公益诉讼；冷思考

一、研究之缘起

近年来，我国公益诉讼制度在理论思考和法治建设上均有了重大进展。伴随着公益诉讼试点工作的开展，学界对公益诉讼的研究热潮有增无减，[①]试点两年后，第十二届全国人大常务委员会结合理论界的创新性研究及不断丰富的试点实践，将检察公益诉讼制度正式纳入《民事诉讼法》和《行政诉讼法》，设置公益保护的最后防线，改变我国行政公益诉讼

---

* 崔瑜，中国政法大学法学院宪法学与行政法学专业2016级博士研究生，美国加州大学伯克利分校访问学者。感谢恩师应松年教授在本文写作时的悉心指导及宝贵意见，文责自负。

① 以“公益诉讼”为主题词，在中国知网期刊数据库中进行精确查找，共找到6675条结果，其中2015年以后有2530条结果（其中2015年为826条、2016年为697条、2017年为715条、2018年为292条），占总数的37.9%。（检索时间为2018年6月20日）

欠缺客观诉讼功能,弥补公益保护主体缺位的现状。[②] 自此,我国公益诉讼制度构建进入新阶段。学界除了深入总结国内试点经验外,还对域外相关制度进行考察。在世界各国的公益诉讼制度中,美国作为公益诉讼的发源国,联邦环境法律中公民诉讼制度(citizen suit)极具特色,立法规定及司法实践较为成熟,引起国内学者的普遍关注。[③]

美国公民诉讼制度的确立是基于特定的立法背景和特有的政治制度,国会的初衷是将其作为环境法律实施的补充和保证。[④] 那么,公民诉讼制度运作是否符合立法者的最初设想?该制度的实践功能和社会效果如何?是否产生某些问题?这些问题既关乎对美国公民诉讼制度的全面认识,更有助于客观思考我国公益诉讼制度深化中的功能定位、路径选择等问题。客观来讲,国内学界对于美国环境公民诉讼制度研究成果丰富,但多停留在概念介绍层面,还没有触及这些应当被认真思考的实质性问题。[⑤] 随着时代变迁和司法实践发展,环境公民诉讼制度面临诸多困境,美国理论界和实务界对该制度价值的评价颇具争议。鉴于国内学界对美国环境公民诉讼制度的辩证研究明显不充分,本文在结合立法规定和司法实践分析的基础上,从不同角度对该制度的困境或争议问题进行审慎思考,以期更客观地揭示美国环境公民诉讼之原貌,并指出对我国深化公益诉讼制度的启示和意义。

二、环境公民诉讼制度的概览

在 2000 年召开的"环境政策创新"(Innovations in Environmental

---

② 参见刘艺:《检察公益诉讼的司法实践与理论探索》,载《国家检察官学院学报》2017 年第 2 期。

③ 以"美国公民诉讼"为主题词,在中国知网期刊数据库中进行精确查找,共找到 69 条结果。(检索时间为 2018 年 6 月 20 日)

④ Natural Resources Defense Council, Inc. v. Train, 510 F. 2d 692, 700 (D. C. Cir. 1974).

⑤ 国内学者对美国公民诉讼制度的介绍多为美国公民诉讼对于我国公益诉讼的借鉴及启示,鲜有研究美国公民诉讼困境的文章。例如,巩固:《美国环境公民诉讼之起诉限制及其启示》,载《法商研究》2017 年第 5 期;齐树洁、李叶丹:《美国公民诉讼的原告资格及其借鉴意义》,载《河北法学》2009 年第 9 期;李艳芳:《美国的公民诉讼制度及其启示——关于建立我国公益诉讼制度的借鉴性思考》,载《中国人民大学学报》2003 年第 2 期(检索时间为 2018 年 6 月 20 日)。

Policy)研讨会上,斯坦福大学法学教授 Buzz Thompson 宣称现代环境时代最普遍、最突出、最持久的创新是公民参与环境法实施,⑥公民参与被认为是对行政机关存在的政治束缚、制度限制以及执法资源匮乏等问题的回应。⑦ 作为参与环境法律实施的重要途径,国会于 1970 年在《清洁空气法》中首次确立公民诉讼制度,这被视为“典型的美国法律程序的创新”。⑧ 美国作为法律制度发达的国家,为何要作出这样的创新?这样的创新在实践中发挥着何种作用?对这些问题的回答,离不开对环境公民诉讼制度的立法规定及司法实践的考察。

(一)环境公民诉讼制度的立法

作为推动环境法发展的引擎,公民诉讼制度可以追溯至 20 世纪 70 年代,该制度的诞生带有鲜明的时代烙印,环保运动、基本权利保障、管制俘获理论盛行等为其提供了契机。在 20 世纪 70 年代环境运动爆发之前,政府已经与环境污染斗争了几十年,但“从根本上来说是象征性执法,环境保护微乎其微”。⑨ 在对环境治理失败的检讨中,既有客观因素,如环境事务庞杂、执法成本高、执法资源缺乏导致的行政机关“执法不能”;也有主观因素,如政府和监管机构被受管制企业所俘获而不愿积极采取执法行动,使某些利益团体受益但公共利益受损。低效执法使人们对政府的环保决心和能力产生深刻怀疑,由行政机关主导的传统执法模式受到猛烈抨击。公众需要更多的权利和机会参与环境决策和执法,这已成为社会的广泛共识和强烈期待。⑩

面对公众的抨击,国会认识到仅依靠行政机关实施环境法律是不够

---

⑥ Barton H. Thompson, Jr., “The Continuing Innovation of Citizen Enforcement”, *University of Illinois Law Review* 2000, 2000, p. 185.

⑦ David R. Hodas, “Enforcement of Environmental Law in a Triangular Federal System: Can Three Not Be a Crowd When Enforcement Authorization Is Shared by the United States, the States, and Their Citizens?”, *Maryland Law Review* 54, 1995, pp. 1620 – 1621.

⑧ Zygmunt J. B. Plater, “The Three Economies: An Essay in Honor of Joseph Sax”, *Ecology Law Quarterly* 25, 1998, p. 425.

⑨ Peter Cleary Yeager, *The Limits of Law: The Public Regulation of Private Pollution*, New York, Cambridge University Press, 1991, p. 83.

⑩ Barry Boyer & Errol Meidinger, “Privatizing Regulatory Enforcement: A Preliminary Assessment of Citizen Suits Under Federal Environmental”, *Buffalo Law Review* 34, 1985, pp. 843 – 844.

的,多个执法者比单一执法者能提供更全面的执法效果。为回应公众期待,国会在制定环境法律时,除了扩大行政机关的执法权力外,还将执法责任直接延伸至公民,赋予私人公民(也包括公民组织)提起公民诉讼的权利,即在行政机关不能或不愿执法时,允许公民通过诉讼代位执行环境法律,创建由联邦环境保护局(Environmental Protection Agency,EPA)、州(state)和公民(citizen)组成的三方执法框架。

1970 年制定的《清洁空气法》(Clean Air Act)是第一个综合处理公众健康及环境问题的联邦项目,也是首个将公民诉讼制度纳入其中的联邦环境法律。公民诉讼条款在提交国会立法讨论过程中经历了多个版本,数易其稿才得以确定,⑪这见证了立法支持者与反对者的冲突及妥协。《清洁空气法》的公民诉讼条款早期版本授权公民针对违法者和不执行法案要求或不履行法案规定义务的联邦行政机关提起诉讼;公民需要在提起诉讼之前 30 日通知行政机关和违法行为所在州,但有四个例外;当公民诉讼符合公共利益时,法院即可将原告公民的律师费用转移给被告承担,等等。该版本在提交审议时引起一些立法者反对,参议员 Hruska 怀疑对公民广泛授权将引发大量的公民诉讼案件,"行政机关的裁量权可能因此受到干扰,其时间和资源消耗在应对这些诉讼上,而且也使法院不堪重负"。⑫ 而公民诉讼制度的主要立法支持者——参议员 Muskie 对此辩称,"迫使行政机关履行职责的概念是民主社会不可或缺的……该法案的理念是行政失败不应该阻碍公共政策,公民应该有权在行政机关失败的情况下寻求执法"。⑬

这些相互对立的观点促成了最终的公民诉讼条款,作为妥协,立法委员会对公民诉讼条款草案进行大幅度修改,如将起诉事项限于行政机关未能履行非裁量职责(nondiscretionary duties)、将起诉意向通知期限由 30 日延长至 60 日、勤勉执法阻却(diligent prosecution bar)、律师费用转移规则由"公共利益"(public interest)标准调整为"适当"(appropriate)标准等,意图防止公民诉讼干扰行政机关的执法权,使公民诉讼作为行政机关

---

⑪ A Legislative History of the Clean Air Act Amendments of 1970, at 226.

⑫ 116 Cong. Rec. 32,925–26 (1970) (statement of Sen. Hruska).

⑬ 116 Cong. Rec. 32,902 (1970) (statement of Sen. Muskie).

执法的补充。

《清洁空气法》的公民诉讼条款最终规定,任何人都可以以自己的名义提起诉讼:(1)起诉任何人(包括美国政府和在美国宪法所允许范围内的其他任何政府部门或机构),指控其违反了或正在违反本法规定的排放标准或限制、联邦环境保护局局长或各州颁布的有关上述标准或限制的命令;(2)起诉联邦环境保护局局长,指控其不履行本法所规定的不属于裁量领域的行为或义务;(3)起诉任何人,指控其无许可证,而打算建造或已经建造了任何新的或经改造的重要排污设施;或指控其违反了或正在违反上述许可证之任何条款。⑭ 可见,公民诉讼类型主要为两类:一是以环境违法者为被告、针对环境违法行为的诉讼,二是以作为环境监管者的行政机关为被告、针对其未履行非裁量职责的诉讼。《清洁空气法》的公民诉讼条款成为几乎所有主要的联邦环境法律公民诉讼条款的范本,⑮并且除《联邦杀虫剂、杀真菌剂和杀鼠剂法》⑯外,主要的联邦环境法律均对公民诉讼制度进行规定,该制度业已成为联邦环境法律的常规特征。⑰ 国会希望通过公民诉讼制度扩展公民在环境法律实施中的作用,即一方面促使行政机关更积极地执行反污染标准,另一方面在行政机关无所作为时提供一种替代执行法律的机制。⑱

(二)环境公民诉讼制度的适用

环境公民诉讼制度在联邦司法上留下了不可磨灭的印记。尽管国会早在 1970 年就规定了公民诉讼条款,并在随后的一系列联邦环境法规,如《清洁水法》《资源保护和再生法》《安全饮用水法》中均规定了公民诉讼条款,但在立法后的第一个十年期间,公民很少提起此类案件。⑲ 统计数据显示,从 1978 年至 1982 年,每年根据《清洁水法》公民诉讼条款提起

---

⑭ 42 U. S. C. §7604.

⑮ 除了《清洁空气法》,还有其他联邦环境法律包含类似的公民诉讼条款,如《清洁水法》《资源保护和恢复法》《有毒物质控制法》《安全饮用水法》等。

⑯ 7 U. S. C. § 135 – 136y.

⑰ Stephen Fotis, "Private Enforcement of the Clean Air Act and the Clean Water Act," *American University Law Review* 35, 1985, p. 136.

⑱ Baughman v. Bradford Coal Co., Inc., 592 F. 2d 215, 217 (3d Cir. 1979).

⑲ Barry Boyer & Errol Meidinger, "Privatizing Regulatory Enforcement: A Preliminary Assessment of Citizen Suits Under Federal Environmental", *Buffalo Law Review* 34, 1985, p. 835.

的案件不足10件，然而在1982年以后公民诉讼案件开始增长。[20] 这主要是因为里根政府大幅削减联邦环境保护局的预算导致行政机关的执法力度下降，[21]为了应对政府执法的弱化，公民发起全国性的环境执法行动，公民诉讼得以蓬勃发展。从公民发出的起诉意向通知书的数量来观察，在1981年仅有6件，1984年上升至178件，到了20世纪90年代早期已高达每年200～300件。[22] 有学者对1995年至2003年的公民诉讼统计发现，8年间公民发出超过4500件起诉意向通知书（每个工作日大概2件），提起426件公民诉讼案件，这远远超过联邦环境保护局的执法行动。[23]

在特朗普政府时期，公民诉讼的数量和范围有望显著扩大。[24] 2017年2月，特朗普总统签署行政命令指示美国联邦环境保护局审查《美国水域》（Waters of the United States）条例中与经济增长议程相冲突的规则。而且，特朗普总统提名的联邦环境保护局局长Scott Pruitt决定削减30%的资金、减少工作人员、对各州给予更多的尊重、废除某些环境法规等。这些举措将降低政府执行环境法律的能力，而公民将填补这一执法空白，提起更多的公民诉讼。

作为环境公益诉讼的典范，公民诉讼制度扩展了公民在环境法律实施中的作用，使公民在行政机关未能履行职责时作为私人检察长（private attorney general）直接执行环境法律，借助私人公民的知识和资源，达到比行政机关单独执法更好的效果。公民诉讼促进了环境法律的良好实施，促使行政机关和污染排放者遵守环境法律，减少大量的污染源，保护了数

---

⑳ Environmental Law Institute, *Citizen Suits: An Analysis of Citizen Enforcement Actions under EPA-Administered Statutes*, Washington, D. C.: The Institute, 1984, pp. Ⅲ－10.

㉑ Elizabeth R. Thagard, "The Rule That Clean Water Act Civil Penalties Must Go to the Treasury and How to Avoid It", *Harvard Environmental Law Review* 16, 1992, p. 512.

㉒ Cassandra Stubbs, "Is the Environmental Citizen Suit Dead? An Examination of the Erosion of Standards of Justiciability for Environmental Citizen Suits", *New York University Review of Law and Social Change* 26, 2001, pp. 80－81.

㉓ James R. May, "Now More Than Ever: Trends in Environmental Citizen Suits at 30", *Widener Law Review* 10, 2003, pp. 4－5.

㉔ Sara Mogharabi et al., "Environmental Citizen Suits in the Trump Era", *Natural Resources & Environment* 32, 2017, pp. 3－6.

百种稀有物种和数千亩生态土地。[25] 除了有效保护环境外，公民诉讼还被视为破解“利益代表不均”“管制俘获”困境的关键。公民诉讼制度是由国会在俘获理论（capture theory）主导的管制学术时期建立的，由于各种原因，行政机关被认为过度同情被监管者，[26]而公民诉讼“作为填补传统选举代表制与当前官僚监管现实空缺的一种手段”，[27]在打破官僚制僵局过程中，通过法院（政府部门中最不受政治影响的分支）促使行政机关履行法定职责，缓解行政机关被强大利益集团俘获的压力。

此外，由于公民诉讼制度将执行环境法律的责任直接延伸至公民，形成由联邦环境保护局、州和公民组成的三方执法框架，“私人执法的增长对政府执法者来说是一种竞争激励，促使他们改进管理手段，以衡量、确保和监督守法”，[28]这超出立法者建立公民诉讼制度时的最初设想。补偿型环境项目（Supplemental Environmental Project，SEP）即是竞争性执法下创新管理手段的例子，也是环境执法和解协议中最常见和最有争议的形式之一。[29] 补偿型环境项目允许违法者通过自愿承担非法定，但对环境有益的环保项目或相关社会实践来减免责任、恢复公共关系和声誉，不但减少了违法者需要支付的罚款数额，而且改善了相邻社区的生活质量，实现了执法者与违法者的“双赢”，在环境执法实践中受到广泛欢迎，取得了良好的效果。

三、环境公民诉讼制度的冷思考

在特定的立法背景下，立法者在联邦环境法律中创新性地建立公民

---

[25] Adam Babich, “Citizen Suits: the Teeth in Public Participation”, *Environmental Law Reporter* 25, 1995, p. 10141.

[26] Barry Boyer & Errol Meidinger, “Privatizing Regulatory Enforcement: A Preliminary Assessment of Citizen Suits Under Federal Environmental”, *Buffalo Law Review* 34, 1985, pp. 843 – 844.

[27] Richard B. Stewart & Cass R. Sunstein, “Public Programs and Private Rights”, *Harvard Law Review* 95, 1982, p. 1278.

[28] Barry Boyer & Errol Meidinger, “Privatizing Regulatory Enforcement: A Preliminary Assessment of Citizen Suits Under Federal Environmental”, *Buffalo Law Review* 34, 1985, p. 957.

[29] David A. Dana, “The Uncertain Merits of Environmental Enforcement Reform: The Case of Supplemental Environmental Projects”, *Wisconsin Law Review* 1998, 1998, pp. 1182 – 1183.

诉讼制度,是“有意扩大公民进入法院途径的选择,将其作为环境法律执行的补充和有力保障”,[30]然而公民诉讼制度并非完美无缺,可能偏离立法者的最初设想,美国理论界和实务界对该制度价值存在质疑。

(一)干扰行政机关执法

虽然国会在制定公民诉讼条款时已经意识到公民诉讼可能会干扰行政机关的执法活动,并因此设置了多项限制措施,如起诉意向提前60日通知、勤勉执法阻却等,但这些限制措施并不足以防止公民诉讼对行政机关执法活动的干扰,甚至会产生相反的效果。例如,在公民提起诉讼之前,应当将起诉意向通知给行政机关(联邦环境保护局、违法行为所在地州)及违法者,设置这一措施的初衷是为行政机关提供再次履行职责的机会,同时也给违法者及时纠错的机会,避免不必要的诉累。由于行政机关必须在有限的国会财政拨款下运行,特定时期目标的确定和执法资源的分配对行政机关正常运行具有重要意义。公民起诉意图的通知,导致“向行政机关指示执法时间表”,干扰行政机关对执法资源的分配,使行政机关无法将有限的执法资源集中在更严重的违法行为上。[31]

扩张的公民诉讼也会对环境执法的合作模式造成冲击。从环境执法的常态来看,行政机关与被监管者之间是一种长期博弈、互相依靠的“共生”关系。理论研究表明,合作(cooperation)将促进更大程度的守法,而非威慑(deterrence)。[32] 鉴于行政机关在信息、技术、资源等方面的天然劣势,很难实现全面、彻底地执法。行政机关与被监管者之间的合作可以使被监管者更乐于分享信息、更自愿遵守法律,从而降低行政机关的执法成本,将执法资源集中在更严重的违法行为上,实现环境监管效益的总体最大化。而且,即使是最负责任的公司使用最好的设备也会存在至少1%的违法行为,[33]行政机关因此放弃对这些微小且不可避免的违法行为执法。但公民往往无视环境法律的复杂性及环境执法的整体公平性,对这类违

---

[30] Natural Resources Defense Council, Inc. v. Train, 510 F. 2d 692, 700 (D. C. Cir. 1974).

[31] Alden F. Abbott, "The Case against Federal Statutory and Judicial Deadlines: A Cost-Benefit Appraisal", *Administrative Law Review* 39, 1987, p. 192.

[32] John T. Scholz, "Voluntary Compliance and Regulatory Enforcement", *Law and Policy* 6, 1984, p. 385.

[33] American Petroleum Institute v. EPA, 661 F. 2d 340, 347 (5th Cir. 1981).

法行为提起诉讼。虽然实现了个案正义，但也破坏了法律实施的协调一致，难免会导致个别执法与整体监管效果的冲突，未必符合整体最佳。实际上，当执法过度、不公平或不合理时，可能会产生一种"抵制文化(culture of resistance)"，[34]而这反过来又导致执法成本的增加。此外，大量琐碎无意义的公民诉讼案件也给法院带来不必要的负担。

虽然国会将公民诉讼限定在行政机关未履行非裁量职责的情况，但这一界定范围仍然很广。例如，仅《固体废弃物处置法》(Solid Waste Disposal Act, SWDA)就对联邦环境保护局赋予了两百多项非裁量职责。[35] 公民诉讼范围取决于裁量职责和非裁量职责之间的区分，但该区分界定很复杂，导致理论和实践中的混乱。此外，公民可能没有兴趣推进国家执法体系的目标或更广泛的公众利益战略目标，而是有针对性地选择执法，导致环境法律在实施上存在地理偏差，加剧环境执法的整体不平衡性。例如，公民和环保组织在中部各州特别活跃，但在西部各州则很少提起公民诉讼。[36]

(二)破坏程序价值理念

虽然公民诉讼制度体现了参与程序理念，但该制度允许公民根据自己的专业判断来执行环境政策，而且这一过程几乎不受监督，这与程序价值理念不符。无论违法行为是通过行政执法还是公民诉讼程序来处理，都可能达成和解以节省时间和金钱，而且违法者更愿意与公民诉讼原告达成和解，以阻止行政机关更严厉的处罚。对于公民原告而言，尽管其可能认识到违法者向美国财政部交纳罚款的威慑价值，但这些罚款只是用于政府一般用途而非某个具体的环境项目，因此在处理公民诉讼时，有更多的和解动机。为了尽快达成和解协议，公民原告为违法者提供的议价余地比法院罚款判决更有吸引力，以诱使违法者采取成本更低的解决方式。虽然联邦环境法律(如《清洁水法》[37]和《清洁空

---

[34] Eugene Bardach & Robert A. Kagan, *Going by the Book: the Problem of Regulatory Unreasonableness*, Philadelphia, Temple University Press, 1982, p. 114.

[35] William H. Rodgers, Jr., *Environmental Law*, New York, West Publishing Co., 1994, p. 18.

[36] Lisa Jorgenson & Jeffrey J. Kimmel, *Environmental Citizen Suits: Confronting the Corporation*, Washington, D. C, Bureau of International Affairs, 1988, p. 19.

[37] 33 U. S. C. § 1365(c)(3).

气法》[38])规定,拟定的和解协议需要在生效前45日提交给联邦环境保护局和总检察长,他们可以对此进行评论甚至反对,但在实践中,由于执法资源有限,联邦环境保护局和总检察长对和解协议条款的审查相当粗略。而且,相较于行政机关与违法者之间的和解,公民与违法者达成的和解协议几乎不受外界监督。在行政执法程序中,行政机关在和解协议最终达成之前需要在《联邦公报》(*Federal Register*)上发布通知,提供公众评论的机会,公民提出的书面意见将被行政机关认真考虑,甚至导致行政机关退出和解,转向司法程序。但是,公民与违法者在和解协议的达成及执行过程中,并未提供公众评论的机会。

此外,将权力下放给公民,也会造成执法不力或拖延。一个拥有全国会员名单的环保组织可以选择在全国各地寻找被诉的污染者,在选择被诉违法者方面拥有广泛的裁量权。诉讼作为一项良好的宣传手段,法庭上的胜利可以提高环保组织筹集资金和吸引会员的能力。[39] 因此,环保组织在制定诉讼优先事项时也更多的考虑相对容易胜利的诉讼,[40]在选择案件时偏向保守,很少"啃"那些败诉概率高但具有重大意义的"硬骨头",而其选择诉讼案件的裁量权又不受监督,这与最初确立公民诉讼制度时的程序价值理念不符。

(三)威胁权力分立原则

美国法律的一个基本特点是通过联邦宪法将国家治理权力划分至三个部门——立法部门、行政部门和司法部门,明确每个部门的权力边界,并通过分权原则来维持三权分立制度。这种分权原则有两种基本模式:任何部门都不能超越其宪法限制扩大自己的权力;任何部门都不得过分干涉或削弱另一部门的权力。但是,公民诉讼制度可能为司法部门提供侵犯立法部门和行政部门权力的机会,威胁权力分立原则。

在联邦最高法院审理的Lujan v. Defenders of Wildlife[41]案件中,斯卡

---

[38] 42 U.S.C. § 7604(c)(2).

[39] Richard B. Stewart, "The Discontents of Legalism: Interest Group Relations in Administrative Regulation", *WIS. L. Rev.* 1985, pp.655,674.

[40] Jonathan H. Adler, "Stand or Deliver: Citizen Suits, Standing, and Environmental Protection", *Duke Environmental Law and Policy Forum* 12,2001,p.50.

[41] Lujan v. Defenders of Wildlife,504 U.S. 555 (1992).

利亚法官（Justice Scalia）指出，环境公民诉讼违反了权力分立原则，因为公民诉讼使法院干预行政部门执行法律的宪法权力和义务。评论人士常常将该观点追溯至斯卡利亚法官撰写的一篇法律评论文章，他在该文中认为，“允许国会把对于公共官员守法的无差别的公共利益转化成一种可在法庭上辩护的个人权利，将允许国会把行政首脑最重要的宪法职责——切实使法律得到忠实执行——从总统转移到法院手中”。而且由“最不民主的部门”——司法部门来决定“什么对人民来说是好的”是危险的，因为“当法院，被认为为了所有人民的利益，要求行政部门坚持政治过程本身所不能强制执行的政策时，他们（尽管出发点良好）可能是在执行自己阶层的政治偏见”。[42]

公民诉讼制度提供的救济手段并不多，禁令（injunction）救济是首要措施，即法院发出的要求当事人为或不为某种行为的命令。例如，《清洁空气法》规定，在公民诉讼中法院有权要求行政机关履行职责。[43] 有学者指出，公民提起的督促行政机关履行职责的诉讼需要法院权衡公民原告起诉所带来的利益和行政机关根据法院命令履行职责所投入的资源，但“司法部门并没有足够的能力进行这样的评估。由于这个及其他原因，对行政机关资源分配的控制传统上被认为是立法或行政责任，而非司法责任”。[44] 由于审理公民诉讼的法院不具有行政机关在执行环境法律方面的专门知识，无法合理分配有限的执法资源，司法判决可能会妨碍行政机关的活动或者阻碍行政机关的执法计划。甚至有学者认为，“虽然行政机关的不作为是一个严重的问题……但通过诉讼促使其履行职责很可能是一种更糟糕的补救办法”。[45] 因此，促使行政机关履行职责的公民诉讼可能使国会对行政机关的授权被司法机关所取代，权力分立原则受到威胁，甚至会破坏代议制民主价值。

㊷ Antonin Scalia, “The Doctrine of Standing as an Essential Element of the Separation of Powers”, *Suffolk University Law Review* 17, 1983, p. 896.

㊸ 33 U. S. C. § 1362 (a).

㊹ Richard B. Stewart & Cass R. Sunstein, “Public Programs and Private Rights”, *Harvard Law Review* 95, 1982, p. 1270.

㊺ Bruce A. Ackerman & Richard B. Stewart, “Reforming Environmental Law”, *Stanford Law Review* 37, 1985, p. 1360.

（四）滥用公民诉讼权利

作为一种为保护公益而由私人实施的特殊制度，环境公益诉讼不可避免地兼具公、私不同属性。[46] 从理论上讲，环境公民诉讼条款旨在通过无私的私人起诉来补充政府执行环境法律的不力。为了防止公民利用环境公民诉讼制度谋取个人利益，国会明确表示提起公民诉讼的原告“没有经济利益希望”，[47]即公民不能提起损害赔偿，只能寻求禁令救济。[48] 虽然法院可以对违法者判处高达25,000美元的民事罚款（civil penalty），但这些罚款不是支付给公民诉讼原告，而是支付给美国财政部。立法者认为，对于公民而言，由于不能提请损害赔偿，加上被法院认定为属于“虚妄的、滋扰性”诉讼而承担对方律师费用的可能性，就足以阻止任何不必要的诉讼。[49] 尽管公民在环境公民诉讼中没有显在的经济利益，但并不意味着其不会在该类诉讼中获得经济利益，实践中，原告经常通过由违法者提供献金的和解方式来获取利益。有学者对公民诉讼和解协议调查发现，约有22%的和解金支付给了美国财政部，而超过50%的和解金归私人受益人所有。[50] 对于违法者来说，由于面临向美国财政部交纳较高数额的罚款及承担公民原告律师费用的可能性，当公民原告提出以和解协议解决被诉违法行为时，违法者更有动机同意。因此，公民原告可能将公民诉讼程序作为一种策略性的威胁手段，以诉讼程序导致的时间拖延及经济成本迫使违法者采取令其满意的经济补偿，公民诉讼可能被滥用。例如，在Friends of the Earth v. Eastman Kodak Co.[51]案件中，尽管法院认为该案“一开始就没有多少污染问题”，但被告最终与环保组织达成了49,000美元补偿的和解协议以结束案件。

而且，环境公民诉讼律师费用转移规则存在被滥用的风险。学者研

---

[46] 参见巩固：《大同小异抑或貌合神离？中美环境公益诉讼比较研究》，载《比较法研究》2017年第2期。

[47] 116 Cong. Rec. 33,104 (1970) (quoting Sen. Hart).

[48] 42 U.S.C. § 7604(b)(1)(B).

[49] 116 Cong. Rec. 32,902 (1970) (statement of Sen. Muskie).

[50] Barry Boyer & Errol Meidinger, "Privatizing Regulatory Enforcement: A Preliminary Assessment of Citizen Suits Under Federal Environmental", *Buffalo Law Review* 34, 1985, p. 933.

[51] Friends of the Earth v. Eastman Kodak Co. 834 F.2d 295, 296 (2d Cir. 1987).

究表明,20 世纪 80 年代大多数公民诉讼的被告是作为违法者的公司,原告公民可以从被告给付的律师费用中获利是其起诉的重要原因之一。[52] 以 Student Public Interest Research Group of New Jersey, Inc. v. AT & T Bell Laboratories[53] 案件为例,联邦第三巡回法院认为,《清洁水法》要求按照"市场价格"(market rate)标准来计算律师费用,即使原告实际支付的律师费用大大低于市场价格。在本案中,被告承担原告的律师费用是以每小时 85 美元至 185 美元的价格计算,而不是按照原告实际支付给律师的每小时 60 美元至 80 美元的价格计算。这种律师费用转移数额远远超过了原告实际支付的律师费用,对于原告来说是有利可图的。另外,由于环境公共利益是不特定多数人的普遍利益,具有广泛性和分散性,不可避免地夹杂着大量的利益冲突,公民诉讼律师的私人利益与公共利益之间的冲突即是其中之一。在一般的诉讼中,律师所代表的利益通常是协商确定的。但是,无组织、不确定人群的利益不易识别,加之没有健全的决定优势利益的机制,导致律师主张的可能是个人利益或少数人的利益,而非应当代表的公共利益,这是危险的。对此,斯图尔特教授(Richard B. Stewart)在分析美国公益诉讼时就曾指出,通常情况下,没有任何责任机制约束律师,以确保其忠实于自己声称要代表的、分散的利益。[54] 如何在公民诉讼中合理有效地约束原告及律师,同样是公民诉讼制度必须应对的挑战。

四、环境公民诉讼制度的展望及启示

从上文的讨论来看,当行政机关执法负担过重或迟延执法时,公民诉讼制度可能会促进环境保护。但随着时代变迁及司法实践的丰富,公民诉讼制度也可能会偏离立法者的最初设想,适用情况发生变动。我国在借鉴他国制度时,必须对该制度背后的理论依据及运行效果进行辩证的动态研究。

---

[52] Michael S. Greve, "The Private Enforcement of Environmental Law", *Tulane Law Review* 65, 1990, p. 356.

[53] Student Public Interest Research Group of New Jersey, Inc. v. AT & T Bell Laboratories, 842 F. 2d 1436, 1448 (3d Cir. 1988).

[54] Richard B. Stewart, "The Reformation of American Administrative Law", *Harvard Law Review* 88, 1975, p. 1765.

（一）美国环境公民诉讼制度的展望

公民诉讼条款自1970年首次纳入《清洁空气法》以来，国会几乎没有对公民诉讼的基本结构作出过重大修改，仅有的修改是扩大司法救济措施，但即使这种相对有限的修改也是缓慢且偶然的，可见国会不愿重新审视公民诉讼的基本轮廓，更不用说废除公民诉讼制度。[55] 当然，公民诉讼制度不一定要废除，重要的是认识到该制度并不构成立法者假定的彻底好处，应当将该制度放在整个环境公益保护背景下理解。

1. 对公民诉讼制度的限制

环境法规不仅仅是为了消除污染，而且是国会"平衡公共利益和私人利益"[56]的选择，但不受限制的公民诉讼可能会打破这种平衡。对此，国会对公民诉讼全过程进行多方面限制。首先，在公民诉讼提起之前，公民应当将违法行为通知行政机关及违法者，[57]给行政机关履行职责的机会，同时也给违法者及时纠错的机会，避免不必要的诉累。公民诉讼不是对行政机关执法活动的复制、干预或冲击，只在行政机关执法"不勤勉"[58]时才能提起公民诉讼，一旦行政机关孜孜以求，公民诉讼就没有必要。其次，在公民诉讼过程中，公民不能提起损害赔偿，只能寻求禁令救济。最后，在公民诉讼之后，为了减少公民提起无理诉讼给法院、被告带来的滋扰，公民诉讼并未将律师费用的转移方局限于原告，而是使用"任何一方当事人"（any party）[59]的措辞，肯定了被告将律师费用转移给原告的可能性，威慑滋扰性公民诉讼的提起，在实质上起到防止滥诉的安全阀功能。

---

[55] Barton H. Thompson, Jr., "The Continuing Innovation of Citizen Enforcement", *University of Illinois Law Review* 2000, 2000, p. 213.

[56] International Paper Co. v. Ouellette, 479 U. S. 481, 494 (1987).

[57] 例如，《清洁水法》规定："（1）在原告发送指控违法的通知给环保局局长、违法行为所在州和被指控违反标准、限制或命令的违法者60日之前……则不得依据该法公民诉讼条款提起公民诉讼。但任何公民可基于其权利参加在美国法院提起的上述任何诉讼。"参见33 U. S. C. A. § 1365。

[58] 例如，《清洁水法》规定："如果环保局局长或州政府在联邦或州的法院已经开始或正在勤勉地进行一项旨在要求违法者遵守有关排污标准、限制或命令的民事或刑事诉讼……则不得依据该法公民诉讼条款提起公民诉讼。"参见33 U. S. C. A. § 1365。

[59] 例如，《清洁空气法》规定："法院在对依据本条（a）所提起的任何诉讼作出终局判决时，可以将诉讼费用（包括合理的律师费）判决给任何一方当事人，只要法院认为该判决是合适的即可。"参见42 U. S. C. A. § 7604（d）。

虽然国会对公民诉讼制度进行了多方面限制，但立法表述简明，直接解释法律的法院不得不考量若干因素，如司法权与行政权的关系、公民诉讼的立法历史等，结合案件具体分析。以“勤勉执法阻却”为例，当法院重视公民在环境执法的积极作用时，往往会对勤勉执法行为进行严格限定，从而使公民诉讼得以继续进行；当法院警惕公民诉讼时，便会对行政机关的执法行为更加宽容、尊重，从而阻却公民诉讼的提起。国会及法院既肯定公民诉讼价值又对其限制的错综复杂态度表明，“公民诉讼只是政府执法的补充（supplement）而非取代（supplant）”，避免将“公民的角色从间质性变为潜在侵犯性”。[60] 甚至有学者认为，国会拒绝具体界定公民诉讼和行政执法之间的关系是最好的，这就赋予了私人公民和行政机关之间持续的张力。[61]

2. 行政执法与公众参与的平衡

公众和行政机关在当前环境监管中扮演着不可或缺的角色，二者均不能单独垄断执法权。如果允许公民控制执法权，可能使某一群体而非整个社会受益；如果没有潜在公民诉讼的约束，行政机关可能会屈服于执法资源匮乏或被利益团体俘获。因此，如何平衡行政执法与公众参与是环境监管必须回答的问题。在现代国家权力体系中，行政权对于公益保护无疑具有极其重要的意义。由于个体能力的局限性，人们将诸多具有普遍意义的问题交由公权力机关来解决，表现为个体基于权利的实现和增长要求公权力的广泛介入。行政权力作为重要的公权力，承担着维护公共利益的职责。从立法背景来看，国会在联邦环境法律中创设公民诉讼制度的目的是“刺激行政机关负起执法责任”，[62]而且《清洁水法》的立法报告也强调“由州采取大量的执法行动”，[63]这也表明行政机关在环境公益保护方面居于主导地位。

公民诉讼是公众参与的重要形式，但不是唯一形式。公众参与在美

---

[60] Gwaltney of Smithfield, Ltd. v. Chesapeake Bay Foundation, Inc., 108 S. Ct. 376, 385(1987).

[61] William H. Rodgers, Jr., *Environmental Law*, New York, West Publishing Co., 1994, p. 64.

[62] S. REP. No. 1196, 91st Cong., 2d Sess. at 36 – 37(1970).

[63] S. REP. 414, 92d Cong., 1st Sess. at 64 (1972).

国法律中的价值已受到立法及司法的关注和肯定,联邦环境法律以公众参与为中心赋予公众环境信息知情权、行政程序参与权及司法救济权,公众参与无所不在。例如,《清洁水法》要求排污设施必须获得国家污染物排放消除系统(National Pollutant Discharge Elimination System,NPDES)许可证,[64]该许可证要求被许可人履行排放设施的各项监控记录并向行政机关报告。由于监测记录、排污报告向公众开放,公民可以快速廉价地获取任何排污设施的信息。而且,在行政机关拟定行政处罚之后,应当在《联邦公报》上发布通知并接受公众评论;[65]在评论结束和行政命令发布之间,行政机关应当举行听证会,任何对拟定处罚发表意见的人都可以参加该听证会;[66]一旦行政命令最终作出,任何对罚款进行评论的人都可以寻求司法审查。[67] 可见,公众参与贯穿环境法律的全过程,最大限度地限制行政主体公权力的滥用,既体现了行政程序上的正义,又有利于确保行政机关在实体决策和监管过程尊重参与者的主体性。

尽管联邦环境法律通过多种形式拓展公民参与的渠道,但公众参与的范围是有限的,不能取代行政机关的环境监管职责。例如,公众无法直接决定环境排放标准、不予颁发排污许可证、采取强制措施等,在公益保护领域,占据主导地位的仍然是行政机关。在所有可能的情况下,行政执法与公众参与的结合将产生最大的环境效益。例如,在 20 世纪 80 年代和 90 年代,铅的排放量和浓度均明显下降,美国人的平均血铅水平也有所下降。这主要是由于环保组织于 1976 年提起的 Natural Resources Defense Council,Inc. v. Train[68] 案件促使联邦环境保护局于 1978 年颁布了铅的排放标准,[69]从而控制铅污染的排放。

3. 司法审查的重心——行政程序

法院虽然不总是最有效的争议解决平台,但往往是最容易获得的。寻求司法救济的公民诉讼具有许多显著特征,例如,环境主张往往是最复

---

[64] 33 U.S.C.A. § 1342.

[65] 33 U.S.C.A. § 1319(g)(4)(A).

[66] 33 U.S.C.A. § 1319(g)(4)(C).

[67] 33 U.S.C.A. § 1319(g)(8).

[68] Natural Resources Defense Council,Inc. v. Train,545 F.2d 320 (2d Cir. 1976).

[69] National Primary and Secondary Ambient Air Quality Standards for Lead,43 Fed. Reg. 46,246 (Oct. 5,1978).

杂的司法审查程序之一，涉及大量的事实、政策及技术材料，司法部门对环境案件的高层政策（如核电未来政策或新机场位置）进行实质性审查的压力很大。这种复杂性特征直接影响法院的审查强度：既要对行政行为加以监督，又必须尊重行政规律与行政机关的裁量权。如何把握司法审查强度是个复杂但重要的问题。经过长期的实践与摸索，法院司法审查的重点转向行政程序。出于对现实的考虑和对行政机关专业性的尊重，在具体的审查方法上，法院也发展出了一系列更为持久的、基于程序正义的审查技术来控制行政裁量权的行使，包括对支持行政机关事实认定的证据之实质证明力采取更为彻底的详细审查、[70]要求行政机关严格执行如听证等程序性要求、要求行政机关在作出决定的过程中应在详尽说明理由的基础上保持前后一致等。在公民诉讼中，法院通过对行政程序的审查，既不侵犯行政机关的裁量权，又能保证行政权的合法运行。

（二）美国环境公民诉讼制度的启示

在是否借鉴美国公民诉讼制度经验问题上，应该注意中美两国政治、文化及司法制度的巨大差异。为评估公益诉讼在特定环境下的社会变革潜力，有必要对诉讼运行的政治、经济、文化和组织条件进行考察。[71] 美国公民诉讼制度的确立是基于特定的立法背景与特有的法律文化，国会及法院的态度错综复杂，具体问题盘根错节。我国公益诉讼制度的深化应当基于我国的法律体系及法律文化，对域外经验要有全面且深刻的认识，切不可将关注点片面集中于立法的宽泛表述而忽略制度细节，未对社会、历史与理论背景及司法实践作细致考察就断章取义地置换到中国语境下理解。我国在深化公益诉讼制度过程中，应当将公益诉讼作为公益保护体系的一环。事实上，由于公共利益的高度不确定性，对其保护不宜简单地套用私益的最佳保护手段——司法保护机制。[72] 公益保护由于其范围广泛、问题复杂等特点，不可能靠一两个机构、一两种渠道就能实现，而必须建立多样性的、整体上和谐的体系。同时，从全局的角度出发，基于每一种渠道的特定价值（如可获得性、效率、威慑力等）区别，职能定位应该

---

[70] 33 U. S. C. A. § 1319(g)(8)(B).

[71] Scott L. Cummings & Deborah L. Rhode, "Public Interest Litigation: Insights from Theory and Practice", *Fordham Urban Law Journal* 36, 2009, p. 609.

[72] 参见章志远：《行政公益诉讼热的冷思考》，载《法学评论》2007 年第 1 期。

有所不同,充分发挥各自保护公益的优势。

与美国相比,我国行政主体拥有丰富的执法资源,其执法能力无疑更为强大和完备,诉前程序设计充分体现了这一思路。[73] 行政机关拥有专业设备、技术人员和检测网络,加之执法的强制性、持续性、主动性等特征,天然地具有判断、维护和促进公共利益的优势,使其能够对公共利益提供常态化的保护。公益保护的发展和完善也离不开公众参与。虽然我国法律赋予检察院公益诉讼起诉人身份,但检察院必须在第一顺位的机关和有关组织不提起诉讼时方可作为后顺位的诉讼主体行使公益诉权。可见,在环境公益诉讼主体顺位上,检察院是候补的。如何促使法律规定的机关和有关组织提起诉讼,使环境公益诉讼制度从理论走向现实,这是实现生态文明建设目标过程中值得深思的问题。对此,应当通过赋予公众环境信息知情权、环境决策参与权和公益损害司法救济权等途径,保障公民参与作用得到充分发挥。例如,《环境保护公众参与办法》对环境信息的披露和获取、公众参与环境保护公共事务的活动进行了详细规定。公众可以通过申请政府信息公开、参与行政程序等途径,促使行政机关履行职责。在行政机关不履行或不充分履行职责时,社会组织有必要自行提起民事公益诉讼或请求检察机关提起行政公益诉讼。

作为一种为应对行政执法不足而设计的制度,环境公益诉讼应保持与政府执法的"互补"关系,在政府不能或不愿执法时发挥其"补充"性作用。公益诉讼制度作为司法程序的救济,具有程序严格、威慑性大等显著特征。我们应当在既有基础之上,继续强化以检察机关、有关机关和组织为主体的公益诉讼制度,"充分发挥司法审判、法律监督职能作用"[74]是司法机关办理公益诉讼案件的主要任务。在制度价值上,行政公益诉讼制度的旨趣不在于扩张司法权而是督促行政,诉前程序能够兼顾监督行政权与尊重其专业性的二元价值与双重目的。[75] 检察机关作为国家的法律监督机关,在公益诉讼中不能逾越、取代行政机关直接采取措施修复受损

---

[73] 参见刘艺,《美国私人检察诉讼演变及其对我国的启示》,载《行政法学研究》2017年第2期。

[74] 《最高人民法院、最高人民检察院关于检察公益诉讼案件适用法律若干问题的解释》法释〔2018〕6号。

[75] 参见刘超:《环境行政公益诉讼诉前程序省思》,载《法学》2018年第1期。

的公共利益，其职责在于监督行政机关依法全面履行职责。对于具有较强专业性的公益管理、保护案件来说，督促行政机关执法远比提起诉讼更加经济、有效。公益诉讼应当是公益保护体系中的最后一环，在案件受理、审理与裁判的全过程中都有严格的制度规范与程序要求。检察机关在办理公益诉讼案件中，应将督促行政机关执法置于提起诉讼的优先地位，但如果行政机关不履行或不充分履行职责，则有必要向法院提起诉讼。

结 语

公民诉讼制度作为美国环境法律的创新，无疑促进了行政机关积极履行职责，推动了环境法规的良好实施。虽然公民诉讼在保障环境公益领域发挥着不可或缺的作用，但也可能偏离立法者的最初设想，美国理论界和实务界对该制度价值存在质疑。正因为美国公民诉讼制度承载着协调司法权、行政权及公民参与权之间关系的重任，其本身的内容错综复杂，且不断被调整。我国公益诉讼制度的深化应当基于我国的法律体系及法律文化，对域外经验要有全面且深刻的认识，切不可将关注点片面集中于立法的宽泛表述而忽略制度细节，未对社会、历史与理论背景及司法实践作细致考察就断章取义地置换到中国语境下理解。

●“第三方行政法义务”:一种规制思维的转变*

吴惟予**

摘　要:现代政府行政职能扩张与有限行政资源之间产生的矛盾,使各国纷纷将具有经营、管理和信息技术等方面优势的第三方私人主体推向承担规制义务、达成规制目标的前台。规制治理理论、比例原则和行政效益原则等为该类新兴义务提供了正当性支持,而我国立法实践中大量存在的第三方行政法义务也反映出当前的规制思维趋于多元化。但第三方行政法义务在现实效果、边界划定、强制性参与和有效监督等议题上出现的偏差阻碍了其功能的有效发挥。为此,转变规制思维,在促进规制效能与保障公民基本权利之间寻得平衡,不失为当下国家行政规制和机构改革的一种思路。

关键词:第三方义务;私人主体;规制思维;公私合作

自 19 世纪初现代立宪国家运动兴起以来,法律成为国家最典型、也是最主要的统治工具。为实现其统治权,国家习惯于直接通过法律或者授权行政机关以命令、控制等高权性手段对受规范对象赋予各种作为、不作为或容忍义务;同时,以制裁(sanction)作为确保义务履行的后盾,来实现所欲达成的行政任务与规制目的。由国家主体直接实施规制的传统高权性手段之所以为各国立法者青睐,是因其具有的威慑性、指明性和强制执行性等特点。即便在现今民主法治国背景下,此种“命令—

---

* 本文系作者主持的江西省社科研究规划“十二五”青年马克思主义理论创新工程项目“第三方行政法义务研究”(项目编号:15QM02)之研究成果;环境保护部 2016 年生态环境损害赔偿招标课题“生态环境损害赔偿基础理论研究”(2016A061)之阶段性成果。

** 吴惟予,复旦大学法学院环境与资源保护法专业博士研究生,复旦大学环境资源与能源法研究中心助理研究员。

控制”仍然是国家限制公民人身和财产自由最为有效的方式。在国家与社会分权之前,[①]对于社会构成相对简单、行政任务有限和社会行为动态容易掌控的情形,高权性手段能够充分发挥规制功效、实现规制目的。然而在第二次世界大战后,随着现代国家任务的不断扩张与细分,除维持治安和保证税收之类的传统权力职能外,国家更多地需要承担起诸如环境保护、公共设施和风险管理等各式各样的任务。面对日益增多的行政任务和无处不在的社会风险,有限的国家规制立法和行政资源力量在应对上述问题时显得捉襟见肘;而现代社会结构变迁和高科技的发展也使政府对互联网、环境保护、金融管理和食品安全等高度复杂、专业性强的特殊行政法领域难以及时有效地展开规制。是故,纷纷出现“管制失灵”的现象。[②] 如何解决自福利国家理念推广开后众多现代行政任务与有限行政资源之间的矛盾,增强政府的规制能力,优化行政法的实施机制,最终高效达成规制目的,成为当前国家推进治理能力现代化建设和政府规制改革最重要的课题之一。

一、第三方与行政法义务的生成

(一)引入第三方行政法义务的内涵

现代服务型政府的中心任务之一是积极与个人、组织和团体形成伙伴关系,努力实现有效规制市场和社会的目的。为了应对法律规制失灵与全球化的趋势,“弥补行政机关执法资源不足、充分利用私人主体的力量,行政法律实践中出现了第三方[③]义务制度”。[④] 如我国《食品安全法》规定,集中交易市场的开办者、柜台出租者和展销会举办者,对入场销售的食品经营者履行检查、报告等义务,否则将受到食品药品监督管理部门责令改正、没收违法所得、罚款或责令停业、吊销许可证的处罚。[⑤] 再如,

---

① 参见湛中乐、郑磊:《分权与合作:社会性规制的一般法律框架重述》,载《国家行政学院学报》2014 年第 1 期。

② 参见詹镇荣:《民营化法与管制革新》,台北,元照出版有限公司 2005 年版,第 145 ~ 146 页。

③ 本文所述之第三方皆为私人经济主体,具体指除违法者与受害者之外有特定实力的私主体。

④ 高秦伟:《论行政法上的第三方义务》,载《华东政法大学学报》2014 年第 1 期。

⑤ 参见《中华人民共和国食品安全法》第 61 条、第 62 条第 2 款、第 130 ~ 131 条。

《北京市控制吸烟条例》规定，禁止吸烟场所的经营者、管理者负有义务对在禁止吸烟场所内的吸烟者予以劝阻、劝离以及向卫生计生行政部门投诉举报，否则会受到卫生计生行政部门的罚款。⑥ 这些行政法规范中规定的“协助公共利益实现的义务”由既非违法者，也非受害者的第三方（私人）主体承担，属于“合作规制”（cooperative regulation）的新思维。概言之，近些年第三方义务的发展、施行和名声大噪，主要原因有三：（1）“命令—控制”型高权性规制手段易造成行政主体与相对人之间产生某种紧张甚至激烈对抗的关系，影响法律的实施效率和执行成本，使一些国家开始选择在行政法运行过程中引入合作理念，创制和使用协作式的规制手段；（2）第三方规制主体通常掌握着行为人从事违法行为的“必要资源”，并且其相对于一般行政机关而言，处在能够及时发现和制止违法行为的优势位置，有利于提升规制的效能；（3）有限行政执法资源与大量行政任务之间的矛盾，通过第三方介入可以得到一定程度的缓解。可见，由第三方承担特定义务作为一种正在蓬勃发展的规制实施手段，正向更好规制（better regulation）⑦的方向迈进。

“第三方行政法义务”的表述并非明确的法律用语，虽然其作为“合作规制”的特殊表现形式，已经广泛出现在行政规制立法的诸多领域。但就今日而言，第三方行政法义务尚不是一个已经能够清楚阐述或者完全成熟的理论，即便国外早在三十年前已提出相关概念，但对此问题展开的系统性、实证性研究仍不多。⑧ 而在学理上，国外学者同时也会使用第三方警务（third-party policing）、第三方执行机制（third-party enforcement）、看门人义务（gatekeeper liability）⑨等概念，其间差别无非是从警务战略改革、规制法律的执行和预防与控制犯罪等不同的适用场合来研究类似的问题。Gilboy（1998）通过整理美国联邦、州和市立法中有关第三方行政

---

⑥ 参见《北京市控制吸烟条例》第 13 条第 5 项、第 24 条第 2 项。

⑦ 参见 GOV. UK：“DECC Better Regulation”，https://www. gov. uk/government/collections/decc-better-regulation，2015 年 7 月 10 日最后访问。

⑧ 参见 Reinier H. Kraakman，“Corporate Liability Strategies and the Costs of Legal Controls”，93 *Yale L. J.* 1984，pp. 857，898 – 899.

⑨ 参见［澳］洛林 · 梅热罗尔、珍妮特 · 兰斯特：《第三方警务》，但彦铮等译，中国人民公安大学出版社 2012 年版；Kraakman R. H.，“Gatekeepers：The Anatomy of a Third-Party Enforcement Strategy”，*Journal of Law Economics & Organization*，2，1986，pp. 53 – 104.

法义务的规定，归纳出这类规制义务的本质在于：(1)私人主体属于被迫帮助发现违法行为；(2)未依法履行义务将受到法律制裁；(3)无偿性或低补偿性。[10] 因此，国内有学者将其定义为“政府指定的私人主体既不是所监督行为的主要实施者，也不是违法行为的受益者，但其承担着必须将私人信息提供给行政机关或者由其本身采取阻止性措施防止有害行为发生(如拒绝提供服务或者货物、拒绝录用或者直接解雇)的义务”。[11]

据此，在规制实施手段的序列中，第三方行政法义务的位置介乎于政府直接规制与社会自我规制(social self-regulation)之间。前者自不用说，是政府居于规制者地位对规制对象所为的外部他律手段；而对于社会自我规制，首先，从属性上看，是一种规制对象自行实施的内部自律行为，其主体身份仍然是实质意义上的私人(个人或组织)，既是规制者，同时也是规制对象之一，只不过是直接被行政机关或其他主体进行规制。其次，该私人作为基本权利主体，可以独立选择是否为了实现其自身利益之外的“公共利益”[12]而自行设置一定限制或者负担义务。相比之下，第三方行政法义务的支撑点在于整合社会中的第三方规制资源，在行政权力没有发生转移的情况下，使其有限度地代替政府完成行政规制任务。但是，当第三方被立法者设定一定义务后，其必须协助行政机关实现某种公益规制目的，否则会受到惩罚。此外，第三方行政法义务也有别于私人行政(public administration by private entities)，虽然两者皆是政府借由私人主体来达成规制目的，且从参与程度和事项上看，第三方行政法义务似乎也可归为广义上私人行政的范畴。但前者一般仅存在于规制实施环节，同时第三方规制主体在此并非是行政法上受行政机关委托或法律、法规授权的类型；而后者虽然同样也是行政活动对私人能力的运用或者私人辅助行政活动，但首先需要指明其并非统一的法律概念，而是各种繁杂现象的总称，[13]表现形态亦甚多，既可以是规则标准制定、运行过程检测、产品

---

⑩ 参见 Janet A. Gilboy, “Compelled Third-Party Participation in the Regulatory Process: Legal Duties, Culture, and Noncompliance”, 20 *Law & Pol'y* 135, 1998, p. 135.

⑪ 同前注④。

⑫ 社会自我规制作为一种政府规制措施，在某些情形下，可能会牵涉政府意志在内，但此处的“公共利益”并不完全等同于政府所谓的“公益目的”。

⑬ 参见[日]米丸恒治：《私人行政——法的统制的比较研究》，洪英等译，中国人民大学出版社2010年版，第22页。

认证等,有时也表现为受行政机关委托发挥辅助者职能。

(二)此处的理解

由于缺乏明确的概念厘清,以及在体系化和类型化上面临相当程度的困难,在学理上有人以“多变的法律机制”(schillerndes Rechtsinstitut)⑭来描述此类概念。为了释明文题之所指,同时也便于接下来的讨论,故将那些基于法律、法规的规定,在行政规制领域中由违法行为者、受侵害者之外的私人主体充分利用其优势地位和规制资源,承担向行政机关及时报告或者直接劝阻、制止违法行为,否则将受到法律惩罚的义务,特别界定为第三方行政法义务,并以此区别于民事侵权法律规范中类似的“第三方责任”。例如,《中华人民共和国侵权责任法》第34条:用人单位的工作人员因执行工作任务造成他人损害的,由用人单位承担侵权责任。

二、第三方行政法义务确立之正当性基础

面对当前第三方行政法义务在各国规制实施领域的繁荣盛景,传统行政国家存在的假设逐渐被打破,即行政机关总是规制方而私人则是被规制方,⑮在“传送带”(transmission belt)的行进过程中,私人不可避免地会触及属于国家高权职能的领域,由此可能引发的公法价值偏失风险值得深思。随着私人行政现象在全球的广泛推开,我国当然也无法抵挡这股浪潮,多年来以行动表现的第三方行政法义务已经遍布许多规制领域。虽然实践中赋予私人行政法义务的现象如雨后春笋般涌现,但从理论和法学层面看,其框架仍然不甚清晰,这类义务是否会侵犯公民的合法权益?是否任何领域、任何内容皆能以第三方行政法义务为之,到底有无明确的适用范围界限?规制义务被赋予私人后,对政府而言是否发生了义务转移?若非如此,其应以何种状态应对?这些是我们探讨第三方行政法义务的基本前提和理论基点。为此,有必要立足于法理层面,为第三方承担行政法义务寻求正当性支持,同时也是为了防止公法随意遁入私法,避免给整个法律体系造成混乱。

(一)规制治理理论的延伸

相比传统的秩序行政,以福利、服务等为内容的给付行政带给国家的

---

⑭ 陈信安:《论德国行政法上之纳用私人》,载《月旦法学杂志》2015年第237期。

⑮ 参见高秦伟:《私人主体的行政法义务?》,载《中国法学》2011年第1期。

负担与日俱增，规制治理理论试图使私人参与到法律规制程序之中，而非过分倚重实质性的命令与对抗式的执法。因此，政府逐渐减少制定禁止类规范，从以往频繁的检查、监测等工作中解脱出来，转向去引导私人自我规制或者进行半自愿半强制式的社会性执法。换言之，规制治理理论并不等于非强制，虽然其强调只有在被约束主体同意的情形下才能介入，但是并不等于完全排斥"硬法"的内容；而且为了预防治理缺位、提升治理"合作"的效率和效果，可以不吝于使用一定的惩罚手段。

当前，政府基于执行能力、成本等因素的考量，从其"弹药库"中选择赋予私人以义务，使其参与行政规制任务。按照规制治理模式，在适宜的场景中，行政规制主体会要求私人（可能是被规制者或相关第三方）去主动发现问题与潜在风险，并自行选择可行的实施方案以达到预期的规制效果。相应地，规制主体也会为这些私人提供必要的信息和帮助，同时还会通过设置容许幅度标准、容许变动范围及对履行社会责任的活动予以认证等途径，来给予私人实际的（虽然这部分可能并不多）和名誉上的回馈。[16] 现在规制主体更多地使用类似"风险管理"的相对宽松的规制目标，容许私人不必过分受到细节束缚，可根据自身特点和优势实施。例如，规制主体可能要求私人（企业）设计发现与制止违法行为的机制，并开展必要培训、信息收集、警示宣传等预防性措施。总之，规制治理理论旨在分析国家与私人在应对违法问题的措施上的各自优劣和配合需求，并提供精细的推演和具体的思路；而释放社会能量处理非国家权力领域的事项不仅是国家所应予考虑的，也属于私人主体参与社会综合治理工程的重要环节。

（二）第三方行政法义务是一种义务合理转移

第三方行政法义务的核心内容是允许私人主体可于特定的领域和场合对其他私人实施规制，而国家则通过立法赋予此种行为以形式上的合法性。在现代社会中，政府依法承担着诸如维护社会治安、市场秩序等公共利益之义务。许多时候，基于节约行政执法成本、提高运行效率的考量，政府会强制要求相关私人主体协助政府部门履行规制义务；[17]或者基

---

⑯ 参见［美］奥利·洛贝尔：《作为规制治理的新治理》，宋华琳等译，载冯中越主编：《社会性规制评论》（第 2 辑），中国财政经济出版社 2014 年版，第 132 页。

⑰ 此类行为亦可称为行政主体与行政相对人的相互义务（mutual obligation）。参见孙才华：《行政主体的义务转嫁及其法律控制》，载《湖北行政学院学报》2010 年第 3 期。

于实现公共利益之目的,私人主体有时被立法者直接要求承担某种规制责任。虽然从现代行政实践的发展需求中,我们可以推知国家把原本属于自己的规制义务转给私人的部分缘由。但是,这些被国家转移或者重新规定承担对象的规制义务,其中大部分是借助立法(或准立法)行为呈现出来的,但不排除少数情况是政府在法无明文规定之下的责任推卸。此处,我们所要探讨的正是由立法通道产出的,在特别行政法领域出现的私人规制义务,亦即第三方行政法义务。可以说,具备法律依据的规制义务转移或再分配已经成为合理利用社会资源、优化政府行政水平的常见法律实践现象。只是在立法赋予第三方行政法义务形式合法性的基础上,为了充分体现其存在的正当性,它的创设和运行过程需要融入公共负担平等理论,遵守法律保留原则,并且在我国宪法基本权利条款的框架下,依照正当程序而为。应当明确的是,上述这一由国家到私人的过程并没有发生真正意义上的国家高权变化,而仅是具体义务履行主体和方式的变通。

(三)比例原则与私人基本权利保障

比例原则(Grundsatz der Verhältnismässigkeit)是活跃于宪法和行政法意义上的重要原则。从宪法层面看,比例原则要求"立法者对公民权利之限制,惟有在公共利益所必要的范围内,方得为之"。[18]《立法法》第6条规定,"立法应当从实际出发,适应经济社会发展和全面深化改革的要求,科学合理地规定公民、法人和其他组织的权利与义务、国家机关的权力与责任",即宪法之比例原则的体现。而行政法层面的比例原则,其"要求行政权力的实施必须有法律依据,且必须采行最缓和的手段,以侵害公民权利最小的方式为之,不可为达到目的而不择手段"。[19]

在我国,大多数第三方被赋予行政法义务的权力来源属于特别行政法,当然也不排除在实践中政府及行政部门会以规章和规范性文件等较低层级的法律规范,[20]赋予第三方特定的规制义务。但若站在基本权利的

---

⑱ 陈新民:《中国行政法学原理》,中国政法大学出版社2002年版,第38页。

⑲ 同注⑱,第42页。

⑳ 更有甚者,我国规制实践中还存在行政机关直接通过命令方式单方面为私人主体设定义务,造成"义务转嫁"现象。例如,某地警方与每位房东签订安全责任书,一旦发生煤气中毒事件,房东将承担相应的责任,警方将对房东处以高额罚款。参见郭莹:《房客煤气中毒房东将受罚房东须与警方签安全责任书》,载《北京娱乐信报》2006年11月12日。

角度考量可得出,宪法保障人民免受国家公权力宽泛课予其“行政法义务”。换言之,立法者通过法律规范形式将规制责任分配给第三方,使原本的受规制者成为新的规制者,纳入社会之力来帮助政府达成规制目标,对第三方诸如经营自由、财产权以及被规制私人的平等权、言论自由等基本权利可能会构成潜在侵害。因此,赋予第三方行政法义务的先决条件必须满足法治国家的法律保留原则,即符合形式要求上的法律和授权法规,而且后者还需依照法律授权的明确性原则要求为之,方为合宪。此外,第三方承担规制义务一般不涉及公权力的行使,其并不能作为行政主体,故即使是为了有效维系社会公益,给他们分配的也应是与此公益目的实现有实质关联性与合比例性的规制义务。与此相对应,由于这些第三方实施的是属于特殊化的行政规制任务,因此出于对公共事务民主性和责任性的维护的考量,公法上的价值和原则在第三方行政法义务设定、实施过程中仍需选择性遵从。㉑

(四)基于行政法之效益原则考量

从行政效益根本论角度看,“国家作为一种社会组织形式,其价值追求是实现社会整体效益最大化”。㉒ 而对于现代国家行政而言,效益原则所面向的是如何以最小的法律、政策制定成本和实施成本获得最大的目标成果。简言之,也可将其理解为“手段与目的”的最优化问题。虽然在一段时间里,我国行政法学界忽视对行政法效率价值的研究,认为效率是行政学的基本价值而非属于行政法学范畴。㉓ 但我国《宪法》第 14 条、第 27 条皆反映出国家对效率(效益)的要求。此外,《行政许可法》《行政处罚法》等行政法律的总则及具体规定均有潜在性的效益原则体现,并且其目的是要求政府充分考虑规制成本和对相关资源实行最大化利用。

第三方行政法义务之所以遍布许多规制场合,主要是立法者和行政机关看中了私人主体蕴含的巨大潜能,通过刺激和调配后者手中所掌握的社会资源,来达成通常由行政机关难以直接实现或者需要动用高成本

㉑ 有些公法价值抑或是说某些法律之共同价值,如公平、公开、诚信、不偏私等,并不会减损第三方行政法义务的优势,相反还能增强其正当性基础。具体形式诸如信息披露、公众参与等。

㉒ 参见谢永霞、周佑勇:《论行政法的效益原则》,载《湖南社会科学》2014 年第 1 期。

㉓ 参见王成栋:《论行政法的效率原则》,载《行政法学研究》2006 年第 2 期。

的强制力手段才能实现的规制目标。有学者运用“成本—收益”分析的方法，对第三方行政法义务与行政规制手段比较后发现，在一般情况下，由第三方承担行政法义务进行规制要比传统的行政规制更具成效且成本相对较低。㉔ 因此，将效益原则作为第三方行政法义务的正当性来源之一，既合乎法理，也符合实践需求。但值得注意的是，并非任何时候第三方行政法义务都能使规制资源得到最佳分配与利用。例如，试图通过投资者或会计师、律师事务所规制企业的违法行为即未必有效。这是因为，除了常见的第三方实施规制时的运作成本和行政机关对其展开监督所耗成本之外，第三方行政法义务还可能涉及其他较为复杂的多元成本，如诉讼救济成本、潜在的市场变形成本等，而且上述场景中的第三方也难以应对不断变化的违法行为。此外，第三方的规制实施成本是否处于可接受范围内也是需考虑的重要方面，专业技术性或控制力相对强的领域可以较容易履行规制义务，但在第三方对违法主体控制力较弱的领域，由第三方进行劝阻、制止的成本与直接的行政规制可能不分伯仲，第三方行政法义务能否真正形成更为有效的震慑等，都还有待实证数据进一步验证。

三、法规范中的我国第三方行政法义务

第三方行政法义务及其模式在世界范围内迅速发展，并被美国和德国等不同法系背景国家采用，既非凭空而来，也非行政改革运动中产生的思潮。㉕ 可以说，随着规制理论的发展，其已成为当代政府管理和治理模式全面变革转型的组成部分。如此，第三方行政法义务在中国大陆地区是怎样一番景象？一言概之，我国的情况可以被认为是“有第三方行政法义务之实，却无第三方行政法义务之名”。㉖ 梳理和还原国内实定法中第

㉔ See Ke Steven Wan, “Gatekeeper Liability Versus Regulation of Wrongdoers”, 34 *Ohio N. U. L. Rev*, 2008, p. 483.

㉕ 有学者甚至将“第三方义务在法律实施中的广泛运用”称为“当代社会规制最具冲击性的特征”。同时认为，“如今很难想象哪个经营者没有替政府完成几项行政实施任务”。参见 Janet A. Gilboy, “Compelled Third-Party Participation in the Regulatory Process: Legal Duties, Culture, and Noncompliance”, 20 *Law & Pol'y*, 1998, p. 135。

㉖ 在已废止的早期法律规范中，已经存在诸如“第三方行政法义务”的规定，只是受限于当时的法治水平，具体内容可能有违宪之嫌，如《云南省流动人口计划生育管理规定》(1991年)第20条。

三方行政法义务的具体形态,对于反思与改善“义务”实施的有效性而言十分必要。

(一)第三方行政法义务在我国的立法实践

如今,在我国法律体系中,立法者设立了形式多样的第三方行政法义务,且已在相应的规制实施领域落地生根,尤以控烟管理、出入境管理、食品安全监管、金融监管等特别行政法领域表现突出(见表1)。

表1　我国典型的第三方行政法义务要览(法律、法规层面)

义务来源	第三方	被赋予的行政法义务	未履行的法律责任
法律	集中交易市场的开办者、柜台出租者和展销会举办者(A)、网络食品交易第三方平台提供者(B)	(A)发现入场食品经营者有违法行为的,应当及时制止并立即报告所在地县级人民政府食品药品监督管理部门 (B)发现入网食品经营者有违反本法规定行为的,应当及时制止并立即报告所在地县级人民政府食品药品监督管理部门;发现严重违法行为的,应当立即停止提供网络交易平台服务(禁止义务、报告义务)	责令改正,没收违法所得,罚款,责令停业,直至吊销许可证㉗
	旅游经营者	组织、接待出入境旅游,发现旅游者从事违法活动或者有非法滞留,擅自分团、脱团情形的,应当及时向公安机关、旅游主管部门或者我国驻外机构报告(报告义务)	罚款,责令停业整顿或者吊销旅行社业务经营许可证㉘
	房屋出租人	知道承租人利用出租房屋进行犯罪活动,应当向公安机关报告(报告义务)	罚款,行政拘留㉙
	金融机构	必须履行客户身份识别义务,保存客户身份资料和交易记录,报送大额交易报告或者可疑交易报告,不得与身份不明的客户进行交易或者为客户开立匿名账户、假名账户等(检查义务、禁止义务、报告义务)	罚款,责令停业整顿或者吊销其经营许可证㉚

㉗ 《中华人民共和国食品安全法》第61条、第62条第2款、第130~131条。

㉘ 《中华人民共和国旅游法》第16条、第55条、第99条。

㉙ 《中华人民共和国治安处罚法》第57条。

㉚ 《中华人民共和国反洗钱法》第32条。

续表

义务来源	第三方	被赋予的行政法义务	未履行的法律责任
法律	电梯制造单位	发现电梯存在严重事故隐患时,应当及时告知电梯使用单位,并向负责特种设备安全监督管理的部门报告(报告义务)	责令限期改正,罚款㉛
法规	网络运营者	应当加强对其用户发布的信息的管理,发现法律、行政法规禁止发布或者传输的信息的,应当立即停止传输该信息,采取消除等处置措施,防止信息扩散,保存有关记录,并向有关主管部门报告(禁止义务、报告义务)	责令改正,警告,没收违法所得;罚款,责令暂停相关业务、停业整顿、关闭网站、吊销相关业务许可证㉜
	限制吸烟场所的经营者或者管理者	对在禁止吸烟场所区域内的吸烟者进行劝导,对不听劝阻也不愿离开禁止吸烟场所的吸烟者,固定证据并向监管部门举报(劝阻义务、报告义务)	责令限期改正;罚款㉝
	禁止吸烟场所的经营者、管理者	对在禁止吸烟场所内的吸烟者予以劝阻,对不听劝阻的要求其离开;对不听劝阻且不离开的,向卫生计生行政部门投诉举报(劝阻义务、报告义务)	罚款㉞
	设计、施工、监理以及物业服务等相关单位	对其业务活动中发现的违法建设活动及时予以劝阻或者制止,并不得参与和协助违法建设活动或者隐瞒不报(劝阻义务、制止义务、报告义务)	责令停止违法行为,并移交有管辖权部门处罚㉟

表1所展示的正是我国法律和法规层面存在的第三方行政法义务规定,据此可以清晰地感受到这类义务在国内立法中的广泛分布和流行程

㉛ 《中华人民共和国特种设备安全法》第46条、第80条。

㉜ 《中华人民共和国网络安全法》第47条,以及国务院《互联网信息服务管理办法》第23条。

㉝ 《上海市公共场所控制吸烟条例(修正案2016)》第8条、第17条。

㉞ 《北京市控制吸烟条例》第13条第5项、第24条第2项。与此相类似的规定还有《广州市控制吸烟条例》第9条、第25条。

㉟ 《鞍山市城乡规划条例》第48条、第57条。

度。首先,从网络服务提供商有义务及时发现和制止网络用户的违法侵权操作行为,[36]到金融机构必须保存和识别客户的个人信息,并报告大额交易和疑似洗钱的行为,再到禁烟场所的经营管理者应当对违法吸烟者进行劝阻、制止或向相关行政部门报告,这些具体实例无不体现了现代社会规制经常借助私人力量参与法律实施的趋势。再如,雇主、房屋出租人、旅游经营者、物业单位这些我们身边最普通的私人主体,也开始在不同场合里承担起劝阻义务、制止义务和检查义务等,而在所有的义务类型中,最为常见和典型的仍属报告义务,且现在这些赋予第三方的义务大部分是原先行政机关的法定作为内容。此外,还有一类义务经常出现在规范性文件之中,即类似"主体责任"这样意涵相对模糊的概念。例如,《工业和信息化部关于加强电信和互联网行业网络安全工作的指导意见》(工信部保〔2014〕368 号)除了规定通信主管部门应加强网络安全监管外,同时特别指出要"落实基础电信企业的主体责任",设置这类产品或服务提供者的"主体责任"也属于让第三方成为协助政府共同作为的"看门人"。

其次,通过观察我国现行法律、法规中第三方行政法义务的诸多形态不难发现,这些存在于现实生活中的某种类型的第三方要么处于发现和制止违法行为的优势地位,要么与被规制对象有利益关系或联系紧密。他们被立法者和行政机关认为是有助于管理和控制违法问题的中间渠道,而且往往迫于压力参与超出其日常经营、生活行为范围的规制活动。而由立法者制定的一系列法律规范正是强制或"胁迫"第三方承担起这些具体规制义务的压力来源,关于这些规范如何获得法理上的支持,在前文已作讨论。总之,越来越多的私人主体不断被纳入并作为由立法者所编织的多样化"权力网络"的社会共同治理"节点",行政法规制实施的中心也逐渐从国家机构向外延伸到企事业单位、社会和经济等市民社会的各个方面。

(二)第三方行政法义务的类型化

为了合理建构第三方行政法义务体系和深入探究国家与私人展开行政规制的合作关系,可将私人主体实施规制的诸多形态予以抽象类型化,

---

[36] 谢雪凯:《网络服务提供者第三方责任理论与立法之再审视——以版权法与侵权法互动为视角》,载《东方法学》2013 年第 2 期。

并以第三方承担行政法义务的强度和角色为基准作出下述区分：

1. 第三方作为规制参与者的行政法义务

在此类型中，立法者没有使第三方在日常活动领域负担过多的行政法义务，因而后者主要是扮演参与规制或者协助行政机关的角色。从目前国内实践情况看，以行政机关为主体，特定第三方参与共同达成行政任务的现象并不少见，而此时第三方肩负的通常是低强度的辅助性义务，如向有关部门报告发生的情况、对在其管理范围内实施不法行为的人员进行劝阻等。换言之，第三方好似行政机关在各种具体执法场合设置的“岗哨”，由其填补现有行政执法力量无法覆盖的空缺地带。在这样的合作关系中，虽然第三方系以私法手段完成行政任务，不涉及公权力的行使，也不具备行政主体资格，但倘若其在履行义务时有危害市场公平和偏离公共利益的行为，如歧视性对待或成本转嫁等，行政机关仍应积极担负起对第三方规制行为的监督和担保责任。

2. 第三方作为规制主体的行政法义务

随着需要承担的行政法义务强度不断提升并愈来愈向高权性质靠拢，第三方逐渐突破了其原本所处的“参与协助”地位，而被迫去实施程序更完整、更具独立性的规制行为，甚至是国家高权行为。因此，在某些对专业技术要求较高的特殊行业领域，如金融、证券、网络交易平台等，第三方已成为真正意义上的规制主体，相比之下行政机关更像是站在窗外的“监视者”，并试图通过施加惩罚责任对第三方形成威慑（deterrence），使其按照预设路径从事交易（监管）活动。但这也并非完美，第三方可能因自我私益或与被规制私人串通而发生不遵从现象，而行政机关受限于专业技术条件往往很难发现这些问题。此外，实践中还有一种比较极端且多见于规范性文件中的情况，即第三方在规制实施中被要求“落实主体责任”。虽然作出如此规定的意图是充分发挥私人主体的能动作用，但对私经济领域进行监管是政府的当然职责，过于依赖第三方，可能会产生行政机关放弃自己角色的假象。[37] 由于第三方并不具有自我决定权，且实质上是代替行政机关为有限度的高权性职责，因此，在社会契约理论的影响下，

---

[37] 参见［美］乔迪·弗里曼：《私人团体、公共职能与新行政法》，晏坤译，载《北大法律评论》（第5卷），法律出版社2004年版。

也有人将此种情况称为行政主体的“义务转嫁”(obligation shifting)。[38] 但基于社会国原则,行政机关通常并没有放弃或转嫁其“公益维系”职责,其不过是利用社会力量良性化解繁重的行政任务负担。

四、对我国第三方行政法义务制度实效性的检视

现有规制实施与遵从情况表明,非国家规制(non-state regulation)的大量存在,使我们不得不重新考量私人主体在社会中的作用及其结构。虽然行政机关让私人主体承担第三方行政法义务是希望借助社会不同领域占有优势资源的私人力量,弥补紧缺的行政资源、提升规制遵从的效能以及缓和传统行政规制双方的矛盾,但日益复杂的法律控制事务、理论与现实状况存在的偏差,让我们不禁反思在众多规制手段和规制主体之中选择第三方行政法义务是否能有效实现其预设功能,抑或是需要诸手段和主体协同运作以达成预设规制目标?而且,不断改进我国的第三方行政法义务,解决私人在义务履行过程中存在的诸多问题也是当前亟待处理的现实问题。

(一)第三方行政法义务现实效果与制度设计的偏差

报告、劝阻和制止是目前国内第三方行政法义务最主要的内容,立法者设定这些义务形式的目的如其字面所述含义一样,即要求第三方在特定的条件下(通常为第三方具有“控制优势”的环境)对其他私人主体进行“监视”,劝阻、制止后者在其控制范围内实施的不法行为(misconduct),或者直接向行政机关进行报告。然而上述制度设计在当前复杂的社会治理环境中未必能充分施展,其既受制于法治国家和经济社会发展水平,而且支撑我国法律规范有效运行的配套措施和环境尚待进一步健全。实践中,第三方在被赋予义务之前,如果没有现成的或者较易采取的发现、制止不法行为的工具或手段,如网络服务商的过滤监测系统、金融账户监管系统等,其可能因规制带来额外成本和影响经营活动等原因,敷衍、消极地对待义务。当然,也可能存在另一种情形,即第三方虽然掌握着技术资源优势,却无意于监管其经营空间内的客户行为,以致违法行为在其技术优势的“庇护”下滋生传播。较典型的如“快播”案,王欣

---

[38] 同前注⑰。

等以“技术是无罪”[39]的观点，即他们只是提供了一个引导资源自由交换的技术平台，为自己进行辩护。然而，网络平台运营商对用户在其平台上或使用其开发的技术实施违法行为而不进行监管、防止或报告，相反为了牟取私利，还变相鼓励、放任用户如此行为。这不仅违反了《网络安全法》《互联网信息服务管理办法》对其在规制义务方面的规定，而且由于过分强调技术的价值独立和中立，其自我“创造”出一种游离于社会要求和法律要求之外的所谓“技术伦理”，使他们的技术优势在沦落为违法行为温床的同时，也阻碍了行政机关规制监督手段的有效介入。这些现象同样也告诉我们，除了来自规制机关的正面压力外，市场经济环境中还存在许多潜在影响企业遵从行为的元素。那么，如何根据市场情况和规制目的巧妙地借助和利用这些外部内容，弥补政府规制的不足；同时又能有效增强企业的遵从度，使之将法律与社会责任内化，主动承担义务内容，是改进行政法实施机制的关键问题。此外，第三方在履行规制义务的过程中，因不具有类似行政裁量标准，可能会有意识或无意识地侵犯其他私人的合法权益，如歧视公民、拒绝服务或非法使用“执法权”等。

第三方行政法义务作为国家现代治理体系中的一环，理应在法治框架下设计和运行，亦即由适格的法律规范为其设定标准与界限，必要时还需由国家对实施中的第三方行政法义务予以及时矫正或介入规制。其一，虽然利用第三方更好地实现公共利益或许是当下不可避免之趋势，其也具有宪法上的正当性，但是，第三方被课以额外义务时，可能会与其依法受国家保障的财产权利、营业自由等基本权利产生冲突。特别是第三方为履行义务而出现一定幅度的增加开支、提高成本的情况时，通常国家并不会给予对应补偿，但如果这种义务负担对私人财产权人造成了明显不合理（或违反平等要求）的侵害，此时要求立法者在义务的立法设计中提供合理补偿以平衡私人主体所遭受的不利益，符合我国宪法对基本权利保障的根本要求。其二，第三方履行义务时，公权力主体不得放弃对第三方的担保责任，在其参与规制执行之后仍需保持必要的行政规制压力，

---

[39] 与“快播”案中王欣等一样，在此案之前，许多网络技术人员仍坚称“我们只做技术，至于用户使用这些技术去做什么我们管不着”，并以此作为对抗法律的挡箭牌。类似的情况也可能出现在如今十分火热的网约车、网络直播等领域。

以形成规制合力并确保实质公平。其三,国家在赋予第三方行政法义务的同时,也必须体现对被规制私人基本权利的充分保障。例如,禁止第三方将承担规制义务所生的费用肆意转嫁给其他私人,隐性侵害他人合法财产利益。

(二)第三方行政法义务引起的边界问题

在当前行政法实施体系中构建第三方行政法义务制度,除了制度本身需要清晰准确的定位外,还需要考虑如何与已有制度相融合,以此减少新旧制度之间的冲突摩擦,同时也有助于实现规制手段之间的配合互补、更好地发挥规制作用。实践中,行政规制可能在第三方规制失灵时接手,也可能以综合形式应对公共事务而加入治理体系,第三方行政法义务与我国行政法中的部分行政委托和行政授权的内容也可能存有部分重合(见图1),如我国《税法》规定的单位负有"代缴代扣"义务。这些制度之间的关联和界限目前并不十分清晰,而且由于权威来源的差异,其各自在归责、救济等方面也存在较大不同。例如,在控烟禁烟领域,某些地方立法将特定区域内的控烟监督执法工作以行政授权的方式交由轨道交通运营单位负责;[40]而前文所汇总的几部地方控烟立法对该项规制内容,实际上却是以第三方行政法义务的形式予以规定的。因此,在合理规划第三方行政法义务的同时,也需安排好其与行政委托、行政授权之间的关系。

从兼顾维护行政法实施体系稳定和多元化发展的角度来看,针对行政法实践中许多仍未定性的该类"义务",不宜统而概之为"某类"第三方行政法义务,而应当依据其权力来源、履行方式、司法救济途径等因素进行精细识别和管理。具体而言,第三方行政法义务与行政授权、行政委托虽然在外表和内容上存在相似,但由于行政授权须依据法律、法规的明确规定,同时亦需按照法定权限和程序为之,故而基于体系稳定的考虑,宜保持这类已有"法定行为"的行政授权身份,其在国内不应与第三方行政法义务相混同。而行政委托在实践中操作相对灵活,其来源多是具体行政行为,比较符合私人依法管理公共事务的情形,未来部分领域的行政委托可能将通过立法设定的方式加入第三方行政法义务序列。

---

[40] 参见《上海市公共场所控制吸烟条例》第18条。

图1　三种规制行为的关系

(三)强制性参与的非长效化

根据研究和实践表明,第三方行政法义务的一个必要构成条件是通过强制性的法律手段确保第三方服从,此种法律手段的存在使得第三方处于“被强迫”的状态。虽然从法的普遍特征来看,第三方履行义务的背后设有国家强制力保障并不突兀,但赋予第三方特殊的规制义务,起因之一正是行政机关难以独立实施规制或执行效率不佳才将外部私人主体纳入。㊶ 国家使用公权力亦无法完成的规制任务,却依靠“暴力”强迫私人实现,似有不妥,因为过度的强制或减弱第三方的参与意愿。当前第三方行政法义务本身所面临的一个挑战是,其最终要发展形成能够根据不同适用情形和权力来源适时进行调整的激励性措施,而非强制性参与措施,通过鼓励第三方主动参与,进而发挥团体、行业内部的自我管控作用。

因此,必须明确的是,第三方行政法义务若要全面有效地得以履行,有赖于强制参与模式的改进,以及第三方自主参与意愿的提升。立法者不妨按照“更好规制”的理念,在制度设计时降低或者尽可能消除“义务”所附带的强制性,从根本上改变“第三方是单纯被强迫参与”的模式;而一味地依靠法律的高权压迫私人主体则无法走出传统规制的桎梏,应考虑加强行政机关与第三方的潜在互动,适用强制方法之前更多关注双方合作与协商的基础步骤,避免直接以暴力压制公民的抵抗。㊷ 换言之,通过强制策略使第三方承担起规制违法行为的角色要遵循“先礼后兵”的思

㊶　虽然第三方警务(third-party policing)从表明和语义上像是自愿合作性质,但本质上暗含着很强的强迫性。参见 Bittner, E. *The Functions of Police in Modern Societies*, Washington, National Institute of Mental Health, 1970, p. 115。

㊷　Terril, W. *Police Coercion, Application of the Force Continuum*, LFB Scholarly Publishing LLC, 2001, pp. 4, 228.

路，先对其进行温和地劝说、打消顾虑，吸取其意见；其次才是对那些不遵从或不合作的私人主体使用强制措施。如此，通过运用"萝卜加大棒"策略（The carrot or the sledge-hammer approach）在两者间建立"民主式的合作关系"，并鼓励、激发第三方自行制定将会有利于规制达成和遵从实现的计划。当然，随着强制性的减弱，在企业社会责任意识、自我规制能力等达到一定水平之前，亦可能会造成第三方行政法义务履行效果的下滑，这是解决参与机制长效化过程中需要行政机关通过合理配置规制手段进行平衡的问题。

（四）对第三方的监督是否会使规制进入"死循环"

多数实践情况下，行政机关都会监督承担"义务"的第三方，虽然也有观点认为规制任务既已交由第三方实施，又对其监督反而会增加不必要的行政成本。而且，第三方由于掌握其所处领域的优势资源，一方面既可以被用来从事规制实施，另一方面这种优势背景下的隐蔽性也可能使行政机关更难对其不遵从行为进行有效监督。因为客观来讲，在一些具有高科技性、高隐秘性等特点的行业领域，行政机关由于缺少专业的技术手段，第三方因其自身优势反而比一般违法者更难被监管。在此情景之下，再对第三方进行监督是否会使规制进入"死循环"？从理论上看，"将控制、制止等强制性的权力赋予给经营者、管理者或者服务提供者等私人主体，其可能存在滥用权力的危险"。㊸ 而且，第三方相对较少的数量和存在固定经营、服务场所等情况，使行政机关通常有能力发现其是否依法依规履行义务。同时，第三方履行行政法义务在实践中也并非任何时候都处于良好运行状态，他们的不作为问题会使规制实施失序，行政机关虽然努力采取措施应对人为的市场失灵现象，但是仍离不开政府介入并实施监管。可以说，现阶段行政规制仍扮演主导角色，第三方行政法义务是作为补充和优化行政法实施机制的其中一环而存在的。

基于对第三方施以有效监督的必要，尤其是针对第三方不作为的监督，在此提出两点可能的应对策略：

一是从政府规制与监督角度。社会国原则要求国家对第三方所实施的行政法义务承担特定的担保责任，不仅反映出国家应当合理构建对第

㊸ 同前注④。

三方规制实施的监督机制，而且基于应对公共事务治理的考虑，可能还需兼用第三方行政法义务和行政规制。上述问题回归于实践即如何使第三方受到有效地监督，通过“制度的笼子”控制他们手中握有的相当力度的强制性权力是十分必要的。虽然一般情况下，第三方由于位置固定、基数相对较少等原因相比于普通违法者而言，容易被行政机关监督。但是，若非他们明确核算过不遵从的代价或是基于某种考量“主动”履行的情形，因第三方所处的优势位置和掌握特定信息、技术，一旦其产生不作为问题，行政机关并不容易真正实现对他们的监督。故而行政机关需要采取不定期检查和示范性协同参与等方式，对第三方保持一定的监督威慑压力，将严格责任作为部分高风险领域第三方行政法义务的归责原则，使其不敢也难以推脱义务和躲避罚则。

二是来自外部其他主体的实施监督。行政机关通过引入更为广泛的其他相关主体，如竞争者（competitor）、员工（staff）等，甚至是违法者（violator），从来自外部的另一方面加强对第三方规制不作为的监督力度。这些外部监督者与第三方在许多资源要素上有着密切的“关联”，利用他们使第三方明确自己原本具有的遵从角色，弥补义务所附带的法律制裁和政府监督有时无法察知和震慑私人规制实施主体的不足。

（五）第三方的主体性质疑惑与救济困境

第三方的主体性质因其承担的行政法义务的类型差异或有不同，而这也决定了当这些第三方行政法义务的设立与运行过程出现侵害第三方或被规制私人合法权益的情形时，被侵害人应如何寻求救济渠道的重要问题。首先，从义务形态和高权性程度看，目前大多数第三方行政法义务并不蕴含行使国家权力的要素，主要还是第三方凭借自身所拥有的各类资源优势，以私人名义开展诸如报告、劝阻、监视等较为温和的规制行为义务，即扮演前文所提“规制参与者”的角色。况且，纳用私人之力实为行政规制手段无法有效发挥作用时的递补选择，第三方履行行政法义务甚至亦无相应补偿，而未来这部分义务亦可能朝向强调鼓励私人主体承担社会责任、自我规制角度发展。故对此定性仍应为私主体所作的私法行为。此种情况下，无论权利纠纷发生在第三方与行政机关之间，还是第三方与被规制主体之间，其损害则可依一般的行政或民事救济路径操作。其次，在中国，一些第三方行政法义务实际上是以行政授权和行政委托方式的出现，前项主体也被中国行政法学界称为“其他行政主体”，必须遵从公法上的价值原则，[44]它们也适用解决公法争议的实体与程序规则。最后，除上述第三方类型外，还有一部分承担着高权性色彩更浓的规制任务的第三方（如金融、网络平台等行业）的制止、直接管理义务，[45]其具有的行政规制要素足以使这些私人主体进入公法调整范围，但是若因此将其视作实质上的行政机关予以对待却是值得商榷的。因为一旦第三方转变为行政机关，其“低成本、高效率”的规制方式也将随之消散，这是我们所不愿看到的景象。换言之，第三方虽然被施加以上行政法义务，但这并不改变其私主体的身份，只不过其需要在限定范围内接受公法规范和价值的约束，承担与规制能力相匹配的责任、程序要求等，并控制自身潜在的规制侵略性。面对一种公私相融的规制实施形式，我国法院应秉持更加开放的司法审查思路，接纳当下规制领域公私交织的新常态，更新以往非公即私的传统态度，从而更好提供相关裁决和救济。

五、代结语：国家行政规制改革的进路

繁杂的违法行为使各国行政机关都面临难以有效地达成规制实施目标的问题，而人们通常寄希望于以加重惩罚责任来控制违法行为的发生，但事实上这并不能从本质上改善政府治理的质量。当下，我国面临着机构改革和职能转变的巨大挑战，在精简机构的同时，必然要整合政府的各项管理职能，将传统上属于政府管理的事项和服务职能尽可能社会化，通过法律的调整，分由社会组织或行业协会甚至以企业化模式运作的私人等进行管理。而这其中，无论是“谁获得授权，谁应当分权”，都体现了政府职能的转变。[46] 第三方行政法义务因具有提升政府规制效能、缓和规制冲突、减轻国家行政负担等多重优点，恰好契合国内推进政府职能转变的社会发展需要，并在特别行政法领域已经广为立法者采用，且处于不断扩

---

[44] 对行政委托而言，受托主体虽然行使一定行政职能，但并不发生主体资格变化，产生的相关责任仍归委托主体，不能成为行政诉讼被告。

[45] 如第三方网购平台实际上承担着工商部门的监管职责；网络直播平台也在一定程度上履行着类似网监部门的信息安全管理职能。

[46] See Bayley, D., Shearing, C., “The future of policing, Law and Society Review”, 30, 1996, pp. 585 – 606.

张之中。虽然部分人仍在反思与评估第三方行政法义务在具体适用领域的实效,但总体来看,其作为现代法治国家的规制手段之一,不仅在当前行政法学体系所容许之范围内,而且基于规制治理理论、比例原则、效益原则等基本法律原则的考量,更是可以成为行政法规制实施的优选策略。

面对由科技发展与时代变迁所引起的传统规制失灵现象,在加快建设法治政府的背景下,第三方行政法义务不失为一种合法、合理利用私人主体的优势资源,发现或制止违法行为,更符合"成本—效益"规则的做法,而且其在我国特殊语境下也可以被认为是党和政府落实"群众路线"和"全民共建共享社会治理"目标的体现。诚然,第三方行政法义务这一制度仍处在不断发展与完善之中,如何平衡国家公共行政的实现与公民基本权利保障之关系,并就如何更好地促使第三方发现与制止违法行为,以及为私人主体提供有效的司法救济,[47]还有进一步的研究空间。

---

[47] 目前,已有学者分析了在中国针对私人主体承担行政任务、履行公共职能过程进行规制的司法审查标准。参见李年清:《私人行政司法审查受案标准的美国经验——兼论我国私人行政责任机制的建构》,载《法制与社会发展》2015 年第 3 期。

●论区域性制度失衡的形成机制及现实选择
——以一起土地权属纠纷案件的制度与社会背景分析为例

安子明　齐海滨*

摘　要：在社会经济非平衡发展条件下，中央要求各地均衡适用的制度与后发展地区的实际制度需求之间出现不对应现象，这易于在局部地区形成社会结构性矛盾。为研究该问题，选择榆林地区的土地问题为对象，逐次分析个案的事实变化及其与地区社会发展背景、国家土地制度变迁之间的关系，运用制度变迁理论和法社会学的研究思路探讨问题形成的原因和出路。研究结果显示，继续为地方创造诱致性制度变迁的社会条件，是解决该类问题的有效途径。研究结论是：在现行的法治框架下，可以运用已有的地方立法制度、司法制度为后发展地区供给其发展所需要的新制度；在正式制度形成的过渡期间内，建立公私协调机制处理社会发展中的新问题；并允许和鼓励社会力量就具体问题进行探索和处理，以缓解正式制度形成之前的社会矛盾。

关键词：后发展地区；制度变迁；非平衡发展；制度供给

一、一宗地上的事实变迁及其区域背景

榆林市榆阳区榆阳镇沙河村第二村民小组（以下简称第二小组）与区芹河乡前湾滩村麻界村民小组（以下简称麻界小组）1975 年以前同属于沙河大队，此后，麻界小组划归前湾滩大队（现为前湾滩村）。1999 年 9

---

* 安子明（1975—　），安徽省萧县人，西北政法大学行政法学院副教授、华中科技大学公共管理学博士，主要研究领域为行政法学、公共管理学、法社会学。齐海滨（1953—　），北京市人，华中科技大学教授、博士生导师，主要研究领域为法社会学、法律与发展等。

月，第二小组把现争议土地以450元/亩的价格租赁给榆林青山沙地资源科技开发有限责任公司50年，引起与麻界小组之间的土地权属争议。该争议地（为表述方便起见，下文统称A宗地）位于麻界小组居住地以东2公里处，四至为：东至地盖碑（小地名）中梁（榆阳区城郊林场地界），南至三棵大柳树东西方向，西至麻界梁（小地名）坡底向东约200米处的一棵枯柳树南北一线，北至古长城，共涉及面积1962亩左右，其中有林木、人工牧草，其余为荒沙。1975年以前，该争议地大部分为荒山、荒沙。

（一）一宗地上的事实变迁：交叉使用百年的土地

为清晰地描述案件事实的演变过程，本文把案件证据所显示的案件事实按照时间顺序进行复原，并描述如下：

道光三十年（1850年），刘、白二姓曾经向第二小组村民的先辈购买过A宗地的一部分作为祖坟地，现有当时契约为证。1933年和1938年马、王两家（现第二小组村民的先辈）迁移至第二小组现住址居住。解放前和解放后，第二小组王姓村民管理和使用过A宗地，现还有村民马顺义家旧宅和一棵几百年的老柳树，是其祖先挖井吃水所栽；并有村民王老虎家先辈坟墓。1949年至20世纪60年代第二小组在A宗地上种植过柠条，此后直至20世纪80年代初，该小组一直在该地上种植农作物、放牧，并在庙梁推平过梯田，现在还有其栽种的柳树、子穗槐、沙棘、沙蒿、沙柳等。

1975年麻界小组划归前湾滩大队管辖，分队时，把原沙河小队在原麻界小队范围内的滩地和原麻界小队在原沙河小队范围内耕种的水地进行了调整兑换，但荒山、荒沙（包括A宗地）未调整。1978年原榆林县规划办公室和陕西省林业勘察处绘制的《榆林县芹河公社规划图》较为粗略，A宗地在哪个村民小组的土地范围内反映不明确。1986年，榆林县人民政府修建尤家峁水库，把第二小组所有的、位于沙河村畔的一宗597亩的水地及其下的坡地征收为国有，但没有涉及A宗地。县政府与第二小组签订《榆林县尤家峁水库淹没上沙河村移民搬迁的协议书》，在划拨给第二小组的634亩水地中，其中600亩是对其597亩水旱地的偿还，另外34亩是供其新建田间道路、灌溉设施等使用；为了鼓励其造林种草，发展畜牧业，另划拨给其500亩沙地。但在该协议中，没有关于A宗地的约定。第二小组搬迁至现居住地后，仍然组织村民管理和使用该宗地植树、种草。

1985 年至 1995 年，原麻界小队陆续向西迁移，在此期间，在 A 宗地内轮歇耕种和造林种草，现 A 宗地还有该小组种植 20 多年的杨树、柳树。[①] 1988 年沙河村与前湾滩村为完成政府下达的任务，在没有经过测量和勘界的情况下，在案头签订《土地边界协议》，协议中 A 宗地在第二小组范围内。同年，为了便于土地面积统计汇总，榆林县绘制《土地详查权属界限图》，该图把争议地划归第二小组。

1992 年麻界小组以所有者身份配合林业部门在 A 宗地上飞播，林业局支付工勤人员伙食费，并给予其补助。1998 年以后，麻界小组不再对 A 宗地进行轮歇耕种。

1999 年 9 月，第二村民小组把 A 宗地以 450 元/亩的价格租赁给榆林青山沙地资源科技开发有限责任公司。麻界小组提出异议，并上访。2001 年 3 月 1 日麻界小组与榆阳区林业局签订《明确林地界限协议》，A 宗地在麻界小组范围内。2003 年至 2005 年，因 A 宗地被临时占用，第二小组和麻界小组分别都与榆林网通分公司、榆林市国土资源分局和北京华油天然气有限责任公司签订过用地补偿协议并获得补偿。

2003 年陕西省民政厅、测绘局以 1988 年土地详查资料为底图绘制《榆林市榆阳区行政区划图》，把该宗地划至第二小组土地范围内。2003 年第二小组与榆阳区林业局签订《西沙林区明确林地界限协议》，A 宗地在第二小组土地范围内。

2006 年榆林市政府《土地权属争议处理决定》（榆政决字〔2006〕6 号），把该宗地确定为国有，但没有征地的有效证据。陕西省人民政府《行政复议决定书》（陕政复决字〔2006〕21 号）除认为地界不清外，对榆林市政府的决定作了维持处理。双方从此都开始了大规模的上访和诉讼活动，但问题至今没有得到解决。

（二）事实变迁的区域背景：两个截然不同的发展时代

以纠纷发生的 1999 年为分界点，榆林市前后可以划分为两个时代：此前的缓慢发展，甚至还是与漫漫黄沙作艰苦斗争的时代，属于典型的老区、落后地区；而此后，则走上了快速发展的道路，成为后发展地区，年均 GDP 增长达到了 20% 左右，不仅在陕西省名列前茅，在全国也开始逐步

---

① 轮歇地是指在一定时期内不种作物，但仍进行管理，借以休养地力的耕地。

受到重视。榆林大量的土地权属纠纷正是在这种新旧时代转换中涌现出来的。

A 宗地被两个小组频繁交叉使用的 20 世纪 80 年代和 90 年代，是榆林治沙取得关键性成果的时期。当时全国沙漠化土地年增长 1.39%，而陕西省榆林沙区沙漠化则开始发生逆转，在 1977 ~ 1986 年十年间，有 2088 km^2 的沙漠化土地得到治理，主要在榆阳区北部、神木县、府谷县，逆转率为 1.62%，受到联合国世界环境组织的关注。② 榆林地区经过持续的艰苦努力，荒漠化和沙化整体扩展的趋势于 20 世纪 90 年代末得到初步遏制，沙漠化治理取得了良好的效果，沙区林地面积由 1950 年的 4 万 hm^2 变成 93.7 万 hm^2，其中灌木 80 万 hm^2，占 82%；林草覆盖率由 1.8% 上升到 36.9%，造林面积 11.7hm^2，风沙滩地区营造 666.7hm^2 以上成片固沙林 165 块；同时，因良种杨树和樟子松的成功引种，使受风沙危害的 9.3 万 hm^2 农田基本实现网林化，固定和半固定流沙 40 万 hm^2，治沙造田 10 万 hm^2。③ 实现了由过去"局部好转、整体恶化"到"整体遏制、局部好转"的历史性转变。就在榆林市艰苦治沙的 20 年间，我国土地登记制度在其他地区尤其是先发展地区逐步实施，而该市则一直因治沙需要而无法落实这一制度，A 宗地即在此范围内。

20 世纪 90 年代后期，矿产资源富集的榆林市，因资源开发逐步走上快速发展的道路，土地也随之迅速升值。榆林市已发现 8 大类 48 种矿产，特别是煤、气、油、盐资源富集一地，国内外罕见。煤炭预测储量 2800 亿吨，探明储量 1460 亿吨，其中神府煤田是世界七大煤田之一；天然气预测储量 6 万亿立方米，探明储量 1.18 万亿立方米，是迄今为止我国陆上最大的整装气田；石油预测储量 10 亿吨，探明储量 3 亿吨，是陕甘宁油气田的核心组成部分；岩盐预测储量 6 万亿吨，探明储量 8854 亿吨，约占全国已探明总量的 26%，盐层平均厚度达 120 米以上。从 20 世纪末能源大规模开发以来，榆林地区经济、社会迅速发展。以该市"十一五"期间的发展指标为例，全市生产总值年均增速达 19.5%，远远高于全国平均水平，

---

② 参见肖建明:《榆林毛乌素沙地沙漠化治理现状及对策》，载《防护林科技》2009 年第 3 期。

③ 参见漆喜林、张柱华:《陕西防沙治沙现状及对策》，载《榆林学院学报》2008 年第 4 期。

2011 年榆林一市即占陕西全省生产总值的 22%，人均生产总值居全省第一。民营经济不断壮大，2010 年全市非公有制经济实现增加值和实缴税金分别占到生产总值和财政总收入的 36% 和 30%。④ 在如此迅猛的发展态势下，与 A 宗地相同地段的土地，政府出让金已上升至每亩 500 万元左右。

A 宗地在交叉使用上百年后，终于因榆林地区 20 世纪末开始的迅速发展而出现了权属争议，而此时，我国的土地制度几经调整，已逐渐完备。

二、问题的解决陷入结构性矛盾：国家制度变迁与案件事实发展过程之间的关系

为弄清楚"在一定范围情境内所进行的实践，是以何种方式根植在范围更为广泛的时空之中的""我们必须尽力发现在具体场景中发生的实践和制度化实践之间的关系"。⑤ 在上述社会事实演变的过程中，中国的土地制度发生了巨大的变迁，下面即具体分析该制度变迁对本案事实演变的影响，因为这二者的关系变化在一定程度上反映了榆林作为后发展地区，在国家制度快速变迁的过程中逐渐走向制度性失衡的过程，并最终形成目前社会的结构性紧张状态。

从革命根据地时期开始的土地改革运动，新中国成立后在全国范围声势浩大地展开，其标志性的制度建设是 1950 年 6 月颁布的《土地改革法》。该法第 1 条明确规定"废除地主阶级封建剥削的土地所有制，实行农民的土地所有制"。到 1953 年春，全国除一小部分少数民族地区外，土地改革都已完成，三亿多无地少地的农民无偿地获得了土地。就本案来说，A 宗地当时并没有划归任何农民个体所有，根据该法它的权属性质并没有得到确定。对这类当时没有确定所有权的土地，在榆林地区大量的土地案件中，经常涉及 1951 年 11 月 19 日《西北军政委员会为配合土地改革清理林权作出几项规定的命令》（会厅秘字 2094 号），这一命令在第 5 条有这样的规定："不宜农耕的大荒山和沙漠边缘、河流两岸的大荒山，

④ 参见 2011 年 2 月 20 日《榆林市政府工作报告》。

⑤ ［英］安东尼·吉登斯：《社会的构成：结构化理论大纲》，李康、李猛译，生活·读书·新知三联书店 1998 年版，第 429 页。

面积在 500 市亩以上的,均收归国有。”但至今没有任何档案显示,该宗地曾经被收归国有,而是一直由当时的沙河村使用和管理。因此,根据这一时期的制度规定,即没有证明该宗地属于国有的证据,也没有属于农民个人所有的证据。

1951 年 12 月中共中央《关于农业生产互助合作的决议(草案)》要求“按照积极发展、稳步前进的方针和自愿互助的原则,以发展互助组为主组织农民”,互助组是在农民生产资料私有的基础上组织起来的,农民以劳动力入股,仍然保持土地和其他生产资料的所有权。1953 年中共中央作出《关于发展农业生产合作社的决议》,在互助组经过初级社向高级社发展的过程中,土地、耕畜、农具等折价归集体所有,完成了包括土地在内的生产资料所有制性质的转变。但就 A 宗地来说,因为在土改时没有任何人获得过《土地所有权证》,至少在法律形式上看,不存在“土地入股”的问题,它的所有权性质依然不明确。

人民公社时期对土地权属的处理制度是 1962 年的《农村人民公社工作条例(修正草案)》,第 17 条明确“全大队范围内的土地,都归生产大队所有,固定给生产队使用”。这一条文的适用前提,是要明确“全大队范围内的土地”到底从何而来。从制度变迁的延续上看,它应该是前一制度阶段农民个人所有的土地通过入股、入社等方式转化而来的集体土地。但就本案中的 A 宗地而言,已如上述,在前一阶段既无法确定为国有,也无法确定为农民个人所有。因此,在法律适用上无法满足第 17 条的适用前提。而当时 A 宗地的土地状况,主要是荒山、荒沙,在以农耕为主的时期,并没有多少实际价值。所以在“四固定”时,也就没有任何村组提出要求,因此权属没有被固定下来,而是由沙河小队(现第二小组)在实际上使用。而在此后治沙的过程中,该宗地又被各村组交叉使用。

改革开放以来,在土地制度上的变化体现在 1986 年 6 月通过《土地管理法》实施严格的登记和权属证书制度,明确“集体所有的土地,由县级人民政府登记造册,核发证书,确认所有权。”“全民所有制单位、集体所有制单位和个人依法使用的国有土地,由县级以上地方人民政府登记造册,核发证书,确认使用权。”“依法改变土地的所有权或者使用权的,必须办理土地权属变更登记手续,更换证书。”该法要求实施严格的登记和权属证书制度,并配之以严格的土地调查制度,即“国家建立土地调查统计制度。县级以上人民政府土地管理部门会同有关部门进行土地调查统计”。为落实这些管理措施，当时的国家土地管理局于1987年制定了一系列的规章性文件，[6]标志着我国开始实行全面的土地调查、登记、颁证制度。这种土地制度变化的“显著特点是强调中国政府要执行世界上‘最严格’的土地政策，以保护中国日益紧缺的土地资源。控制乱占和滥用土地”。[7]该案中1988年沙河村与前湾滩村签订的《土地边界协议》和榆林县政府绘制的《土地详查权属界限图》即是在此背景下完成的，但至今没有完成对争议宗地的登记、确权和发证工作。从土地权属证据的法律要件上看，该宗地依然属于权属待定状态。

由于土地调查、登记和发证工作过于复杂，国家土地管理局分别于1989年和1995年制定了《关于确定土地权属问题的若干意见》《确定土地所有权和使用权的若干规定》，以统一土地登记、确权和发证的工作标准，但在实践中这些标准的实施引发了大量的纠纷；为处理这些纠纷，国家土地管理局又于1995年制定了《土地权属争议处理暂行办法》，2003年修改为《土地权属争议调查处理办法》；但这一时期，由于我国各地的土地价值迅速攀升，土地权属争议制度远不能化解实践中发生的纠纷，大量的信访、上访在争议处理后涌现，为应对这一问题，国家又于1989年出台了《土地管理信访暂行办法》、1997年《土地信访规定》、2002年《土地资源信访规定》等。在这一土地权属衍生制度迅速形成时期，该案中的两个村组发生了重大变化，即因建设水库，它们从原来同属于一个村而分属两个村，并且都从原居住地发生了迁移；而该宗土地则处于两个小组交叉使用的状态，这最终导致1999年因第二小组把该宗地“租赁”给青山科技公司，双方发生权属纠纷，并依据本段的制度规定要求政府处理争议，而后走上上访之路。

那么，根据我国当时的制度规定，到底判断该宗地权属的标准是什么呢？答案在国家土地管理局1995年颁布的《确定土地所有权和使用权的

---

⑥ 如《关于报请土地利用现状调查进度及计划的通知》《全国土地登记规则》《土地利用现状调查技术规范》《城镇村庄地籍调查规程》《关于开展土地登记发证试点工作的通知》等。

⑦ 党国英：《当前中国农村土地制度改革的现状与问题》，载《华中师范大学学报》(人文社会科学版)2005年第4期。

若干规定》(以下简称《规定》)中。依据该《规定》的逻辑和标准,在20世纪50年代土改时凡"没有将土地所有权分配给农民的土地属于国家所有","给农民并颁发了土地所有证的土地,属于农民集体所有";60年代"未划入农民集体范围内的土地属于国家所有""确定为集体所有的土地,属农民集体所有"。而在这两个时期,该宗地没有农民被颁发过土地所有证,也没有村组被确定过集体土地所有权,只是一直由村民或村组实际使用。因此,从该《规定》的所设定的标准来看,该宗地属于国家所有。而对于农民集体使用的国有土地,该《规定》设置了三种判断标准:一是"其使用权按县级以上人民政府主管部门审批、划拨文件确定";二是"没有审批、划拨文件的,依照当时规定补办手续后,按使用现状确定";三是"过去未明确划定使用界线的,由县级以上人民政府参照土地实际使用情况确定"。显然,后两个标准适用于该宗地的情形。对该宗地的权属性质可以作出如下的结论:(1)土地所有权性质是国家所有;(2)土地使用权则属于农民集体;(3)到底使用权属于哪个村集体或村民小组,由县级以上人民政府参照土地实际使用情况确定,并补办土地审批手续。

接下来的问题是,在纠纷发生后长达20年的时间中,政府为什么没有按照这三个结论最终把该宗地的权属确定下来呢?而2006年榆林市政府和陕西省人民政府的《土地权属争议处理决定》和《行政复议决定书》为什么也只使用了第一个结论,而没有根据后面两个结论完成土地登记和确权工作呢?

这与在榆林地区推行的另一国家制度——治沙制度有极大关系。在20世纪80年代和90年代,国家实施严格的土地登记、确权、颁证制度时,榆林地区正处于治沙的攻艰期。治沙重大成就的取得,是政府强力干预的结果,即把治沙任务具体到村、组甚至农户,"以群众投工投劳为主、国家扶持为辅""地方各级人民政府除组织群众投工投劳外,还应按规划的要求,每年投入一定数量的资金"⑧。因为治沙工作的反复性(草、树往往多次种植依然难以成活),政府为最大限度地集中力量治沙,经常在同一沙地上指派不同的治沙主体来完成任务,对于政府来说,把土地确定给哪个固定主体,反而难以指定其他主体在该地上治沙。这样,大量的沙地成

⑧ 参见1991年国务院办公厅《关于治沙工作若干政策措施的意见》。

为捆绑在当地居民身上的沉重负担，把土地登记、确定给谁，谁就成为该地治沙的任务承担者。因此，进行土地确权、登记的阻力比较大，以至于该地区至今都没有完成土地登记、确权和发证工作。这是榆林治沙区的普遍现象。后来，榆林的这一治沙经验在2002年的《防沙治沙法》中进一步得到全面强化，即“使用土地的单位和个人，有防止该土地沙化的义务”“使用已经沙化的土地的单位和个人，有治理该沙化土地的义务”“使用已经沙化的国有土地的使用权人和农民集体所有土地的承包经营权人，必须采取治理措施，改善土地质量”。正是因为这些原因，两个小组都使用和管理过A宗地，并且政府一直没有完成登记、确权和颁证工作。

结果，政府在如何处理A宗地的权属问题上，陷入是选择不折不扣地适用国家制度，还是选择放弃国家制度而优先考虑当地发展的两难境地。为完成治沙任务，政府把A宗地作为村组集体土地对待有利于确定治沙主体，所以，无论是政府自己直接使用A宗地还是进行土地统计、绘图、行政规划，都作了这样的选择（具体见上文事实描述部分），但这些又不是法律上确定土地权属的“政府或有关部门的批准文件或其他可以证明权属来源的材料”。政府如此摇摆于制度与现实发展需要之间的选择，一旦当双方村组都要求明确的土地权属时，政府如果根据这些材料（1988年榆林县绘制的《土地详查权属界限图》、2001年和2003年榆阳区林业局与两个小组签订的《明确林地界限协议》、2003年陕西省民政厅、测绘局的《榆林市榆阳区行政区划图》等）确定权属，便处于于法无据的境地。根据前文的土地交叉使用的事实，给哪个小组提供新的批准文件，又都会激化另一个小组的不满。结果，政府最后选择了两方都不给，又进一步把自己置于不顾案件事实，并且选择性适用国家制度的境地。如此做的后果，自然是把本来双方主体之间的纠纷，激化为三方主体之间的纠纷，政府自己终于也成了被告。

由于找不到适当的处理办法，在应对土地这种发展所必需的基础性资源问题上，榆林地区陷入政府进退维谷、各方村民相互不满并转化为对政府的不满、土地无法正常使用而制约地方发展的结构性矛盾之中。如此左右不是，那么问题的症结到底出在哪里呢？这种现象在我国后发展地区的出现不是偶然的，它实际上是各地区非平衡发展与国家制度均衡供给之间形成的矛盾在特定地区的表现。也就是说，在国家制度均衡供给的条件下,后发展地区出现了制度失衡,为解决这类地区遇到的同类问题,需要我们在制度供给机制上作出新的探索。

三、走出制度陷阱[⑨]:中国语境下的制度变迁模式解释

上述国家制度变迁与社会事实演变之间的脱节现象,是国家制度供给与社会内在制度需求之间的紧张关系造成的。我国土地权属制度的变迁,是通过国家设计强制性推进的,即通过政府法令的贯彻执行而引致的制度性变迁,在制度经济学上属于强制性制度变迁。仅从制度变迁的形式无法看到"社会中通过渐进式反馈和调整而演化形成的内在制度"[⑩]的发展过程,甚至把社会本身的发展需求掩盖了。而社会内在制度的形成往往是人们"在原有制度安排下无法得到获利机会而引发的",体现为一种诱致性的制度变迁过程。"诱致性制度变迁指的是一群(个)人在响应由制度不均衡引致的获利机会时所进行的自发性变迁;强制性制度变迁指的是由政府法令引起的变迁。"制度变迁是一种效益更高的制度("目标模式")对另一种制度("起点模式")的替代过程,[⑪]其发生的原因在于制度稳定性、环境变动性和不确定性及人对利益极大化的追求三者之间持久的冲突。[⑫] 两种制度变迁方式的"二元并存"可以解释中国"自上而下"和"自下而上"的改革历程中的各种制度变迁现象。[⑬]

(一)通过设计供给制度:改革开放前的强制性制度变迁与平衡发展

中国土地制度的核心是土地产权制度,该产权具有公共产品的属性,它的建立或改变必须有国家的参与。国家作为一个具有强制力和垄断性质的机构,处于确立和保护产权的优势地位,由它确立的制度安排首先体

---

⑨ 钱穆先生在其《中国历代政治得失》一书中,精细地勾画出著名的"钱穆制度陷阱"发生的历史过程,即一个制度在实施中出现问题,再制定一个制度来防止和克服它;如此相沿日久,制度不断积累而日趋繁密化,致使制度前后矛盾而漏洞百出,结果其实施实效逐渐减弱,反而制造出更多的社会问题。

⑩ [德]柯武刚、史漫飞:《制度经济学:社会秩序与公共政策》,韩朝华译,商务印书馆2004年版,第36页。

⑪ 参见卢现祥:《西方新制度经济学》,中国发展出版社1996年版,第71页。

⑫ 参见卢现祥主编:《新制度经济学》,武汉大学出版社2004年版,第162页。

⑬ 参见林毅夫:《关于制度变迁的经济学理论:诱致性变迁与强制性变迁》,载[美]R.科斯、A.阿尔钦、D.诺斯等:《财产权利与制度变迁——产权学派与新制度学派译文集》,刘守英等译,上海人民出版社、上海三联书店1994年版,第384页。

现为国家意志。因此,我国土地制度变迁的历史在很大程度上是国家设计的结果。[14] 从1949年到1978年,由于我国社会整体上具有“革命性”的特点,土地制度这种国家设计的实现过程表现为从私有制向公有制的急速转化,是力度最为剧烈的强制性制度变迁过程。

在新中国成立初期,国家利用强大的专政力量采用强制性激进式的土地制度变迁方式,通过土地革命,有力地将统治中国几千年的封建地主土地所有制转变为农民土地所有制,以“暴风骤雨”式的变迁迅速地安排新制度。[15] 此后的公社化,在几经反复后于1962年《农村人民公社工作条例修正草案》出台后基本定型,农民土地所有制彻底转变为集体所有制和国家所有制。1949年至1978年,“以国家力量推动的土地改革、土地归公,使国家拥有了土地的终极所有权,而且通过各级‘代理者’直接支配和控制土地,以此建构自己的强大权威”,[16]其结果是制度变迁中社会主体的“偏好变化和为谋取自身利益最大化而重新博弈”[17]的过程几乎被完全抑制了,制度推行和实施形成了空前的“全国普遍性”和“制度均衡性”状态。本来制度均衡是指制度供给满足制度需要的均衡点,在制度供需均衡时,制度供给者没有供给的愿望,制度需求者也没有需求的冲动,现存的制度结构就处于一种均衡状态。[18] 但当时的制度均衡,是国家利用强制力抑制各种制度需求而自己又放弃制度供给、故步自封来实现的,这种强力推行下的制度均衡,也造成社会发展的高度均质化,社会活力被压制,形成普遍的贫困化状态。

就制度的推行和实施来看,地处塞北沙漠边缘的榆林地区与沟河纵横的江南并无二致,这种表面的高度“普遍性”掩盖了制度在不同地区和不同条件下的适应性问题,也掩盖了不同地区之间的条件差别。最终在沙漠边缘是更加严重的沙漠化,在鱼米之乡的江南是生产效率的极端低

---

[14] 参见高海燕:《20世纪中国土地制度百年变迁的历史考察》,载《浙江大学学报》(人文社会科学版)2007年第5期。

[15] 参见刘高栋、程久苗:《1949年以来中国农村土地制度变迁的理论与实践》,载《中国农村观察》2007年第2期。

[16] 徐勇:《现代国家建构与土地制度变迁》,载《河北学刊》2007年第2期。

[17] 盛洪:《现代制度经济学》(上),北京大学出版社2003年版,第226页。

[18] 参见刘文革、刘婷婷:《以诺斯为代表的制度变迁理论评析》,载《学术交流》2007年第3期。

下。在这种条件下,生活规则被国家制度和政策严重压制了,或者说生活规则必须服从于国家规则。这对我国社会生活影响十分深远,例如在本文的案件事实演变中,基于制度的路径依赖性和政府的强力干预,甚至在1999年之前,尽管各方对同一宗地交叉混合使用,但也没有哪一方根据实际的生活需要主张过对该宗地的权利。在国家权力的强力干预下,生活规则几乎失去了存在的空间,而全面让位于国家规则,甚至国家规则可以统一到没有争议的程度,即使有也被以“人民内部矛盾”的方式通过政府简单地解决了。

上述制度演变形成特殊时期的制度均衡状态,土地的社会流通空间被完全压缩了。但由于中国当时用来指导农村土地制度变迁与土地政策调整的理论积累,来自苏联农村土地制度模式的实践经验和马克思关于制度变迁及所有制的理论,而未能充分考虑中国的历史国情、地理国情、生产力水平。⑲ 因此,“在制度变迁中处于核心地位的国家,其统治者由于认识本身的偏差,利用拥有合法地垄断并使用暴力的权利,推行其所认为的符合其利益的规则,最终导致效率低下的所有权盛行”⑳,这在土地制度的运作中具体表现为土地使用率低下,甚至一度无法维持国民基本的温饱。在此情况下,以当时榆林地区面临的恶劣自然环境,土地上的人们能求一饱已十分艰难,对土地权属特别是沙地权属上的要求还是远为奢侈的。

(二)制度落差的形成:改革开放以来的非平衡发展模式与国家制度供给

改革开放初期,鉴于当时的历史条件,均衡全面地实现社会发展的可行性不大,所以我国在20世纪80年代采取了“让一部分人先富起来”“让一部分地区先富起来”的非均衡发展战略。这一战略与法国经济学家佩鲁提出的增长极㉑理论较为吻合,该理论认为,区域中的经济增长是一种

⑲ 参见刘高栋、程久苗:《1949年以来中国农村土地制度变迁的理论与实践》,载《中国农村观察》2007年第2期。

⑳ [美]道格拉斯·C.诺斯:《制度、制度变迁与经济绩效》,刘守英译,上海三联书店1994年版,第111页。

㉑ 如果一个集团在其所处环境中引起不对称的增长和(或)不对称的发展现象,而且这些增长与发展现象至少在一个时期中是相反的而不是同步的,那么,我们就可以将这个集团称为一个增长的极或发展的极。([法]弗朗索瓦·佩鲁:《新发展观》,华夏出版社1987年版,第184~185页)具体是指在经济增长中,由于某些主导部门,或有创新能力的企业、行业在某一些地方或大城市聚集,形成资本与技术高度集中,具有规模经济效益,自身增长迅速并能对邻近地区产生强大辐射作用的现象。

非均衡增长,它首先体现为区域内若干个“极”的增长,再通过这些“极”带动区域其他部分的经济增长。这一理论于20世纪80年代引入中国,“很快被理论界接受,用来指导中国区域开发的实践”㉒。根据这一发展理论所形成的非均衡的地区发展政策,加上改革初始地区的经济社会基础条件不同,导致了我国制度变迁过程存在地区非均衡性。制度变迁的先后快慢影响到各地的经济绩效,地区差距随之变动。㉓

这种理论的适用前提即承认地区间发展条件的差异,让基础条件较好的地区先发展起来,在实践中势必打破制度和制度执行上的绝对均衡。与此同时,由于国家任务开始以经济发展为重心,政府职能也随之逐渐剥离原来浓重的专政色彩,这就使过去被压制的各种社会内在矛盾获得显现的空间。实际上,这也是生活规则逐次获得生成和发展空间的过程。如果任由生活规则充分发展,这些矛盾或许可能获得自发解决的条件。例如,在本文的前述个案中,双方因交叉使用同一宗土地所形成的不可避免的矛盾,在沙化治理和改革的过程中,被政府规避国家正式制度的适用而以模糊产权、不规则的土地统计再掺杂以政府任务等方式掩盖了,以此来促使农民完成急迫的沙漠治理任务;而在争议发生后,几家公司则以分别与争议双方签订土地使用和补偿协议的方式,实现了对该争议土地的正常使用,等等,即体现了社会通过自身的力量,逐渐向问题解决的方向发展这一趋势。㉔

但随着国家改革进程逐渐深入,各种制度终于经过长期的“转型”逐渐上升为国家法律,整个国家的改革走上了“法治化”的道路,在制度供给上又开始追求均衡而忽视地区发展差异。例如2011年5月6日国土资源部、财政部和农业部联合发布的《关于加快推进农村集体土地确权登记发证工作的通知》,要求“力争到2012年年底把全国范围内的农村集体土地所有权证确认到每个具有所有权的集体经济组织,做到农村集体土地确

㉒ 安虎森:《增长极理论评述》,载《南开经济研究》1997年第1期。

㉓ 参见康铁军、邓小娟:《我国制度变迁的地区非均衡性与地区差距变动》,载《毛泽东邓小平理论研究》2007年第7期。

㉔ 如果以这样的趋势发展下去,或许可能会出现“土地入股”“合作开发”“搁置产权共同使用”“公私共管”等新的解决方案。我们在对榆林土地权属案件调研的过程中,甚至看到对争议土地这样的处理规则:在政府主持、中间人见证的条件下,无论双方证据力的强弱,按照土地面积双方各得一半,约定不再纷争并把约定予以公证。

权登记发证全覆盖”，并于随后出台《关于农村集体土地确权登记发证的若干意见》。这种限定极短时间并要求“全覆盖”的规定，是典型地不顾不同地区实际情况，单纯追求表面制度均衡的做法。国家制度形成后，从法治统一性上看，一般是要在一国之内普遍适用的。但在非平衡发展战略指导的改革中，各地区发展是不平衡的，这就易于形成制度的普遍适用性与地区差异性之间的矛盾。在本文这个发生于后发展地区的个案中，争议于1999年出现，经过各级政府和法院反复多次处理或判决，依然无法得到有效化解，即典型地反映了这种矛盾。根本原因，在于目前国家层面的制度或规则在制定时没有充分顾及这类地区的特殊情形，以至于实践中政府和法院无论在法律适用上如何努力，也无法得出有效化解该类矛盾的方案，而勉强形成的各种方案又很容易被处于不利地位的一方当事人寻找到“漏洞”，致使纠纷一直存在，难以得到有效化解。

从制度供给的角度看，自20世纪80年代以来，我国立法进程空前加快，立法数量急速增加，[25]相对于法律执行性和适应性，在立法繁荣的背后又出现了某种程度的“制度供给过剩”现象。此中原因十分复杂，主要还在于我国改革开放以来由于区域发展不平衡，在先发展地区能够适用的制度，而在后发展地区则可能就相对“过剩”了；而适应后发展地区的法律，在先发展地区则可能又滞后了。“法律的生命力在于实施”，[26]为迅速解决发展的“无法可依”问题，过快的立法速度也在一定程度上影响了法律的实施，成为制度过剩的原因。为此，甚至有学者认为，“从法治的视角看，这是一个法治进程突飞猛进的‘赶超型时代’，也是一个法治成就颇令人陶醉的充满‘光荣与梦想’的时代”，但也同时带有“盲目追求数量和规模的‘立法大跃进’的倾向”。[27] 再者，这也与我国深厚的制定法传统有一

---

[25] 从1983年第六届人大到2012年第十一届人大，三十年间计审议法律和有关法律问题的决定共计602个，通过法律和有关法律问题的决定577个（根据历届人大常委会工作报告统计）。全国人大及其常委会平均每年立法19.23个，每月达到1.6个。“截至2011年8月底已制定行政法规706部、地方性法规8600多部”（参见《中国特色社会主义法律体系》白皮书，中华人民共和国国务院新闻办公室2011年10月发布），每省仅地方法规平均即超过280部（不包括台湾地区、香港和澳门）。

[26] 2013年3月8日《全国人大常委会工作报告》。

[27] 刘武俊：《雕刻法律——法治建设需要“雕刻法律”的心态、技艺和精神》，载《人民法院报》2012年8月24日，第7版。

定关系。当然，制定法具有体系完整、逻辑严密、结构科学等优点，但也有其局限性，比如，一般规则对个别案件之局限，有限规则对无限客体之局限，模糊规则对确定事项之局限，稳定规则对发展事物之局限，刻板规则对丰富内涵之局限等。[28] 制定法的这些局限在复杂的社会生活中又往往呈现僵化、保守的特点，有时甚至可能因未能及时修改或废除而阻碍社会的进步。[29] 还有其他的一些因素，比如立法技术、法律移植、意见征求范围与吸收程度等，都可能在一定程度上影响到法律的适用性，进而成为制度过剩的原因。本文中的案件处理即面临这类法律适用问题，土地立法虽多，但查遍所有土地类法律文件，也无法找到合适的依据。这种问题如果只是个别现象，倒也不足为奇，因为毕竟立法时不能把所有的问题都预测到，但它现在以地区性的方式表现出来，问题就不再这么简单，它说明我们现在的法治模式在制度供给方式上出现了问题。

（三）从社会中发现制度：诱致性制度变迁与后发展地区的制度需求

其实，与中国改革开放相伴的还有另外一种制度变迁模式，即诱致性制度变迁，甚至改革开放本身就缘起于小岗村村民们因生存的需要，而冒险突破当时的制度框架，为后来中国土地制度的调整提供了样本。“在历史进程中，无效的制度会被扬弃，有效的制度会存活下来”，[30]“不能满足人类欲望的安排将被抛弃和终止”。[31] 诱致性制度变迁就是人们在响应由制度不均衡引致的获利机会时所进行的自发性变迁，是内在制度形成的一种方式，产生“群体内随经验而演化的规则”。[32] 内在制度的变迁是因为人们从旧的规则中“看不到机会，那时，寻求变通的压力才会诱发内在制度中的调整”，尽管违反旧规则会产生“受惩处的风险”，但人们会因破坏和抛弃旧规则而获利；“如果他们做对了，其他人迟早也会看到这种好处，并模仿这种新行为。如果有足够多的人争相仿效这一行为，就会在共同体内形成一个临界多数，从而逐渐地——新的内在制度

---

[28] 参见董皞：《司法解释论》，中国政法大学出版社 1999 年版，第 89 页。

[29] 参见刘作翔、徐景和：《案例指导制度的理论基础》，载《法学研究》2006 年第 3 期。

[30] ［美］道格拉斯·C. 诺斯：《制度、制度变迁与经济绩效》，刘守英译，上海三联书店 1994 年版，第 124 页。

[31] ［德］柯武刚、史漫飞：《制度经济学：社会秩序与公共政策》，韩朝华译，商务印书馆 2004 年版，第 36 页。

[32] 同前注[31]，第 119 页。

演化出来”。[33]

改革开放以来的这种制度演进模式,使社会从原来严厉的国家规则压制中逐次获得活力,不同的社会主体因此获得了在自己所处条件下自主寻求利益最大化的空间。从本文的案件事实中也可以看到这种现象,第二小组对自己断断续续使用过的土地进行“租赁”处理,获取“租金”的做法,即是代表性的“利益”驱动下的制度突破行为。这种行为在中国当时土地制度模式下不是孤立的,在其他地区也有形式多样的制度探索,很多已被国家列为试点地区,已有上升为国家制度的趋势。[34] 就全国类似的现象来说,是法律的模糊空间或者说“一向灵活的政策”空间给这类现象的发生留下了余地,这个余地即可能是新制度生成的空间。从制度变迁的角度看,这是与土地利益相关的主体对新制度需求的结果。对于微观经济行动者来说,只要制度变迁所带来的个体净收益大于零,或者说这种变迁能够给他们带来更大的获利机会,就会诱发出他们对制度变迁的需求,甚至主动地从事各种制度变迁的试验,或者鼓动地方政府从事制度变迁。[35] 其实,榆林地区近年大量土地权属案件的出现,并不是村民自己对这些原本被他们视为负担的沙地有了开发和治理的需求,而是通过获得土地的所有权而取得处分土地的权利,再利用制度所允许或者其他地方村民处分土地的方式,从其他社会主体那里获得利益。从制度经济学上看,这是一种典型的利用制度获取利益最大化的行为选择方式。

新利益的出现,改变为了人们在原有社会结构中的选择空间,促使人

---

[33] 同前注㉛,第474页。

[34] 近些年,我国在土地使用制度方面,各地涌现出形式多样的制度化探索,主要包括:(1)2003年北京昌平区成立“股份经济合作社”;(2)2006年湖南省浏阳市金田村的“股田制”;(3)2006年珠海市在横琴岛开始的“土地债券”试点;(4)2008年成都为解决统筹发展问题,率先挂牌成立了综合性的农村产权交易所,并在此基础上探索出“土地量化入股制”“代耕制”“两股一改”“土地股份合作社”“农民股份合作社”等新的土地利用和流转制度;(5)2008年3月河北省鹿泉市成立“联民土地托管专业合作社”;(6)2008年嘉兴市试点“两分两换”制度;(7)2010年江苏省26家蚕业专业合作社和16家龙头加工企业建立“江苏民星蚕业专业合作社联合社”,随后山东省滕州市成立了“益农蔬菜产销专业合作社”等;(8)宁夏在平罗县实验“土地银行”即“土地信用合作社”;等等。至2012年,我国已有20多个省(区、市)开展了农村集体经济组织产权制度改革试点工作,有2.32万个村实施了产权制度改革。

[35] 参见沈荣华、王扩建:《制度变迁中的地方核心行动者的行动空间拓展与行为异化》,载《南京师范大学》(社会科学版)2011年第1期。

们重新调整自己的行为选择，也为制度变迁提供了内生动力。在诱致性制度变迁中，制度的变迁一般以正式规则（国家规则）在生活中被变通而以制度异化的方式表现出来的。这主要是由于客观情势的变化，遵循现行制度会导致人们的收益下降甚至损失，促使一部分人产生了新的制度需求，进而引发制度系统内部发生变异。“在新旧制度交替的过程中，必然发生制度变异，新旧制度不可能一蹴而就。基层甚至民间的制度需求将是诱发制度变异的重要条件。”㊱我国改革开放以来，计划经济逐步向市场经济转变，社会结构随之发生变化，原有的制度（如人民公社、计划分配等）无法满足人们的需求，新产生的利益关系与社会关系在不断生成中逐渐形成潜在的新秩序，并成为制度变革的社会基础。“在中国农村30多年的改革历程中，重大的制度变革都是先由农民冲破原有制度束缚，通过勇敢探索与实践，闯出一条新路，形成一定声势，或演变成一股潮流，最后得到政府认同与支持，实现新制度对旧制度的替代。农民是农村改革制度创新的基本推动力量，诱致性制度变迁是其基本方式。”㊲

无论是强制性的制度变迁，还是诱致性的制度变迁，它们的成功皆依赖于它们是否与特定时空中具有力量优势的社会群体对制度安排的需求相一致。在没有足够的需求和足够的支持的情况下，再“好”的产品或方案也会受到冷落而缺乏实际的可行性。㊳ 从榆林地区大量土地案件反映出来的问题来看，如何有效地发现“有力量优势的社会群体”对制度安排的真实需求，并逐次转化为具体的制度安排，以针对性地解决后发展地区所面临的大量社会问题，弥补本地区的制度“真空”，促进本地区良性发展，并为国家制度的创设提供实践样本，是需要进一步探讨的问题。

四、填补制度落差：后发展地区实现制度均衡的制度空间和路径

榆林目前在土地权属处理上所遇到的问题，实际上是国家土地权属管理制度不能满足本地区现实生活中的制度需求所致，以至于现在到了

㊱ 杨生银、薛继亮：《从制度异化到制度替代：中国改革开放以来的制度变迁》，载《商业时代》2011年第5期。

㊲ 戴思锐：《我国农村改革的制度变迁主体及其特征》，载《改革》2008年第10期。

㊳ 参见盛洪：《中国的过渡经济学》，格致出版社、上海三联书店、上海人民出版社2006年版，第88页。

几乎无法解决的地步。在国家整体发展的前提下,这个问题转化为"如何在非平衡发展的条件下,弥补后发展地区落下的制度落差,促进其发展并保证法治的统一"问题,或者"如何在现行法治框架下寻找有效的制度供给途径,以实现后发展地区的制度均衡"问题。"人们过去作出的选择决定了他们现在可能的选择",[39]根据制度变迁的路径依赖这一理论,后发展地区人们的行为选择不可能完全照搬先发展地区的选择,而只能在自己本地区发展的基础上作出选择。"一切法律均缘起于行为方式""法律必须适合社会文化和被普遍接受的法律模式",[40]这反映在后发展地区的制度供给上,则要求一方面新的制度是在该地区原有的行为选择基础上产生的,另一方面,又要能够满足因发展所形成的新需求。实际上,在国家这个更大的场域内考察此问题,还要求制度供给不能与国家法治统一相冲突。目前,能够满足如上三个条件的制度供给途径,在我国主要有如下几种方式。

(一)地方的三种途径:通过自主权激励制度创新

在土地制度方面,自20世纪90年代以来,理论界在跟踪研究实践的同时,开始探索未来制度变迁的方向,着手进行农村土地制度变迁方面的理论储备,推动了土地政策的法制化进程。但在理论研究积累不足的情况下,过快的法制化,反而使政策固化,阻碍制度的变迁。[41] 就国家土地权属管理制度而言,中东部地区的适用条件较好。但西部地区很多地方还没有脱离传统的农业生产方式,有的地方甚至还没有摆脱恶劣自然环境的威胁,再加上土地贫瘠、地域广阔、治理成本较高和传统观念等原因,民众对土地登记、确权、颁证的需求不大,甚至在特定情况下形成抵触(如本案的20世纪80年代和90年代治沙攻坚阶段,治沙成为压倒性的任务,把土地确定给谁都意味着艰巨的任务和沉重的负担)。

改革开放以来,解决这类先发展和后发展之间不平衡问题的有效方

---

[39] [美]道格拉斯·C.诺斯:《经济史中的结构与变迁》,陈郁等译,上海三联书店、上海人民出版社1994年版,第2页。

[40] [德]弗里德尼·卡尔·冯·萨维尼:《论立法与法学的当代使命》,许章润译,中国法制出版社2011年版,第11页。

[41] 参见刘高栋、程久苗:《1949年以来中国农村土地制度变迁的理论与实践》,载《中国农村观察》2007年第2期。

法之一,便是给地方更大的自主权,由其先行先试,根据本地区的实际需要进行制度性探索。如果把先行先试看作对改革中试验、突破和创新行为的一种形象概括,那么先行先试其实自中国改革伊始便已出现,并注定会贯穿于中国改革的全过程。㊷ 要由地方在制度供给上先行先试,在逻辑上地方就必须拥有足够的自主权,而在中央集权的模式下,就表现为中央向地方分权的过程,所以"没有分权,就没有改革的成功"。㊸ 改革开放以来,很多重大措施都是以"试验"或"试点"的名义向地方让渡了中央的部分职权,使地方在完善市场经济的探索中拥有更大的自主权。㊹

允许地方自治或在治理上有一定的自主权,实际上具有一种激励制度创新的功能和制度竞争的功能。㊺ 由地方进行制度性创新,具有如下明显的功能性优势:第一,地方政府(广义上的政府)和社区、农民之间具有较强的利益相关性,这使新制度的效益具有激励兼容的可能,地方政府可以及时发现社区、农民对制度创新的需求,并提供相应的制度供给。㊻ 此时,地方政府选择的政策规则有助于新制度体系的发育,解决新旧制度安排之间的冲突。第二,地方政府的制度创新能够更直接地优化本地区的资源配置。地方政府对本地特定的制度环境的认识更全面、更敏锐,与中央政府相比更了解制度资源的状况和当地人民的实际需求,也直接面临本地区人民要求实现其潜在利益的压力。因此,地方政府进行制度创新更易于从形式到内容与本地区实际情况相结合,并基于政绩的考虑实现资源的优化配置。第三,节约制度创新成本。地方政府作为本区域内的权威主体,可以利用自身力量主动地追求本地经济利益的最大化,相对于其他主体有更强的组织集体行动和制度创新能力,从而节约了制度创新成本。㊼

㊷ 参见王诚:《改革中的先行先试权研究》,法律出版社2009年版,第13页。

㊸ 王绍光:《分权的底限》,中国计划出版社1997年版,第19页。

㊹ 参见沈翀、皮曙初:《国家"试验新区"之争》,载《瞭望新闻周刊》2007年第13期。

㊺ 参见苏力:《当代中国的中央与地方分权》,载《中国社会科学》2004年第2期。

㊻ 参见黄永炎、陈成才:《地方政府制度创新行为探析》,载《地方政府管理》2001年第7期。

㊼ 参见陈天宝、许惠渊、庞守林:《地方政府在农村土地制度变革中的行为分析》,载《经济体制改革》2005年第1期。

而在我国现行的权力结构框架下，解决类似榆林这样的土地制度供给问题，在途径上有如下几种方式可供选择：(1)中央针对榆林地区或者西部地区进行特别立法，这看似国家制度供给方式，实际上是对地方授权；(2)根据《立法法》的立法体系，由陕西省针对榆林地区进行立法，但这种方式的权限并不是很大；(3)在政策空间中，可由榆林地区自己先行先试，但目前，先行先试权在国家文件中还仅适用于"经济特区、综合配套改革试验区和其他国家确定的改革试点地区"，需要中央的特别授权和确认，即把榆林地区确认为上述其中一种类型。

(二)司法权的制度供给途径：在指导案例基础上再改革

经过多年的研究和讨论，最高人民法院于2010年11月26日出台了《关于案例指导工作的规定》，标志着我国案例指导制度的确立。该制度出台后，尽管最高人民法院一再强调指导案例"从其性质上看是解释法律的一种形式，更准确地说，是解释宪法性法律以外的国家法律的一种形式"，同时又把其定位为"具有明确、具体和弥补法律条文原则、模糊乃至疏漏方面的作用"，[48]但就其出台的背景而言，它是"在中国当代社会转型的大背景下，因为制度变迁与法律规范之间存在着紧张关系"而出台的，而"这种紧张关系反映了法律(包括宪法)应对社会发展的需要与文本规定的稳定性之间的矛盾"。因此该制度的出台，实际上是为更有效地解决"社会转型的大背景"下制度供给不足问题的。所以，它很快就被解读为"案例指导制度与'法官造法'并无二致，更准确地说，是法院造法"，[49]在实际上建立了中国的判例制度。

如果结合近年——以实现实质正义为目标、以司法权的社会化功能为重心、以法治精神为依托的——"能动司法"观念在实践中的推行，案例指导制度又被赋予了明确的社会功能。"中国特色社会主义司法应当是主动型司法，人民法院要积极主动地开展调查研究，增强工作前瞻性，善于从司法活动中发现经济社会发展中的问题，及时提出司法建议，及时完

---

[48] 参见《最高人民法院研究室主任胡云腾——人民法院案例指导制度的构建》，载《法制日报》2011年1月5日，第11版。

[49] 赵娟：《案例指导制度的合法性评析》，载《江苏社会科学》2011年第6期。

善司法政策。”[50]在这种司法指导思路下，案例指导制度出台后很自然地被理解为“人民法院要进一步强化司法审判的延伸功能和服务功能，通过发布司法解释、制定司法文件来积极干预社会公共政策”“是人民法院积极参与社会管理创新的有效手段之一”“是法官积极主动参与社会管理创新的有效手段”“有利于法官的创新思维及业务指导方式参与社会的管理创新”。[51] 这为法院通过行使审判权为社会发展供给新制度打开了大门。

就指导性案例的效力或者所供给制度的效力而言，《关于案例指导工作的规定》第 7 条规定“最高人民法院发布的指导性案例，各级人民法院审判类似案例时应当参照”，在“应当参照”的明确定位下，其创法性效力是不言而喻的。按照曾经承担国家案例指导制度研究项目的刘作翔研究员的解释，在立法层面上，“案例指导制度是对制定法的弥补，是在制定法缺乏，或制定法不明确、有争议的情况下，通过确定案例的方式，来解决社会生活和司法实践中遇到的必须由司法来解决的问题，并为以后的此类案件的审理提供一个指导性依据”；“案例指导制度的运行，将会使一些成熟的案例中所表达出来的司法问题为立法所关注，这样，司法为立法可以提供一些参考性意见，或为立法所吸收，为法律制度的发展积累经验和素材，促进立法的不断完善，发挥‘通过司法促进立法’的功能”。在最高人民法院的法律解释权上，“可以在一定程度上替代原有的一些司法解释或批复”。在司法层面上，“指导性案例对后案所起的作用是裁判理由的说明，而且应该可以被后案作为裁判理由援引，但不能是后案判决的直接依据。当然，‘裁判理由的说明’完全可以对后案的判决产生决定性的影响”。[52] 因此，在制度设计初衷上，指导性案例实际上具备了制度创新和制度供给的功能，是正式制度供给的重要途径之一，其效力也是明确的。

这种类似于判例制度的案例指导制度，因为是结合具体个案进行的制度创新，所以更加适应社会发展的节奏，也更能够体现地域性特点，对于弥补后发展地区的制度落差，实现制度均衡意义重大。按照《关于案例

---

[50] 王胜俊：《把握司法规律　坚持能动司法　努力推动人民法院工作科学发展——致“人民法院能动司法论坛”的信》，载最高人民法院网：www. court. gov. cn，2012 年 2 月最后访问。

[51] 李晓东：《案例指导制度与社会管理创新》，载《法治论丛》2011 年第 5 期。

[52] 刘作翔：《案例指导制度的定位及相关问题》，载《苏州大学学报》2011 年第 4 期。

指导工作的规定》的规定，只要榆林市中级人民法院或者陕西省高级人民法院的创新性案例被最高人民法院确定为指导性案例，即可作为本地区处理类似问题的依据。

另外，司法权在解决地方性制度供给问题上也可发挥一定作用。基于最高人民法院在中国权力结构中的地位和诉讼法律的规定，它每年也可以考虑选择审理一定数量的、具有制度供给性的地方案件，并可以考虑在案件发生地进行巡回审判。这类案件如果由最高人民法院直接审判，有利于发挥法院的整体力量，以其最高国家审判机关的权威审判，减少问题争执和解决的时间，实现社会整体效益的优化。比如每年确定审理一定数量（如10件或者30件等）的该类案件，一旦判决，即可以作为全国法院同类案件的“判例”适用，从而使最高人民法院的司法解释权应用于个案之中，直接解决制度性问题。因当事人的申请或者公众的要求而最高人民法院决定审判的，最好在案发地进行公开审判，以这种类似巡回审判的方式就地即时解决问题，最大化地实现其社会效益，从而促进社会运行的稳定和有序。[53]

（三）给社会留出空间：公私协同的规则形成机制

国家层面正式制度供给的途径无论是中央立法、地方立法，还是通过案例指导制度进行的制度创新，虽然权威性较高，但制度生成的周期都较长，依然在问题出现和制度正式生成之间存在一个制度缺失空间。“假如生活只由法律来规制，那么生活必定变成地狱”，[54]因为，在这样的制度缺失空间中，根本就没有法律可以依据；即使是在制度生成之后，由于正式制度的刚性和生活本身的复杂性、变动性，它也不能解决社会发展中的一切问题。成功的制度安排意味着合理的利益分配结构，其核心就是设计一种可以为大家接受的利益分配机制。就土地权属制度而言，就是变农民、村级组织、地方政府以及用地厂商之间的零和博弈为合作博弈，建立

---

[53] 参见安子明：《参与式诉讼发生的社会机理与政治架构》，载《法律科学》2012年第5期。

[54] ［奥］欧根·埃利希：《法社会学原理》，舒国滢译，中国大百科全书出版社2009年版，第61页。

以平衡的利益协调机制为核心的土地制度,是土地制度变迁的必然选择。[55] 其中,建立有效和可控的博弈机制是关键问题。因此,在正式制度和社会生活事实之间需要建立必要的缓冲机制,增强制度适用的灵活性和适应性,这就需要建立有效的公私协调机制。

就土地制度在改革以来的变迁过程来看,农村土地制度变革随着社会结构的复杂化,已由初始的"国家—农民"两极制度创新模式演变为"国家—地方政府—社区—农民"多极制度创新结构,[56]主要的决策过程也发展为"农民—社区—地方—中央"多极之间的谈判、沟通和"交易"模式。[57] 这既是在土地问题上各方利益主体之间进行利益博弈的公私协调机制,也属于社会治理的范畴。根据社会治理理论,社会治理的基础"不是控制,而是协调,既涉及公共部门,也包括私人部门,它不是一种正式的制度,而是持续的互动",[58]各治理主体间"表现为相互依赖、更为普遍地以相互信任为基础的谈判、协商和以互相监督为基础的合作"。[59] 这种公私间的协调合作机制,在当前中国具体表现为各种联动机制的建设和运作。在我国的各种联动机制中,较为典型的模式是2010年7月7日最高人民法院与中央19个部门联合会签的《关于建立和完善执行联动机制若干问题的意见》(法发〔2010〕15号)(以下简称《意见》)所确定的联动模式。根据该《意见》所建立的联动机制,是一种"党委领导、人大监督、政府支持、社会各界协作配合"的机制,这是我国关于联动机制目前规定较为明确的一个文件,可以作为榆林解决土地权属问题的一种机制参考。

另外,允许并鼓励民间权威的形成和发展,对于缓解和解决类似于榆林土地案件中的制度缺失问题,也是十分必要的。通过社会发展的自身

---

[55] 参见楼戬:《建立平衡的利益协调机制——中国土地制度变迁的方案选择》,载《中共中央党校学报》2005年第1期。

[56] 参见陈天宝、许惠渊、庞守林:《地方政府在农村土地制度变革中的行为分析》,载《经济体制改革》2005年第1期。

[57] 参见周其仁:《中国农村改革:国家与土地所有权关系的变化》,载《中国社会科学季刊》(中国香港)1995年6月版。

[58] 俞可平:《治理与善治》,社会科学文献出版社2000年版,第5页。

[59] 麻宝斌、任晓春:《从社会管理到社会治理——挑战与变革》,载《学习与探索》2011年第3期。

机制即内在制度的生成来缓解正式制度不足带来的问题,如果缺乏具有相对权威的社会主体,则很难保证非正式制度效用的发挥。这些主体可以是公证处、律师协会、科研院所等,它们对具体问题的判断是建立在专业的基础之上的,在社会中具有较高的可信度甚至法律上的效力;也可以是乡村具有威信的族长、耆老等。通过这类社会主体根据专业知识或生活经验形成的规则,其适应性较强,是解决或者缓解纠纷的有效办法。在特定条件下,它们甚至要比法律化解纠纷的功能有更精准的实效。当然,他们作为微观层面的行动者,其在制度变迁中表现出来的制度要求,面临中央与地方的认可问题。[60]

五、结论

榆林土地现象是我国社会非平衡发展模式下后发展地区制度失衡的一个缩影。本文的研究还处于尝试性阶段,在研究方法上还有待于进一步改进,但这并不影响选题本身的重要价值。谨根据已进行的研究,对本文的研究结论概括如下:(1)我国社会的非平衡发展模式在客观上造成不同地区在发展程度上的巨大差异,这决定了不同地区对制度需求的差异性;(2)在保证法治统一的前提下,通过中央授权的方式对不同发展程度的地区进行授权,是弥补后发展地区制度失衡的可行方式;(3)基于法院审判权对社会事实反应灵敏和有序运行的特点,充分发挥审判权的制度创新优势,是目前有效弥补后发展地区制度失衡的、成本较低的一种制度供给方式;(4)在新旧制度交替的制度失衡空间中,探索有效的公私协同机制,可以缓解因制度失衡而形成的社会冲突;(5)榆林地区作为我国新的能源基地,无论是其目前遇到的土地问题还是其他的社会问题,都具有重大的研究价值,因为能源问题已成为中国发展的"瓶颈",榆林地区发展的好坏在一定程度上影响到中国的能源安全。

---

[60] 参见沈荣华、王扩建:《制度变迁中的地方核心行动者的行动空间拓展与行为异化》,载《南京师范大学》(社会科学版)2011 年第 1 期。

●全国人大常委会立法评估制度检讨*

刘玉姿**

我国立法评估制度有自下而上的发展路径，地方先行立法与实践为全国人大常委会立法评估制度奠定了基础。立法评估是"加强和改进立法工作，提高立法质量，确保法律有效实施的一个新举措"，①将立法后评估，甚至包括理论与地方实践尚不成熟的立法前评估②纳入《立法法》有广泛共识。《立法法》第39条和第63条分别规定了法律案通过前评估和立法后评估，两者构成全国人大常委会立法评估制度的主要内容。但实践中吊诡的是，止步文本，制度成熟的立法后评估活动主要限于2010年和2012年的四次试点，而并不成熟的立法前评估自2013年以来已经常态化。在全国人大常委会持续强调做好法律案通过前评估和立法后评估工作，加强科学立法和民主立法的背景下，此般立法评估是否能副其盛名，需要检讨。

自2015年修正并实施以来，《立法法》"点赞与检讨"并存。③ 纵深分析全国人大常委会立法评估的试点、立法以及实施，从规范与实践的回应性关系，制度功能与地位的对应性关系入手，检讨其成因及问题，有助于

* 本文为国家社会科学基金重大项目"网络金融犯罪的综合治理研究"（项目编号：17ZDA148）阶段性成果，并受"中央高校基本科研业务费专项资金资助"（Supported by the Fundamental Research Funds for the Central Universities），项目为"财产准征收研究"（项目编号：20720171086）。

** 刘玉姿，厦门大学法学院助理教授，法学博士。

① 参见《全国人大常委会法制工作委员会关于立法后评估试点工作情况的报告》。

② 理论与实践集中于立法后评估，关于立法前评估的讨论很少。参见周怡萍：《立法前评估制度研究——以地方立法为视角》，载《人大研究》2014年第8期。

③ 参见李克杰：《〈立法法〉修改：点赞与检讨——兼论全国人大常委会立法的"部门化倾向"》，载《东方法学》2015年第6期。

改进全国人大常委会立法评估制度，促进《立法法》立法目的的实现。

一、全国人大常委会立法评估制度的建立

何谓"立法评估"？从类型化的角度分析，三元论以立法程序为中心点，区分为立法前评估、立法过程评估和立法后评估；④二元论则以立法表决公布为分界点，分为立法前评估和立法后评估。⑤ 地方性立法条例对"评估"术语的使用较为混乱，涵摄了立法项目评估、第三方评估、重大分歧问题的专业评估、社会风险评估、表决（通过）前评估、立法后评估等等。⑥ 无论纷争如何，《立法法》显然采纳了后者，而第52条第1款提及立法规划和年度立法计划的"科学论证评估"则被归入立法项目论证的范畴。⑦ "立法前评估"规范上被表述为"法律案通过前评估""表决前评估"，限定了评估时间，形式上更为精确。地方立法评估制度兴起于20世纪初期，回应了依法治国与政府职能转变的需要。地方积累的经验，推动了全国人大常委会立法评估时代的到来。

（一）试点阶段

全国人大常委会的立法评估理念可以追溯到2003年《行政许可法》第20条：行政许可设定机关应当定期评价所设定的行政许可，及时修改或者废止；行政许可实施机关可以对已设定行政许可的实施情况及存在的必要性适时评价，并报告设定机关。这种理念延续至2011年《行政强制法》第15条，但均未引起理论和实践的关注。为呼应地方如火如荼的立法评估活动，全国人大常委会先后开启立法后评估试点和法律案通过前评估活动。

立法后评估在全国人大常委会立法工作中占据重要位置。2010年的工作要点和立法计划强调结合执法检查发现的重要问题，"适时启动立法后评估试点"。此后由法制工作委员会牵头，展开对《科学技术进

---

④ 参见汪全胜：《立法后评估研究》，人民出版社2012年版，第19页。

⑤ 参见尤乐：《论立法评估之概念和相关辨析》，载《广西大学学报》（哲学社会科学版）2012年第4期。

⑥ 例如，《吉林省地方立法条例》《呼和浩特市人民代表大会及其常务委员会立法条例》《成都市地方立法条例》，这是"评估"概念泛化的体现。

⑦ 例如，《全国人大常委会2014年立法工作计划》要求"做好立法项目论证、法律案通过前评估和立法后评估工作"。

步法》和《农业机械化促进法》主要制度规范的立法后评估工作。2012年，法制工作委员会和内务司法委员会又分别牵头对《中小企业促进法》和《残疾人保障法》主要制度规范实施立法后评估。基于前期试点，在2013年的工作要点和立法计划中，全国人大常委会强调“加强……立法后评估工作”，“推动立法后评估工作的规范化、常态化”，标志着立法后评估进入制度化阶段。顺应这种趋势，2014年和2015年则强调做好或继续做好立法后评估工作，直至2015年《立法法》将立法后评估纳入其中。

法律案通过前评估活动始于2013年《旅游法》的制定。自此以后，在法律委员会（现为宪法和法律委员会，以下同）提交审议结果报告前，法制工作委员会常以会议形式，邀请全国人大代表、专家学者以及利益相关者等未直接参与法律案起草和审议工作的代表参与讨论。到2014年，全国人大常委会才将法律案通过前评估写入工作要点和立法计划。2015年，直接将其纳入《立法法》。但与立法后评估自2013年来停滞不同，法律案通过前评估活动已经成为“常规动作”。宪法和法律委员会通常在审议结果报告结尾处用单独一段简略介绍评估情况。⑧ 比较试点活动与全国人大常委会的工作要点和立法计划，如果说立法后评估是全国人大常委会有目的、有计划建立的一种制度，那么法律案通过前评估更是源于全国人大常委会自身实践的推动。因为地方立法前评估实践虽有，但不成熟，也不普遍。⑨

（二）立法阶段

全国人大常委会及地方经验表明，立法评估是推进科学立法的重要制度。《立法法》第39条和第63条主要从评估组织者、评估时间、评估对象、评估内容以及评估结果应用四个方面作出规定，如表1所示。

---

⑧ 这种介绍已经例行化、格式化，内容包括：评估会时间、组织者、参与者、评估内容、评估结论。

⑨ 在《立法法》修改前，地方层面只有广东省和陕西省规定了立法前评估，但也有不同。《广东省人民代表大会常务委员会立法评估工作规定（试行）》（2013）采用了“表决前评估”概念，与法律案通过前评估相同。《陕西省地方立法评估工作规定》（2012）采用了“立法前评估”概念，但指向的是立法选题或立法项目的必要性、可行性和成本效益评估，不同于法律案通过前评估。

表 1

	评估组织者	评估时间	评估对象	评估内容	评估结果应用
法律案通过前评估	常务委员会工作机构	宪法和法律委员会提出审议结果报告前	拟提请常务委员会会议表决通过的法律案中主要制度规范	可行性、法律出台时机、法律实施的社会效果和可能出现的问题等	评估情况由法律委员会在审议结果报告中予以说明
立法后评估	全国人大有关的专门委员会、常务委员会工作机构		有关法律或者法律中有关规定		评估情况应当向常务委员会报告

法律案通过前评估立法与其试点保持高度一致,《立法法》第 39 条只不过是对试点经验的总结。法律案通过前评估规定于《立法法》第 2 章第 3 节“全国人民代表大会常务委员会立法程序”中,其对象只能是提交全国人大常委会表决通过的法律案。评估主体或主导者则为全国人大常委会,常委会工作机构不具有法律主体资格,仅是直接实施者。评估在宪法和法律委员会提交审议结果报告前实施,评估结果由其在审议结果报告中说明,间接提交全国人大常委会审议。《立法法》规定了评估时间,未规定启动条件,尤其“可以”二字,表明了并非所有法律案通过前都需要实施评估。但试点中总体已成常态,一是因为以会议形式实施,评估方法简单易操作;二是因为评估时间封闭且明确,易把握。

相较于法律案通过前评估,立法后评估规范非常概括,既未明确评估时间或启动条件,也未具体化评估内容。立法后评估规定于《立法法》第 5 章第 5 节“其他规定”中,既可以针对全国人大制定的法律,也可以针对全国人大常委会制定的法律。一审稿曾规定“根据法律的实施情况”组织立法后评估活动,其依据是四次试点活动系围绕执法检查中发现的问题以及法律实施中出现的新情况、新问题展开。四次试点活动针对相关法律主要制度规范展开,《立法法》规定则扩张了评估对象,可以对整部法律,也可以对法律中有关规定,可能是一部法律中的部分规定,也可能是一系列法律中的相关规定,实施立法后评估。

(三)实施阶段

修改后的《立法法》为法律案通过前评估和立法后评估提供了直接依

据,逻辑上预示了全国人大常委会立法评估时代的正式开启。在2016年和2017年的工作要点和立法计划中,全国人大常委会也一再强调做好法律案通过前评估和立法后评估工作,但两者却境遇有别。法律案通过前评估稳步实施,立法后评估备受冷遇——实际上自2013年以来,尽管立法后评估一直出现于全国人大常委会的工作要点和立法计划中,但实践中并无相应立法后评估活动。

法律案通过前评估延续试点经验,但在评估对象上有所扩张,除了法律案主要制度规范外,也可以对一系列具有事项范围一致性的法律案实施通过前评估,有助于相关法律的系统化和法制统一。例如,法制工作委员会曾对《教育法律一揽子修正案》主要制度规范作法律案通过前评估。[⑩] 法律案通过前评估虽已经常态化,但仍有些法律案并未进行评估活动。从实施情况看,一是对于若干事项范围不一致的法律同时修改且一并提交审议表决的,[⑪]二是对于主要制度规范未作大幅修改的,[⑫]在宪法和法律委员会提交审议结果报告前,通常不实施评估活动。但对于新制定的法律,是否实施法律案通过前评估,全国人大常委会没有明确标准,例如《资产评估法(草案)》实施了法律案通过前评估,但《网络安全法(草案)》这项关系公民切身利益和公共利益的法律案却未实施法律案通过前评估。

二、立法评估规范与实践的回应性检讨

法律的稳定性与变动性存在永恒张力,有效力的法律并不必然有实效。为了缓解这种张力,从法律与现实的关系入手,我国立法形成了"试点—立法—实施"模式。立法立足于试点,应当回应试点经验和问题;实施根植于规范,应当以规范内容及意旨为据。全国人大常委会立法评估制度的建立遵循该模式。试点阶段与实施阶段是立法评估的实践面向,

---

⑩ 参见《全国人民代表大会法律委员会关于〈教育法律一揽子修正案(草案)〉审议结果的报告》(2015年12月21日)。

⑪ 例如,《全国人民代表大会法律委员会关于〈《中华人民共和国节约能源法》等6部法律的修正案(草案)〉审议结果的报告》(2016年7月1日)。

⑫ 例如,《全国人民代表大会法律委员会关于〈中华人民共和国人口与计划生育法修正案(草案)〉审议结果的报告》(2015年12月27日)。

立法阶段则是其规范面向,规范与实践之间的回应关系如何,部分决定了立法评估制度的实效。

(一)法律案通过前评估回应性检讨

法律案通过前评估的规范内容回应了试点经验,实施情况也与规范及试点保持一致,但试点暴露出的问题并未在立法阶段得到解决,以致遗留到实施阶段,尤其体现在运作机制上。

试点阶段,评估实施者为常务委员会工作机构——法制工作委员会,但评估结果通过全国人大专门委员会即宪法和法律委员会来实现——宪法和法律委员会在审议结果报告结尾处独立段落简要介绍评估情况。法律案通过前评估的实效取决于两个不同部门或机构之间能否有机互动。宪法和法律委员会在全国人大闭会期间受全国人大常委会领导,有审议法律案的职权;法制工作委员会是全国人大常委会根据需要设立的工作机构,协助常委会以及专门委员会开展相关工作,例如协助宪法和法律委员会统一审议提交全国人大及其常委会通过的法律。⑬ 但从试点看,并非如此。法制工作委员会有评估活动启动权,但其评估结果应用取决于宪法和法律委员会在审议结果报告中的简要介绍。问题是法律委员会是否可以选择不介绍评估情况?评估情况是对宪法和法律委员会审议结果的制约,还是其参考依据?毕竟一方面参与评估人员并非曾经参与起草和审议的人员,⑭评估结果可能与审议结果有差别;另一方面,评估内容涉及宪法和法律委员会审议结果中的关键问题,而拥有审议职权的是宪法和法律委员会,是否提交常委会审议表决由宪法和法律委员会决定。

《立法法》第 39 条并未回应这些问题,甚至加剧了两者关系的模糊性。一是以"可以"二字明确了法律案通过前评估属于法制工作委员会的裁量范畴;二是以"说明"二字保持并概括了评估结果如何通过宪法和法律委员会审议结果报告来实现应用。"说明"一词没有明确评估情况对于宪法和法律委员会提交审议结果报告的影响,弱化了法律案通过前评估的作用,在实施过程中继续被简化为"介绍",割裂了法律案通过前评估与

---

⑬ 参见蔡定剑:《中国人民代表大会制度》,法律出版社 1998 年版,第 498 页。

⑭ 参见全国人大常委会法制工作委员会国家法室编:《中华人民共和国立法法释义》,法律出版社 2015 年版,第 138 页。

审议程序的紧密关系。这里有两种情况:一是评估情况仅仅作为常委会审议宪法和法律委员会审议结果报告的参考依据,则法制工作委员会的评估实质上作为针对宪法和法律委员会审议工作的制衡;二是评估情况同时作为宪法和法律委员会审议结果及常委会审议表决的参考依据,则法制工作委员会形式上履行了其协助职责。内部制衡超出了法制工作委员会的职责,双重参考功能在其职责范围内,但两者共同的问题在于评估情况由宪法和法律委员会在审议结果报告中说明,才继而成为常委会审议表决的参考依据,加之没有完整评估报告作为附件或直接印发常委会会议,其参考意义大幅降低。如果评估情况与宪法和法律委员会关于法律案可行性、成熟性、预期效果和问题的判断不一致,宪法和法律委员会应当如何说明,就成了问题。实践中,评估情况与宪法和法律委员会的判断基本一致,尚未出现评估认为法律案没有可行性或出台时机不成熟等情形,法律案通过前评估是否真正发挥作用,抑或只是形式,难免引发质疑。

法律案通过前评估以会议形式实施,参与者的范围将直接影响评估结果的客观性、科学性及其应用价值。参与法律案通过前评估的人员通常是未参与法律案起草和审议的其他人员,类型总体上与立法听证会相同,囊括了"基层和群体代表、部门、人民团体、专家、全国人民代表大会代表和社会有关方面"等。参与人员具有广泛性,尤其是全国人大代表参与评估已经常态化。但仍有一些法律案通过前评估不尽如此,例如 2016 年的《环境保护税法(草案)》通过前评估,没有全国人大代表参与;2015 年的《国家安全法(草案)》通过前评估,仅仅部分专家学者和中央有关部门参与评估会议。立法工作的总体趋势之一是加强人大代表在立法中的作用,扩大立法参与,促进民主立法。从法律案通过前评估活动的有效性出发,以及类似立法制度如立法论证、立法听证都明确规定了参与人员,法律案通过前评估立法也本应加以明确。

(二)立法后评估回应性检讨

相较于立法前评估,立法后评估更受地方规范和实践的关注。譬如在《立法法》修改前,许多地方制定了立法后评估单行法,而法律案通过前评估只在少数省市立法评估综合性规定中提及。[15] 但在《立法法》纳入法

---

⑮ 同前注⑨。

律案通过前评估后,各省市地方立法条例已经纷纷出台。就全国人大常委会立法后评估而言,只有四次试点,没有实施,而且试点中的问题并未在《立法法》修改中获得关注。甚至与其说全国人大常委会立法后评估制度的建立源于试点经验,倒不如说是全国范围内立法后评估大势所趋,迎合后法律体系时代提高立法质量的需要。

从试点情况看,立法后评估的最大问题是实效性不足。法制工作委员会和内务司法委员会均是针对有关法律的部分制度规范实施立法后评估。问题在于选择这些法律并选取其中这些制度规范加以评估的标准是什么?评估实施者在试点中采纳的选择标准,⑯可以整合为三个层次:宏观上考虑经济社会发展需要;中观上涉及公民重要权益;微观上关注可评估性。三层次标准实际仍比较模糊,无法直接引导立法后评估的启动。《立法法》则直接忽视了该问题。

评估结果应用是衡量立法后评估活动价值的重要标准。试点中,评估结果由评估实施者以立法后评估报告形式提交全国人大常委会审议,即通过全国人大常委会获得应用。立法后评估旨在"科学客观地评价法律制度……为修改完善法律、改进立法工作提供参考依据"。⑰ 但从四部法律的评估成果利用情况来看,除了《中小企业促进法》被列入2016年和2017年立法计划中,⑱其他三部法律及相关主要制度规范仍纹丝不动。实际上,《中小企业促进法》被列入立法计划是否与2012年的立法后评估试点有关,也无从考察。立法后评估并不必然导致法律的"立改废",但至少应围绕是否有必要"立改废"或立法质量展开。《立法法》第63条规定"评估情况应当向常务委员会报告",没有明确评估情况的呈现形式以及立法后评估对法律"立改废"的作用,也未将试点中形成的提交全国人大常委会审议的经验规范下来。立法后评估制度独立价值降低,不免有浪费立法资源之嫌。

试点阶段形成了两种立法后评估模式:一是法制委员会模式,针对制

---

⑯ 参见《中小企业促进法》《科学技术进步法》《农业机械化促进法》《残疾人保障法》的立法后评估报告。

⑰ 参见《全国人大常委会法制工作委员会关于立法后评估试点工作情况的报告》。

⑱ 在全国人大常委会2016年立法工作计划中,《中小企业促进法》被列为初次审议的法律案;在2017年立法计划中,被列为继续审议的法律案。

度目标、实施情况、实施效果以及存在的问题展开立法后评估;二是内务司法委员会模式,针对法律制度设计、法律实施保障和法律实施绩效三方面展开。前者以法律实施情况为评估重心,在坚持制度目标的前提下对法律制度加以改进,这是单面向的;后者包括法律文本或制度设计评估和法律实施情况评估,法律实施情况评估通过考察法律文本与现实之间的落差,反馈立法质量情况,因而是双面向的。法制工作委员会模式提出的建议易偏向执法活动的改进,法律文本评价薄弱,与执法检查制度功能重叠,且容易忽视法律文本解释,容易导致不必要的“立改废”。内务司法委员会模式注重法律文本与法律实施的双向互动,有助于保证立法后评估的客观有效性。两种模式评估对象虽有侧重,但在评估内容上趋同,即评估制度设计的科学性、合理性、可行性、针对性、明确性等,也考察法律实施效果。但《立法法》并未对此加以总结,甚至没有明确具体的评估对象与评估内容,制度必要性与可操作性薄弱,这些也是立法后评估实践裹足不前的重要原因。

三、立法评估功能与地位的对应性检讨

修改后的《立法法》正式确立了全国人大常委会立法评估制度,但规范与实践之间回应性不足,该制度处境尴尬——到底因有其必要,还是因已成趋势,才将之纳入《立法法》,令人怀疑。究其原因,根本在于没有充分认识立法评估本身的功能及其相应地位。

(一)立法评估的基本功能

全国人大常委会是立法评估的主体,法律案通过前评估针对须由全国人大常委会表决通过的法律案,立法后评估既可以是全国人大制定的法律,也可以是全国人大常委会制定的法律。作为全国人大立法工作的重要环节或举措,立法评估的基本功能既源于其目的,也受限于全国人大常委会的职权。

全国人大常委会将立法评估目的概括为三点:加强和改进立法工作、提高立法质量、确保法律有效实施,包含了从运作到规范再到实施三重目的,但根本上围绕立法质量问题展开——加强和改进立法工作的目的是提高立法质量,只有提高立法质量才有可能确保法律有效实施,而且法律实施情况也反映了立法质量。《立法法》第 6 条对立法质量提出了要求,

一是科学立法,处理好法律与现实(经济社会发展和全面深化改革的要求)之间的关系;二是“法律规范应当明确、具体,具有针对性和可执行性”。根据《宪法》第67条的规定,全国人大常委会主要有立法权、监督权、决定权、任免权四项职权。[19] 比对立法质量要求与全国人大常委会的职权,立法评估尤其必须具备双重基本功能——立法权面向的功能与监督权面向的功能。

立法权面向的功能强调立法评估与立法权之间的关系。立法权是一种综合性权力体系。从运行过程或内容看,“立法权既包括法的制定、认可、修改、补充和废止权,也包括法案提出、审议、表决权和法的公布、批准、否决权”。[20] 立法评估通过为法律的“立改废”提供参考依据,增强立法的回应性,以提高立法质量。但立法评估本身并非立法,而是嵌入立法活动中的辅助制度,故通常认为立法评估为立法提供服务,是立法活动的延续。如法律案通过前评估直接被嵌入立法过程中,服务于审议程序——由宪法和法律委员会在审议结果报告中说明评估情况,作为法律案审议的参考依据。按照体系解释,立法后评估应当独立于其他立法制度,但又必然与其他立法制度密切关联。这种关联性通过“立法—评估—立法”的循环过程来实现,[21]具体即为法律“立改废”提供权威性的客观信息和科学依据,促进并维护法制统一。“立改废”的参考依据体现在立法评估内容中:法律案通过前评估需要对法律案主要制度规范的可行性、出台时机以及预期效果或问题作出评断,立法后评估则需评断法律制度设计的科学性、可执行性、针对性、明确性以及实施情况等。

法律立法监督的难题之一是常态化监督机制缺位。[22] 立法评估虽不必然导致法律“立改废”,却具有监督法律实施的客观效果,从而缓解由此带来的问题。立法评估在监督权面向上的功能具有双重性。立法评估不仅关注法律文本,也关注法律实施情况,因而其监督权面向的功能,一是

---

⑲ 同前注⑬,第424页。

⑳ 周旺生:《立法学》,法律出版社2009年版,第200页。

㉑ 参见孙晓东:《立法后评估的原理与应用》,中国政法大学出版社2016年版,第9页。

㉒ 参见林彦:《通过立法发展宪法——兼论宪法发展程序间的制度竞争》,载《清华法学》2013年第2期。

自我监督,二是对执法情况的监督。但即使是自我监督,在内部运作上,也往往通过第三方来实现。法律案通过前评估以会议形式召开,参加者通常并未参与法律案起草或审议工作;立法后评估多采用参与式评估,在实施问卷调查、收集实施情况、实地调研过程中,扩大了公众参与立法活动的通道。就监督执法情况而言,法律案通过前评估具有预警作用,在一些评估活动中,参与者需要对法律实施的社会效果和可能出现的问题作前瞻性评价;[23]立法后评估则具有检验作用,通过重点评价实施情况、效果及存在的问题,反馈到立法质量上,而评估结果必然包括对法律有效实施的建议或意见。由全国人大常委会主导的法律案通过前评估,还会对法律案起草者构成一定监督或制约。尤其在国务院作为法律案主要起草者的情况下,这种嵌入立法程序中的监督,有利于缓解国家机关间的监督对抗,强化常委会的立法主导地位。

(二)立法评估的地位检讨

立法评估的功能决定了其在立法工作中的地位。一是相对于其他立法制度,立法评估制度是否具有必要性,这可以还原为立法评估制度的功能是否具有可替代性;二是《立法法》对立法评估制度的安排是否能够发挥其功能。

在全国人大常委会的年度工作要点和立法计划中,立法评估制度通常与立法论证、立法听证、立法项目论证等制度并列提及,《立法法》第36条和第52条对此分别作了详细规定。这三项制度与法律案通过前评估都是立法程序的组成部分,相似性至少有四个方面:采取会议形式;处于法律案审议程序中;针对法律案主要制度规范;参与人员范围。立法论证是针对专业性较强的法律案问题作可行性评价,立法听证针对存在重大意见分歧或者涉及利益关系重大调整的法律案问题,听证内容涉及制度设计科学性、合理性、可行性、成熟性、社会效果等。专业性较强的、有重大意见分歧的、涉及利益关系重大调整的,通常是法律案的主要制度规范。当法律案存在前述问题时,专门委员会或常务委员会工作机构必须实施立法论证或者立法听证,但是否实施法律案通过前评估属于法制工

㉓ 例如,《全国人民代表大会法律委员会关于〈中华人民共和国环境保护税法(草案)〉审议结果的报告》(2016年12月19日)。

作委员会的裁量范畴。立法项目论证是编制立法规划和年度立法计划的必经程序,有两项内容:宏观上保证立法与现实衔接以及立法的系统性;微观上强调特定法律制定的及时性与针对性。全国人大常委会立法计划的内容之一是法律审议工作,通常包括三类:继续审议的法律案、初次审议的法律案以及预备项目。三类法律审议工作之间的关系内含了"出台时机"上的不同考量。因在讨论方式、讨论内容、参与人员等方面的相似性,法律案通过前评估的实际功能与三项立法制度有趋同性。但法律案通过前评估不应止于此,应面向法律案整体,对立法目的、必要性、可行性乃至成本与收益情况作预估,其功能仍然不可替代。《立法法》一审稿和二审稿曾将法律案通过前评估描述为"进一步听取意见,组织开展评估工作",表明了其本身与审议过程中其他立法制度的差别——评估会"不是再泛泛地听取意见了"。㉔ 但法律通过前评估的立法和实践情况并没有凸显这一点,甚至可以说是以立法前评估的名义实施的立法论证,有流于形式之嫌。

法律案通过前评估附带于宪法和法律委员会的统一审议活动,立法语言的模糊性导致法制工作委员会与法律委员会关系不明了,制度本身实效性不足。相较而言,立法后评估是一项立法程序之外的独立制度,更受关注。与域外绩效评估为主不同,我国立法后评估侧重立法后的调查研究、反思和评价,㉕既可以影响法律的"立改废",也能发挥监督执法情况的作用。全国人大常委会的执法检查也有这样的功能。执法检查一要对法律实施情况进行评价,提出执法中存在的问题和改进执法工作的建议,二要对有关法律提出修改完善的建议。尽管两者都是一面向法律实施,二面向制度设计,但各自重心有别。立法后评估对法律实施情况的评价应当归结到法律修改完善建议上。执法检查正相反,重点在于法律实施情况评价以及执法建议和意见,法律修改完善建议只是副产品,因此关于执法检查结果的应用,《各级人民代表大会常务委员会监督法》第27条仅针对改进执法状况作出规定,并不涉及法律修改完善问题。立法后评

㉔ 同前注⑭,第139页。

㉕ 参见刘松山:《全国人大常委会开展立法后评估的几个问题》,载《政治与法律》2008年第10期。

估的功能不可替代。但在试点中,两者关系密切——立法后评估启动及评估对象的选择多以执法检查情况为依据,评估活动也多围绕法律实施情况评价展开,㉖背离立法后评估制度目的。《立法法》第63条并没有明确立法后评估的基本制度框架,尤其是启动条件、评估对象、内容等,只能说是形式上肯定了立法后评估的独特价值,这不利于立法后评估发挥实效。

四、全国人大常委会立法评估制度改进

法律案通过前评估仅仅摹写了试点中的运作模式,没有关注已经暴露出来的评估活动易于形式化的问题,其被嵌入审议程序中,但因实际功能与其他立法制度趋同,难以发挥独立价值。立法后评估虽功能上不可取代,但制度设计相较更为粗糙,甚至没有反映试点以及地方立法后评估形成的经验,不足以使之发挥相应功能。规范与实践之间回应性不足,要求改进立法评估制度的内在构造,解决制度运行中的问题。制度功能与地位不尽相符,要求改进立法评估制度的外在衔接,提高立法工作的系统性。结合地方立法评估的制度经验,在《立法法》所确立的框架下,全国人大常委会应当尽快出台立法评估的配套规定。

(一)制度构造改进

法律案通过前评估制度构造改进的目的在于防止制度流于形式,关键在于优化运作机制。在既有规定之下,需要细化“评估情况由宪法和法律委员会在审议结果报告中予以说明”,理顺运作机制。全国人大常委会立法实行三审制,最终由宪法和法律委员会统一审议法律案,并提交常委会表决通过。是否提交审议表决取决于宪法和法律委员会的统一审议情况,而评估结果能否发挥作用则取决于是否写入审议结果报告并提交审议表决。法制工作委员会有协助常委会与宪法和法律委员会做好相关工作的职责,法律案通过前评估应有双重功能,一是为宪法和法律委员会统一审议提供参考,二是为全国人大常委会审议表决提供参考。由此,一方

㉖ 全国人大常委会2010年工作要点要求“结合常委会执法检查中发现的问题和法律实施中出现的新情况、新问题,有针对性地选择一到两件事关群众切身利益的法律,开展立法后评估试点工作,探索建立立法后评估工作机制”。

面，法制工作委员会应首先将评估报告提交宪法和法律委员会审议，由后者决定如何初步回应评估情况；另一方面，宪法和法律委员会在评估结果报告中说明评估情况时，应当以具体评估报告作为附件。与运作机制相协调，为了增强评估的科学性和客观性，应当丰富评估实施方式，除了评估会议之外，还可以增加必要的实地调研、咨询等，同时应明确参与评估会议的人员，或者可以直接委托第三方专业评估机构实施具体评估活动。法律案审议程序同时具有合宪性控制功能，[27]法律案通过前评估服务于法律案审议，其评估内容也应包括对法律案本身是否合宪的考察。

改进立法后评估制度构造的目的是增强制度可操作性，关键在于补全制度框架。立法后评估通常包括启动和准备、实施、分析数据并形成评估结论、评估结果回应等四个阶段。结合《立法法》的规定，首先，应明确立法后评估的启动机制，这是实现立法后评估活动常态化的必然要求。地方层面设置的启动条件包括以下几点：一是关注规范实施有效期，例如五年或两年以上的；二是关注规范与现实之间的关系，例如人民群众反映强烈的、社会经济发展要求的；三是赋予常委会主任会议决定权。理论上也有基于评估有效期和评估预警期限的启动机制建构。[28] 从建立长效机制出发，配套规定可以借鉴。其次，应明确评估内容。在地方立法后评估中，评估内容通常包括合法性、合理性、科学性、针对性、可操作性、协调性、规范性、实效性等项目。《立法法》第6条也对立法质量提出了要求。这些都可以作为评估内容设计的参考。但法律立法后评估的特别之处在于，需要对其合宪性作出评价。全国人大及其常委会有监督宪法实施的职责，在立法后评估活动中评价法律合宪性，是其履行职责的体现。再次，应明确评估对象以及评估报告的主要内容。评估对象为法律文本与法律实施情况，但两者之间有主次之分，应在评估报告中有所体现，即法律实施情况评估应以改进和完善法律文本为归结，评估结论应当是关于法律“立改废”的意见和建议。最后，还应明确评估结果的回应。一是坚持公开原则，评估报告以及评估结果的利用应当公开，接受公众监督；二

---

[27] 参见邢斌文：《论法律草案审议过程中的合宪性控制》，载《清华法学》2017年第1期。

[28] 参见陈书全：《论立法后评估常态化启动机制的构建》，载《现代法学》2012年第2期。

是应当细化回应机制。可借鉴的地方立法经验是，立法后评估报告提交常委会审议后，根据审议情况，可以由提案人依照法定程序及时提出议案，或者由常委会决定列入年度立法计划或立法规划，或者由常委会直接决定相应法律或主要制度规范的“立改废”。

（二）制度衔接改进

法律案通过前评估的制度衔接重点在于如何合理配置立法资源，充分发挥制度本身的独立价值。立法项目论证是决定特定事项是否能够进入立法议程的门槛，其重点应在于立法时机问题；立法论证与立法听证可能贯穿三次审议过程，其重点应是主要制度规范的可行性、科学性、合理性、合宪性等问题；法律案通过前评估与统一审议程序同时展开，是在法律案基本成形之时，其重点应是对法律案（制定的或修改的）整体内容作出评价，作为决定是否提交审议表决的参考。作为借鉴，美国的规制影响分析属于立法前评估，主要手段是成本—收益分析，其产生源于社会公众对政府的不信任以及推动管制改革的需要。㉙ 我国当前也处于政府管制急剧变迁时期。在提倡立法先行成为经济社会变革前奏的时代，㉚在法律案通过前评估中纳入成本—收益分析，量化法律实施的社会效果和可能出现的问题，有利于强化制度有效性和透明度，充分发挥法律案通过前评估的独特价值。

立法后评估的制度衔接应当置于立法权和监督权双重面向之下。在立法权面向上，立法后评估应当与立法计划、立法程序等衔接起来。立法后评估报告的核心内容是修改或废止法律的意见或建议，可以作为法律清理、立法计划拟定、立法提案的依据，而三者则是立法后评估结果应用的管道。地方立法有在立法计划中设定年度立法后评估项目的经验，可以借鉴。㉛ 在监督权面向上，立法后评估尤其要与执法检查区分并衔接起来。两者关注重点不同，但互有交叉。立法后评估也会分析法律实施情况，但这本身服务于立法质量反思与评价，并非专门考察，因此可在立法

㉙ 参见刘作翔、冉井富：《立法后评估的理论与实践》，社会科学文献出版社 2013 年版，第 158 ~ 167 页。

㉚ 参见陈俊：《立法先行与社会主义法治体系构建》，载《哈尔滨工业大学学报》（社会科学版）2015 年第 1 期。

㉛ 例如，《兰州市人民代表大会常务委员会立法后评估办法》第 7 条。

后评估报告主体部分之后设置“其他问题说明”部分,提出法律实施的建议,继而一则可以反馈给相关执法部门,二则常委会可以据此实施进一步的执法检查。执法检查重点在于执法监督,并不涉及对制度设计本身的专门评价,因此执法检查报告建议对法律作修改完善的,应当进入立法后评估阶段,经由评估活动确定如何修改完善。立法后评估与执法检查由此有两种实施模式:一是并行式,两者结合同时开展;二是顺序式,互相作为实施依据。此外,立法后评估还要与备案审查制度衔接起来。备案审查是全国人大常委会监督法律实施的重要手段,其核心是审查法规是否违反法律。立法后评估关注法律实施情况,除了具体执法情况之外,还包括规范层面的实施情况,即评价下位法及配套规定实施法律的情况。制定法规是法律实施的一种形式,行政法规、地方性法规相较于法律能够更灵活地反映和回应全国以及地方经济社会发展情况,审查过程内含了考察法律与现实之间的回应性,其审查结果可以作为启动立法后评估程序的依据。规范启动条件与评估结果应用机制,有助于确立立法后评估的制度衔接机制。

五、结论

立法评估制度嵌入立法活动中,是规范层面上从前法律体系时代到后法律体系时代,从追求有法可依转向致力于科学立法和民主立法的重要标志。《立法法》为全国人大常委会实施立法评估提供了依据,但结合实践情况,仍然存在回应性和对应性不足的问题。改进立法工作,提高立法质量是全国人大常委会的工作重点。在由法律体系向法治体系迈进的过程中,立法评估制度将更为重要。立法评估应当围绕法律文本质量展开,通过立法评估也有助于实现法律的合宪性控制,并增强法律回应经济社会发展与全面深化改革要求的能力。通过改进制度构造,将立法评估嵌入到立法准备、立法程序以及立法完善三个阶段,在“立法—评估—立法”的动态循环过程中,才能实现不同立法制度的有机衔接,充分发挥立法评估制度的独立价值。

●司法宪制:我国司法解释正当性之证成与优化

胡　斌*

摘　要:独具"中国特色"的司法解释制度之正当性集中体现在其宪制价值和使命上:司法解释借助经验理性,促成立法权与司法权互动制衡、为立法注入抽象正义并助推其发展、实现司法权自我救赎与控权的作用,凸显其宪制价值,而功能性分权理论则回应对其合法性的质疑。独特的生成和运行逻辑使司法解释面临法理上解释与规则混同、立法缺位而致效力困局、说理缺失和拒绝宪法而致权威不彰、缺乏实体规则引导、合法性监控虚设、解释实践异化等问题和挑战,制约其宪制价值进一步发挥。因此,有必要从法理上区分解释与规则,实现逻辑自洽;策略上以解释宪法为核心以激活宪法。制度上,完善立法以确立其地位和效力规则;强化说理,以提升其科学性;构建解释规则,以实现制度约束和引导;改良监督机制实现合法性监控,以助力其宪制价值的实现。

关键词:司法解释;司法宪制;正当性;司法规则;经验理性

独具"中国特色"的司法解释制度,①在理论界几乎一致的"口诛笔伐"之下,②运行和适用依然"坚挺"而且越发繁荣,③到底是司法部门我行

---

* 胡斌(1987—　),清华大学公共管理学院博士后,研究方向:宪法、行政法和公共管理。

① 形式上以专门规范性文件呈现,并且学界以司法解释的内容是否反映具体个案情形为标准,将司法解释分为"具体司法解释"和"抽象司法解释",这些特点显著区别于西方。

② 在中国知网以"司法解释"为关键词搜到了刊登在核心期刊中涉及司法解释专论文章有几十篇,除司法人员身份以外的学者基本上不同程度地对司法解释,特别是抽象司法解释的正当性和合理性提出了质疑。

③ 2011 年最高人民法院梳理出单独和联合制发的现行有效的司法解释、司法解释性质文件以及其他规范性文件共计 3351 件。另外,目前形成了一个司法惯例,即新法出台后,必然要出台相应的司法解释作为辅助。参见《全国人大常委会法制工作委员会关于司法解释集中清理工作情况的报告》。

我素的权力任性，还是司法解释本身在中国法治语境下获得了正当性，着实值得讨论。学界对于司法解释否定性批判，大体上遵循三个逻辑：域外经验④、权力分立理论的背反⑤以及具体解释的瑕疵⑥，而肯定者也主要基于实用主义的立场⑦或者历史背景的考量⑧。然而，无论否定者还是肯定者，均缺乏对于司法解释正当性的法理证成，亦缺乏着实有效的优化路径。⑨ 事实上，通过对司法解释历史与现实运行状态的考察可知，司法解释已经由"补救立法缺憾"的配角转化为"积极建构"法治秩序的主角，特别是改革开放四十年中充当着推动宪制秩序的角色。尽管其生成过程中带着"实用主义"基因，但是，后天的因素却使其已经能够独当一面，成为中国法治的独特样态和运行链条的重要一环，在实现社会正义、维护法治秩序以及推动中国宪制进程中起到了不可或缺的作用。纵观法治建设数十年历程，我国司法机关扮演着塑造和推进"宪制"的角色，而其中重要的媒介便是"司法解释"。大量治理权力从代议制部门转移到司法部门，⑩司法在国家政治、国际政治或跨国政治治理中的影响力和角色逐渐增

④ 部分学者考察西方经验认为，西方虽然法官解释法律，但是，我国最高司法部门行使的司法解释权却是西方所没有的。比如，汪全胜：《司法解释正当性的困境及出路》，载《国家检察官学院学报》2009 年第 3 期。

⑤ 部分学者认为，司法机关的司法解释侵犯了立法权，违反了分权原则。比如，胡岩：《司法解释的前生后世》，载《政法论坛》2015 年第 3 期；陈甦：《司法解释的建构理念分析——以商事司法解释为例》，载《法学研究》2012 年第 2 期。

⑥ 通过列举部分司法解释存在的缺陷，否定司法解释的价值和正当性。比如，陈兴良：《司法解释功过之议》，载《法学》2003 年第 8 期；郭辉、史景轩：《最高院司法解释权的异化及反思》，载《河北学刊》2013 年第 2 期等。

⑦ 弥补法律漏洞、统一法律适用等功能。例如，陈春龙：《中国司法解释的地位与功能》，载《中国法学》2003 年第 1 期；郑智航：《论最高院裁判规则的形成功能——以最高院民事司法解释为分析对象》，载《法学》2013 年第 11 期等。

⑧ 参见沈岿：《司法解释的"民主化"和最高法院的政治功能》，载《中国社会科学》2008 年第 1 期。

⑨ 学界关于司法解释的优化无外乎三个路径：彻底废弃司法解释，代之以案例或者判例制度，代表学者陈兴良，见前注⑥。有学者主张，彻底废弃司法解释目前不成熟，可以规范性司法解释与案例性司法解释并存，代表学者沈岿，同上注。有的学者主张，对司法解释的技术进行优化，代表学者黄松有：《司法解释权：理论逻辑与制度建构》，载《中国法学》2005 年第 2 期。

⑩ See Ran Hirschl, *Towards Juristocracy: The Origins and Consequences of the New Constitutionalism*, Cambridge, Harvard University Press, 2004, p. 1.

强,[11]通过自己的行动实现权力制衡以及自我束权的过程以及作用,本文称为“司法宪制”。

本文的核心观点:司法解释的正当性根源于其内在的宪制价值,以及与中国权力结构和法治传统的契合性。司法解释本身“中国问题”的特殊面向,以及运行过程中知识和理论的供给不足,使其本身面临困境并出现了异化,阻碍了其宪制价值的进一步发挥。当然,前述问题与其说是司法解释的先天缺陷,不如说是因中国法治土壤和学术养分的贫瘠而出现的营养不良。因而,在证成司法解释塑造宪制价值的基础上,分析其存在的问题和不足,进而提出优化司法解释制度的知识和路径,对于塑造中国特色的“司法宪制”大有裨益。既然宪制价值是司法解释正当性的根源,那么以宪制价值的发挥为标准,可知司法解释仍有提升的空间。基于此本文分为三个部分:第一部分以正当性理论为切入,讨论和论证司法解释的宪制价值,突出强调司法机关通过司法解释实现对于立法权的动态性制衡,自我权力的救赎与约束,同时,维护公民权利实际上起到了推动宪制的作用;第二部分以司法解释的现实考察为基础,分析司法解释仍然面临的困境以及存在的异化,探寻司法解释宪制价值进一步发挥的障碍;第三部分试图在借鉴西方经验和理论智识的基础上,提出补强和优化司法解释正当性和科学性的理念和路径。

一、正当性:我国司法解释的“宪制”价值

正当性[12]是有效统治和治理的前提。作为司法权行使的方式之一,我国特有的司法解释制度之正当性并非不证自明的。韦伯将正当性分为实质正当性和形式正当性:形式正当性具有事实的属性,实质正当性具有价值的属性。[13] 正当性具有七种品质:概念的合理性、逻辑的合理性、方法论

---

⑪ See C. Neal Tate and T. Vallinder, *The Global Expansion of Judicial Power*, New York University Press, 1995, p. 5.

⑫ 主要指统治的正当性,韦伯最早在1919年在以《政治作为志业》为题的一篇演讲中,首次提出了“正当性”的理念。参见吴庚:《政法理论与法学方法》,中国人民大学出版社2007年版,第286页。

⑬ See Henry Udueni, “Power Dimensions in the Board and Outside Director Independence: Evidence from large industrial UK firms”, 7 *Corporate Governance: An International Review*, 1999, pp. 62–72.

的合理性、认识论的合理性、本体论的合理性、价值观的合理性、实践的合理性。[14] 结合正当性理论,我们认为,法治语境中的统治(权力)正当性包括民主正当性、价值正当性、规范正当性和程序正当性。司法解释的民主正当性挑战主要是分权理论;规范正当性主要是合法律性,以及法律本身“合法”性;价值正当性的挑战主要是制度功能与价值的实现;程序正当性主要是司法解释制定程序的规范性以及遵守程序的程度。在我国,司法解释的正当性集中体现在其宪制价值上,而其宪制价值又回应了上述四个方面的正当性拷问。

(一)功能性分权:权力分立的潜在逻辑

学界对于司法解释正当性的质疑首先集中在其对于“分权”理论的冲击,即对立法权的僭越上。[15] 如果按照古典权力分立理论,[16]质疑是成立的。然而,绝对意义上权力分立,无论在理论还是实践上都无法完全实现。“分权”内在的包含功能性逻辑:首先,权力的分配和分立不仅是为了实现权力的制衡,还要确保将某种权力授予能够发挥其最大效能的主体。其次,权力分配,即内容要确保该主体功能和目的的实现。该概念是由哈贝马斯从论辩逻辑的分工角度总结出来的。[17] 功能性分权理论的核心在于控权逻辑背后,隐藏着功能性逻辑。该理论强调,权力分立的目的不是为了确保三种权力边界绝对明确和绝缘,而是确保某种权力赋予最适合的主体,以及确保该主体功能和价值的实现。因此,立法权能、行政权能和司法权能不必然要由唯一的主体行使和享有。依功能性分权理论,规则创制权之所以原则上属于立法者,是因为规则创制首先意味着意志和公益的形成和表达,立法机关因民选基础以及代表利益的多元性,而更加能够胜任上述功能(凝聚和表达民意),但规则创制不仅是为了凝聚和表

---

⑭ M. Bunge, *Seven Desiderata for Rationality in Rationality: the Critical vie*, *in J. Agassi & C. J. Agassi & C. Jarvie* (eds.) Martinus Nijhoff Pubishers, Dordrecht, 1987, pp. 5 – 6.

⑮ 参见刘风景:《权力本位:司法解释权运行状况之分析》,载《中国青年政治学院学报》2005 年第 1 期。

⑯ 哈贝马斯认为,古典的权力分立是用政府职能的分化来加以解释的,即立法、行政和司法部门各自有明确的职权范围,不得相互僭越。参见[德]哈贝马斯:《在事实与规范之间——关于法律与民主法治国的商谈理论》,童世骏译,生活·读书·新知三联书店 2014 年版,第 226 页。

⑰ 同上注。

达民意。因此,在特定情况下,当规则创制的功能更适宜于由其他主体实现时,那么,其他主体亦可以且应该享有类似的权力。

功能性分权理论下,任何主体享有权力的内容,都应当有助于其使命和功能的实现。换言之,欲使主体实现某些功能和目的,其内在地应当包含此类权力。比如,无论司法部门还是行政部门,为了实现系统内部的管理以及运行,其内在得包含规则的制定权。⑱ 在美国,法院被认为固有规则制定权,比如,其可以制定规范律师行为的规则,而且这一权力在整个美国得到广泛认可。⑲ 早在 1607 年"Dubois v. Turner 案"中,弗吉尼亚州最高法院便宣称法院的规则制定权独立于立法权,⑳并在三年后指出每一个法院均可制定商事规则。㉑ 美国司法机关的规则创制权实践恰恰印证了功能性分权理论,即规则的创制权并不必然只属于立法主体。在西方,"如今更多地强调法官的职能和立法者的职能之间的类似",㉒"大多数的法学者和律师共同承认了法官的造法事实,并在理论上也主张法官应该造法"。㉓

功能性分权理论可以较好地回应对于司法解释僭越立法权的质疑,因为有些规则创制权本来就是法院固有的权能,而有些权力由司法部门行使更加适合。因而,司法解释的正当性不在其是否创制规则,而在于其如何创制规则。

(二)经验理性:正义补足与立法助推

"脱离具体案件"是抽象司法解释被学者诟病的主因,在他们看来法只能在具体案件中进行解释,㉔这主要是基于西方经验的论断。但这种论断是对西方经验的误读:首先,西方司法解释并不必然以个案裁判为无法

---

⑱ Charles W. Joiner and Oscar J. Miller, supra note 17.

⑲ Green, "The Court's Power Over Admission and Disbarment," 4 *Tax. L. Rev.* 12, 1925.

⑳ WM. Hedges Robinson, JR., "Self-Help or Self-Destruction? The Rule-Making Power", 9 *Rocky Mntn. L. Rev.* 122, 1936.

㉑ Barry v. Randolph, 3 Binney 277 (Pa. 1810).

㉒ [美]卡多佐:《司法过程的性质》,苏力译,商务印书馆 1998 年版,第 74 页。

㉓ Friedmann · W., "Legal, Philosophy and Judicial Law-making", 61 *Col. L. R.*, 821, 1961.

㉔ 同前注⑥郭辉、史景轩文。

脱离的基础。[25] 例如,在奥地利、德国、意大利以及一些东欧国家,"经常地,宪法法院被授权在出现具体的法律争议之前,裁决拟议的或刚刚出台的立法的合宪性",[26],而这时的解释一般是脱离个案的。其次,这一主张忽视了当下中国的权力格局。中国的权力格局强调的是分工而不是分立。司法部门作为人大的附属部门有独立建构秩序的使命和责任。最后,个案性司法解释的经验和"情景"价值,并不能否定抽象司法解释的经验合理性。

抽象司法解释的本质在于为"法律"注入经验理性,从而实现抽象正义的补足并且助推立法的发展和完善。借用弗里德曼的话,这是法院与立法者之间的一种"同情式的携手合作"。[27] 这种合作具有历史的必然性,而且得到了立法机关的确认和欢迎。[28] 这种合作面向使"历史合理性"论者主张司法解释应当退出历史舞台的观点黯然失色。[29]

首先,经验理性与抽象正义[30]的注入。立法在凝聚民意和建立规范模型上的优势,无法弥合其在法律适用上的经验缺失,特别是在我国的立法体制机制下更是如此。在职责分工上,立法者的使命是告诉我们"是什么",而法院则负责规定"怎么样"。[31] 立法者关注的是"政策"的落实以及"秩序"的确立,很少或者无法考虑法律如何适用,以及怎样才能更好地适用,而这就需要具有经验和专业知识的司法机关的配合,立法与司法之间合作成为必要。审判经验的积累是基于法院固有职能的实践结果,法院在审判经验的收集与整理方面的优势是不可替代和普遍认可的。[32]

㉕ 同前注⑧。

㉖ Susan Low Bloch & Thomas G. Krattenmaker, *Supreme Court Politics: The Institution and Its Procedure*, St. Paul: West Publishing Co., 1994, pp. 2-3.

㉗ See W. Friendmann, *Legal Theory* (the fifth edition), Columbia University Press, 1967, p. 334.

㉘ 参见《全国人大常委会关于加强法律解释工作的决议》:"为了健全社会主义法制,必须加强立法与法律解释工作。"

㉙ "历史合理性"论者认为司法解释具有历史的合理性,同时也认为司法解释的历史使命已经完成,应当退出历史舞台。

㉚ 抽象正义特指立法正义和规则正义,即通过规则确立正义;具体正义主要指个案正义,即在具体的案件中确保正义。

㉛ Charles W. Joiner and Oscar J. Miller, supra note 17.

㉜ 同前注⑤陈甦文。

司法机关具有审判的经验,其对于法律的抽象解释,实际上是将自己的经验理性,注入立法之中:其一,司法解释过程中,法院从经验着眼,考虑如何理解法律,更符合司法实践的要求,从而对文字含义或者表述等作“技术处理”甚或修正;其二,在法律有漏洞或者缺陷时,考虑如何发展法律以实现正义。实际上,司法权的社会功能便是恢复正义与秩序。[33] 而在所有使司法解释正当化的努力中,“正义”也许是最能打动人的论据。[34]

考察司法解释可知,在注入抽象正义方面,最高人民法院(以下简称最高院)做了大量的工作。比如,过去《民事诉讼法》中“谁主张,谁举证”的原则对弱势群体保护不利,因此,2001 年最高院公布的《关于民事诉讼证据的若干规定》具体列举了 8 种举证责任倒置的情形,对于化解转型社会的矛盾、助推实质正义有积极作用。又如,最高院通过司法解释扩展行政诉讼受案范围,拓宽了对于公民权利的救济渠道。应该说,司法解释中确立有助实现正义的规则不胜枚举,印证了司法解释注入抽象正义的价值。

另外,立法的稳定性以及立法机关行动的低效性[35]决定了通过司法解释注入抽象正义的必要性。“稳定性的需要与变化的需要之间的妥协问题,变成了根据确定的规则呆板执行法律与有经验的司法人员的直觉进行司法之间的调整问题。”[36]立法机关行动的迟缓,有其必然性和必要性,但是,正义的实现以及确保却有紧迫性和时效性,毕竟迟到的正义非正义。如为规范隐私权的保护,司法解释将其纳入名誉权来保护,起到了保护公民隐私权的作用,对“齐玉苓案”的批复也起到了保护公民受教育权的作用。

其次,制定公共政策,塑造宪制秩序。“法官一直是政策的制定者”,[37]在宪法的框架下,制定符合社会紧迫要求的公共政策,是形塑宪

㉝ 同前注⑮。

㉞ 参见袁明圣:《司法解释“立法化”现象探微》,载《法商研究》2003 年第 2 期。

㉟ 立法权运行遵循集体逻辑,注重利益的平衡和妥协,因而行动迟缓。无论是制定新的法律还是修改法律都有体现。比如,《行政诉讼法》于 1989 年制定,2014 年才得以修改;《物权法》从立项到颁行,经历了 13 年。

㊱ [美]庞德:《法律史解释》,邓正来译,华夏出版社 1989 年版,第 1 页。

㊲ [美]詹姆斯·M. 伯恩斯等:《民治政府》,陆震纶等译,中国社会科学出版社 1996 年版,第 71 页。

制，回应社会要求的必然。在我国，最高院发布的司法解释中，含有大量公共政策的内容。例如，2001 年最高院作出的《关于以侵犯姓名权的手段侵犯公民的受教育的基本权利是否应承担民事责任的批复》体现了保护公民受教育权的公共政策；2002 年发布的《关于审理证券市场因虚假陈述引发的民事赔偿案件的若干规定》体现了保障投资人合法权益的公共政策；2003 年发布的《关于行为人不明知是不满十四周岁的幼女，双方自愿发生性关系是否构成强奸罪问题的批复》体现了保护幼女这个弱势群体的公共政策。[38] 这些公共政策或者发展了公民的权利，或者强化了对公民权利的保护，具有宪制意义。

最后，助推立法的发展。立法通过确认和引入司法解释中的成熟规则和制度，从而完善和发展自身，已经成为中国立法活动的惯例。有学者指出，"司法解释为立法的发展提供了有利条件。我国立法机关制定或者修改许多重要法律的一些主要条款，都是长期司法实践经验的科学总结和大量司法解释的结晶"。[39] 现实考察可知，司法解释以经验理性和专业性优势，为立法的进步和发展提供了大量的素材。比如，2014 年新修订的《行政诉讼法》便体现了尊重司法经验，将司法解释直接转化为《行政诉讼法》内容的倾向。根据法律文本的前后比较，本次修法直接将司法解释或者其他立法规定引入修法决定至少 32 条，占决定条文的 50% 以上（决定共 61 条），而且大部分是原文复制，可见在修法上，特别突出了对司法成熟经验的尊重和保留。又如，2009 年《侵权责任法》也吸收和借鉴了最高人民法院《关于确定民事侵权精神损害赔偿责任若干问题的解释》等司法解释的内容。1991 年通过的《中华人民共和国民事诉讼法》，无论是在总则还是在涉外民事诉讼程序的特别规定中，都将诉讼保全改为财产保全，并加以规定，也是对司法解释经验的吸收。[40]

---

[38] 参见丰旭泽：《论通过司法程序制定公共政策——兼论最高院司法解释模式的转型》，载《政治与法律》2015 年第 1 期。

[39] 最高人民法院研究室编：《中华人民共和国司法解释全集》，人民法院出版社 1994 年版，第 10～11 页。

[40] 最高人民法院于 1986 年 1 月 31 日作出了《关于诉讼前扣押船舶的具体规定》，对海事请求权的范围、可扣押船舶的范围、申请扣押船舶的程序、裁定的送达与执行、扣船费用和扣押船舶与诉讼等作了详细规定。参见周道鸾：《论司法解释及其规范化》，载《中国法学》1994 年第 1 期。

如果说新中国成立之初,立法对于司法的依赖是由于经验之不足,那么,立法权运行60余年之后,仍然对司法解释予以尊重和信赖,应该说绝不是立法经验和技术的问题,更不能说是立法者的懈怠。因为,协助立法者共同促进大家所信仰的理想的法律秩序的实现是法官的使命。[41] 除了助立法一臂之力之外,法院(官)也通过司法解释发展了法律的内涵和要求。有学者指出,通过司法解释发展法律,已经成为中国司法机关的政治功能。[42]

(三)动态权力制衡:司法权与立法权的互动

在中国现有的权力结构下,司法解释恰恰充当了司法权与立法权互动制衡的特殊媒介:司法权"隐性"监督和制约立法权,立法机关在立法、修法中对司法解释的筛查和选择构成反向监督,从而形成司法权与立法权互动制衡的宪制模式。在我国,以人民代表大会制度为基础的权力结构决定了法理上司法权对人大监督的障碍,"河南种子案"则更加印证了司法权在监督人大立法时的危险。[43] 然而,历史与法理无不证明,不受监督的权力必然是危险的,或者说缺乏专门监督机制的权力容易懈怠或者恣意。

实际上,我国司法机关一直扮演着制约立法恣意和懈怠的角色,而主要的机制便是抽象司法解释制度。司法机关行使抽象司法解释权,实际上是对立法权的一种特殊制约机制:如果司法机关认为立法存在问题和不足,无法实现正义,则其通过解释或者规则创制,实现对立法的矫治,在实现正义的同时,是对立法权的有效制约和无声的监督。另外,司法机关通过解释制定的公共政策,也是对立法滞后的一种补足和监督。当然,这种制约本身的危害性并不大:其一,"法治国家的法律必须对一切人平等适用是法律理解的起点,也限制了法官的恣意判断"。[44] 其二,司法解释的制定和适用过程是一个开放的检验过程,律师和当事人甚至媒体对司

---

[41] 同前注㉒,第88页。

[42] 同前注⑧。

[43] 参见河南省人大常委会办公厅下发了《关于洛阳市中级人民法院在民事审判中违法宣告省人大常委会通过的地方性法规有关内容无效问题的通报》,要求河南省高级人民法院对洛阳市中级人民法院的"严重违法行为作出认真、严肃的处理,对直接责任人和主管领导依法作出处理"。

[44] 同前注⑫,第286页。

法解释的科学性和合法性均具有制约性。其三,“人民代表大会制度”也决定了人大可以随时否定其认为违反其立法意图和政策的司法解释和规则。从这个意义上来看,司法解释恰恰是在中国特有的体制下,立法权与司法权有效互动、相互制约的重要机制和突破口。

现实来看,人大对于这种潜在的监督并没有太大的抵触,反而乐此不疲地对司法解释确立的规则予以确认,便是很好的例证。立法机关创制的规则是否有效,需要在实施中进行检验,其检验的过程便是监督和制约的过程。实践中也基本形成了这样一个惯例:只要某个新出台的法律与法院的审判工作有关,最高院都会颁布一个与之“配套”的司法解释,其目的是从适用的角度对法律的条文进行明确和细化,对法律规定的“不妥之处”进行修正。㊺ 换言之,这种基于推理启动㊻的司法解释,更加注重对于立法与司法衔接性的检视;基于个案启动的模式则更加在意对于立法与现实适应性张力的弥补。当然,从立法的动态来看,人大也并非对司法行为放任不管,其在制定或者修改立法的过程中,对已有的司法解释进行筛选和取舍,对于司法解释所依附条文的修改,本身也是一种监督。人大与司法机关之间达成一种默契,允许司法发展规则,但是,不会放任其制定规则。比如,按照第十一届全国人大常委会 2011 年、2012 年工作要点和立法工作计划的要求,法制工作委员会从 2011 年 4 月开始启动对现行司法解释和具有司法解释性质的其他规范性文件进行集中清理的工作,经过两年的清理,废止司法解释几百部。㊼

总之,在我国特殊权力结构下,司法权对于法律的解释、发展以及取舍,是借助经验理性和专业知识,对立法权的制约和监督,而立法者制定法律和修改法律的过程,实际上是对司法解释有效性和合法性的一次筛查。这样一种默契的互动,符合国家的权力结构,实现了权力监督的有效性,符合宪制的精神。当然,这种特殊的互动制约机制,也为司法权和立

㊺ 参见陈林林、许杨勇:《司法解释立法化问题三论》,载《浙江社会科学》2010 年第 6 期。

㊻ 有学者根据最高院司法解释出台距离立法出台的时间长短,分为推理启动和经验启动。并认为,推理推动没有经验基础,应当避免。同前注⑤陈甦文。

㊼ 参见《全国人民代表大会常务委员会法制工作委员会关于司法解释集中清理工作情况的报告》。

法权边界的不清晰埋下了伏笔,给二者效力关系的确定带来了难题。

(四)司法权的自我救赎与束权

部分学者指责司法部门过度颁布司法解释,导致司法系统患了"解释(规则)饥渴症"进而使司法人员能力下降、立法机关懈怠。然而,通过考察可知,当下的中国,无论是司法机关还是行政机关,的确患了"规则饥渴症",对规则有过分的依赖,只不过学者们颠倒了因果关系。现实中,是"规则饥渴症"促使大量的司法解释出台,而不是司法解释的繁荣诱发了"规则饥渴症"。考察中国权力运行的现实可知,司法机关的"规则饥渴症"的原因,主要是对上负责的官僚化体制和文化,以及法院和法官权威性不足导致的。法官和法院之所以如此依赖于规则,就是因为只有有了规则,说话才硬气,才能得到各方当事人的认可,同时,也才能确保自己的案件不被否定,而且对领导或者干预者也有一个交代。总之,"解释(规则)饥渴症"是我国不良法治生态的病变,而在一定程度上,司法解释是应对这种病变的退而求其次的良药,凸显了司法系统的自我救赎与自我控权功能。

首先,司法解释承担着司法权自我救赎的使命。一定意义上讲,司法解释的大量出台,恰恰是司法机关自我救赎的方式。毕竟,固有的规则制定权是法院作为宪法部门存在、尊严维护和功能发挥的关键。[48] 地方司法部门、法官权威性的缺失,使他们对案件的判决并无信心和勇气。作为具有丰富经验的法官,他们并非在没有规则时便不知道怎么判决,而是在没有规则时他们不敢判决。面对外在的干预、当事人的质疑以及领导的控制,对于规则的过度依赖,与其说是法官能力低下,不如说是对现实的一种妥协。最高院或者上级司法部门提供了明确规则,无论其效力如何、合法与否,至少在法官们看来,他们的腰杆就硬了,也就敢于判决了。以明确的规则为依据其更容易说服各方的当事人,对于"上头"也是一个交代。因而,提供更加明确、具体和丰富的规则,实际上是司法系统在应对自己尴尬地位的一种自我救赎,而不是"自我扩权"。

其次,司法解释具有自我控权的作用。理论界认为,司法解释是司法

---

[48] Dowling, "The Inherent Power of the Judiciary," 21 *A. BA. J.* 635 at 636 (1935).

权的扩张,[49]而司法部门叫屈,认为司法解释是对司法权的约束而非扩张。[50] 客观上讲,司法解释的目的以及功能重在束权,而不在扩权:其一,统一司法适用是司法解释最直接、最能体现其实质的一项功能或目的,[51]而统一司法适用本身就是在约束各地司法机关和法官的权力。其二,约束法官自由裁量权。司法解释中包含更加明确的实体性和程序性规则对于法官的自由裁量权具有约束作用。比如,司法解释关于盗窃罪起刑点的解释,在一定程度上约束了法官的自由裁量权。[52] 根据学者考证,自1979年到2011年最高院已经发布了1446个司法解释,废止了167个。在实践中,这些司法解释均在不同程度上约束着法官自由裁量权。[53] 其三,司法解释的任务定位即为监督各级法院审判权的行使。2003年《最高人民法院工作报告》指出:“最高人民法院加强司法解释工作,指导和监督各级人民法院正确适用法律”。可以看出,最高院通过司法解释加强对下级法院的约束和控制的意图。[54]

二、司法解释的正当性缺憾与实践异化

司法解释的宪制使命和价值证成其正当性,同时,宪制要求又是检讨该制度运行现实合理性和有效性的基础。客观地讲,特定历史背景和生成路径使该制度缺乏充分自洽的制度逻辑,学界的质疑与鞭策又使其缺乏知识的供给,因而,司法解释表面繁荣之下,亦隐藏着一定的困境和危机。司法解释的困境既有理论上解释与规则的不分,导致逻辑合理不足,亦有立法上自我授权的尴尬,使规范正当性不足,以及技术和规则上的缺位,制约了其宪制价值更充分的发挥。

---

[49] 同前注⑥郭辉、史景轩文。

[50] 参见《司法解释:是对司法权的约束而非扩张》,载《人民法院报》2003年3月17日,第6版。

[51] 参见蒋集跃、杨永华:《司法解释的缺陷及其补救——兼谈中国式判例制度的建构》,载《法学》2003年第10期。

[52] 以盗窃罪为例,1998年最高人民法院、最高人民检察院、公安部联合发布了《关于盗窃罪数额认定标准问题的规定》,规定:“一、个人盗窃公私财物‘数额较大’,以五百元至二千元为起点。二、个人盗窃公私财物‘数额巨大’,以五千元至二万元为起点。三、个人盗窃公私财物‘数额特别巨大’,以三万元至十万元为起点。”

[53] 同前注⑦郑智航文。

[54] 同前注⑮刘风景文。

(一)概念混同:司法解释与司法规则不分

梳理我国司法解释内容可知,被划为司法解释的各种文件既包含法律解释,又包含司法规则,其中,后者并不以法律文本为对象,目的也主要在于规定实体或者程序上的规则,而不是阐释法律。[55] 比如,2016 年最高人民法院《关于人民法院特邀调解的规定》。实际上,最高人民法院《关于司法解释工作的规定》中列举的"规定"和"决定"均不以法律解释为内容和目的,因而,很难称之为司法解释。另外,司法机关还会出台各种规范性文件,这些主要旨在规范司法秩序和司法行为,属于"司法行政性文件",亦不属于解释。在西方,司法机关制定的程序性制度,被称为"规则",而不是解释。[56] 因为司法的固有权限包括独立的司法行政权:法院受理案件以及处理相关诉讼、非诉讼或法院内部事务程序的规则制定权,以及律师的诉讼代理事项与诉讼费用相关事项的规则制定权。[57]

立法和实践对于司法解释和司法规则概念的混同,虽然起到了"规范化"和"统一化"的作用,但却为理论界对司法解释"立法化"的质疑埋下了伏笔,导致了"名不符实"的逻辑困境。理论上说,司法解释是司法部门对法律条文的解释,其目的在于释明法律含义、弥补法律漏洞。司法规则是司法部门为规范司法行为或者推进司法进程,而制定的程序性规则为主、实体性规则为辅的规范体系,其并不以法律条文为对象,目的也不在于释明法律。[58] 因为二者的目标和内容以及遵循的逻辑并不相同,因而概念的混同,一方面使制度建构上存在困境,无法形成与之契合的制度设计;另一方面也因逻辑不能自洽、名不符实而遭学界诟病。

另外,司法解释内涵和外延的不清晰,在一定程度上赋予了司法机关过大的自主权,即其既可以以法条为对象进行解释,亦可以脱离法条进行解释,这也是司法解释在一定程度上异化的法理根源。学界诟病最大的便是抽象司法解释,因为其不仅脱离案件事实,甚至脱离法律条文。而这

---

[55] 参见《司法解释工作的规定》第 6 条:司法解释的形式分为"解释""规定""批复"和"决定"四种。其中,根据立法精神对审判工作中需要制定的规范、意见等司法解释,采用"规定"的形式。

[56] 参见赵钢、王杏飞:《论民事司法权中的司法规则创制权》,载《中国法学》2011 年第 3 期。

[57] Charles W. Joiner and Oscar J. Miller, supra note 17.

[58] 同前注[55]。

主要是司法解释与司法规则不分导致的。有些司法解释本来应该是司法规则,其本不需要以法条为基础。判断司法解释与司法规则的标准,应当以是不是以解释法条为目的,并以法条为基础。如果是司法解释,无论是抽象司法解释还是具体司法解释,均不宜脱离法条,否则就是司法规则,而检讨其合法与否的标准也宜采用另一套标准。

概念混同的原因在于"立法至上"的信奉,因为法律只规定了最高院"司法解释"的权力。相对弱势的司法机关,只能借助于法律赋予其空间开展活动,从而削足适履式地选择用"司法解释"的概念囊括法律解释、司法规则,而这种妥协也恰恰使其行动和制度建构无法实现逻辑自洽。另外,学界对于司法解释的法理性否定,在一定程度上使学者忽略了对于司法解释概念以及司法规则概念界分的必要性以及路径。[59]

(二)效力困局:司法解释的自我授权

司法解释的效力是其功能发挥以及适用规则确定的前提。有学者指出,最高院司法解释的效力问题主要涉及两个方面:一是司法解释在我国法律规范体系中的效力定位;二是司法解释与法律发生冲突时如何确定效力位阶。[60] 虽然上述两个问题确实是司法解释效力的真问题,但归根到底是技术或者制度问题。

实际上,司法解释效力的真正困境在于,其效力是司法机关自封的,[61]这种自我授权与法治的精神并不契合,甚至有学者质疑该做法的合宪性。[62] 当然,由于宪法和法律均没有关于司法解释效力的规定,司法机关只能自我授权,也导致了司法解释只具有"实质的拘束力",没有法定的拘束力。另外,由于是自我授权,司法解释自然无法触及,效力位阶以及与其他法律规范冲突时的处理规则等规范效力的核心问题。从《立法法》以及法律效力的一般原理来看,"规则"效力的决定因素主要包括:制定主体、权力来源和法律规定。最高院作为司法机关,其本身并无"立法权",

---

[59] 学界也开始关注司法规则与司法解释的区分,只是仍然缺乏系统的。同前注[56]。

[60] 参见王成:《最高法院司法解释效力研究》,载《中外法学》2016 年第 1 期。

[61] 最高人民法院《关于司法解释工作的规定》第 5 条规定:最高院发布的司法解释,具有法律效力。第 27 条规定:司法解释施行后,人民法院作为裁判依据的,应当在司法文书中援引。人民法院同时引用法律和司法解释作为裁判依据的,应当先援引法律,后援引司法解释。

[62] 参见孙笑侠、褚国建:《论司法批复的解释论证功能及其局限》,载《浙江大学学报》(人文社会科学版)2009 年第 6 期。

因而，按照主体地位很难判断司法解释的效力。从权力来源要素看，司法解释权部分源于法律授权，部分是其固有的权力。法律授权确实赋予了司法解释以合法性，但是，这种授权属于概括性授权，能否使其效力与授权者制定的规范的效力等同存疑。故而，法律规定是唯一明确的标准，但遗憾是法律并未规定。

司法解释的法定效力不明，导致了学界理解的分歧，有的认为，司法解释与法律具有同等效力，而其依据是最高院关于"司法解释具有法律效力"的表述。[63] 实际上，这一条司法解释本身也需要解释。如果认为这一表述是确认司法解释与法律相同的效力，实际上是将司法解释等同于法律，或者等同于立法解释，显然最高院无权作这样的表述，亦可以说司法机关并无此意。实际上该表述的意思是"司法解释具有法律意义上的拘束力和约束性"，因而并无法解决司法解释的效力位阶和效力冲突问题。同时，要求法院在判决中应当援引司法解释，而且是先援引法律再援引司法解释，也是在强调司法解释的拘束力，并进而印证司法机关试图赋予司法解释拘束力和约束力的努力。司法解释的效力位阶和效力冲突问题并未得到解决。

司法解释效力迷失，直接影响其适用以及功能的发挥，同时，也由于司法解释效力的不明确，使法官在适用司法解释时，存在两种倾向：其一，司法解释优位，按照司法解释的规定进行判决，忽视或者不尊重立法；其二，屈从于地方性法规和规章，不敢适用司法解释。这两种倾向，都有违司法解释的初衷，毕竟它是为了方便法律的适用，而不是取代法律。

（三）理性与权威不足：说理性缺失与拒绝解释宪法

说理性、论证性不足以及拒绝解释宪法，是司法解释理性与权威不足的关键，而不是像部分学者所指向的"脱离个案"[64]。因为司法解释是否合理并非以是否建立在个案基础上为标准。司法解释理性和权威性不足的主要原因有两个：第一，内容和方法上说理性和论证性不足，无论抽象司法解释还是具体司法解释几乎均没有说理和论证。法官在解释时进行

---

[63] 同前注⑥郭辉、史景轩文。

[64] 同前注㊳。

说理是解释正当性的确证,毕竟法官的权威不是来自他所享有的权力,而是他所表现的智力。[65] 第二,拒绝解释宪法,从而主动放弃了宪法的保护和权威注入。

首先,说理性和论证性不足,影响司法解释的理性与科学。具体体现在两个方面:其一,抽象司法解释与立法的同构性。无论从形式还是内容看,抽象司法解释均有着立法的外观和结构。通过梳理抽象司法解释内容可知,该类司法解释形式上均采用条、款、项的结构,内容上则与法律条文一样构成一种"规范",缺乏解释性和说理性内容。这种同构性使司法解释本身的明确性大打折扣,更为严重的是司法解释的科学性和权威性无法保障。毕竟,立法的职责在于确定是什么,司法的作用在于规定怎么样,因而在法律条文与解释条文之间,必然需要充分的推理和论证。其二,个案性解释缺乏说理性。以批复为主的个案解释中,[66]最高院通常会使用"经研究,我们认为"的字样,而对作出这种解释的理由殊少说明,也对案件事实描述较少。相比之下,同样旨在确立规则的判例中,判决理由则是其核心部分。[67] 说理性和论证的缺失,使批复性司法解释沦为法律问答题,而其确立的规则,也无法得到有效的证成。

说理性和论证性不足,导致以下不利的影响:其一,司法解释的"解释性"目的无法实现。司法实践中,法官仍然面临对司法解释进行解释的问题。其二,司法解释的科学性和权威性大打折扣。司法解释的本质就在于借助司法的经验和专业知识,对法律条文进行明晰、补充,如果不进行说理和论证,则司法解释本身的科学性和权威性就难以保证,为现实中存在的各种"荒唐"解释埋下了伏笔。其三,更重要的是,不用说理和论证,使司法机关启动司法解释更加随意,解释的过程更加"自由",无法对其解释权形成内在制约。

其次,司法机关主动放弃宪法解释,使其失去了权威的保障。[68] 20 世

---

[65] 同前注⑤胡岩文。

[66] 如《最高人民法院关于提单持有人向收货人实际取得货物后能否再向承运人主张提单项下货物物权的复函》。

[67] 同前注⑦郑智航文。

[68] 1955 年 7 月 30 日,最高院针对新疆维吾尔自治区高级人民法院的请示发布了《关于在刑事判决中不宜援引宪法作论罪科刑的依据的复函》,尽管这一"批复"并没有明确宣布剥夺各级法院的宪法解释权能,但是,客观上起到了这种效果。

纪 50 年代最高院通过自己的司法解释，将司法权中固有的宪法解释权能予以冻结和剥离，[69]造成了宪法不能适用于司法的误解。法治社会中，宪法是合法性的最高来源，也是维护权力和地位的最权威依据。宪法解释权的行使，是宪法实施的前提，通过解释宪法才能更好地保护权利、限制权力，并进而提升自身的权威。最高院拒绝解释和适用宪法，无疑是放弃了一个权威的靠山。反观西方，法院通过解释适用宪法发展宪制，丰富立法成为一种趋势。比如，法国宪法委员会通过解释宪法，成功地把大量的权利和自由引入法国宪法中，明确其宪法地位，进而丰富了法国的法律体系。[70]

（四）规则盲区：司法解释的实体规则缺位

司法解释之所以被诟病为“立法化”，主要原因就在于司法解释本身缺乏实体解释规则的约束和指引。[71] 司法解释本质上亦属于法律解释，应遵守法律解释的规则。毕竟“法官仅仅依靠逻辑结构不能令人满意地处理生活的需要”。[72] 司法解释作为法律文本的一种延伸表达方式，解释者的解释动机、价值偏好、重点预设、方法选择和表述特点等，决定了一个司法解释的内容。[73]

司法解释实体规则的缺位主要体现在：其一，解释范围界定不清；其二，解释必要性的审核规则未确立；其三，解释对象不明确；其四，解释方法未规定；其五，内容和表现形式未明确；其六，说理和论证规则未涉及。连解释者自己都承认，“我国现行的司法解释体制目前尚处于一种相当粗放的状态，科学而精致的司法解释规则体系还没有最终形成。如何建构一套符合我国国情同时反映法律解释内在规律的司法解释规则制度，是我国今后在完善司法解释权制度过程中必须考虑的重要问题”。[74] 司法解释规则缺位直接导致司法解释的质量堪忧和司法解释权的实际行使的

---

[69] 参见贺日开：《司法解释权能的复位与宪法的实施》，载《中国法学》2004 年第 3 期。

[70] 参见徐霄飞：《司法在宪制变革中的角色与司法政治的兴起——来自法国的经验与启示》，载《甘肃行政学院学报》2013 年第 4 期。

[71] 最高院颁行的司法解释规定，主要受到的程序性制约，而且其程序与立法程序并无太大差异。

[72] See W. Friendmann, supra 28.

[73] 同前注⑤陈甦文。

[74] 同前注⑨黄松有文。

无序化。比如，司法解释仍然缺乏可操作性、存在与法律冲突等问题。又比如，法定司法解释与实际起“司法解释”作用的文件范围不一致。实践中，包括安排、意见、纪要、通知、指示、函、复函、答复、解答、联合通知等多种形式，虽然不是司法解释，但是却起到了司法解释的作用，从而造成了司法解释本身的混乱。[75] 2011 年，最高院颁布的《第一次全国民事再审审查工作会议纪要》中涉及大量审判规则和要求，并且要求各级法院“遵照执行”。

（五）合法性监控缺失：监督形同虚设

目前来看，司法解释权的监督有形同虚设的嫌疑。尽管《立法法》、《各级人民代表大会常务委员会监督法》（以下简称《监督法》）规定司法解释的备案制度。《司法解释备案审查工作程序》（以下简称《工作程序》）规定了对司法解释进行备案审查的具体制度和要求。但是，从实际情况来看，备案审查制度并没有起到实质的作用。

首先，人大监督缺位。近年来的司法解释现状表明，司法解释的监督机制似乎仅具形式意义，[76]人大对于司法解释总体呈现备而不审的状态。至于《工作程序》规定的根据其他部门请求而启动司法解释审查的机制也并没有真正启动过。真正发挥作用的，反而是人大常委会法制工作委员会指导下，司法机关进行的自我清理工作。[77] 这种自我清理的方式虽然体现了对司法机关的信赖和专业性的尊重，但这并不是真正意义上的监督。

其次，具体案件中司法解释不容置疑。如果说法律、行政法规、地方性法规和规章因为存在效力位阶，法院在案件审理过程中，还存在评价规则本身的合法性和可适用性的空间，那么由于司法解释法律效力的不明确，使司法解释在司法适用中，几乎是无法质疑的。基于最高法院的权威性，以及对上负责接受上级法院监督的体制，法官更加倾向于无条件

---

[75] 同前注[51]。

[76] 同前注[56]。

[77] 按照全国人大常委会的要求，2011 年上半年，法制工作委员会对最高人民法院、最高人民检察院自新中国成立以来制定的现行有效的司法解释和司法解释性质文件的基本情况进行了研究，并与“两院”在工作层面多次进行沟通协商，就司法解释集中清理工作涉及的主要问题达成共识。最高人民法院、最高人民检察院先后分三批单独或者联合发布废止决定。

地适用司法解释。然而，立法尚且有瑕疵，司法解释也不可能是完美的审判中。法官对司法解释的评价本是监督的重要形式，但是，这种监督几乎是无效的，从而使司法解释在审判中反而成了真正不容置疑的“金科玉律”。

（六）运行瑕疵：解释实践的异化

微观考察司法解释的内容可知，部分司法解释存在质量瑕疵，甚至有些明显违法，这实际上是司法解释实践的异化。而这种异化是当下司法解释行动逻辑和运行环境的必然结果。

首先，抽象正义上积极，个案正义上保守。司法系统特别是最高院在追求正义上的积极努力有目共睹。然而，这种主观上对于正义的追求在行动上转化为了对于“抽象正义”的追求：将正义的实现寄托于规则的创制上面，即积极地进行司法解释、创制指导性案例等。以刑法领域为例，1997年刑法颁布后不久，从1997年10月1日到2002年3月26日，最高人民法院、最高人民检察院共颁布书面司法解释80余件。[78] 通过规则创设“抽象的正义”是必要的，但是，这种抽象的正义在多大程度上能够转化为“具体正义”则存在很大的不确定性，特别是当最高院实现个案正义上趋于保守的情况下。这种对于抽象正义的追求，不仅表现在行动上，而且表现在观念上。司法部门曾经发声，呼吁推动最高院由审判功能向统一司法功能转变，积极推动司法解释工作。[79] 但有本末倒置之嫌，因为即使是最高院，实现具体的、现实的正义也应该是其首要而核心的使命。

其次，司法解释的行政化趋势明显。“批复”是针对个案的司法解释，具有针对性和经验性，但是，其背后的逻辑却是“案件请示”。这种请示制度被认为是司法过分行政化的表现，[80]甚至有违宪嫌疑。[81] 因为，案件请示制度，一方面使下级法院将独立审判的权利拱手相让，另一方面也容易导致司法系统的监督制度流于形式。法院的使命在于审判，而对于下级

---

[78] 参见刘艳红：《观念误区与适用障碍：新刑法施行以来司法解释总置评》，载《中外法学》2002年第5期。

[79] 同前注⑨。

[80] 参见刘珊：《论我国司法解释体制的重塑——兼论司法解释判例化趋向》，载《政治与法律》2012年第7期。

[81] 同前注69贺日开文。

法院的监督也应当在审判中进行，否则就无法保证监督的理性和审慎。

再次，司法解释对于法律武断突破。学者们通过微观考察司法解释，列举出大量司法解释突破立法的例子，绝大部分是比较中肯的。[82] 如《买卖合同司法解释》第3条关于无权处分合同的解释就背离《合同法》第51条的规定。[83] 在法律与司法解释的关系上，司法解释不应随意、武断突破法律，要突破法律必须有充分的理由，并且进行严格的论证和说理。

最后，解释过于积极和随意，影响了解释的"科学性"。司法机关对司法解释往往表现得非常积极[84]，特别是对下级部门的请示，更是来者不拒，从而影响了解释的质量。主要体现在：第一，裁判规则的可操作性不强。最高院出台的部分解释条款和裁判规则存在过于原则、模糊以及操作性不强的缺陷。[85] 第二，轻率解释，使解释并无实际意义。2000年最高人民法院、最高人民检察院联合作出的《关于对军人非战时逃离部队的行为能否定罪处罚问题的批复》规定："军人违反兵役法规，在非战时逃离部队，情节严重的，应当依照刑法第四百三十五条第一款的规定定罪处罚。"对比原刑法第435条（逃离部队罪）规定：违反兵役法规，逃离部队，情节严重的，处3年以下有期徒刑或者拘役（第1款）。战时犯前款罪的，处3年以上7年以下有期徒刑（第2款）。显然，本条第1款规定的是非战时逃离部队行为，第2款规定的是战时逃离部队行为，这是一个不满14岁的幼童也会有的逻辑理解，按照这种标准，那么每一个法条文都需要一个司法解释。[86]

三、司法解释的正当性补足与制度优化

司法解释正当性的瑕疵，必然影响其宪制价值的发挥。承载着历史使命但备受争议的司法解释何去何从？学者针对司法解释改革的未来大

---

[82] 例如，我国《担保法》中对保证期间只有两种规定：一是当事人明确约定保证期间的，按双方约定；二是当事人没有约定保证期间的，保证期为6个月。但是，《担保法解释》第32条却规定了"约定不明"的保证期间为"2年"。

[83] 同前注⑤胡岩文。

[84] 通过考察发现，近年来重要单行法律颁布与相关司法解释首次出台的间隔越来越短，说明法院系统制定司法解释的主观能动性越来越强。

[85] 例如《关于审理名誉权案件若干问题的解答》第8条规定："文章的基本内容失实，使他人名誉受到损害的，应认为侵害他人名誉权。"但如何理解"文章的基本内容失实"，不同法官有权作不同的解释。

[86] 同前注⑥陈兴良文。

体有四种主张:用判例或者指导性案例替代司法解释;[87]将司法解释限缩为个案性解释;[88]对司法解释进行制度优化和规范化;[89]用司法规则取代司法解释。[90] 随着2015年修订的《立法法》将司法解释纳入其中,司法解释历史使命终结论[91]似乎破产。尊重司法解释传统的基础上,对于该制度进行优化无疑是一个明智的选择。从外部条件来看,立法本身的精细化、科学化;司法权威性和独立性的提升是司法解释回归理性的前提和基础。除此之外,应当注重以下几个方面的完善和优化。

(一)法理构建:司法解释与司法规则分离

司法解释问题的关键是这个权力的范围到底有多大,[92]而界定权力范围的前提是概念的科学界定。目前,理论与实践上使用的"司法解释"概念,包含了西方使用的"司法规则"。司法解释与司法规则概念的混同,导致理论上的误解、实践上的混乱。二者在权力来源和运行逻辑上的不同,决定了我们应当从法理上,区分司法解释和司法规则两个概念,划定各自的内涵和外延,在此基础上设计相应的制度以实现二者的逻辑自洽。

首先,界定"司法规则"的内涵和外延。司法规则是司法权固有的,司法机关制定规范司法行为和司法程序规则的总称。一般认为,在美国,法院的规则制定权的存在经历了一个漫长的历史过程,起源于早期的英国法,[93]而且这一权力得到了法律的确认。[94] 最高法院有权为地区法院制定涉及诉讼程序、令状、起诉的规则。当然,这些规则不能删减、扩大或者修改任何一方的权利,并在颁布后6个月后实施。[95] 除美国外,日本、德国等国家的最高法院亦有规则制定权。《日本宪法》第77条规定,"最高法院

---

[87] 同前注㊺。

[88] 同前注④汪全胜文。

[89] 同前注⑨黄松有文。

[90] 同前注㊱。

[91] 同前注④汪全胜文。

[92] Charles W. Joiner and Oscar J. Miller, supra note 17.

[93] Tyler, "The Origin of the Rule-Making Power and Its Exercise by Legislatures," 22 *A. B. A. J.*, 1936, p. 772.

[94] Edson R. Sunderland, "Grant of Rule-Making Power to the Supreme Court of the United States", 32 *Mich. L. Rev.*, 1934, p. 1116.

[95] Daniel Burnham, "Policies Involved in Federal Rule Making", 18 *J. Am. Jud. Soc.*, 1935, p. 134.

有权就有关诉讼程序、律师、法院内部纪律以及司法事务处理等事项制定规则”。宪法上赋予最高法院以规则制定权,既是为了尊重司法机关的独立性,排除国会及内阁之干预,也是考虑到司法机关之专业性,让最精通裁判实务之法院来制定有关的程序显然是最为经济的。[96] 在德国,联邦最高法院与联邦宪法法院亦具有发布规则之权力。依《法院组织法》第140条之规定,联邦最高法院之处务规程应由全体法官大会制定,且须得到联邦参议院的认可。通过域外经验可知,司法规则的特征包括:均有宪法或法律确认;因审判之需而产生;包括程序性规则与实体性规则;由法院创制。[97]

其次,区分司法解释与司法规则。制定目的是对规则进行分类的关键。[98] 司法解释主要是司法机关为了更好地理解、适用法律,针对法律条文进行的阐释的活动,以细化、明确和补充立法为目的。司法解释与司法规则的区别主要体现在:第一,司法解释的目的在于"阐释"法律,对法律含义进行明确、补充;司法规则主要是为了便利或者约束诉讼过程,实现诉讼的高效和权威。第二,在内容上,司法解释强调的实体性权利义务规则的确立,司法规则主要是司法程序性规则。第三,从法理上看,抽象司法解释并非司法机关固有的权利,但是,司法规则的制定权从法理上是最高司法机关的固有权力。因为,任何司法系统都有司法行政的需要。第四,在运行逻辑上,司法解释虽然未必以案例为基础,但是,原则上必须以法条为基础和对象,唯此才能称为解释。司法规则虽然可能有些是依据法律规范作出的,但是,其并不必然以特定法律为基础。

名实相副是法治的精神要求,司法解释与司法规则的区别决定了,我们在今后立法和实践中有必要对二者进行区分,引入司法规则的概念,并辅之以特定的制度安排。司法解释与司法规则并行,遵循各自的规律,方能更好地实现逻辑自洽,并且有助于实现权力界限的明确。

---

[96] 前周志宏:《日本最高裁判所规则制定权之探讨——兼评大法官释字第五二〇号解释》,载《台湾本土法学杂志》2002年第32期。

[97] 同前注56。

[98] Charles W. Joiner and Oscar J. Miller, supra note 17.

(二)激活宪法:以宪法解释为切入和核心

创设和发展宪制的前提是激活宪法,但是,我国宪法仍然是一座沉睡的活火山。解释宪法是激活宪法适用的前提,⑨但目前宪法解释和适用一直是司法系统"默认的禁区"。⑩"齐玉苓案"的批复实际上是法院解释宪法的开端,但是该批复的失效,⑪使宪法解释的命运再次扑朔迷离。当前的司法体制和权力结构下,通过司法解释对宪法进行解释,无疑是激活宪法的重要突破口,也是西方经验证明了的最稳妥方式。⑫

宪法解释应当成为司法解释的核心使命,从而推动宪制发展。宪法的权威性,决定了由最高院专门进行解释的必要性和严肃性。鉴于宪法在我国司法领域沉寂多年,可以通过以下方式推动宪法解释。

首先,通过司法规则解除宪法适用的禁区。最高院可以通过出台司法规则的方式,结合实践经验,提出地方应当适用宪法的要求,并对实践中如何适用宪法制定一些规则,指导地方逐步适用宪法。2004 年最高院曾发布《关于学习贯彻〈中华人民共和国宪法修正案〉的通知》要求"切实遵守并执行宪法",但是,具体的方式却又是"各级人民法院在审判工作中要严格遵守宪法,通过公正高效的审判活动,将宪法修正案的有关规定真正落到实处"。⑬ 由于《通知》过于原则、其目的是响应中央实施宪法的要求,并无法成为激活宪法的有效文件。

其次,在解释法律时,以宪法为依据和最高指南。最高院在进行法律解释时,应当积极尝试将宪法作为判断合法性、解释法律含义的最高标准、规范依据和价值基础。以宪法的核心价值和理念以及具体的要求,作

---

⑨ 参见王磊:《宪法的司法化》,中国政法大学出版社 2000 年版,第 4 页。

⑩ 《最高人民法院关于在刑事判决中不宜援引宪法作论罪科刑的依据的复函》已被废止,废止的理由是:定罪科刑以刑法为依据,复函不再适用。但这个理由显然是荒唐的,因为批复的意思也是定罪课刑以刑法为依据,显然最高院仍然没有彻底解除宪法禁忌的意思。参见《最高人民法院关于废止 1979 年底以前发布的部分司法解释和司法解释性质文件(第八批)的决定》。

⑪ 废止理由是:已停止适用。至于为何停止适用,并未给出理由。参见《最高人民法院关于废止 2007 年底以前发布的有关司法解释(第七批)的决定》。(法释〔2008〕15 号)

⑫ See Otto Pfersmann, "Concrete Review as Indirect Constitutional Complaint in French Constitutional Law: A Comparative Perspective", 6 *European Constitutional Review*, 2010, pp. 225 – 226.

⑬ 《关于学习贯彻〈中华人民共和国宪法修正案〉的通知》。

为进行司法解释的指引，并且以宪法作为司法解释的合法性和权威性的支撑。

再次，在个案（具体）司法解释中，积极适用宪法。最高院对于自己审判的案件、因疑难而请示到最高院的案件以及由其审核的指导性案例，进行司法解释时，应当积极运用宪法的条文和价值去解释，必要时将宪法的条文适用于具体的案件判决。最高院在解释具体个案时，积极运用宪法，一方面可提升解释的权威性，另一方面也可以为地方适用宪法作表率。

通过积极解释宪法，激活宪法的制度和精神，是中国宪制的必由之路。当然，应当强调宪法解释权是任何法官均可以而且应当行使的，只不过解释的终局权威在最高院。

（三）立法赋权：授权与束权并存

从权力来源上，法官在审判中的法律解释权是其固有权力，而最高院行使的抽象司法解释权则未必是其固有权力，属于"授权性"解释。[104] 人大常委会的决议是否构成抽象司法解释的充分授权呢？有学者认为，人大常委会的决议只是规定了最高院行使对"具体应用法律问题"的司法解释权，因而，最高院行使的抽象法律解释并无法律依据。但这种理解是不符合常识的。任何法官在审判中都有法律解释权，因而，如果人大决议是重申这个道理显然多此一举。"具体应用法律问题"，并不是说在审判中进行解释，而是着眼于审判实践，对法律如何才能更好地适用或者更好地实现正义而进行解释。因而，人大决议就是旨在赋予最高司法机关抽象司法解释权。当然，这种概括性赋权是不充分的，也就导致了学界的诟病。为了规范司法解释的行使，确有必要给予司法解释和司法规则以宪法地位，并通过制定宪法性法律来规范司法解释和司法规则的制定。

首先，通过宪法分别明确最高司法机关的司法解释权和司法规则的制定权。现行宪法将法律解释权明确授予人大常委会，人大常委会本无权再进行委托。故而，司法解释权并不宜由人大常委会授予，而应当由宪法赋予。另外，鉴于法律解释和规则创制是两个制度，因而，可以在宪法中明确规定这两种制度。比如《日本宪法》第 77 条第 1 款确定了日本最高法院就诉讼程序、律师、法院内部规章以及司法事务处理等事项的规则

[104] 同前注⑦陈春龙文。

（最高法院规则）制定权。[105] 鉴于司法解释已经成为我国的法治传统，也应当由宪法进行确认和约束。

其次，制定规制司法解释和司法规则的“宪法性法律”。在我国，通过立法规制“规则”创制和权力行使已经成为一个传统，[106]因而司法解释和司法规则的制定，也应当通过立法来实现。《立法法》虽然将司法解释纳入其中，但是，并无法对司法解释和司法规则制定进行明确规定。在美国，1934 年制定的《司法规则授权法》规定了司法规则制定的规则和程序。[107] 为了规范和引导司法解释和司法规则的科学制定，可以由全国人大制定《司法解释和司法规则制定法》，从而起到规范司法解释和司法规则制定的作用，同时，也可以解决司法解释和规则的效力、适用规则、司法解释与其他规范冲突的处理以及司法解释的监督问题。需要强调的是，司法解释和规则涉及国家权力分配问题，因而有必要通过宪法性法律规定。

（四）强化说理：以理性改造解释内容

司法解释与判例制度在核心使命上的相通性决定了判例制度对司法解释的借鉴意义。既然判例的核心部分在于论证和说理，具有同样旨趣的司法解释亦应当以“说理”为主要内容并作为重要的目的。强化司法解释的说理性，一方面可以确保司法解释的科学性，更加方便法官理解和适用；另一方面也是对解释者的内在约束。另外，也为法官在审判中说理提供了范本和依据。

首先，“说理和论证”应成为司法解释的必要内容。无论是抽象司法解释，还是针对具体个案的司法解释，司法机关在提炼规则和原则的同时，应当对该规则或者原则的提出进行充分的说理和论证。从法律规范到解释规则，必须架一座桥梁，让人们看清二者的联系，并自由地行走于二者之间，这座桥就是说理和论证。说理和论证，亦是判断司法解释内涵和合法性的重要参考。另外，将说理作为司法解释的必要内容，也是转变司法解释立法化外观的重要方式。

---

[105] 参见牛振宁：《最高法院规则制定权研究：比较与借鉴——以美、日两国最高法院为解析对象》，载左卫民编：《最高法院研究》，法律出版社 2004 年版，第 151 页。

[106] 《立法法》《规章制定条例》等，都是专门针对立法或者规则制定而进行的立法。

[107] 参见张文贞：《美国司法规则制定权的理论与实际》，载《台湾本土法学杂志》2002 年第 32 期。

其次,强化说理的法律效力。与判例的说理具有拘束力一样,司法解释的说理和论证部分,同样应当具有法律效力:其一,司法解释说理部分凝结出的原则和规则,法官可以作为判决的依据进行援引;其二,对于没有形成规则的部分,在司法实践中,主要用来支撑解释规则、理解法律条款,即法官在司法推理的过程中,可以将司法解释的说理部分作为其推理的前提和理由。

最后,规范说理的形式表达。在一个缺乏“说理”的传统法域里,司法解释的说理形式亦需要建构。判例制度下,说理是法官的自由空间,无法规则化或者明确化,只能提出一些原则性的要求和框架性的制度。司法解释的说理,应当强调法条与司法解释规则之间的内在联系,说明司法解释原则、规则产生的立法依据、价值基础、事实根据和宪制价值。应当以“以理服人”、提升理性为目标去构建说理内容,这就要求对司法解释的合法性和合理性进行论证,必然用到宪法、法律的条文,必然要进行逻辑的演绎,同时也必然要使用各种材料,比如立法草案说明、相应证据材料,还可能用到哲学、人文历史、科学的知识。总之,应该允许法官根据正义、良知和睿智光辉去说理和论证。[108]

当然,说理是一个不断习得的过程,司法解释的说理也是不断完善的过程。

(五)制度革新:实体规则的搭建

除了遵循特定的程序之外,司法解释还应当遵循实体性规则的引导和约束,而这正是目前欠缺的。塞克斯指出:“在解释之际,法院必须遵循一定的、有位阶差异的解释方法和解释准则。”[109]卡多佐则强调,法官解释法律应当运用一种以传统为知识根据的裁量,以类比的方法受到制度的约束。[110] 因而,司法解释实体规则确立,是司法解释规范化的制度路径。

第一,司法解释启动以经验为基础,必要为条件。根据司法解释的目的,结合目前司法解释存在的问题,司法解释的启动宜以“经验”为基础,

---

[108] 参见[法]勒内·达维德:《当代主要法律体系》,漆竹生译,上海译文出版社1984年版,第138页。

[109] H. Hart & A. sacs, *The Legal process Basic problems in the Making and Application of Law*, The Foundation press, 1994, pp. 1111 – 1374.

[110] 同前注㉒,第88页。

必要为限制。以经验为基础指的是司法解释是为了满足司法实践的需要,基于经验判断而启动,并不是解释者的主观热情,[111]同时避免启动上过分民主化。[112] 另外,司法解释的启动应当以必要为条件,即在新法出台后,并不是一定要进行抽象司法解释,而是要基于审判经验,审查进行司法解释的必要性,只有确有必要进行解释时,才启动司法解释。"'两高'应当对颁布司法解释持克制态度,不能动辄做出司法解释,可以由下级司法机关自行处理的事项,没有必要做司法解释。"[113]以经验为基础,必要为条件,可以使解释者有更多的精力放在急需的解释上,从而提高解释的质量。

第二,规则设定应区别对待,遵循各自规律。鉴于实践中存在不同类型的司法解释,因而,在设定规则时,应根据各解释的特点进行设计:对于抽象解释,重在检视法律的可适用性,补充法律漏洞,因而重在技术性解释。对于个案性解释重在实现正义、塑造法律秩序,因而重在价值性解释。解释的程序上:抽象解释主要采取审议式的方式,基于司法的一般经验,突出对于解释技术的应用和规范说理。而个案性解释,则应当采用审理式形式,在对案件的事实和证据进行了解的基础上进行解释。

第三,司法解释应当遵循审慎、尊重立法的原则,突破立法应当以实现正义为必要。其一,法官应尊重法律,在既有的法律秩序中,协助立法者共同促进大家所信仰的法律秩序的实现。[114] 西方法院对法律进行解释时,在"解释"和"创制"、"澄清"和"设定"之间始终保持一种清醒的认识和自制。[115] 其二,创制规则以实现正义为必要。法官是公正的捍卫者,"如果现有的法律暴露了缺点,法官们不能叉起手来责备起草人,他必须开始完成国会意图的建设性工作"。[116] 但只有当现有的法律,无法实现正义时,法官才能诉诸制定新法。[117] 因此,立法者有意识地对特定问题不作

---

[111] 同前注⑤陈甦文。

[112] 同前注⑧。

[113] 张明楷:《简评近年来的刑事司法解释》,载《清华法学》2014 年第 1 期。

[114] See Cardozo,"A Ministry of Justice",35*Harv. L. Rev.*,1921,p. 113.

[115] Tom campball,*separation of powers in practice*,Stanford university press,2004,p. 20.

[116] [英]丹宁:《法律的训诫》,丁健等译,法律出版社 2011 年版,第 13 页。

[117] 参见[美]埃德加·博登海默:《法理学－法律哲学和方法》,张智仁译,上海人民出版社 1992 年版,第 372 页。

调整的“法外空间”及“有意识的法律沉默”，司法解释也应当保持克制。[118]

第四，明确效力规则。司法解释的效力需要立法进行确定，而其效力宜低于宪法和法律，但高于行政法规以下的文件。虽然司法解释具有创制规则的意义，并且是基于人大（非人大常委会）授权，但是，如果将司法解释的效力与法律的效力等同，则面临一个问题：司法解释与法律不一致时，适用新法优于旧法的原则显然不合适。司法解释虽然可以在一定程度上发展法律，但是，其原则上不应该直接否定明确的法律。当然，司法解释弥补和发展法律的部分，因为法律没有规定，其当然具有较强的拘束力。当然，对于旨在约束司法行为的以程序为主的司法规则，可以强调其效力的优先性，因为其主要是为了司法的便利和高效。比如，美国联邦最高法院制定的司法规则的效力要优先于法律。[119]

另外，司法解释适用应当坚持“法律优先”。鉴于司法解释的补充性以及效力位阶低于法律，因而，司法解释的适用应当坚持“法律优先”。具体而言，如果法律规定明确，那么司法解释主要是用于推理而不用于判决；如果法律规定不明确或者有漏洞，再以司法解释作为判决依据。这样做可以防止司法解释架空法律，同时也不影响司法解释的权威性。

第五，优化解释技术。司法解释应当强调技术性优先于伦理性，即在进行司法解释时，首先是对法律进行技术性解释，以使法律更加好用。“在司法解释的形成过程中，应当偏重于法律文本的技术完善，即利用法律技术手段使现有法律的规范内容清晰、利益处置得当、调整功能有效、实施机制顺畅，以便于司法审判实践中充分有效地应用法律。”[120]只有在技术解释无法实现目的或者不正义时，才使用伦理和价值解释等。优化解释技术重点是强调法律解释方法的研究和应用，同时还要强调论证技巧的优化。技术的优化应注重司法解释目的的实现，使法律更加好用、更加可操作，更加符合正义。

第六，改革批复制度。建议将批复制度转化为书面审理型解释，并允许各方就法律解释问题提出上诉。书面审理司法解释制度，指下级法院

---

[118] 参见［德］卡尔·拉伦茨：《法学方法论》，陈爱娥译，商务印书馆2003年版，第249~258页。

[119] 同前注[107]。

[120] 同前注⑤陈甦文。

对案件适用法律问题存在争议或者疑问,将案卷材料和问题一并提交至最高院,由最高院组成合议庭或者独任庭,结合案情和案卷材料对法律问题进行解释的制度和过程。这样的制度设计,一方面为法官司法解释提供了更为丰富的情境,另一方面也使解释更有针对性,而不是由条文到条文。另外,还可以借鉴澳门“统一司法见解”[121]制度,通过诉讼的方式解决法律适用的问题。《澳门刑事诉讼法典》第429条规定:“凡有理由相信所定出之司法见解已不合时宜,检察长得对定出该司法见解之合议庭裁判提起上诉,以便对之进行复查。”即在澳门,争议各方得就存在争议的法律解释问题,单独根据非常上诉程序,申请终审法院对司法见解进行统一,最高法院的司法见解具有法律效力。[122]

(六)合法性监控:审批与备案并行

司法解释的合法性监控机制,应当处理好人大监督与司法独立的关系。在美国,最高法院拟订的规则须交由检察总长向国会报告,经国会审查后才发生效力。[123] 针对目前人大对司法解释备而不审的窘境,建议将司法解释的监督机制由备案审查制改成“以审批制为主,备案审查为辅”的机制。

首先,部分司法解释应经“人大批准”。人大既然授权司法机关进行司法解释,那么,其应当对该授权进行监督。针对备而不审的情况,建议由“备案制”改成“批准制”,即司法机关制定的司法解释,应当呈报人大批准以后方能生效。这样一方面使人大的审查由“可以”变成“应当”,另一方面也可以放慢司法机关进行司法解释的步伐。鉴于司法解释的性质,对于抽象司法解释以批准为宜,考虑到个案审查的审判性,个案性司法解释则仍然坚持备案审查制。

其次,审查机制的建立。目前来看,司法解释的备案审查工作主要是由人大法制工作委员会承担,但是,该机构的行政性以及立法的繁重任务决定了他们既缺乏足够的专业,又缺乏充分的时间去审查和监督司法解

---

[121] 司法见解,是指法院为解决具体案件而适用相关法律时,在判决书中所作出的对法律条文的理解。

[122] 参见王仲兴、孙末非:《我国司法解释制度改革路径探析——以〈澳门刑事诉讼法典〉“统一司法见解制度”为视角》,载《吉首大学学报》(社会科学版)2009年第3期。

[123] 同前注[107]。

释。因而，建议改革内务司法委员会，由内务司法委员会成立专门的司法解释工作组，对司法解释进行审批，对于备案的司法解释进行审查。这样既保证审查的专业性，又保证审查的专门化。

四、结语

承担着宪制使命的"司法解释"制度，已经在中国宪制结构获得了独特的地位。司法解释成为立法权与司法权互动和相互制约的媒介，是中国法治的独特角色。虽然其存在诸多的问题和不足，但是，彻底的摒弃并不符合法治精神。因为法治的精神就在于不轻易否定，不轻率决定。司法解释完全可以成为中国法治的特有机制，而其存在的问题，与其说是司法解释的先天缺陷，不如说是因中国法治土壤和学术养分的贫瘠而出现的营养不良。与其他制度的变革类似，司法解释改革的未来，亦有赖于法治土壤的改良、学术知识的供给。当然，司法解释本身的痼疾也需要根治，这就需要对症下药：从法理上，区分解释与规则的不同；从策略上以解释宪法为核心使命，从而激活宪法；从立法上确立其地位和规则；通过强化说理，提升司法解释的权威性，防止恣意；通过构建解释规则，实现制度约束和引导；通过监督机制革新实现合法性监控。

●诚实信用原则可否规制权利滥用

——以信息公开申请权滥用为切入点

林玉萍[*]

摘　要:近年来,关于诚实信用原则可否规制权利滥用,学界的讨论愈演愈烈,支持论者与反对论者各占半边。而反观实践,在滥用信息公开申请权的诉讼当中,法院关于诚信原则的诉讼效能亦不明朗。本文通过整理截至2017年国内滥用政府信息公开申请权的298个案例,发现其中91个法院在判决书中使用"诚实信用原则"对滥用信息公开诉权进行规制。进一步,结合比较法上的理论与实践分析,笔者认为理论界关于诚实信用原则在规制权利滥用方面的适用模式可分为三种:一为"不可适用",仅作为排除司法滥权的宣示性权利;二为"间接适用",通过诚信原则建立起一套规制权利滥用制度,以该制度限制权利滥用;三为"直接适用",法院可直接运用诚实信用原则作为滥用诉权规制的解释规则。我国司法实践目前呈现一种理论争议不清与实践定位不明的状态。从我国的实践基础与比较法经验出发,在这三种适用模式中,经过分析,笔者认为我国现阶段应当适用第三种"直接适用"模式。

关键词:诚实信用原则;权利滥用;直接适用;间接适用;不可适用

附录:关于诚实信用原则适用于滥用信息公开申请权规制的91个案例

一、滥用信息公开诉权司法实践的特点及问题

(一)司法判例

截至2017年年底,笔者在无讼上输入"滥用政府信息公开申请

---

* 林玉萍,北京大学法学院法学硕士研究生,宪法与行政法专业。

权”,检索获得298个案例,通过对每份判决书中法院对当事人行为构成“滥用政府信息公开申请权”的认定要件进行解剖,笔者发现以下几大特点:

1. 关于该原则的使用是否为主流:有91个法院认为“违反诚实信用原则”可作为认定“滥用政府信息公开申请权”的构成要件。换言之,在将近300个案件当中,有超过200个法院并未提及“诚信原则”在滥用信息公开申请权上的规制,这是否意味着在信息公开领域,运用“诚实信用”原则对滥用诉权进行规制并非主流?

2. 关于该原则的内涵可否被阐述:在运用“诚实信用原则”对滥用诉权进行规制的案件中,大部分法院皆未对该原则的内涵及适用进行详细的阐述。对该原则的含义未进行完整阐述的判决书表述为:

(1)行为(性质):当事人行使行政诉权应当具有值得通过司法途径予以保护的正当利益,不得有恶意诉讼、无理缠诉以及其他违反诉讼诚信的行为,这是提起行政诉讼的起诉条件之一。[①]

(2)行为(次数)+结果(资源):对于因各种非理性动机而多次就同一内容提起政府信息公开的行政诉讼,有违“诉讼应当遵循诚实信用原则”,必会加重人民法院的负担,导致司法资源的极大浪费,其行为也属于滥用诉权。[②]

(3)结果(资源+立法目的):原告的行为显然已违背《政府信息公开条例》的立法目的,干扰了行政机关正常工作秩序,无理地占用、并浪费了大量的行政、司法资源,其诉讼请求明显缺乏诉的利益、目的不当、有悖诚信。[③]

原告仍然违背《中华人民共和国政府信息公开条例》(以下简称《政府信息公开条例》)的立法目的,执意不断围绕×××问题多次不断提出内容重复、不符合法定条件的政府信息公开申请,违背了诚实信用原则,使行政机关疲于告知,造成行政资源的极大浪费,已经构成滥用政府信息

① (2015)温瑞行初字第109号;(2015)浙温行初字第461号;(2015)温瑞行初字第108号;(2015)浙温行初字第457号;(2015)浙温行初字第460号;(2015)浙温行初字第456号;(2016)苏0611行初184号。

② (2014)港行初字第00247号。

③ (2015)温瑞行初字第111号。

公开申请权。④

(4)结果(利益):不当的申请和起诉多次未获人民法院的支持,而其仍然频繁提起行政复议和行政诉讼,已经使有限的公共资源在维护个人利益与他人利益、公共利益之间有所失衡。这种损害他人并对自己利益较少或根本无利益的诉权的行使,超越了权利行使的界限,亦有违诚实信用原则,已构成诉讼权利的滥用。⑤

(5)行为(次数)+动机+结果(资源+利益):如果公民提起政府信息公开申请违背了《政府信息公开条例》的立法本意且不具有善意,就会构成知情权的滥用。涉及信息公开滥诉行为的客观表征即为申请主体群体化、申请数量多且重复、申请内容复杂化、申请动机多样化以及滥用救济程序。通过分析和审查×××等人的行为是否符合上述特征,并从是否缺乏诉的利益、诉讼目的是否正当、是否有悖诚信等因素来考量;从行使权利的方式必须符合正当的要求,行使权利不得损害国家的、社会的、集体的利益和其他公民的合法自由和权利来认定,×××等人反复多次提起琐碎的、轻率的、相同的或者类似的诉讼请求,甚至明知无正当理由而反复提起诉讼,其起诉明显缺乏诉的利益、目的不当、有悖诚信的起诉原则,违背了诉权行使的必要性,丧失了权利行使的正当性,足以认定构成滥用诉权。⑥

(6)直接用词:当事人所提起的相关诉讼因明显缺乏诉的利益、目的不当、有悖诚信,违背了诉权行使的必要性。⑦

---

④ (2017)鲁0203行初13号;(2017)鲁0203行初17号;(2017)鲁0203行初12号;(2017)鲁0203行初24号;(2017)鲁02行终300号;(2017)鲁02行终299号;(2017)鲁0203行初25号;(2017)鲁0203行初22号;(2017)鲁02行终298号;(2017)鲁02行终302号;(2017)鲁0203行初23号;(2017)鲁02行终301号;(2017)鲁02行终306号;(2017)鲁02行终297号;(2017)鲁0203行初16号;(2017)鲁02行终296号;(2017)鲁02行终304号;(2017)鲁0203行初14号;(2017)鲁0203行初19号;(2017)鲁02行终303号;(2017)鲁0203行初21号;(2017)鲁02行终307号。

⑤ (2016)苏06行终613号;(2016)苏06行终610号;(2016)苏06行终609号。

⑥ (2017)陕01行终4号。

⑦ (2015)宣中行初字第00024号;(2016)苏0611行初216号;(2017)豫08行初37号;(2016)苏06行终608号;(2015)宣中行初字第00029号;(2016)苏06行终607号;(2015)宣中行初字第00021号;(2016)苏06行终613号;(2015)宣中行初字第00023号;(2016)苏06行终610号;(2017)苏06行终622号;(2016)苏06行终638号;(2016)苏06行终611号;(2015)宣中行初字第00026号。

有对该原则内涵明确阐述的案件为45件，其表述为：

该完整内涵式的论述+动机+行为(次数)：诚实信用原则要求当事人实施诉讼行为、行使诉讼权利必须遵守伦理道德，诚实守诺，并在不损害对方合法利益和公共利益的前提下维护自身利益。骚扰、泄愤、盲目、重复、琐碎性质的起诉显然不符合诚实信用原则的要求。原告×××本已滥用了政府信息公开申请权，所提起的多起诉讼要么起诉理由高度雷同，要么是在已经获取、知悉所申请政府信息的情形下仍坚持提起诉讼，这种对诉讼权利任意行使的方式有违诚实信用原则。⑧

3. 关于诚信原则与滥用诉权的关系：大部分法院将诚信原则作为滥用诉权的构成要件之一。此方面的法院及其论述理由为：如果公民提起政府信息公开申请违背了《政府信息公开条例》的立法本意且不具有善意，就会构成对知情权的滥用。涉及信息公开滥诉行为的客观表征即为申请主体群体化、申请数量多且重复、申请内容复杂化、申请动机多样化以及滥用救济程序。通过分析和审查×××等人的行为是否符合上述特征，并从是否缺乏诉的利益、诉讼目的是否正当、是否有悖诚信等因素来考量；从行使权利的方式必须符合正当的要求，行使权利不得损害国家的、社会的、集体的利益和其他公民的合法自由和权利来认定，×××等人反复多次提起琐碎的、轻率的、相同的或者类似的诉讼请求，甚至明知无正当理由而反复提起诉讼，其起诉明显缺乏诉的利益、目的不当、有悖诚信的起诉原则，违背了诉权行使的必要性，丧失了权利行使的正当性，

⑧ (2016)苏0611行初216号；(2016)苏0611行初174号；(2016)苏0611行初185号；(2016)苏0611行初173号；(2016)苏0611行初299号；(2016)苏04行终101号；(2016)渝行终36号；(2016)辽02行终284号；(2015)宣中行初字第00018号；(2016)苏0611行初215号；(2016)苏0611行初175号；(2016)苏0611行初209号；(2016)苏0611行初208号；(2016)苏0611行初183号；(2015)坛行初字第0045号；(2017)渝02行终192号；(2016)渝行终33号；(2015)渝二中法行终字第00215号；(2016)苏0611行初147号；(2015)宣中行初字第00020号；(2017)渝02行终184号；(2016)渝行终40号；(2016)渝行终35号；(2016)辽02行终279号；(2015)港行初字第00021号；(2016)渝行终37号；(2016)辽02行终285号；(2015)渝二中法行终字第00169号；(2015)渝高法行终字第00218号；(2016)辽02行终281号；(2016)苏0611行初213号；(2017)渝02行终190号；(2017)渝02行终177号；(2017)渝02行终178号；(2016)渝行终34号；(2016)苏0611行初205号；(2015)渝二中法行终字第00214号；(2016)苏0611行初214号；(2016)渝行终39号；(2016)辽02行终283号；(2016)渝行终42号；(2016)辽02行终282号；(2016)渝行终38号；(2016)辽02行终286号；(2016)渝行终41号。

足以认定构成滥用诉权。[9]

（二）司法解释

最高人民法院（以下简称最高院）于2018年1月发布的《诚实信用原则的司法适用》一文中认为，诚实信用原则具有确立行为规则、填补法律和合同漏洞、衡平、解释、降低交易费用和增进效率的功能，[10]是调整人与人之间的相对关系时最主要的原则，是行使权利、履行义务时要遵循的，是平衡当事人之间利益的要求。一方面，在适用上，诚信原则要求司法审判人员能够依据诚信、公平的观念正确解释法律、适用法律，弥补法律规定的不足。另一方面又要求其在平衡利益方面做到两点，第一点是实现当事人之间利益之平衡，第二点是实现当事人与社会利益之平衡。最为重要的是，最高院强调，“诚实信用原则不仅可以作为基本的行为遵循，在法律没有具体规定时，诚实信用原则还可以直接作为裁判案件的依据”。[11]

根据这一精神，并对其进行进一步扩张解释，笔者认为有理由进行如下认定，即最高院认为诚实信用原则可以被直接适用到具体案件中，成为认定当事人行为构成滥用诉权的判定要件之一。

（三）司法实践与司法解释存在的问题

通过上文对司法判例的规定内容进行分类，可以发现这些判例中存在的问题为：

1. 诚实信用原则内涵不明，导致法院滥用裁量权：大部分法院在运用“诚实信用原则”进行滥用诉权规制之时，并未完整阐述该原则的内涵以及适用要件，而是就本案的情形与该原则的可适用性之间进行简单的阐述。换言之，法院在论述中，采用的句式并非“诚实信用原则指A，本案的现实情况为B，因为B与A对应，故而可以适用诚信原则，故而构成滥用诉权C”，而是“本案的现实情况为B，符合诚实信用原则A，故而构成滥用诉权C”。这种论述方式的缺陷在于，法院未事先对A的内涵进行界定，而是在A内涵尚处于模糊之时便直接认定B属于A，有滥用裁量权之

⑨ （2017）陕01行终4号。

⑩ 参见王利明：《民法总论》，中国人民大学出版社2015年版，第56~58页。

⑪ 参见吴兆祥、陈龙业：《民法总则基本原则的解读》，载杜万华编：《民事审判指导与参考》，人民法院出版社2017年第1辑。

嫌疑。

2. 诚实信用原则适用强度及其可否直接适用于权利滥用规制在实践中未能得出一致结论:在信息公开领域,单纯以案件数量来看,298 个滥用诉权的案例中有 91 个法院运用“诚实信用”原则对滥用诉权进行规制,似乎诚信原则在法院滥用诉权的裁判中并非主流。此外,即便适用了该原则对权利滥用进行规制,适用的强度亦不相同。有些为直接适用,有些为间接适用。在不能适用、间接适用、直接适用三个层面上,实践做法并未达成一致。

3. 诚实信用原则的司法认定包括“主观要件”“客观要件”“法律效果”“社会效果”四个方面,而这四个方面并未有明确的法律依据。主观要件系指对当事人诉讼目的正当性进行考察;客观要件系指对当事人行为的次数、内容及性质进行考察;法律效果考察指向对当事人的申请是否违背《政府信息公开条例》立法本意及立法精神的检验;社会效果的考察指向对当事人的行为对社会资源、诉讼资源、社会利益等造成的损害后果进行考察。这种认定标准并未有充足的法律依据,司法解释亦无法提供理论支持。

二、理论分析——比较法的视野

由于我国理论界在这方面的研究略有不足,故而本着学习的精神,不妨运用比较法的方式进行分析。笔者选取了大陆法系的我国台湾地区、日本、德国与英美法系的美国作为比较对象。因诚实信用原则的首要精神为衡平,其内涵在某种程度上天然地具有不确定性,故而许多国家并未直接对其内涵予以规定,在比较上存在困难。故而在比较法上,笔者限缩比较范围,将本文的比较项定为:“诚实信用原则”可否直接适用于权利滥用规制及其适用强度。

经过初步整理,笔者将诚信原则在规制权利滥用方面的诉讼效能分为三类:一为不可直接适用,仅作为排除司法滥权的宣示性权利;二为间接适用,通过诚信原则建立起一套规制权利滥用制度,以该制度限制权利滥用;三为直接适用,法院可直接运用诚实信用原则作为滥用诉权规制的条件。下文将详细展开论述。

（一）可直接适用（作为解释规则运用）

直接适用是指在信息公开申请权诉讼领域，法院将“诚实信用原则”作为其解释规则的一环，用以判定当事人的行为是否构成权利滥用。

可直接适用观点的代表为日本。张卫平先生认为，大陆法系国家关于诚实信用原则的适用大体可以划分为五类：当事人真实陈述的义务、促进诉讼的义务、禁止以欺骗方法形成不正当诉讼状态、禁反言、诉讼上权能的滥用。⑫ 与本文所讨论的议题密切相关的为诉讼上权能的滥用。但是，由于起诉权是宪法规定的基本权利，而诚信原则并未写入宪法，运用诚信原则对宪法性权利进行限制需慎之又慎。

就发展历史而言，诚信原则对诉权滥用的规制首次出现在1947年的《日本民法典》修正案中，该修正案明确规定“滥用权利是绝不容许的”，与此同时，《日本民法典》第1条第2款规定权利的行使必须遵从诚实信用原则。然而此时的诚实信用原则与禁止权利滥用原则界限模糊，理论界认为禁止权利滥用原则更多适用于侵权案件，诚实信用原则更多适用于合同案件；⑬实务界认为案件裁判中，违背诚实信用原则就是一种权利滥用。⑭ 与民法典不同，1890年的《日本民事诉讼法典》并未规定诚实信用原则和禁止诉权滥用，理由有二：其一，作为道德规则的诚实信用原则如果规定进诉讼当中，可能会过分限制当事人的自由；其二，当时的民事诉讼法典中已经规定了对当事人专横和故意拖延诉讼行为的禁止，如果再加以诚实信用原则，则可能会过度限制当事人的自由。到1947年，《日本民事诉讼法》开始规定了当事人真实义务。⑮ 到1996年，《新日本民事诉讼法》才正式确立“当事人各方的诉讼行为应符

---

⑫ 参见张卫平：《民事诉讼中的诚实信用原则》，载《法律科学（西北政法大学学报）》2012年第6期。

⑬ See Jasubei Taniguchi, *Abuse of Procedural Rights: A Japanese Perspective*, *Abuse of Procedural Rights: A Comparative Standards of Procedural Fairness*, Kluwer law international, 1998, p. 215.

⑭ Kazuakisono & Asushiro Fujioka, “The Role of the Abuse of Right Doctrine in Japan”, 35 *Louisiana L. Rev.*, 1975, p. 1037.

⑮ 参见张晓薇：《民事诉权正当性与诉权滥用规制研究》，法律出版社2014年版，第104～105页。

合诚实信用原则”。[16]

日本法学界总体而言承认诚信原则对诉权滥用的直接规制，但在诚实信用原则与滥用诉权的关系方面存在三种主张。第一种观点认为诉讼权利之滥用系属违反诚信原则的一种情形。第二种观点以竹下守夫为代表，他认为应区分禁止权利滥用原则与诚实信用原则，诉讼权利之滥用若针对对方当事人，则适用诚实信用原则，若针对法院，则适用禁止权利滥用原则予以规制。第三种观点为中庸之道，代表者为铃本正裕，他认为禁止权利滥用与诚实信用原则二者的界限并不十分清晰，在许多情形下存在交叉包容的关系。[17] 总体而言，司法实践认为，民事诉讼程序中的三方关系在适用诚信原则的同时，诉权滥用也有其独立被诚信原则规范的位置。若当事人违背了诚实信用原则的基本要求，则构成对诉权的滥用，要承担程序的后果。[18] 实践判例中关于滥用诉讼程序的具体诉讼权利存在三种情况，滥用回避申请权、滥用庭审申请权、滥用上诉权。

（二）间接适用

所谓的间接适用，是指并非直接以“诚实信用原则”作为解释规则来进行诉权滥用的规制，而是在“诚实信用原则”的基础上发展出一套禁止权利滥用的制度，这方面的代表为德国以及我国的台湾地区。

1. 德国

《德国民法典》第242条规定“义务人有按照诚实信用原则行事之义务，行事时得依当地风俗习惯”。[19] 关于该条能否直接适用于诉讼法领域的争论发生了一系列变化。原先司法实践缺乏在实践中适用诚信原则的案例，后来随着司法实践的发展，诉讼理念不断发生变化，法院开始借鉴民法领域的诚信原则，并基于诚信原则的基本精神，在修改的《德国民事

---

[16] 《新日本民事诉讼法》第2条规定：裁判所应为民事诉讼公正并迅速地进行而努力；但是进行民事诉讼，应以诚实信用为之。

[17] 参见［日］铃本正裕：《新民事诉讼法中的法院与当事人》，载竹下守夫、今井功编：《新民事诉讼法（1）》弘文堂1998年版，第40～42页。

[18] See Jasubei Taniguchi, “Abuse of Procedural Rights: A Japanese Perspective, Abuse of Procedural Rights: A Comparative Standards of Procedural Fairness, *Kluwer law international*, 1998, p. 219.

[19] German Civil Code, Section 242, (Performance in good faith), An obligor has a duty to perform according to the requirements of good faith, taking customary practice into consideration. See, https://www.gesetze-im-internet.de/englisch_bgb/englisch_bgb.html#p0731.

诉讼法典》中增加了当事人的“真实义务”。⑳ 在此规定的基础上，大多数法院和学者对其进行扩张解释，即既然当事人有义务本着诚实信用和公正进行诉讼，那么当事人诉讼的策略和手段就不应有欺骗性的过错行为，否则诉权的行使就不具备正当性，就是对诉讼的滥用，同时也是对对方当事人诉权的侵害。㉑

由此可见，虽然德国的诉讼中并未明确规定诚实信用原则，但诚实信用精神指导着诉讼进程，并据此建立了一套以“真实义务”的扩张解释为核心的规制滥用诉权的制度，这属于间接适用。

2. 我国台湾地区

我国台湾地区“民法”第 148 条第 1 项规定：“权利之行使，不得违反公共利益，或以损害他人为主要目的。”第 2 项规定：“行使权利，履行义务，应依诚信及信用方法。”王泽鉴先生认为，第 1 项的禁止权利滥用和第 2 项的诚实信用原则为两个互相区分的原则。前者是禁止性规定，后者是命令性规定，后者的功能主要为解释或补充。此外，比较法上多区分诚实信用原则和权利滥用原则，如果对权利滥用设一般规定，则诚信原则为补充或契约，这是日本和瑞士的做法。如果对权利滥用没有设立一般规定或要件比较严格，则一方面对权利滥用规定作合理解释，另一方面依照诚实信用原则发展出禁止权利滥用的制度。这是德国和我国台湾地区的做法。不仅如此，台湾实务界对于诚实信用原则在诉权滥用的规制方面作出了两点贡献，一是以客观利益衡量是否损害他人目的，二是依照诚信原则创设对权利滥用的限制，比如比例原则、权利失效理论、不得行使违反诚信而取得的权利。㉒

由此可见，在诚实信用原则的运用上，我国台湾地区的做法与德国相

---

⑳ Code of Civil Procedure of German, Section 26 (Jurisdiction as to the subject matter (forum rei sitae) for complaints brought against a person). Where the jurisdiction of a court is governed by the subject matter of the dispute, complaints brought against a person may be filed against the owner or possessor of an immovable property, as may be complaints for damages caused to real estate, or actions brought concerning compensation for the expropriation of a plot of real estate. See, https://www.gesetze-im-internet.de/englisch_zpo/englisch_zpo.html.

㉑ Stein/Jonas/Schumann, Commentary ZPO(20th ed.), Introduction, margin number 242 et seq; BGHZ 107, 296 with further proof.

㉒ 参见王泽鉴：《诚实信用与权利滥用——我国台湾地区“最高法院”九一年台上字第七五四号判决评析》，载《北方法学》2013 年第 6 期。

似，都以该原则为基础创设一套滥用诉权的制度，并在该制度中填充诸如比例原则、权利失效理论等具体解释规则。

（三）不可直接适用（宣示性适用）

不可直接适用，即鉴于诚实信用原则与起诉权滥用法理二者的模糊性，转而采用制定法对起诉权滥用进行规制，如英美等普通法国家关于“纠缠式诉讼”的相关立法及实践。

1. 美国

在英美法系，王锡锌教授认为“正因为仅仅根据诚实信用原则或权利滥用原则很难对诉权进行限制，国外的实践出现了通过制定法对诉权滥用进行限制的做法”。㉓

美国法上不存在大陆法系的诉权概念，当事人启动诉讼程序寻求司法救济的法律依据为美国联邦宪法第3条以及《美国联邦民事诉讼规则》第17条第1款。㉔ 此外，联邦宪法第3条往往会结合宪法修正案第14条的正当程序㉕规定，而衍生出对滥用诉权行为的规制。这一规制制度在美国称为“轻率诉讼”。“轻率诉讼”诞生于美国1969～1978年，当时的美国

㉓ 王锡锌：《诚实信用原则在滥用诉权上的影响》，载《法学研究》2017年第6期。

㉔ See Federal Rules of Civil Procedure：(a) REAL PARTY IN INTEREST. (1) Designation in General. An action must be prosecuted in the name of the real party in interest. The following may sue in their own names without joining the person for whose benefit the action is brought: (A) an executor; (B) an administrator; (C) a guardian; (D) a bailee; (E) a trustee of an express trust; (F) a party with whom or in whose name a contract has been made for another's benefit; and (G) a party authorized by statute. (2) Action in the Name of the United States for Another's Use or Benefit. When a federal statute so provides, an action for another's use or benefit must be brought in the name of the United States. (3) Joinder of the Real Party in Interest. The court may not dismiss an action for failure to prosecute in the name of the real party in interest until, after an objection, a reasonable time has been allowed for the real party in interest to ratify, join, or be substituted into the action. After ratification, joinder, or substitution, the action proceeds as if it had been originally commenced by the real party in interest. See http://www.uscourts.gov/sites/default/files/civil-rules-procedure-dec2017_0.pdf.

㉕ US Constitutional Amendments：Amendment 13 Section. 1. All persons born or naturalized in the United States and subject to the jurisdiction thereof, are citizens of the United States and of the State wherein they reside. No State shall make or enforce any law which shall abridge the privileges or immunities of citizens of the United States; nor shall any State deprive any person of life, liberty, or property, without due process of law; nor deny to any person within its jurisdiction the equal protection of the laws See https://constitution.findlaw.com/amendments.html.

每1000人当中便有44人提起民事诉讼,此种诉讼请求的随意与轻率导致对民事诉讼规则的批判与改革。㉖ 轻率诉讼通过 Gentile v. State Bar of Nevada 案、Liljeberg v. Health Service Acquistion Corp 案以及 Atetna Life Ins. Co. V. Lavie 案予以确定并发展,要求法院在司法实践中将滥用诉权的程序与正当程序相结合,若当事人的诉权行使被确认为轻率,抑或是本着不正当利益,则当事人不仅违背了正当程序,而且还违背了程序公正。㉗

在法律法规发展方面,1938 年的《美国联邦民事诉讼规则》第 11 条要求律师在每一份诉辩状上签字,证实已经阅读该诉状,且对该诉状的真实利害关系予以确认。后来因为律师的主观意图是否善意难以确认,经过两次修改,在 1993 年确认了律师在确认诉状真实性方面的义务:(1)提出文件并不是为了骚扰他人、不必要地拖延诉讼或者增加无谓的诉讼费用;(2)在文件里所含有的请求、抗辩及其他法律主张,应当依据现行法律或依据现行法的扩展、修改或变更或对新法的创制作出有意义的争论;(3)主张或其他事实论点应当有证据支持,或者特别指出如给予其进一步调查或发现的合理机会可能获得证据支持;(4)对事实论点的否认是基于证据的,或特别指出其对事实论点的否定,是以不知情或缺乏信任为由的合理基础。㉘

2. 英国

与美国类似,英国的司法实践当中也不存在诉权的概念,强调的也是对当事人必要的司法救济。英国将“滥用诉权”包含于范围更加广泛的“当事人诉讼程序”概念之中,并在理论界提出了四种“滥用程序的表现形态”。㉙ 而立法中的相应规定则体现为 1998 年的《民事诉讼规则》与《民事诉讼规则判例指南》第 1 条第 5 款。前者规定,当事人不公正的或有趋向性意图的诉讼行为会被认定为对诉讼程序的滥用,即原告提起恶

㉖ 参见[美]史蒂文·苏本、玛格瑞特·伍:《美国民事诉讼的真谛——从历史、文化、实务的视角》,蔡彦敏、徐卉译,法律出版社 2002 年版,第 106 ~ 108 页。

㉗ See Geoffrey C. Harzard,“Abuse of Procedural Rights:Regional Report for The United States”,in *Abuse of Procedural Rights: A Comparative Standards of Procedural Fairness*, Kluwer law international,1998,p. 46.

㉘ 同前注⑮,第 129 ~ 131 页。

㉙ 同前注⑮,第 125 页。

意和无根据的民事诉讼，原告对胜诉的可能性缺乏合理的信心，且最后原告败诉，其行为构成对诉讼程序的滥用。后者规定，诉讼行为如果是带有攻击性的、语言污秽或明显地带有恶意的，则会被认为对诉讼程序的滥用而被排除。[30]

但是，无论理论界还是实务界，在界定当事人滥用诉讼程序之时都明确提出应当排除当事人滥用诉讼程序同道德伦理的任何联系，并且强调当事人滥用诉讼程序应仅仅用诉讼的规则而非道德准则来规范。这也就意味着，诚实信用原则在英美法系的诉权滥用规范中被明确排除。在学者们看来，当事人滥用诉讼程序违反的是正当程序、公平正义等"诉讼内部"及司法范畴的规则，而非普遍化、模糊化的道德范畴。[31]

（四）与中国的对比

1. 理论上

2012年我国新修订的《民事诉讼法》第13条第1款规定"民事诉讼应当遵循诚实信用原则"。理论界对此存在较大争议。争议的焦点主要有二：一是诚实信用原则可否直接适用到司法实践当中对诉权滥用进行规制；二是倘若运用诚实信用原则对诉权滥用进行规制，则诚实信用原则与禁止权利滥用二者的关系如何。

针对第一个争议焦点：彭海青在其论文《对民事诉讼适用诚信原则的质疑》，[32]黄娟在其论文《对我国民事诉讼中确立诚实信用原则的冷思考》[33]中均对诚实信用原则在民事诉讼中的适用提出了质疑，更遑论用该原则来规制诉权滥用的现象。反对的理由多建立在诚信原则本身内涵的不确定性可能会给法官带来过大的自由裁量权之上。彭海青提到"'诚信'作为一种道德规范是个见仁见智的术语，更增加了诚信原则的不确定性因素。而且诚信原则作为一个突兀的原则，在没有具体规则的支持，缺

---

[30] 同前注⑮，第125页。

[31] Michele Taruffo, *Abuse of Procedure Rights*: *Comparative Standard of Procedural Fairness*, *Abuse of Procedural Rights*: *Comparative Standard of Procedural Fairness*, Kluwer law international, 1998, p. 6.

[32] 参见彭海青：《对民事诉讼适用诚实信用原则的质疑》，载《东方论坛》2000年第4期。

[33] 参见黄娟：《对我国民事诉讼中确立诚实信用原则的冷思考》，载《法商研究》2001年第6期。

乏赖以生存的制度环境情形下,至多是个华而不实的法律术语而已,不具备技术和实践层面的可操作性价值,因而不能实现有的学者所谓制约审判权和诉讼权利滥用的美好预期”。[34] 由于诉权是宪法规定的基本权利,故而运用诚实信用原则对诉权予以规范之时,许多学者都持有较为谨慎的态度。即便如此,在这一争议焦点上,也不乏赞同者,只是赞同者多通过规范运用诚实信用原则的强度,以实现对诉权行使的正当规制。这体现为第二个争议焦点。

针对第二个争议焦点:王锡锌教授认为,在滥用诉权的规制领域,虽然禁止权利滥用与诚实信用原则二者在法哲学、行为模式与判定标准上存在不同,但是“从立法的逻辑结构和立法背景来看,在民事诉讼中规定诚实信用原则的一个主要目的,乃是对民事诉讼当事人的行为予以规范,遏制滥用诉讼权利、恶意诉讼、虚假诉讼等实践中存在的‘非诚信诉讼行为’。可见,滥用诉讼权利行为,在民事诉讼立法和学理上也都被吸收到诚实信用原则的范畴之中”。[35] 而梁慧星教授认为,禁止权利滥用与诚实信用原则一样,是独立的法律原则。王泽鉴教授的观点相对折中,他认为如果对权利滥用设一般规定,则诚信原则为补充或契约。如果对权利滥用没有设立一般规定或要件比较严格,则一方面对权利滥用规定作合理解释,另一方面依照诚实信用原则发展出禁止权利滥用的制度。[36] 在王泽鉴教授看来,诚实信用原则与禁止权利滥用既相互区分,又互相联系,可以依照诚实信用原则发展出禁止权利滥用的制度。

2. 实践上

总体而言,在运用诚实信用原则规范诉权滥用的领域中,司法实践呈现出较为混乱、不规范的状态。在比较法论述的直接适用、间接适用、不可适用方面,实践中都有出现。

(1)直接适用(直接作为解释规则)

我国的司法实践存在直接适用的例子。徐国栋教授在其著作《民法基本原则解释——诚信原则的历史、实务、法理研究》一书中通过对 2011

---

[34] 同前注[32]。
[35] 同前注[23]。
[36] 同前注[22]。

年1月1日～2011年12月31日的包括“诚实信用”字样的民商经济方面的1267篇判决书进行浏览分类，发现我国法院关于诚实信用原则的解释包括了将该原则“作为解释规则运用”的情形，[37]这表明在民事诉讼法领域，该原则可被直接适用。

在行政诉讼法领域，以本文所议信息公开申请权滥用领域的诚实信用原则为例，上文所罗列的91个司法判例大部分是以“诚实信用原则”作为认定构成滥用诉权的解释规则。最典型的是“完整内涵式阐述”的45个案件：诚实信用原则要求当事人实施诉讼行为、行使诉讼权利必须遵守伦理道德，诚实守诺，并在不损害对方合法利益和公共利益的前提下维护自身利益。骚扰、泄愤、盲目、重复、琐碎性质的起诉显然不符合诚实信用原则的要求。原告×××本已滥用了政府信息公开申请权，所提起的多起诉讼要么起诉理由高度雷同，要么是在已经获取、知悉所申请政府信息的情形下仍坚持提起诉讼，这种对诉讼权利任意行使的方式有违诚实信用原则。该种解释方式完全满足法律适用的“要件＋事实”的结构特征，可被视为直接适用的典范。

（2）间接适用（转化适用，或者以该原则为基础发展出滥用诉权的制度）

在我国民法学界，诚实信用原则的间接适用主要体现在“填补法律漏洞式适用”以及“向一般条款逃避式的适用”当中。前者主要指利用诚信原则来解释现有的立法所未规定而实践中又出现的情形。后者多指向该原则适用过程中出现的缺陷。在（2011）甘民初字第3467号案中，徐国栋教授评论道，对于本案当事人借款不还的情况，“法院只需判决其违反《合同法》第206条即可，但法院宁可说他违反了诚信原则，因为这样做省事，法官甚至不熟悉法条就可依据诚信原则判案，凡是他们认为不当的当事人行为，可以一律认为违反诚信原则进行处置”。在（2011）浙民商初字第47号案中，徐国栋教授评论道，“原告向本院起诉后，被告既不出庭应诉又不及时付款，被告的做法违反我国民事活动应遵循的诚信原则，应承担本案的全部过错责任。在本案中，原告与被告间的关系由买卖转化为

[37] 参见徐国栋：《民法基本原则解释——诚信原则的历史、实务、法理研究》，北京大学出版社2013年版，第246页。

借贷关系,法院援引《合同法》第206条处理即可,根本不用援引诚信原则”。在(2011)黄民一(民)初字第2106号案中,徐国栋教授评论道,“在本案中,被告购物而不付款,违反《合同法》第159条,法院援引该条处理被告即可,也用不着援引诚信原则进行处理”。[38]

在行政诉讼当中,此种向一般条款逃避式的适用在滥用信息公开诉权领域也屡见不鲜。最典型的当属在认定构成滥用诉权的解释过程中使用“诚实信用原则”的字眼却不予以解释,即“当事人所提起的相关诉讼因明显缺乏诉的利益、目的不当、有悖诚信,违背了诉权行使的必要性”。[39] 这种解释的后果就是,使法官即使不明晓诚信原则的内涵也可以据此判案,凡是法官认为不当的行为,皆可以诚信原则作为兜底箩筐装入其中,继而便会使原本起到衡平、救济作用的诚信原则沦为法官滥用裁量权的挡箭牌。

(3)不可适用(宣示性的适用)

在中国,部分法院将诚信原则作为判决书写作的套路,民法学界和行政法学界都存在类似现象。在上海的判决书中,似乎流行着这样的包含诚信原则的写作套路“本院认为,民事活动应当遵循自愿、等价有偿、诚实信用的原则……”[40]。

在行政诉讼当中,本案截至2017年12月31日所检索到的298个滥用政府信息公开申请权案件中,有98个案件运用“诚实信用原则”对其进行规制。姑且不论未完整阐述的那6种适用诚实信用原则方式的性质究竟为间接适用还是不可适用,在剩下的200个未适用诚实信用原则的案件中,通过“运用/不运用=98/200”的比例,从数量而言亦可看出不适用诚信原则的情形占据多数。此外,还存在的一种情况是,将未进行解释的

[38] 参见徐国栋:《民法基本原则解释——诚信原则的历史、实务、法理研究》,北京大学出版社2013年版,第246页。

[39] (2015)宣中行初字第00024号;(2016)苏0611行初216号;(2017)豫08行初37号;(2016)苏06行终608号;(2015)宣中行初字第00029号;(2016)苏06行终607号;(2015)宣中行初字第00021号;(2016)苏06行终613号;(2015)宣中行初字第00023号;(2016)苏06行终610号;(2017)苏06行终622号;(2016)苏06行终638号;(2016)苏06行终611号;(2015)宣中行初字第00026号。

[40] 参见(2010)沪一中民二(民)终字第4294号,以及(2011)沪一中民二(民)终字第62号。

诚实信用原则适用“当事人所提起的相关诉讼因明显缺乏诉的利益、目的不当、有悖诚信,违背了诉权行使的必要性”㊶理解为不可适用,因其在某种程度上也属于套路式的写作,法院在认定构成滥用诉权之时,因无法准确把握诚实信用原则的内涵与可否适用,故而将其作为写作套路放入其中,这种情况下的适用仅仅起到宣示性的效果。表1简要总结了上文的内容。

表1 比较法视野下诚信原则的诉讼效能

	中 国	比较法区域
实践中直接适用	王锡锌教授等学者主张,实践中较多存在但不是主流	日本(直接在解释规则当中运用诚信原则)
实践中间接适用	王泽鉴教授等学者主张,实践中部分存在但未有清晰的界定	德国、中国台湾(在诚信原则的基础上发展出一套滥用诉权的制度)
实践中不可适用	彭海青、黄娟等学者主张,实践中较多存在	美国(轻率诉讼)、英国(直接排除诚实信用等道德原则的适用)

(五)问题及出路

回顾上文从信息公开申请权滥用的实践中所得出的诚实信用原则在规制诉权滥用中的三大问题:(1)诚实信用原则内涵不明,导致法院滥用裁量权;(2)诚实信用原则适用强度及其可否直接适用于权利滥用规制在实践中未能得出一致结论;(3)缺乏法相应的法律法规依据。通过比较法视野的进一步分析,笔者发现,前文所述的三个问题都可以转化为关于诚实信用原则在诉权滥用的规制领域应当直接适用、间接适用还是不可适用的问题。在确立其司法适用强度之后,该原则适用上的内涵与法律依据问题便可迎刃而解。故而问题(2)为核心,并且可以作如下相应的出路转化。

㊶ (2015)宣中行初字第00024号;(2016)苏0611行初216号;(2017)豫08行初37号;(2016)苏06行终608号;(2015)宣中行初字第00029号;(2016)苏06行终607号;(2015)宣中行初字第00021号;(2016)苏06行终613号;(2015)宣中行初字第00023号;(2016)苏06行终610号;(2017)苏06行终622号;(2016)苏06行终638号;(2016)苏06行终611号;(2015)宣中行初字第00026号。

在面对这一问题时，比较法以及我国现有的司法实践给出的出路有三条：

第一，学习日本的立法模式及解释规则，将诚实信用原则直接作为规制滥用诉权的方式，将上述45个案件中“完整阐述内涵”的模式推广开来。此外，以诚信原则吸收禁止权利滥用原则。

第二，学习我国台湾地区或者德国的模式，以诚实信用原则为基础发展出一套禁止权利滥用的理论，以该理论直接适用到实践当中，而以诚信原则作为指导。

第三，学习美国的轻率诉讼模式，排除诚实信用原则的法律适用，另外发展出一套规制诉权滥用的理论制度。

（六）其他：诚信原则的内涵及其在公法私法的地位

在进行最终出路的选择之前，笔者认为，有必要先行交代的两个问题是，民事诉讼上诚实信用原则的运用及目标与行政诉讼上的诚实信用原则是否一致，以及诚实信用原则的基本制度内涵。

1. 民事诉讼中的诚信原则与行政诉讼中的诚信原则

笔者认为，要回答这个问题，还需要从历史出发，梳理在大陆法语境，尤其是中国语境下该原则的产生和演变。

（1）缘起于民法

诚实信用原则最早源于罗马法中的诚信契约。作为对严正契约的补充，在诚信契约中，债务人不仅要承担契约规定的义务，而且必须承担诚实、善意的补充义务。如契约所未规定的事项照通常人的看法应由债务人履行时，债务人应为履行。在审判中，承审员还可以根据正义衡平的原则对契约内容进行干预。[42] 简言之，当时的诚实信用包括诚信契约和诚信诉讼两大方面。在近代民法中，衡平诉讼被取消。到了现代民法阶段，诚信原则恢复为诚信要求和衡平法的统一，并逐步发展成民法的基本原则，甚至有民法的“帝王条款”之称。对于其逐步提高的社会地位，徐国栋教授认为主要有四点原因，“第一，法律的不周延性为立法者所认识；第二，

---

[42] 参见江平：《罗马法基础》，中国政法大学出版社2004年版，第121～122页，以及Black's Law Dictionary中的Bonae fidei Contracts词条。转引自徐国栋：《诚实信用原则的概念及其历史沿革》，载《法学研究》1989年第4期。

垄断资本主义社会各种矛盾的激化需要诚信原则作为缓冲器，法律在转变为社会本位的同时能不忘权利理念；第三，建立二元立法机制的需要；第四，衡平观念与道德立法向法律的渗透”。[43]

(2)适用到行政法

关于诚实信用原则在行政法上的适用，学界存在“私法类推说”“一般法理念说”“法之本质说”等。[44] 德国学者巴霍夫等人认为诚信原则是“一般法律原则”，可以直接从法治原则中引申出来，而不需要以其他社会条件为前提，可以作为各种法律制度共同的最低道德标准和规范基础。[45] 笔者同意这种观点，作为从道德规范法律化过程中提炼出来的法律原则，诚实信用原则要求信守诺言、公平正义，并在诉讼中予以衡平的理念同样可以运用在行政法中，与行政法自身的理念相契合，不需要借助民事合同规范的引入。具体而言有三点理由：其一，行政法上各种追求公平正义、诚信守约的行为的不周延性得到了认识。其二，从行政判例实践中也可以看出，诚信原则在个案中的运用形式与解释内涵迥异，不仅在合同的缔结阶段要求诚信统一，在合同的履行阶段也要求恪守约定。行政实践的内在需求催生了诚实信用原则。其三，与民法一样，“诚实信用原则”是衡平观念与道德立法向法律的渗透。

因此，笔者认为，民事诉讼中的诚信原则与行政诉讼中的诚信原则在适用权利滥用领域并无区别。

2. 诚实信用原则的内涵表达

在诚实信用原则的表达上，学术界存在两种做法，第一种是列举法，即列举出诚实信用原则的几种表现形式；第二种是定义法，即承认诚实信用原则外延的不确定性，不从类型化上对其予以表达，而是从定义上对其

---

[43] 同前注㊲。

[44] 参见孙丽岩：《信赖保护与相对人受益权的实现》，载《政法论坛》2007 年第 3 期；刘莘、邓毅：《行政法上之诚信原则刍议》，载《行政法学研究》2002 年第 4 期；黄学贤：《行政法中的信赖保护原则》，载《法学》2002 年第 5 期；潘荣伟：《政府诚信——行政法中的诚信原则》，载《法商研究》2003 年第 3 期；谢孟瑶：《行政法学上之诚实信用原则》，载城仲模主编：《行政法之一般法律原则》(二)，三民书局 1997 年版，第 206 ~ 210 页。

[45] 参见[德]汉斯·J. 沃尔夫、奥托·巴霍夫、罗尔夫·施托贝尔：《行政法》(第 3 卷)，高家伟译，商务印书馆 2007 年版，第 254 ~ 255 页。转引自陈鹏：《诚实信用原则对于规范行政权行使的意义》，载《行政法学研究》2012 年第 1 期。

予以表述。当然,由这两种表述方式延伸出来的结合列举法和定义法的第三种表述方式亦存在。由于第三种表述方式只是对两种表述方式进行简单的叠加而非有机结合,故而,在进行这几种表达方式的分析时,笔者认为,只需要重点分析列举法和定义法,无须多费笔墨对第三种简单结合的方式进行评析。

在此需要予以明确的一点是,有观点认为,定义法和列举法在概念表达上并非互相矛盾,故而在诚信原则上不存在非此即彼的表达方式。问题在于,在诚实信用原则上,关于是否能对其予以相对类型化,以及类型化是否可以涵盖一般情况下诚信原则的问题,学者的观点存在较为尖锐的对立。同意列举的学者,一般会在其著作中对其进行类型化的表达;反对列举的学者普遍认为,“诚实信用原则”具有高度的外延不确定性,根本不可能对其进行类型化的表述。诚信原则是一种“弹性条款”,所谓的弹性条款,就是指为了解决法律的相对稳定性和社会生活条件的变动不定性而产生的。其只是一定的立法精神的体现,并不外化为任何具体制度,可以根据具体情况的要求而伸张变化,以圆满地调整各种立法者始料不及的社会关系。[46] 故而,基于此,笔者认为有对二者进行分开评述以及对比分析的必要。

经过梳理分析,笔者认为,诚实信用原则的表达应当如下:

要相对系统全面地总结诚实信用原则的适用,仅仅进行简单类型化列举是不行的,仅有单独的定义也是不够的,必须要进行多阶层的梳理整合,方能重构出一套系统的诚信原则之内涵。

首先,在目标上,通过梳理诚信原则在大陆法体系下的产生和演变及其地位,可以发现行政协议上的诚实信用原则具有补充性、弹性和不确定性,其目标在于实现自然法上的公平正义,体现为具体技术则是司法实践中赋予法官衡平的权力。

其次,从内容上看,由于诚信原则外延的不确定性,故而对于其适用最好采用“一般条款”。

再次,在体系上,协调好诚信原则与信赖保护的关系,将信赖保护作为诚信原则在行政行为变更之时保护相对人的具体化制度。

---

[46] 同前注[37]。

复次，在操作上，利用公共利益和诚信原则二者之间的利益衡量对诚信原则进行限制，并协调处理好平等原则、依法行政原则与诚信原则之间的关系，具体的协调技术是利益衡量。而在个案的具体情境下，诚信原则也能提炼出一个其“初步特征”（prima-facie）方面的要求。[47]

最后，关于诚实信用原则的司法适用问题。林来梵教授与张卓明博士在其一篇论文中谈到“法律原则之把握，与其予以界说，毋宁探究其适用”。此种说法实际上否定了界说的意义，或者说将界说基本上等同于适用。然而笔者认为，界说与司法适用不能混为一谈。一个抽象化的东西不因为其抽象化的特性而必须让位于具体化的表达方式。法律原则本身具有抽象性，大部分情况下是一种弹性条款，更是外延不确定的东西，而司法实践本着功效和使用的目的对原则进行具体化。故而，诚实信用原则的表达与诚实信用原则的司法适用是两个不同层面的东西，不可将二者混淆，更不可认为，谈到诚实信用原则抑或是其他原则之时，表达与界说不重要，只有司法适用才重要。司法实践只是为了实现该原则的精神不得已而为之的一种技术，并不能完整表达其内在含义；表达与界说才是从一个全面的视角表现该原则内涵实质的方法。

三、三种出路的选择

在上文所列举的三种出路中，结合其发生的背景，笔者认为可以作出如下选择：

（一）第三种出路的排除

第三种出路所主张的英美模式，产生于没有诉权，仅有“司法救济”的背景。此外，英美法系视正当程序为诉讼内部规则，为了弥补将诸如诚实信用原则等排除在司法评价之外的空缺，法官运用正当程序作为衡量和评价当事人行为的标准，这是其非成文法模式下的自然选择。且其法系对于法官精英化的强调和对法官的绝对信任，在相当程度上可以抵消法官主观判断当事人是否存在私法救济可能性的不利的一面。

---

[47] 关于法律原则之“初步特征”，参见 Robert Alexy，*A Theory of Constitutional Rights*，*translated by Julian Rivers*，New York：Oxford University Press，2002.，p. 48。转引自陈鹏，同前注[45]。

这种诉讼理念及诉讼模式是中国所不具备的。此外,中国的法律规则从诞生之初便更多借鉴了大陆法系的诉讼理念与诉讼模式,以诉讼为基础,没有规定正当程序。从上文所列举的资料也可以看出,中国不但在立法上没有排除诚实信用原则的规定,在司法中也业已进行了该原则适用的实践。故而第三种出路的排除应该较无异议。

(二)对第一种与第二种出路的选择

在第一种出路所强调的直接适用和第二种出路所强调的间接适用中作出选择十分困难。中国的法律发展从一开始便离不开德国与日本,在曾经"言必称德日"的公法口号下,很难清楚地判断哪一国的法系国情与中国较为相似。故而,笔者认为,仅仅从诉讼模式与诉讼理念方面,很难界分出其与中国法系的亲密度,倒不如先从直接适用与间接适用的区别入手进行分析。经过分析,笔者主张按照第一种出路来进行诚实信用原则的规制比较符合中国的国情。理由如下:

1. 德国法系所主张的间接适用主要是指在实践中不直接将诚实信用原则作为解释规则,而是以诚实信用原则精神指导下的"真实义务"制度进行规制。对于中国而言,并不存在这样的"真实义务"制度。而与我国台湾地区不同,台湾地区的"法律"在规定诚实信用原则之外,虽然没有"真实义务"制度,但对于权利滥用设有具体的规定。相比较诚实信用原则的不确定性,建立在诚实信用原则基础之上的禁止权利滥用制度更具有稳定性,在司法实践中也更易于操作。而我国大陆地区的情况不同,我国大陆地区也不存在与台湾地区类似的以诚实信用原则为基础的禁止权利滥用制度。在我国大陆地区,"滥用诉讼权利行为,在民事诉讼立法和学理上也都被吸收到诚实信用原则的范畴之中"。[48] 故而,间接适用所需要的制度条件在目前的中国大陆地区并不具备。

2. 从实践中看,本文一开头所列举的案例表明,在滥用信息公开申请权领域诚实信用原则虽非主流,但大有可为,且经过检索,在其他诸如行政协议领域,直接将诚实信用原则运用到司法解释规则当中的案件数量亦不在少数。司法实践的运用虽然未及成熟,但至少

㊽ 同前注㉓。

前文所提的“完整内涵阐述”可以提供一个良好的范本。据此,笔者主张可以按照第一种出路发展我国在滥用诉权规制领域的诚实信用原则制度。

3. 这一制度的建立所呼吁的尚需完成的事业包括但不限于:(1)立法上,在《行政诉讼法》以及《政府信息公开条例》等法律法规当中增加关于“诚实信用原则”的规定;(2)司法解释中,进一步明确司法适用中诚实信用原则的内涵,而且要明确其与禁止权利滥用等原则的关系;(3)司法实践中,吐故纳新,鼓励法官不仅在司法实践当中运用诚实信用原则进行诉权滥用的规制,而且增强判决书的说理性,除了依据司法解释中诚实信用原则的内涵进行解释之外,法官可依据案情阐述该原则的内涵和该原则在诉权滥用上的制约力度,以期在司法实践中形成一套较为明确具体且可操作的以诚信原则规制诉权滥用的制度。

四、结语

所谓“星星之火,可以燎原”,诚实信用原则在诉权滥用的规制上虽然有其局限性,但在其正当性已经证成且前进途中已有先行者可供参考的经验等条件下,笔者认为应当鼓励已经进行这方面尝试的司法实践。诚实信用原则在诉权滥用规制上制度的确立,能够弥补大陆法系国家成文法模式必然带来的立法缺陷,同时也为法官提供当事人行使诉权时主观意图的评判标准。

附录:关于诚实信用原则适用于滥用信息公开申请权规制的91个案例

案 号	诚实信用原则原文表述	该表述的特点或问题
(2015)温瑞行初字第109号	当事人行使行政诉权应当具有值得通过司法途径予以保护的正当利益,不得有恶意诉讼、无理缠诉以及其他违反诉讼诚信的行为,这是提起行政诉讼的起诉条件之一。本案中,原告包权弟的起诉源于政府信息公开申请,由于对获取政府信息权利的滥用,其在客观上并不具有政府信息公开诉讼所值得保护的正当利益。原告包权弟的起诉已违背了诉权行使的必要性,丧失了权利行使的正当性,构成滥用诉权行为。	①无直接解释、与滥用诉权的关系无阐述; ②恶意诉讼、无理缠诉,不具有值得保护的正当利益; ③违背诚实信用构成滥用诉权,还是滥用诉权违背诚信原则,没有说清楚。

续表

案 号	诚实信用原则原文表述	该表述的特点或问题
(2015)温瑞行初字第111号	上述数据反映出,原告提出的政府信息公开申请及相关复议申请数量巨大、次数众多、内容涉及面极广且具有相同或者类似性,其申请目的是向政府及相关部门施加压力,以引起对自身拆迁补偿安置问题的重视和解决,明显不符合《政府信息公开条例》的规定。原告的行为显然已违背《政府信息公开条例》的立法目的,干扰了行政机关正常工作秩序,无理地占用、并浪费了大量的行政、司法资源,其诉讼请求明显缺乏诉的利息、目的不当、有悖诚信,不具备权利行使的必要性与正当性,属于滥用政府信息公开申请权、行政复议申请权、行政诉权的行为,应予以驳回。	①无直接解释、与滥用诉讼的关系无缠诉; ②并列?还是解释?干扰正常工作秩序、无理占用、浪费资源、缺乏诉的利益,目的不当; ③违背诚实信用构成滥用诉权,还是滥用诉权违背诚信原则,没有说清楚。
(2015)宣中行初字第00024号	保障当事人的诉权与制约恶意诉讼、无理缠诉均是审判权的应有之义。对于个别当事人反复多次提起轻率的、相同的或者类似的诉讼请求,或者明知无正当理由而反复提起的诉讼,人民法院对其起诉应严格依法审查。徐后凤所提起的相关诉讼因明显缺乏诉的利益、目的不当、有悖诚信,违背了诉权行使的必要性,因而也就失去了权利行使的正当性,属于典型的滥用诉权行为。	①无直接解释、与滥用诉讼的关系无缠诉; ②并列?还是解释?缺乏诉的利益,目的不当; ③违背诚实信用构成滥用诉权,还是滥用诉权违背诚信原则,没有说清楚。
(2016)苏0611行初216号	保障当事人的诉权与制约恶意诉讼、无理缠诉均是审判权的应有之义。对于个别当事人反复多次提起轻率的、相同的或者类似的诉讼请求,或者明知无正当理由而反复提起的诉讼,人民法院对其起诉应严格依法审查。本案原告钱海军所提起的涉拆迁的政府信息公开诉讼因明显缺乏诉的利益、目的不当、有悖诚信,违背了诉权行使的必要性,因而也就失去了权利行使的正当性,属于典型的滥用诉权行为。 再次,原告钱海军起诉违背诚实信用原则。诚实信用原则要求当事人实施诉讼行为、行使诉讼权利必须遵守伦理道德,诚实守诺,并在不损害对方合法利益和公共利益的前提下维护自身利益。骚扰、泄愤、盲目、重复、琐碎性质的起诉显然不符合诚实信用原则的要求。原告钱海军本已滥用了政府信息公开申请权,所提起的多起诉讼要么起诉理由高度雷同,要么是在已经获取、知悉所申请政府信息的情形下仍坚持提起诉讼,这种对诉讼权利任意行使的方式有违诚实信用原则。	①将诚实信用原则和滥用诉权分开论述。上面论述典型的滥诉行为,下面论述诚实信用原则; ②诚实信用原则要求当事人实施诉讼行为、行使诉讼权利必须遵守伦理道德,诚实守诺,并在不损害对方合法利益和公共利益的前提下维护自身利益。骚扰、泄愤、盲目、重复、琐碎性质的起诉显然不符合诚实信用原则的要求。

续表

案 号	诚实信用原则原文表述	该表述的特点或问题
(2016)苏0611行初174号	保障当事人的诉权与制约恶意诉讼、无理缠诉均是审判权的应有之义。对于个别当事人反复多次提起轻率的、相同的或者类似的诉讼请求,或者明知无正当理由而反复提起的诉讼,人民法院对其起诉应严格依法审查。本案原告钱海军所提起的涉拆迁的政府信息公开诉讼因明显缺乏诉的利益、目的不当、有悖诚信,违背了诉权行使的必要性,因而也就失去了权利行使的正当性,属于典型的滥用诉权行为。 再次,原告钱海军起诉违背诚实信用原则。诚实信用原则要求当事人实施诉讼行为、行使诉讼权利必须遵守伦理道德,诚实守诺,并在不损害对方合法利益和公共利益的前提下维护自身利益。骚扰、泄愤、盲目、重复、琐碎性质的起诉显然不符合诚实信用原则的要求。原告钱海军本已滥用了政府信息公开申请权,所提起的多起诉讼要么起诉理由高度雷同,要么是在已经获取、知悉所申请政府信息的情形下仍坚持提起诉讼,这种对诉讼权利任意行使的方式有违诚实信用原则。	①将诚实信用原则和滥用诉权分开论述。上面论述典型的滥诉行为,下面论述诚实信用原则;②诚实信用原则要求当事人实施诉讼行为、行使诉讼权利必须遵守伦理道德,诚实守诺,并在不损害对方合法利益和公共利益的前提下维护自身利益。骚扰、泄愤、盲目、重复、琐碎性质的起诉显然不符合诚实信用原则的要求。
(2016)苏0611行初185号	再次,原告钱海军起诉违背诚实信用原则。诚实信用原则要求当事人实施诉讼行为、行使诉讼权利必须遵守伦理道德,诚实守诺,并在不损害对方合法利益和公共利益的前提下维护自身利益。骚扰、泄愤、盲目、重复、琐碎性质的起诉显然不符合诚实信用原则的要求。原告钱海军本已滥用了政府信息公开申请权,所提起的多起诉讼要么起诉理由高度雷同,要么是在已经获取、知悉所申请政府信息的情形下仍坚持提起诉讼,这种对诉讼权利任意行使的方式有违诚实信用原则。	①将诚实信用原则和滥用诉权分开论述。上面论述典型的滥诉行为,下面论述诚实信用原则;②诚实信用原则要求当事人实施诉讼行为、行使诉讼权利必须遵守伦理道德,诚实守诺,并在不损害对方合法利益和公共利益的前提下维护自身利益。骚扰、泄愤、盲目、重复、琐碎性质的起诉显然不符合诚实信用原则的要求。

续表

案 号	诚实信用原则原文表述	该表述的特点或问题
(2016)苏0611行初173号	保障当事人的诉权与制约恶意诉讼、无理缠诉均是审判权的应有之义。对于个别当事人反复多次提起轻率的、相同的或者类似的诉讼请求,或者明知无正当理由而反复提起的诉讼,人民法院对其起诉应严格依法审查。本案原告钱海军所提起的涉拆迁的政府信息公开诉讼因明显缺乏诉的利益、目的不当、有悖诚信,违背了诉权行使的必要性,因而也就失去了权利行使的正当性,属于典型的滥用诉权行为。 再次,原告钱海军起诉违背诚实信用原则。诚实信用原则要求当事人实施诉讼行为、行使诉讼权利必须遵守伦理道德,诚实守诺,并在不损害对方合法利益和公共利益的前提下维护自身利益。骚扰、泄愤、盲目、重复、琐碎性质的起诉显然不符合诚实信用原则的要求。原告钱海军本已滥用了政府信息公开申请权,所提起的多起诉讼要么起诉理由高度雷同,要么是在已经获取、知悉所申请政府信息的情形下仍坚持提起诉讼,这种对诉讼权利任意行使的方式有违诚实信用原则。	①将诚实信用原则和滥用诉权分开论述。上面论述典型的滥诉行为,下面论述诚实信用原则;②诚实信用原则要求当事人实施诉讼行为、行使诉讼权利必须遵守伦理道德,诚实守诺,并在不损害对方合法利益和公共利益的前提下维护自身利益。骚扰、泄愤、盲目、重复、琐碎性质的起诉显然不符合诚实信用原则的要求。
(2016)苏0611行初299号	保障当事人的诉权与制约恶意诉讼、无理缠诉均是审判权的应有之义。对于个别当事人反复多次提起轻率的、相同的或者类似的诉讼请求,或者明知无正当理由而反复提起的诉讼,人民法院对其起诉应严格依法审查。本案原告钱海军所提起的涉拆迁的政府信息公开诉讼因明显缺乏诉的利益、目的不当、有悖诚信,违背了诉权行使的必要性,因而也就失去了权利行使的正当性,属于典型的滥用诉权行为。 再次,原告钱海军起诉违背诚实信用原则。诚实信用原则要求当事人实施诉讼行为、行使诉讼权利必须遵守伦理道德,诚实守诺,并在不损害对方合法利益和公共利益的前提下维护自身利益。骚扰、泄愤、盲目、重复、琐碎性质的起诉显然不符合诚实信用原则的要求。原告钱海军本已滥用了政府信息公开申请权,所提起的多起诉讼要么起诉理由高度雷同,要么是在已经获取、知悉所申请政府信息的情形下仍坚持提起诉讼,这种对诉讼权利任意行使的方式有违诚实信用原则。	①将诚实信用原则和滥用诉权分开论述。上面论述典型的滥诉行为,下面论述诚实信用原则;②诚实信用原则要求当事人实施诉讼行为、行使诉讼权利必须遵守伦理道德,诚实守诺,并在不损害对方合法利益和公共利益的前提下维护自身利益。骚扰、泄愤、盲目、重复、琐碎性质的起诉显然不符合诚实信用原则的要求。

续表

案号	诚实信用原则原文表述	该表述的特点或问题
(2017)鲁0203行初13号	在交警部门已多次告知并已经向原告公开道路交通事故责任认定的全部证据后,原告仍然违背《政府信息公开条例》的立法目的,执意不断围绕交通事故责任认定问题多次不断提出内容重复、不符合法定条件的政府信息公开申请,违背了诚实信用原则,使行政机关疲于告知,造成行政资源的极大浪费,已经构成滥用政府信息公开申请权。	①无直接解释、与滥用诉讼的关系无阐述; ②并列?还是解释?违背诚实信用构成滥用诉权,还是滥用诉权违背诚信原则,没有说清楚。
(2017)豫08行初37号	你反复多次对不属于《政府信息公开条例》所称的政府信息提起琐碎的、轻率的、相同的或者类似的政府信息公开申请,违背了《政府信息公开条例》的立法本意且不具有善意,构成了知情权的滥用。并且明知没有正当理由又反复提起行政复议申请,缺乏复议的利益、目的不当、有悖诚信,违背了行政复议行使的必要性,丧失了权利行使的正当性。	①无直接解释、与滥用诉讼的关系无阐述; ②并列?还是解释?违背诚实信用构成滥用诉权,还是滥用诉权违背诚信原则,没有说清楚。
(2016)苏06行终608号	保障当事人的诉权与制约恶意诉讼、无理缠诉均是审判权的应有之义。对于个别当事人反复多次提起轻率的、相同的或者类似的诉讼请求,或者明知无正当理由而反复提起的诉讼,人民法院对其起诉应严格依法审查。本案钱海军所提起的涉拆迁的政府信息公开诉讼因明显缺乏诉的利益、目的不当、有悖诚信,违背了诉权行使的必要性,因而也就失去了权利行使的正当性,属于典型的滥用诉权行为。	①无直接解释、与滥用诉讼的关系无阐述; ②并列?还是解释?违背诚实信用构成滥用诉权,还是滥用诉权违背诚信原则,没有说清楚。
(2017)鲁0203行初17号	在交警部门已多次告知并已经向原告公开道路交通事故责任认定的全部证据后,原告仍然违背《政府信息公开条例》的立法目的,执意不断围绕交通事故责任认定问题多次不断提出内容重复、不符合法定条件的政府信息公开申请,违背了诚实信用原则,使行政机关疲于告知,造成行政资源的极大浪费,已经构成滥用政府信息公开申请权。	①无直接解释、与滥用诉讼的关系无阐述; ②并列?还是解释?违背诚实信用构成滥用诉权,还是滥用诉权违背诚信原则,没有说清楚。
(2017)鲁0203行初12号	在交警部门已多次告知并已经向原告公开道路交通事故责任认定的全部证据后,原告仍然违背《政府信息公开条例》的立法目的,执意不断围绕交通事故责任认定问题多次不断提出内容重复、不符合法定条件的政府信息公开申请,违背了诚实信用原则,使行政机关疲于告知,造成行政资源的极大浪费,已经构成滥用政府信息公开申请权。	①无直接解释、与滥用诉讼的关系无阐述; ②并列?还是解释?违背诚实信用构成滥用诉权,还是滥用诉权违背诚信原则,没有说清楚。

续表

案 号	诚实信用原则原文表述	该表述的特点或问题
(2015)宣中行初字第00029号	保障当事人的诉权与制约恶意诉讼、无理缠诉均是审判权的应有之义。对于个别当事人反复多次提起轻率的、相同的或者类似的诉讼请求,或者明知无正当理由而反复提起的诉讼,人民法院对其起诉应严格依法审查。徐后凤所提起的相关诉讼因明显缺乏诉的利益、目的不当、有悖诚信,违背了诉权行使的必要性,因而也就失去了权利行使的正当性,属于典型的滥用诉权行为。	①无直接解释、与滥用诉讼的关系无阐述; ②并列?还是解释?违背诚实信用构成滥用诉权,还是滥用诉权违背诚信原则,没有说清楚。
(2016)苏06行终607号	保障当事人的诉权与制约恶意诉讼、无理缠诉均是审判权的应有之义。对于个别当事人反复多次提起轻率的、相同的或者类似的诉讼请求,或者明知无正当理由而反复提起的诉讼,人民法院对其起诉应严格依法审查。本案钱海军所提起的涉拆迁的政府信息公开诉讼因明显缺乏诉的利益、目的不当、有悖诚信,违背了诉权行使的必要性,因而也就失去了权利行使的正当性,属于典型的滥用诉权行为。	①无直接解释、与滥用诉讼的关系无阐述; ②并列?还是解释?违背诚实信用构成滥用诉权,还是滥用诉权违背诚信原则,没有说清楚。
(2016)苏04行终101号	保障当事人的诉权与制约恶意诉讼、无理缠诉均是审判权的应有之义。对于个别当事人反复多次提起轻率的、相同的或者类似的诉讼请求,或者明知无正当理由而反复提起的诉讼,人民法院对其起诉应严格依法审查,周燕明所提起的诉讼因明显缺乏诉的利益,目的不当,有悖诚信,违背了诉权行使的必要性,因而也就失去了权利行使的正当性,属于典型的滥用诉权行为。 再次,周燕明的起诉违背诚实信用原则。诚实信用原则要求当事人实施诉讼行为、行使诉讼权利必须遵守伦理道德、诚实守诺,并在不损害对方合法利益和公共利益的前提下维护自身利益。骚扰、泄愤、重复、琐碎性质的起诉显然不符合诚实信用原则的要求。周燕明本已滥用了政府信息公开申请权,所提起的多次诉讼不是理由高度雷同,就是在已经获取、知晓所申请政府信息的情形下仍坚持提起诉讼,这种对诉讼权利任意行使的方式有违诚实信用原则。	①将诚实信用原则和滥用诉权分开论述。上面论述典型的滥诉行为,下面论述诚实信用原则; ②诚实信用原则要求当事人实施诉讼行为、行使诉讼权利必须遵守伦理道德,诚实守诺,并在不损害对方合法利益和公共利益的前提下维护自身利益。骚扰、泄愤、盲目、重复、琐碎性质的起诉显然不符合诚实信用原则的要求。

续表

案 号	诚实信用原则原文表述	该表述的特点或问题
(2017)鲁0203行初24号	在交警部门已多次告知并已经向原告公开道路交通事故责任认定的全部证据后,原告仍然违背《政府信息公开条例》的立法目的,执意不断围绕交通事故责任认定问题多次不断提出内容重复、不符合法定条件的政府信息公开申请,违背了诚实信用原则,使行政机关疲于告知,造成行政资源的极大浪费,已经构成滥用政府信息公开申请权。	①无直接解释、与滥用诉讼的关系无阐述;②并列?还是解释?违背诚实信用构成滥用诉权,还是滥用诉权违背诚信原则,没有说清楚。
(2016)渝行终36号	行政诉讼是保护公民、法人和其他组织合法权益的制度。郭兴梅滥用政府信息公开申请权,在客观上并不具有信息公开诉讼应该保护的利益,郭兴梅的诉讼行为已经背离了救济受侵害的合法权益这一诉讼本旨,不具有正当性。同时,郭兴梅的起诉也违背了行政诉讼中的诚实信用原则。诚实信用原则要求当事人应当依法善意的行使诉讼权利,不得滥用诉权,进行相关诉讼活动必须遵守伦理道德,诚实守诺,并在不损害对方合法权益和公共利益的前提下维护自身权益。郭兴梅的起诉明显有悖诉讼诚信的基本要求。	①将诚实信用原则和滥用诉权分开论述。上面论述典型的滥诉行为,下面论述诚实信用原则;②诚实信用原则要求当事人实施诉讼行为、行使诉讼权利必须遵守伦理道德,诚实守诺,并在不损害对方合法利益和公共利益的前提下维护自身利益。骚扰、泄愤、盲目、重复、琐碎性质的起诉显然不符合诚实信用原则的要求。
(2016)辽02行终284号	再次,原告的起诉违背诚实信用原则。诚实信用原则要求当事人实施诉讼行为、行使诉讼权利必须遵守伦理道德,诚实守诺,并在不损害公共利益和对方合法利益的前提下维护自身利益。泄愤、重复、琐碎性质的起诉,显然不符合诚实信用原则的要求。原告本已滥用政府信息公开申请权,又继而提起诉讼,这种对诉讼权利的任意行使有违诚实信用原则。	①将诚实信用原则和滥用诉权分开论述。上面论述典型的滥诉行为,下面论述诚实信用原则;②诚实信用原则要求当事人实施诉讼行为、行使诉讼权利必须遵守伦理道德,诚实守诺,并在不损害对方合法利益和公共利益的前提下维护自身利益。骚扰、泄愤、盲目、重复、琐碎性质的起诉显然不符合诚实信用原则的要求。

续表

案号	诚实信用原则原文表述	该表述的特点或问题
(2017)鲁02行终300号	在交警部门已多次告知并已经向原告公开道路交通事故责任认定的全部证据后,原告仍然违背《政府信息公开条例》的立法目的,执意不断围绕交通事故责任认定问题多次不断提出内容重复、不符合法定条件的政府信息公开申请,违背了诚实信用原则,使行政机关疲于告知,造成行政资源的极大浪费,已经构成滥用政府信息公开申请权。	①无直接解释、与滥用诉讼的关系无阐述; ②并列?还是解释?违背诚实信用构成滥用诉权,还是滥用诉权违背诚信原则,没有说清楚。
(2015)宣中行初字第00018号	保障当事人的诉权与制约恶意诉讼、无理缠诉均是审判权的应有之义。对于个别当事人反复多次提起轻率的、相同的或者类似的诉讼请求,或者明知无正当理由而反复提起的诉讼,人民法院对其起诉应严格依法审查。徐后凤所提起的相关诉讼因明显缺乏诉的利益、目的不当、有悖诚信,违背了诉权行使的必要性,因而也就失去了权利行使的正当性,属于典型的滥用诉权行为。 再次,徐后凤起诉违背诚实信用原则。诚实信用原则要求当事人实施诉讼行为、行使诉讼权利必须遵守伦理道德,诚实守诺,并在不损害对方合法利益和公共利益的前提下维护自身利益。骚扰、泄愤、盲目、重复、琐碎性质的起诉显然不符合诚实信用原则的要求。徐后凤本已滥用了政府信息公开申请权,所提起的几十起诉讼要么起诉理由高度雷同,要么是在已经获取、知悉所申请政府信息途径的情形下仍坚持提起诉讼,这种对诉讼权利任意行使的方式有违诚实信用原则。	①将诚实信用原则和滥用诉权分开论述。上面论述典型的滥诉行为,下面论述诚实信用原则; ②诚实信用原则要求当事人实施诉讼行为、行使诉讼权利必须遵守伦理道德,诚实守诺,并在不损害对方合法利益和公共利益的前提下维护自身利益。骚扰、泄愤、盲目、重复、琐碎性质的起诉显然不符合诚实信用原则的要求。
(2016)苏0611行初215号	保障当事人的诉权与制约恶意诉讼、无理缠诉均是审判权的应有之义。对于个别当事人反复多次提起轻率的、相同的或者类似的诉讼请求,或者明知无正当理由而反复提起的诉讼,人民法院对其起诉应严格依法审查。本案原告钱海军所提起的涉拆迁的政府信息公开诉讼因明显缺乏诉的利益、目的不当、有悖诚信,违背了诉权行使的必要性,因而也就失去了权利行使的正当性,属于典型的滥用诉权行为。 再次,原告钱海军起诉违背诚实信用原则。诚实信用原则要求当事人实施诉讼行为、行使诉讼权利必须遵守伦理道德,诚实守诺,并在不损害对方合法利益和公共利益的前提下维护自身利益。骚扰、泄愤、盲目、重复、琐碎性质的起诉显然不符合诚实信用原则的要求。原告钱海军本已滥用了政府信息公开申请权,所提起的多起诉讼要么起诉理由高度雷同,要么是在已经获取、知悉所申请政府信息的情形下仍坚持提起诉讼,这种对诉讼权利任意行使的方式有违诚实信用原则。	①将诚实信用原则和滥用诉权分开论述。上面论述典型的滥诉行为,下面论述诚实信用原则; ②诚实信用原则要求当事人实施诉讼行为、行使诉讼权利必须遵守伦理道德,诚实守诺,并在不损害对方合法利益和公共利益的前提下维护自身利益。骚扰、泄愤、盲目、重复、琐碎性质的起诉显然不符合诚实信用原则的要求。

续表

案 号	诚实信用原则原文表述	该表述的特点或问题
(2016)苏0611行初175号	保障当事人的诉权与制约恶意诉讼、无理缠诉均是审判权的应有之义。对于个别当事人反复多次提起轻率的、相同的或者类似的诉讼请求,或者明知无正当理由而反复提起的诉讼,人民法院对其起诉应严格依法审查。本案原告钱海军所提起的涉拆迁的政府信息公开诉讼因明显缺乏诉的利益、目的不当、有悖诚信,违背了诉权行使的必要性,因而也就失去了权利行使的正当性,属于典型的滥用诉权行为。 再次,原告钱海军起诉违背诚实信用原则。诚实信用原则要求当事人实施诉讼行为、行使诉讼权利必须遵守伦理道德,诚实守诺,并在不损害对方合法利益和公共利益的前提下维护自身利益。骚扰、泄愤、盲目、重复、琐碎性质的起诉显然不符合诚实信用原则的要求。原告钱海军本已滥用了政府信息公开申请权,所提起的多起诉讼要么起诉理由高度雷同,要么是在已经获取、知悉所申请政府信息的情形下仍坚持提起诉讼,这种对诉讼权利任意行使的方式有违诚实信用原则。	①将诚实信用原则和滥用诉权分开论述。上面论述典型的滥诉行为,下面论述诚实信用原则; ②诚实信用原则要求当事人实施诉讼行为、行使诉讼权利必须遵守伦理道德,诚实守诺,并在不损害对方合法利益和公共利益的前提下维护自身利益。骚扰、泄愤、盲目、重复、琐碎性质的起诉显然不符合诚实信用原则的要求。
(2016)苏0611行初209号	保障当事人的诉权与制约恶意诉讼、无理缠诉均是审判权的应有之义。对于个别当事人反复多次提起轻率的、相同的或者类似的诉讼请求,或者明知无正当理由而反复提起的诉讼,人民法院对其起诉应严格依法审查。本案原告钱海军所提起的涉拆迁的政府信息公开诉讼因明显缺乏诉的利益、目的不当、有悖诚信,违背了诉权行使的必要性,因而也就失去了权利行使的正当性,属于典型的滥用诉权行为。 再次,原告钱海军起诉违背诚实信用原则。诚实信用原则要求当事人实施诉讼行为、行使诉讼权利必须遵守伦理道德,诚实守诺,并在不损害对方合法利益和公共利益的前提下维护自身利益。骚扰、泄愤、盲目、重复、琐碎性质的起诉显然不符合诚实信用原则的要求。原告钱海军本已滥用了政府信息公开申请权,所提起的多起诉讼要么起诉理由高度雷同,要么是在已经获取、知悉所申请政府信息的情形下仍坚持提起诉讼,这种对诉讼权利任意行使的方式有违诚实信用原则。	①将诚实信用原则和滥用诉权分开论述。上面论述典型的滥诉行为,下面论述诚实信用原则; ②诚实信用原则要求当事人实施诉讼行为、行使诉讼权利必须遵守伦理道德,诚实守诺,并在不损害对方合法利益和公共利益的前提下维护自身利益。骚扰、泄愤、盲目、重复、琐碎性质的起诉显然不符合诚实信用原则的要求。

续表

案 号	诚实信用原则原文表述	该表述的特点或问题
(2016)苏0611行初208号	保障当事人的诉权与制约恶意诉讼、无理缠诉均是审判权的应有之义。对于个别当事人反复多次提起轻率的、相同的或者类似的诉讼请求,或者明知无正当理由而反复提起的诉讼,人民法院对其起诉应严格依法审查。本案原告钱海军所提起的涉拆迁的政府信息公开诉讼因明显缺乏诉的利益、目的不当、有悖诚信,违背了诉权行使的必要性,因而也就失去了权利行使的正当性,属于典型的滥用诉权行为。 再次,原告钱海军起诉违背诚实信用原则。诚实信用原则要求当事人实施诉讼行为、行使诉讼权利必须遵守伦理道德,诚实守诺,并在不损害对方合法利益和公共利益的前提下维护自身利益。骚扰、泄愤、盲目、重复、琐碎性质的起诉显然不符合诚实信用原则的要求。原告钱海军本已滥用了政府信息公开申请权,所提起的多起诉讼要么起诉理由高度雷同,要么是在已经获取、知悉所申请政府信息的情形下仍坚持提起诉讼,这种对诉讼权利任意行使的方式有违诚实信用原则。	①将诚实信用原则和滥用诉权分开论述。上面论述典型的滥诉行为,下面论述诚实信用原则; ②诚实信用原则要求当事人实施诉讼行为、行使诉讼权利必须遵守伦理道德,诚实守诺,并在不损害对方合法利益和公共利益的前提下维护自身利益。骚扰、泄愤、盲目、重复、琐碎性质的起诉显然不符合诚实信用原则的要求。
(2016)苏0611行初183号	保障当事人的诉权与制约恶意诉讼、无理缠诉均是审判权的应有之义。对于个别当事人反复多次提起轻率的、相同的或者类似的诉讼请求,或者明知无正当理由而反复提起的诉讼,人民法院对其起诉应严格依法审查。本案原告钱海军所提起的涉拆迁的政府信息公开诉讼因明显缺乏诉的利益、目的不当、有悖诚信,违背了诉权行使的必要性,因而也就失去了权利行使的正当性,属于典型的滥用诉权行为。 再次,原告钱海军起诉违背诚实信用原则。诚实信用原则要求当事人实施诉讼行为、行使诉讼权利必须遵守伦理道德,诚实守诺,并在不损害对方合法利益和公共利益的前提下维护自身利益。骚扰、泄愤、盲目、重复、琐碎性质的起诉显然不符合诚实信用原则的要求。原告钱海军本已滥用了政府信息公开申请权,所提起的多起诉讼要么起诉理由高度雷同,要么是在已经获取、知悉所申请政府信息的情形下仍坚持提起诉讼,这种对诉讼权利任意行使的方式有违诚实信用原则。	①将诚实信用原则和滥用诉权分开论述。上面论述典型的滥诉行为,下面论述诚实信用原则; ②诚实信用原则要求当事人实施诉讼行为、行使诉讼权利必须遵守伦理道德,诚实守诺,并在不损害对方合法利益和公共利益的前提下维护自身利益。骚扰、泄愤、盲目、重复、琐碎性质的起诉显然不符合诚实信用原则的要求。

续表

案 号	诚实信用原则原文表述	该表述的特点或问题
(2015)坛行初字第0045号	保障当事人的诉权与制约恶意诉讼、无理缠诉均是审判权的应有之义。对于个别当事人反复多次提起轻率的、相同的或者类似的诉讼请求,或者明知无正当理由而反复提起的诉讼,人民法院对其起诉应严格依法审查,本案原告所提起的诉讼因明显缺乏诉的利益,目的不当,有悖诚信,违背了诉权行使的必要性,因而也就失去了权利行使的正当性,属于典型的滥用诉权行为。 再次,原告的起诉违背诚实信用原则。诚实信用原则要求当事人实施诉讼行为、行使诉讼权利必须遵守伦理道德、诚实守诺,并在不损害对方合法利益和公共利益的前提下维护自身利益。骚扰、泄愤、重复、琐碎性质的起诉显然不符合诚实信用原则的要求。原告本已滥用了政府信息公开申请权,所提起的多次诉讼不是理由高度雷同,就是在已经获取、知晓所申请政府信息的情形下仍坚持提起诉讼,这种对诉讼权利任意行使的方式有违诚实信用原则。	①将诚实信用原则和滥用诉权分开论述。上面论述典型的滥诉行为,下面论述诚实信用原则; ②诚实信用原则要求当事人实施诉讼行为、行使诉讼权利必须遵守伦理道德,诚实守诺,并在不损害对方合法利益和公共利益的前提下维护自身利益。骚扰、泄愤、盲目、重复、琐碎性质的起诉显然不符合诚实信用原则的要求。
(2016)渝行终33号	郭兴梅的起诉也违背了行政诉讼中的诚实信用原则。诚实信用原则要求当事人应当依法善意的行使诉讼权利,不得滥用诉权,进行相关诉讼活动必须遵守伦理道德,诚实守诺,并在不损害对方合法权益和公共利益的前提下维护自身权益。郭兴梅的起诉明显有悖诉讼诚信的基本要求。	①将诚实信用原则和滥用诉权分开论述。上面论述典型的滥诉行为,下面论述诚实信用原则; ②诚实信用原则要求当事人实施诉讼行为、行使诉讼权利必须遵守伦理道德,诚实守诺,并在不损害对方合法利益和公共利益的前提下维护自身利益。骚扰、泄愤、盲目、重复、琐碎性质的起诉显然不符合诚实信用原则的要求。
(2017)鲁02行终299号	在交警部门已多次告知并已经向原告公开道路交通事故责任认定的全部证据后,原告仍然违背《政府信息公开条例》的立法目的,执意不断围绕交通事故责任认定问题多次不断提出内容重复、不符合法定条件的政府信息公开申请,违背了诚实信用原则,使行政机关疲于告知,造成行政资源的极大浪费,已经构成滥用政府信息公开申请权。	①无直接解释、与滥用诉权的关系无阐述; ②恶意诉讼,无理缠诉,不具有值得保护的正当利益,违背立法目的,不断提出申请,造成资源浪费; ③违背诚实信用构成滥用诉权,还是滥用诉权违背诚信原则,没有说清楚。

续表

案 号	诚实信用原则原文表述	该表述的特点或问题
(2017)渝02行终192号	张治发的起诉也违背了诚实信用原则。诚实信用原则要求当事人实施诉讼行为、行使诉讼权利必须遵守伦理道德,诚实守诺,并在不损害对方合法利益和公共利益的前提下维护自身利益。张治发的起诉明显有悖诉讼诚信的基本要求。	①将诚实信用原则和滥用诉权分开论述。上面论述典型的滥诉行为,下面论述诚实信用原则;②诚实信用原则要求当事人实施诉讼行为、行使诉讼权利必须遵守伦理道德,诚实守诺,并在不损害对方合法利益和公共利益的前提下维护自身利益。骚扰、泄愤、盲目、重复、琐碎性质的起诉显然不符合诚实信用原则的要求。
(2015)渝二中法行终字第00215号	张治发的起诉也违背了诚实信用原则。诚实信用原则要求当事人实施诉讼行为、行使诉讼权利必须遵守伦理道德,诚实守诺,并在不损害对方合法利益和公共利益的前提下维护自身利益。张治发的起诉明显有悖诉讼诚信的基本要求。	①将诚实信用原则和滥用诉权分开论述。上面论述典型的滥诉行为,下面论述诚实信用原则;②诚实信用原则要求当事人实施诉讼行为、行使诉讼权利必须遵守伦理道德,诚实守诺,并在不损害对方合法利益和公共利益的前提下维护自身利益。骚扰、泄愤、盲目、重复、琐碎性质的起诉显然不符合诚实信用原则的要求。
(2016)苏0611行初147号	保障当事人的诉权与制约恶意诉讼、无理缠诉均是审判权的应有之义。对于个别当事人反复多次提起轻率的、相同的或者类似的诉讼请求,或者明知无正当理由而反复提起的诉讼,人民法院对其起诉应严格依法审查。本案原告钱海军所提起的涉拆迁的政府信息公开诉讼因明显缺乏诉的利益、目的不当、有悖诚信,违背了诉权行使的必要性,因而也就失去了权利行使的正当性,属于典型的滥用诉权行为。 再次,原告钱海军起诉违背诚实信用原则。诚实信用原则要求当事人实施诉讼行为、行使诉讼权利必须遵守伦理道德,诚实守诺,并在不损害对方合法利益和公共利益的前提下维护自身利益。骚扰、泄愤、盲目、重复、琐碎性质的起诉显然不符合诚实信用原则的要求。原告钱海军本已滥用了政府信息公开申请权,所提起的多起诉讼要么起诉理由高度雷同,要么是在已经获取、知悉所申请政府信息的情形下仍坚持提起诉讼,这种对诉讼权利任意行使的方式有违诚实信用原则。	①将诚实信用原则和滥用诉权分开论述。上面论述典型的滥诉行为,下面论述诚实信用原则;②诚实信用原则要求当事人实施诉讼行为、行使诉讼权利必须遵守伦理道德,诚实守诺,并在不损害对方合法利益和公共利益的前提下维护自身利益。骚扰、泄愤、盲目、重复、琐碎性质的起诉显然不符合诚实信用原则的要求。

续表

案 号	诚实信用原则原文表述	该表述的特点或问题
(2015)宣中行初字第00020号	再次,徐后凤起诉违背诚实信用原则。诚实信用原则要求当事人实施诉讼行为、行使诉讼权利必须遵守伦理道德,诚实守诺,并在不损害对方合法利益和公共利益的前提下维护自身利益。骚扰、泄愤、盲目、重复、琐碎性质的起诉显然不符合诚实信用原则的要求。徐后凤本已滥用了政府信息公开申请权,所提起的几十起诉讼要么起诉理由高度雷同,要么是在已经获取、知悉所申请政府信息途径的情形下仍坚持提起诉讼,这种对诉讼权利任意行使的方式有违诚实信用原则。	①将诚实信用原则和滥用诉权分开论述。上面论述典型的滥诉行为,下面论述诚实信用原则;②诚实信用原则要求当事人实施诉讼行为、行使诉讼权利必须遵守伦理道德,诚实守诺,并在不损害对方合法利益和公共利益的前提下维护自身利益。骚扰、泄愤、盲目、重复、琐碎性质的起诉显然不符合诚实信用原则的要求。
(2017)渝02行终184号	同时,张治发的起诉也违背了诚实信用原则。诚实信用原则要求当事人实施诉讼行为、行使诉讼权利必须遵守伦理道德,诚实守诺,并在不损害对方合法利益和公共利益的前提下维护自身利益。张治发的起诉明显有悖诉讼诚信的基本要求。	①将诚实信用原则和滥用诉权分开论述。上面论述典型的滥诉行为,下面论述诚实信用原则;②诚实信用原则要求当事人实施诉讼行为、行使诉讼权利必须遵守伦理道德,诚实守诺,并在不损害对方合法利益和公共利益的前提下维护自身利益。骚扰、泄愤、盲目、重复、琐碎性质的起诉显然不符合诚实信用原则的要求。
(2016)渝行终40号	同时,郭兴梅的起诉也违背了行政诉讼中的诚实信用原则。诚实信用原则要求当事人应当依法善意的行使诉讼权利,不得滥用诉权,进行相关诉讼活动必须遵守伦理道德,诚实守诺,并在不损害对方合法权益和公共利益的前提下维护自身权益。郭兴梅的起诉明显有悖诉讼诚信的基本要求。	①将诚实信用原则和滥用诉权分开论述。上面论述典型的滥诉行为,下面论述诚实信用原则;②诚实信用原则要求当事人实施诉讼行为、行使诉讼权利必须遵守伦理道德,诚实守诺,并在不损害对方合法利益和公共利益的前提下维护自身利益。骚扰、泄愤、盲目、重复、琐碎性质的起诉显然不符合诚实信用原则的要求。

续表

案 号	诚实信用原则原文表述	该表述的特点或问题
(2017)鲁 0203 行初 25 号	在交警部门已多次告知并已经向原告公开道路交通事故责任认定的全部证据后,原告仍然违背《政府信息公开条例》的立法目的,执意不断围绕交通事故责任认定问题多次不断提出内容重复、不符合法定条件的政府信息公开申请,违背了诚实信用原则,使行政机关疲于告知,造成行政资源的极大浪费,已经构成滥用政府信息公开申请权。	①无直接解释、与滥用诉权的关系无阐述; ②恶意诉讼,无理缠诉,不具有值得保护的正当利益,违背立法目的,不断提出申请,造成资源浪费; ③违背诚实信用构成滥用诉权,还是滥用诉权违背诚信原则,没有说清楚。
(2016)渝行终 35 号	同时,郭兴梅的起诉也违背了行政诉讼中的诚实信用原则。诚实信用原则要求当事人应当依法善意的行使诉讼权利,不得滥用诉权,进行相关诉讼活动必须遵守伦理道德,诚实守诺,并在不损害对方合法权益和公共利益的前提下维护自身权益。郭兴梅的起诉明显有悖诉讼诚信的基本要求。	①将诚实信用原则和滥用诉权分开论述。上面论述典型的滥诉行为,下面论述诚实信用原则; ②诚实信用原则要求当事人实施诉讼行为、行使诉讼权利必须遵守伦理道德,诚实守诺,并在不损害对方合法利益和公共利益的前提下维护自身利益。骚扰、泄愤、盲目、重复、琐碎性质的起诉显然不符合诚实信用原则的要求。
(2016)辽 02 行终 279 号	再次,原告的起诉违背诚实信用原则。诚实信用原则要求当事人实施诉讼行为、行使诉讼权利必须遵守伦理道德,诚实守诺,并在不损害公共利益和对方合法利益的前提下维护自身利益。泄愤、重复、琐碎性质的起诉,显然不符合诚实信用原则的要求。原告本已滥用政府信息公开申请权,又继而提起诉讼,这种对诉讼权利的任意行使有违诚实信用原则。	①将诚实信用原则和滥用诉权分开论述。上面论述典型的滥诉行为,下面论述诚实信用原则; ②诚实信用原则要求当事人实施诉讼行为、行使诉讼权利必须遵守伦理道德,诚实守诺,并在不损害对方合法利益和公共利益的前提下维护自身利益。骚扰、泄愤、盲目、重复、琐碎性质的起诉显然不符合诚实信用原则的要求。

续表

案 号	诚实信用原则原文表述	该表述的特点或问题
(2015)港行初字第00021号	保障当事人的诉权与制约恶意诉讼、无理缠诉均是审判权的应有之义。对于个别当事人反复多次提起轻率的、相同的或者类似的诉讼请求，或者明知无正当理由而反复提起的诉讼，人民法院对其起诉应严格依法审查。本案原告陆红霞所提起的相关诉讼因明显缺乏诉的利益、目的不当、有悖诚信，违背了诉权行使的必要性，因而也就失去了权利行使的正当性，属于典型的滥用诉权行为。再次，原告陆红霞起诉违背诚实信用原则。诚实信用原则要求当事人实施诉讼行为、行使诉讼权利必须遵守伦理道德，诚实守诺，并在不损害对方合法利益和公共利益的前提下维护自身利益。骚扰、泄愤、××目、重复、琐碎性质的起诉显然不符合诚实信用原则的要求。原告陆红霞本已滥用了政府信息公开申请权，所提起的数十起诉讼要么起诉理由高度雷同，要么是在已经获取、知悉所申请政府信息的情形下仍坚持提起诉讼，这种对诉讼权利任意行使的方式有违诚实信用原则。	①将诚实信用原则和滥用诉权分开论述。上面论述典型的滥诉行为，下面论述诚实信用原则；②诚实信用原则要求当事人实施诉讼行为、行使诉讼权利必须遵守伦理道德，诚实守诺，并在不损害对方合法利益和公共利益的前提下维护自身利益。骚扰、泄愤、盲目、重复、琐碎性质的起诉显然不符合诚实信用原则的要求。
(2016)渝行终37号	同时，郭兴梅的起诉也违背了行政诉讼中的诚实信用原则。诚实信用原则要求当事人应当依法善意的行使诉讼权利，不得滥用诉权，进行相关诉讼活动必须遵守伦理道德，诚实守诺，并在不损害对方合法权益和公共利益的前提下维护自身权益。郭兴梅的起诉明显有悖诉讼诚信的基本要求。	①将诚实信用原则和滥用诉权分开论述。上面论述典型的滥诉行为，下面论述诚实信用原则；②诚实信用原则要求当事人实施诉讼行为、行使诉讼权利必须遵守伦理道德，诚实守诺，并在不损害对方合法利益和公共利益的前提下维护自身利益。骚扰、泄愤、盲目、重复、琐碎性质的起诉显然不符合诚实信用原则的要求。
(2017)鲁0203行初22号	该目的明显不符合《政府信息公开条例》关于“三需要”的规定。在交警部门已多次告知并已经向原告公开道路交通事故责任认定的全部证据后，原告仍然违背《政府信息公开条例》的立法目的，执意不断围绕交通事故责任认定问题多次不断提出内容重复、不符合法定条件的政府信息公开申请，违背了诚实信用原则，使行政机关疲于告知，造成行政资源的极大浪费，已经构成滥用政府信息公开申请权。	①无直接解释、与滥用诉权的关系无阐述；②恶意诉讼，无理缠诉，不具有值得保护的正当利益，违背立法目的，不断提出申请，造成资源浪费；③违背诚实信用构成滥用诉权，还是滥用诉权违背诚信原则，没有说清楚。

续表

案号	诚实信用原则原文表述	该表述的特点或问题
(2015)浙温行初字第461号	《中华人民共和国行政诉讼法》第一条规定,为保证人民法院公正、及时审理行政案件,解决行政争议,保护公民、法人和其他组织的合法权益,监督行政机关依法行使职权,根据宪法,制定本法。该法第二条第一款规定,公民、法人或者其他组织认为行政机关和行政机关工作人员的行政行为侵犯其合法权益,有权依照本法向人民法院提起诉讼。保护公民、法人和其他组织的合法权益是行政诉讼法的立法目的之一。当事人行使行政诉权应当具有值得通过司法途径予以保护的正当利益,不得有恶意诉讼、无理缠诉以及其他违反诉讼诚信的行为,这是提起行政诉讼的起诉条件之一。本案中,原告许银钗的起诉源于政府信息公开申请,由于对获取政府信息权利的滥用,其在客观上并不具有政府信息公开诉讼所值得保护的正当利益。原告许银钗的起诉已违背了诉权行使的必要性,丧失了权利行使的正当性,构成滥用诉权行为。	①无直接解释、与滥用诉权的关系无阐述; ②恶意诉讼,无理缠诉,不具有值得保护的正当利益,违背立法目的,不断提出申请,造成资源浪费; ③违背诚实信用构成滥用诉权,还是滥用诉权违背诚信原则,没有说清楚。
(2015)温瑞行初字第108号	当事人行使行政诉权应当具有值得通过司法途径予以保护的正当利益,不得有恶意诉讼、无理缠诉以及其他违反诉讼诚信的行为,这是提起行政诉讼的起诉条件之一。本案中,原告王孝云的起诉源于政府信息公开申请,由于对获取政府信息权利的滥用,其在客观上并不具有政府信息公开诉讼所值得保护的正当利益。原告王孝云的起诉已违背了诉权行使的必要性,丧失了权利行使的正当性,构成滥用诉权行为。	①无直接解释、与滥用诉权的关系无阐述; ②恶意诉讼,无理缠诉,不具有值得保护的正当利益,违背立法目的,不断提出申请,造成资源浪费; ③违背诚实信用构成滥用诉权,还是滥用诉权违背诚信原则,没有说清楚。
(2016)辽02行终285号	再次,原告的起诉违背诚实信用原则。诚实信用原则要求当事人实施诉讼行为、行使诉讼权利必须遵守伦理道德,诚实守诺,并在不损害公共利益和对方合法利益的前提下维护自身利益。泄愤、重复、琐碎性质的起诉,显然不符合诚实信用原则的要求。原告本已滥用政府信息公开申请权,又继而提起诉讼,这种对诉讼权利的任意行使有违诚实信用原则。综上,本案属于典型的滥用诉权行为,不符合诉讼法规定的条件,依法应予驳回。	①将诚实信用原则和滥用诉权分开论述。上面论述典型的滥诉行为,下面论述诚实信用原则; ②诚实信用原则要求当事人实施诉讼行为、行使诉讼权利必须遵守伦理道德,诚实守诺,并在不损害对方合法利益和公共利益的前提下维护自身利益。骚扰、泄愤、盲目、重复、琐碎性质的起诉显然不符合诚实信用原则的要求。

续表

案 号	诚实信用原则原文表述	该表述的特点或问题
(2015)渝二中法行终字第00169号	同时,张治发的起诉也违背了诚实信用原则。诚实信用原则要求当事人实施诉讼行为、行使诉讼权利必须遵守伦理道德,诚实守诺,并在不损害对方合法利益和公共利益的前提下维护自身利益。张治发的起诉明显有悖诉讼诚信的基本要求。	①将诚实信用原则和滥用诉权分开论述。上面论述典型的滥诉行为,下面论述诚实信用原则;②诚实信用原则要求当事人实施诉讼行为、行使诉讼权利必须遵守伦理道德,诚实守诺,并在不损害对方合法利益和公共利益的前提下维护自身利益。骚扰、泄愤、盲目、重复、琐碎性质的起诉显然不符合诚实信用原则的要求。
(2017)鲁02行终298号	在交警部门已多次告知并已经向原告公开道路交通事故责任认定的全部证据后,原告仍然违背《政府信息公开条例》的立法目的,执意不断围绕交通事故责任认定问题多次不断提出内容重复、不符合法定条件的政府信息公开申请,违背了诚实信用原则,使行政机关疲于告知,造成行政资源的极大浪费,已经构成滥用政府信息公开申请权。	①无直接解释、与滥用诉权的关系无阐述;②恶意诉讼,无理缠诉,不具有值得保护的正当利益,违背立法目的,不断提出申请,造成资源浪费;③违背诚实信用构成滥用诉权,还是滥用诉权违背诚信原则,没有说清楚。
(2015)渝高法行终字第00218号	同时,张治发的起诉也违背了诚实信用原则。诚实信用原则要求当事人实施诉讼行为、行使诉讼权利必须遵守伦理道德,诚实守诺,并在不损害对方合法利益和公共利益的前提下维护自身利益。张治发的起诉明显有悖诉讼诚信的基本要求。	①将诚实信用原则和滥用诉权分开论述。上面论述典型的滥诉行为,下面论述诚实信用原则;②诚实信用原则要求当事人实施诉讼行为、行使诉讼权利必须遵守伦理道德,诚实守诺,并在不损害对方合法利益和公共利益的前提下维护自身利益。骚扰、泄愤、盲目、重复、琐碎性质的起诉显然不符合诚实信用原则的要求。

续表

案号	诚实信用原则原文表述	该表述的特点或问题
(2016)辽02行终281号	再次,原告的起诉违背诚实信用原则。诚实信用原则要求当事人实施诉讼行为、行使诉讼权利必须遵守伦理道德,诚实守诺,并在不损害公共利益和对方合法利益的前提下维护自身利益。泄愤、重复、琐碎性质的起诉,显然不符合诚实信用原则的要求。原告本已滥用政府信息公开申请权,又继而提起诉讼,这种对诉讼权利的任意行使有违诚实信用原则。综上,本案属于典型的滥用诉权行为,不符合诉讼法规定的条件,依法应予驳回。	①将诚实信用原则和滥用诉权分开论述。上面论述典型的滥诉行为,下面论述诚实信用原则;②诚实信用原则要求当事人实施诉讼行为、行使诉讼权利必须遵守伦理道德,诚实守诺,并在不损害对方合法利益和公共利益的前提下维护自身利益。骚扰、泄愤、盲目、重复、琐碎性质的起诉显然不符合诚实信用原则的要求。
(2017)鲁02行终302号	在交警部门已多次告知并已经向原告公开道路交通事故责任认定的全部证据后,原告仍然违背《政府信息公开条例》的立法目的,执意不断围绕交通事故责任认定问题多次不断提出内容重复、不符合法定条件的政府信息公开申请,违背了诚实信用原则,使行政机关疲于告知,造成行政资源的极大浪费,已经构成滥用政府信息公开申请权。	①无直接解释、与滥用诉权的关系无阐述;②恶意诉讼,无理缠诉,不具有值得保护的正当利益,违背立法目的,不断提出申请,造成资源浪费;③违背诚实信用构成滥用诉权,还是滥用诉权违背诚信原则,没有说清楚。
(2016)苏0611行初213号	保障当事人的诉权与制约恶意诉讼、无理缠诉均是审判权的应有之义。对于个别当事人反复多次提起轻率的、相同的或者类似的诉讼请求,或者明知无正当理由而反复提起的诉讼,人民法院对其起诉应严格依法审查。本案原告钱海军所提起的涉拆迁的政府信息公开诉讼因明显缺乏诉的利益、目的不当、有悖诚信,违背了诉权行使的必要性,因而也就失去了权利行使的正当性,属于典型的滥用诉权行为。 再次,原告钱海军起诉违背诚实信用原则。诚实信用原则要求当事人实施诉讼行为、行使诉讼权利必须遵守伦理道德,诚实守诺,并在不损害对方合法利益和公共利益的前提下维护自身利益。骚扰、泄愤、盲目、重复、琐碎性质的起诉显然不符合诚实信用原则的要求。原告钱海军本已滥用了政府信息公开申请权,所提起的多起诉讼要么起诉理由高度雷同,要么是在已经获取、知悉所申请政府信息的情形下仍坚持提起诉讼,这种对诉讼权利任意行使的方式有违诚实信用原则。	①将诚实信用原则和滥用诉权分开论述。上面论述典型的滥诉行为,下面论述诚实信用原则;②诚实信用原则要求当事人实施诉讼行为、行使诉讼权利必须遵守伦理道德,诚实守诺,并在不损害对方合法利益和公共利益的前提下维护自身利益。骚扰、泄愤、盲目、重复、琐碎性质的起诉显然不符合诚实信用原则的要求。

续表

案 号	诚实信用原则原文表述	该表述的特点或问题
(2017)鲁0203行初23号	在交警部门已多次告知并已经向原告公开道路交通事故责任认定的全部证据后，原告仍然违背《政府信息公开条例》的立法目的，执意不断围绕交通事故责任认定问题多次不断提出内容重复、不符合法定条件的政府信息公开申请，违背了诚实信用原则，使行政机关疲于告知，造成行政资源的极大浪费，已经构成滥用政府信息公开申请权。	①无直接解释、与滥用诉权的关系无阐述；②恶意诉讼，无理缠诉，不具有值得保护的正当利益，违背立法目的，不断提出申请，造成资源浪费；③违背诚实信用构成滥用诉权，还是滥用诉权违背诚信原则，没有说清楚。
(2017)渝02行终190号	同时，张治发的起诉也违背了诚实信用原则。诚实信用原则要求当事人实施诉讼行为、行使诉讼权利必须遵守伦理道德，诚实守诺，并在不损害对方合法利益和公共利益的前提下维护自身利益。张治发的起诉明显有悖诉讼诚信的基本要求。	①将诚实信用原则和滥用诉权分开论述。上面论述典型的滥诉行为，下面论述诚实信用原则；②诚实信用原则要求当事人实施诉讼行为、行使诉讼权利必须遵守伦理道德，诚实守诺，并在不损害对方合法利益和公共利益的前提下维护自身利益。骚扰、泄愤、盲目、重复、琐碎性质的起诉显然不符合诚实信用原则的要求。
(2015)浙温行初字第457号	当事人行使行政诉权应当具有值得通过司法途径予以保护的正当利益，不得有恶意诉讼、无理缠诉以及其他违反诉讼诚信的行为，这是提起行政诉讼的起诉条件之一。本案中，原告许银钗的起诉源于政府信息公开申请，由于对获取政府信息权利的滥用，其在客观上并不具有政府信息公开诉讼所值得保护的正当利益。原告许银钗的起诉已违背了诉权行使的必要性，丧失了权利行使的正当性，构成滥用诉权行为。	①无直接解释、与滥用诉权的关系无阐述；②恶意诉讼，无理缠诉，不具有值得保护的正当利益，违背立法目的，不断提出申请，造成资源浪费；③违背诚实信用构成滥用诉权，还是滥用诉权违背诚信原则，没有说清楚。
(2017)渝02行终177号	同时，张治发的起诉也违背了诚实信用原则。诚实信用原则要求当事人实施诉讼行为、行使诉讼权利必须遵守伦理道德，诚实守诺，并在不损害对方合法利益和公共利益的前提下维护自身利益。张治发的起诉明显有悖诉讼诚信的基本要求。	①将诚实信用原则和滥用诉权分开论述。上面论述典型的滥诉行为，下面论述诚实信用原则；②诚实信用原则要求当事人实施诉讼行为、行使诉讼权利必须遵守伦理道德，诚实守诺，并在不损害对方合法利益和公共利益的前提下维护自身利益。骚扰、泄愤、盲目、重复、琐碎性质的起诉显然不符合诚实信用原则的要求。

续表

案 号	诚实信用原则原文表述	该表述的特点或问题
(2015)浙温行初字第460号	当事人行使行政诉权应当具有值得通过司法途径予以保护的正当利益,不得有恶意诉讼、无理缠诉以及其他违反诉讼诚信的行为,这是提起行政诉讼的起诉条件之一。本案中,原告许银钗的起诉源于政府信息公开申请,由于对获取政府信息权利的滥用,其在客观上并不具有政府信息公开诉讼所值得保护的正当利益。原告许银钗的起诉已违背了诉权行使的必要性,丧失了权利行使的正当性,构成滥用诉权行为。	①无直接解释、与滥用诉权的关系无阐述; ②不具有值得保护的正当利益,违背立法目的,不断提出申请,造成资源浪费; ③违背诚实信用构成滥用诉权,还是滥用诉权违背诚信原则,没有说清楚。
(2015)宣中行初字第00021号	保障当事人的诉权与制约恶意诉讼、无理缠诉均是审判权的应有之义。对于个别当事人反复多次提起轻率的、相同的或者类似的诉讼请求,或者明知无正当理由而反复提起的诉讼,人民法院对其起诉应严格依法审查。徐后凤所提起的相关诉讼因明显缺乏诉的利益、目的不当、有悖诚信,违背了诉权行使的必要性,因而也就失去了权利行使的正当性,属于典型的滥用诉权行为。	①无直接解释、与滥用诉权的关系无阐述; ②恶意诉讼,无理缠诉,不具有值得保护的正当利益,违背立法目的,不断提出申请,造成资源浪费; ③违背诚实信用构成滥用诉权,还是滥用诉权违背诚信原则,没有说清楚。
(2017)鲁02行终301号	在交警部门已多次告知并已经向原告公开道路交通事故责任认定的全部证据后,原告仍然违背《政府信息公开条例》的立法目的,执意不断围绕交通事故责任认定问题多次不断提出内容重复、不符合法定条件的政府信息公开申请,违背了诚实信用原则,使行政机关疲于告知,造成行政资源的极大浪费,已经构成滥用政府信息公开申请权。	①无直接解释、与滥用诉权的关系无阐述; ②恶意诉讼,无理缠诉,不具有值得保护的正当利益,违背立法目的,不断提出申请,造成资源浪费; ③违背诚实信用构成滥用诉权,还是滥用诉权违背诚信原则,没有说清楚。
(2017)鲁02行终306号	在交警部门已多次告知并已经向原告公开道路交通事故责任认定的全部证据后,原告仍然违背《条例》的立法目的,执意不断围绕交通事故责任认定问题多次不断提出内容重复、不符合法定条件的政府信息公开申请,违背了诚实信用原则,使行政机关疲于告知,造成行政资源的极大浪费,已经构成滥用政府信息公开申请权。	①无直接解释、与滥用诉权的关系无阐述; ②恶意诉讼,无理缠诉,不具有值得保护的正当利益,违背立法目的,不断提出申请,造成资源浪费; ③违背诚实信用构成滥用诉权,还是滥用诉权违背诚信原则,没有说清楚。

续表

案 号	诚实信用原则原文表述	该表述的特点或问题
(2016)苏 06 行终 613 号	保障当事人的诉权与制约恶意诉讼、无理缠诉均是审判权的应有之义。对于个别当事人反复多次提起轻率的、相同的或者类似的诉讼请求,或者明知无正当理由而反复提起的诉讼,人民法院对其起诉应严格依法审查。本案钱海军所提起的涉拆迁的政府信息公开诉讼因明显缺乏诉的利益、目的不当、有悖诚信,违背了诉权行使的必要性,因而也就失去了权利行使的正当性,属于典型的滥用诉权行为。 钱海军不当的申请和起诉多次未获人民法院的支持,而其仍然频繁提起行政复议和行政诉讼,已经使有限的公共资源在维护个人利益与他人利益、公共利益之间有所失衡,这种损害他人并对自己利益较少或根本无利益的诉权的行使,超越了权利行使的界限,亦有违诚实信用原则,已构成诉讼权利的滥用,一审法院驳回其起诉并无不当。	①将诚实信用原则和滥用诉权分开论述。上面论述典型的滥诉行为,下面论述诚实信用原则; ②诚实信用原则要求当事人实施诉讼行为、行使诉讼权利必须遵守伦理道德,诚实守诺,并在不损害对方合法利益和公共利益的前提下维护自身利益。骚扰、泄愤、盲目、重复、琐碎性质的起诉显然不符合诚实信用原则的要求。
(2017)鲁 02 行终 297 号	在交警部门已多次告知并已经向原告公开道路交通事故责任认定的全部证据后,原告仍然违背《政府信息公开条例》的立法目的,执意不断围绕交通事故责任认定问题多次不断提出内容重复、不符合法定条件的政府信息公开申请,违背了诚实信用原则,使行政机关疲于告知,造成行政资源的极大浪费,已经构成滥用政府信息公开申请权。	①无直接解释、与滥用诉权的关系无阐述; ②恶意诉讼,无理缠诉,不具有值得保护的正当利益,违背立法目的,不断提出申请,造成资源浪费; ③违背诚实信用构成滥用诉权,还是滥用诉权违背诚信原则,没有说清楚。
(2017)鲁 0203 行初 16 号	在交警部门已多次告知并已经向原告公开道路交通事故责任认定的全部证据后,原告仍然违背《政府信息公开条例》的立法目的,执意不断围绕交通事故责任认定问题多次不断提出内容重复、不符合法定条件的政府信息公开申请,违背了诚实信用原则,使行政机关疲于告知,造成行政资源的极大浪费,已经构成滥用政府信息公开申请权。	①无直接解释、与滥用诉权的关系无阐述; ②恶意诉讼,无理缠诉,不具有值得保护的正当利益,违背立法目的,不断提出申请,造成资源浪费; ③违背诚实信用构成滥用诉权,还是滥用诉权违背诚信原则,没有说清楚。

续表

案 号	诚实信用原则原文表述	该表述的特点或问题
(2017)渝 02 行终 178 号	同时,张治发的起诉也违背了诚实信用原则。诚实信用原则要求当事人实施诉讼行为、行使诉讼权利必须遵守伦理道德,诚实守诺,并在不损害对方合法利益和公共利益的前提下维护自身利益。张治发的起诉明显有悖诉讼诚信的基本要求。	①将诚实信用原则和滥用诉权分开论述。上面论述典型的滥诉行为,下面论述诚实信用原则;②诚实信用原则要求当事人实施诉讼行为、行使诉讼权利必须遵守伦理道德,诚实守诺,并在不损害对方合法利益和公共利益的前提下维护自身利益。骚扰、泄愤、盲目、重复、琐碎性质的起诉显然不符合诚实信用原则的要求。
(2016)渝行终 34 号	同时,郭兴梅的起诉也违背了行政诉讼中的诚实信用原则。诚实信用原则要求当事人应当依法善意的行使诉讼权利,不得滥用诉权,进行相关诉讼活动必须遵守伦理道德,诚实守诺,并在不损害对方合法权益和公共利益的前提下维护自身权益。郭兴梅的起诉明显有悖诉讼诚信的基本要求。	①将诚实信用原则和滥用诉权分开论述。上面论述典型的滥诉行为,下面论述诚实信用原则;②诚实信用原则要求当事人实施诉讼行为、行使诉讼权利必须遵守伦理道德,诚实守诺,并在不损害对方合法利益和公共利益的前提下维护自身利益。骚扰、泄愤、盲目、重复、琐碎性质的起诉显然不符合诚实信用原则的要求。
(2017)鲁 02 行终 296 号	在交警部门已多次告知并已经向原告公开道路交通事故责任认定的全部证据后,原告仍然违背《政府信息公开条例》的立法目的,执意不断围绕交通事故责任认定问题多次不断提出内容重复、不符合法定条件的政府信息公开申请,违背了诚实信用原则,使行政机关疲于告知,造成行政资源的极大浪费,已经构成滥用政府信息公开申请权。	①无直接解释、与滥用诉权的关系无阐述;②恶意诉讼,无理缠诉,不具有值得保护的正当利益,违背立法目的,不断提出申请,造成资源浪费;③违背诚实信用构成滥用诉权,还是滥用诉权违背诚信原则,没有说清楚。

续表

案 号	诚实信用原则原文表述	该表述的特点或问题
(2016)苏0611行初205号	保障当事人的诉权与制约恶意诉讼、无理缠诉均是审判权的应有之义。对于个别当事人反复多次提起轻率的、相同的或者类似的诉讼请求,或者明知无正当理由而反复提起的诉讼,人民法院对其起诉应严格依法审查。本案原告钱海军所提起的涉拆迁的政府信息公开诉讼因明显缺乏诉的利益、目的不当、有悖诚信,违背了诉权行使的必要性,因而也就失去了权利行使的正当性,属于典型的滥用诉权行为。 再次,原告钱海军起诉违背诚实信用原则。诚实信用原则要求当事人实施诉讼行为、行使诉讼权利必须遵守伦理道德,诚实守诺,并在不损害对方合法利益和公共利益的前提下维护自身利益。骚扰、泄愤、盲目、重复、琐碎性质的起诉显然不符合诚实信用原则的要求。原告钱海军本已滥用了政府信息公开申请权,所提起的多起诉讼要么起诉理由高度雷同,要么是在已经获取、知悉所申请政府信息的情形下仍坚持提起诉讼,这种对诉讼权利任意行使的方式有违诚实信用原则。	①将诚实信用原则和滥用诉权分开论述。上面论述典型的滥诉行为,下面论述诚实信用原则;②诚实信用原则要求当事人实施诉讼行为、行使诉讼权利必须遵守伦理道德,诚实守诺,并在不损害对方合法利益和公共利益的前提下维护自身利益。骚扰、泄愤、盲目、重复、琐碎性质的起诉显然不符合诚实信用原则的要求。
(2015)渝二中法行终字第00214号	同时,张治发的起诉也违背了诚实信用原则。诚实信用原则要求当事人实施诉讼行为、行使诉讼权利必须遵守伦理道德,诚实守诺,并在不损害对方合法利益和公共利益的前提下维护自身利益。张治发的起诉明显有悖诉讼诚信的基本要求。	①将诚实信用原则和滥用诉权分开论述。上面论述典型的滥诉行为,下面论述诚实信用原则;②诚实信用原则要求当事人实施诉讼行为、行使诉讼权利必须遵守伦理道德,诚实守诺,并在不损害对方合法利益和公共利益的前提下维护自身利益。骚扰、泄愤、盲目、重复、琐碎性质的起诉显然不符合诚实信用原则的要求。

续表

案号	诚实信用原则原文表述	该表述的特点或问题
(2016)苏0611行初214号	保障当事人的诉权与制约恶意诉讼、无理缠诉均是审判权的应有之义。对于个别当事人反复多次提起轻率的、相同的或者类似的诉讼请求，或者明知无正当理由而反复提起的诉讼，人民法院对其起诉应严格依法审查。本案原告钱海军所提起的涉拆迁的政府信息公开诉讼因明显缺乏诉的利益、目的不当、有悖诚信，违背了诉权行使的必要性，因而也就失去了权利行使的正当性，属于典型的滥用诉权行为。 再次，原告钱海军起诉违背诚实信用原则。诚实信用原则要求当事人实施诉讼行为、行使诉讼权利必须遵守伦理道德，诚实守诺，并在不损害对方合法利益和公共利益的前提下维护自身利益。骚扰、泄愤、盲目、重复、琐碎性质的起诉显然不符合诚实信用原则的要求。原告钱海军本已滥用了政府信息公开申请权，所提起的多起诉讼要么起诉理由高度雷同，要么是在已经获取、知悉所申请政府信息的情形下仍坚持提起诉讼，这种对诉讼权利任意行使的方式有违诚实信用原则。	①将诚实信用原则和滥用诉权分开论述。上面论述典型的滥诉行为，下面论述诚实信用原则； ②诚实信用原则要求当事人实施诉讼行为、行使诉讼权利必须遵守伦理道德，诚实守诺，并在不损害对方合法利益和公共利益的前提下维护自身利益。骚扰、泄愤、盲目、重复、琐碎性质的起诉显然不符合诚实信用原则的要求。
(2017)鲁02行终304号	在交警部门已多次告知并已经向原告公开道路交通事故责任认定的全部证据后，原告仍然违背《条例》的立法目的，执意不断围绕交通事故责任认定问题多次不断提出内容重复、不符合法定条件的政府信息公开申请，违背了诚实信用原则，使行政机关疲于告知，造成行政资源的极大浪费，已经构成滥用政府信息公开申请权。	①无直接解释、与滥用诉权的关系无阐述； ②恶意诉讼，无理缠诉，不具有值得保护的正当利益，违背立法目的，不断提出申请，造成资源浪费； ③违背诚实信用构成滥用诉权，还是滥用诉权违背诚信原则，没有说清楚。
(2014)港行初字第00247号	原告陈爱民在一年之中8个月内连续就同一事由先后多达15次提出信息公开申请，造成行政机关不必要的工作负担，浪费了大量的行政资源。其真实目的显然并非为了满足生产、生活、科研等特殊需要，纯属滥用《条例》赋予公民的政府信息知情权，行政机关有权拒绝答复。同理，对于因各种非理性动机而多次就同一内容提起政府信息公开的行政诉讼，有违"诉讼应当遵循诚实信用原则"，必会加重人民法院的负担，导致司法资源的极大浪费，其行为也属于滥用诉权。通过前几次的行政诉讼，原告陈爱民明知其权益应当通过刑事诉讼渠道寻求救济，仍然提起行政诉讼，显然系滥用诉讼权利。	①无直接解释、与滥用诉权的关系无阐述； ②恶意诉讼，无理缠诉，不具有值得保护的正当利益，违背立法目的，不断提出申请，造成资源浪费； ③违背诚实信用构成滥用诉权，还是滥用诉权违背诚信原则，没有说清楚。

续表

案 号	诚实信用原则原文表述	该表述的特点或问题
(2016)渝行终39号	同时,郭兴梅的起诉也违背了行政诉讼中的诚实信用原则。诚实信用原则要求当事人应当依法善意的行使诉讼权利,不得滥用诉权,进行相关诉讼活动必须遵守伦理道德,诚实守诺,并在不损害对方合法权益和公共利益的前提下维护自身权益。郭兴梅的起诉明显有悖诉讼诚信的基本要求。	①将诚实信用原则和滥用诉权分开论述。上面论述典型的滥诉行为,下面论述诚实信用原则;②诚实信用原则要求当事人实施诉讼行为、行使诉讼权利必须遵守伦理道德,诚实守诺,并在不损害对方合法利益和公共利益的前提下维护自身利益。骚扰、泄愤、盲目、重复、琐碎性质的起诉显然不符合诚实信用原则的要求。
(2015)宣中行初字第00023号	保障当事人的诉权与制约恶意诉讼、无理缠诉均是审判权的应有之义。对于个别当事人反复多次提起轻率的、相同的或者类似的诉讼请求,或者明知无正当理由而反复提起的诉讼,人民法院对其起诉应严格依法审查。徐后凤所提起的相关诉讼因明显缺乏诉的利益、目的不当、有悖诚信,违背了诉权行使的必要性,因而也就失去了权利行使的正当性,属于典型的滥用诉权行为。	①无直接解释、与滥用诉权的关系无阐述;②恶意诉讼,无理缠诉,不具有值得保护的正当利益,违背立法目的,不断提出申请,造成资源浪费;③违背诚实信用构成滥用诉权,还是滥用诉权违背诚信原则,没有说清楚。
(2016)苏06行终610号	保障当事人的诉权与制约恶意诉讼、无理缠诉均是审判权的应有之义。对于个别当事人反复多次提起轻率的、相同的或者类似的诉讼请求,或者明知无正当理由而反复提起的诉讼,人民法院对其起诉应严格依法审查。本案钱海军所提起的涉拆迁的政府信息公开诉讼因明显缺乏诉的利益、目的不当、有悖诚信,违背了诉权行使的必要性,因而也就失去了权利行使的正当性,属于典型的滥用诉权行为。 钱海军不当的申请和起诉多次未获人民法院的支持,而其仍然频繁提起行政复议和行政诉讼,已经使有限的公共资源在维护个人利益与他人利益、公共利益之间有所失衡,这种损害他人并对自己利益较少或根本无利益的诉权的行使,超越了权利行使的界限,亦有违诚实信用原则,已构成诉讼权利的滥用,一审法院驳回其起诉并无不当。	①无直接解释、与滥用诉权的关系无阐述;②恶意诉讼,无理缠诉,不具有值得保护的正当利益,违背立法目的,不断提出申请,造成资源浪费;③违背诚实信用构成滥用诉权,还是滥用诉权违背诚信原则,没有说清楚。

续表

案 号	诚实信用原则原文表述	该表述的特点或问题
(2016)苏 06 行终 609 号	钱海军的起诉源于政府信息公开申请,其起诉的理由多以被诉答复事实不清,适用法律错误,侵犯钱海军的合法权益等为由,反复多次提起相同或类似的诉讼请求。钱海军不当的申请和起诉多次未获人民法院的支持,而其仍然频繁提起行政复议和行政诉讼,已经使有限的公共资源在维护个人利益与他人利益、公共利益之间有所失衡,这种损害他人并对自己利益较少或根本无利益的诉权的行使,超越了权利行使的界限,亦有违诚实信用原则,已构成诉讼权利的滥用,一审法院驳回其起诉并无不当。	①无直接解释、与滥用诉权的关系无阐述; ②恶意诉讼,无理缠诉,不具有值得保护的正当利益,违背立法目的,不断提出申请,造成资源浪费; ③违背诚实信用构成滥用诉权,还是滥用诉权违背诚信原则,没有说清楚。
(2016)辽 02 行终 283 号	再次,原告的起诉违背诚实信用原则。诚实信用原则要求当事人实施诉讼行为、行使诉讼权利必须遵守伦理道德,诚实守诺,并在不损害公共利益和对方合法利益的前提下维护自身利益。泄愤、重复、琐碎性质的起诉,显然不符合诚实信用原则的要求。原告本已滥用政府信息公开申请权,又继而提起诉讼,这种对诉讼权利的任意行使有违诚实信用原则。	①将诚实信用原则和滥用诉权分开论述。上面论述典型的滥诉行为,下面论述诚实信用原则; ②诚实信用原则要求当事人实施诉讼行为、行使诉讼权利必须遵守伦理道德,诚实守诺,并在不损害对方合法利益和公共利益的前提下维护自身利益。骚扰、泄愤、盲目、重复、琐碎性质的起诉显然不符合诚实信用原则的要求。
(2016)渝行终 42 号	同时,郭兴梅的起诉也违背了行政诉讼中的诚实信用原则。诚实信用原则要求当事人应当依法善意的行使诉讼权利,不得滥用诉权,进行相关诉讼活动必须遵守伦理道德,诚实守诺,并在不损害对方合法权益和公共利益的前提下维护自身权益。郭兴梅的起诉明显有悖诉讼诚信的基本要求。	①将诚实信用原则和滥用诉权分开论述。上面论述典型的滥诉行为,下面论述诚实信用原则; ②诚实信用原则要求当事人实施诉讼行为、行使诉讼权利必须遵守伦理道德,诚实守诺,并在不损害对方合法利益和公共利益的前提下维护自身利益。骚扰、泄愤、盲目、重复、琐碎性质的起诉显然不符合诚实信用原则的要求。

续表

案 号	诚实信用原则原文表述	该表述的特点或问题
(2016)辽02行终282号	再次,原告的起诉违背诚实信用原则。诚实信用原则要求当事人实施诉讼行为、行使诉讼权利必须遵守伦理道德,诚实守诺,并在不损害公共利益和对方合法利益的前提下维护自身利益。泄愤、重复、琐碎性质的起诉,显然不符合诚实信用原则的要求。原告本已滥用政府信息公开申请权,又继而提起诉讼,这种对诉讼权利的任意行使有违诚实信用原则。	①将诚实信用原则和滥用诉权分开论述。上面论述典型的滥诉行为,下面论述诚实信用原则;②诚实信用原则要求当事人实施诉讼行为、行使诉讼权利必须遵守伦理道德,诚实守诺,并在不损害对方合法利益和公共利益的前提下维护自身利益。骚扰、泄愤、盲目、重复、琐碎性质的起诉显然不符合诚实信用原则的要求。
(2016)苏06行终638号	本案钱海军所提起的涉拆迁的政府信息公开诉讼因明显缺乏诉的利益、目的不当、有悖诚信,违背了诉权行使的必要性,因而也就失去了权利行使的正当性,属于典型的滥用诉权行为。行政资源和司法资源的有限性,决定了行政机关和人民法院只能满足当事人有效的行政和司法需求。钱海军的申请行为和诉讼行为,已经使行政和司法资源在维护个人利益与公共利益之间有所失衡,《条例》的立法宗旨也在此种 amp; amp; ldquo; 申请—答复—复议—诉讼 amp; amp; rdquo;的程序中被异化。钱海军所为已经背离了权利正当行使的本旨,超越了权利不得损害他人合法权益的界限。综观本案及相关联的一系列案件,无论是钱海军所提出的政府信息公开申请还是向法院所提起的诉讼均构成明显的权利滥用。	①无直接解释、与滥用诉权的关系无阐述;②恶意诉讼,无理缠诉,不具有值得保护的正当利益,违背立法目的,不断提出申请,造成资源浪费;③违背诚实信用构成滥用诉权,还是滥用诉权违背诚信原则,没有说清楚。
(2016)渝行终38号	同时,郭兴梅的起诉也违背了行政诉讼中的诚实信用原则。诚实信用原则要求当事人应当依法善意的行使诉讼权利,不得滥用诉权,进行相关诉讼活动必须遵守伦理道德,诚实守诺,并在不损害对方合法权益和公共利益的前提下维护自身权益。郭兴梅的起诉明显有悖诉讼诚信的基本要求。	①将诚实信用原则和滥用诉权分开论述。上面论述典型的滥诉行为,下面论述诚实信用原则;②诚实信用原则要求当事人实施诉讼行为、行使诉讼权利必须遵守伦理道德,诚实守诺,并在不损害对方合法利益和公共利益的前提下维护自身利益。骚扰、泄愤、盲目、重复、琐碎性质的起诉显然不符合诚实信用原则的要求。

续表

案 号	诚实信用原则原文表述	该表述的特点或问题
(2015)浙温行初字第456号	当事人行使行政诉权应当具有值得通过司法途径予以保护的正当利益,不得有恶意诉讼、无理缠诉以及其他违反诉讼诚信的行为,这是提起行政诉讼的起诉条件之一。本案中,原告许银钗的起诉源于政府信息公开申请,由于对获取政府信息权利的滥用,其在客观上并不具有政府信息公开诉讼所值得保护的正当利益。原告许银钗的起诉已违背了诉权行使的必要性,丧失了权利行使的正当性,构成滥用诉权行为。	①无直接解释、与滥用诉权的关系无阐述; ②恶意诉讼,无理缠诉,不具有值得保护的正当利益,违背立法目的,不断提出申请,造成资源浪费; ③违背诚实信用构成滥用诉权,还是滥用诉权违背诚信原则,没有说清楚。
(2016)辽02行终286号	再次,原告的起诉违背诚实信用原则。诚实信用原则要求当事人实施诉讼行为、行使诉讼权利必须遵守伦理道德,诚实守诺,并在不损害公共利益和对方合法利益的前提下维护自身利益。泄愤、重复、琐碎性质的起诉,显然不符合诚实信用原则的要求。原告本已滥用政府信息公开申请权,又继而提起诉讼,这种对诉讼权利的任意行使有违诚实信用原则。	①将诚实信用原则和滥用诉权分开论述。上面论述典型的滥诉行为,下面论述诚实信用原则; ②诚实信用原则要求当事人实施诉讼行为、行使诉讼权利必须遵守伦理道德,诚实守诺,并在不损害对方合法利益和公共利益的前提下维护自身利益。骚扰、泄愤、盲目、重复、琐碎性质的起诉显然不符合诚实信用原则的要求。
(2016)渝行终41号	同时,郭兴梅的起诉也违背了行政诉讼中的诚实信用原则。诚实信用原则要求当事人应当依法善意的行使诉讼权利,不得滥用诉权,进行相关诉讼活动必须遵守伦理道德,诚实守诺,并在不损害对方合法权益和公共利益的前提下维护自身权益。郭兴梅的起诉明显有悖诉讼诚信的基本要求。	①将诚实信用原则和滥用诉权分开论述。上面论述典型的滥诉行为,下面论述诚实信用原则; ②诚实信用原则要求当事人实施诉讼行为、行使诉讼权利必须遵守伦理道德,诚实守诺,并在不损害对方合法利益和公共利益的前提下维护自身利益。骚扰、泄愤、盲目、重复、琐碎性质的起诉显然不符合诚实信用原则的要求。

续表

案号	诚实信用原则原文表述	该表述的特点或问题
(2016)苏0611行初184号	保障当事人的诉权与制约恶意诉讼、无理缠诉均是审判权的应有之义。对于个别当事人反复多次提起轻率的、相同的或者类似的诉讼请求,或者明知无正当理由而反复提起的诉讼,人民法院对其起诉应严格依法审查。本案原告钱海军所提起的涉拆迁的政府信息公开诉讼因明显缺乏诉的利益、目的不当、有悖诚信,违背了诉权行使的必要性,因而也就失去了权利行使的正当性,属于典型的滥用诉权行为。	①无直接解释、与滥用诉权的关系无阐述; ②恶意诉讼,无理缠诉,不具有值得保护的正当利益,违背立法目的,不断提出申请,造成资源浪费; ③违背诚实信用构成滥用诉权,还是滥用诉权违背诚信原则,没有说清楚。
(2017)鲁0203行初14号	在交警部门已多次告知并已经向原告公开道路交通事故责任认定的全部证据后,原告仍然违背《政府信息公开条例》的立法目的,执意不断围绕交通事故责任认定问题多次不断提出内容重复、不符合法定条件的政府信息公开申请,违背了诚实信用原则,使行政机关疲于告知,造成行政资源的极大浪费,已经构成滥用政府信息公开申请权。	①无直接解释、与滥用诉权的关系无阐述; ②恶意诉讼,无理缠诉,不具有值得保护的正当利益,违背立法目的,不断提出申请,造成资源浪费; ③违背诚实信用构成滥用诉权,还是滥用诉权违背诚信原则,没有说清楚。
(2017)鲁0203行初19号	在交警部门已多次告知并已经向原告公开道路交通事故责任认定的全部证据后,原告仍然违背《政府信息公开条例》的立法目的,执意不断围绕交通事故责任认定问题多次不断提出内容重复、不符合法定条件的政府信息公开申请,违背了诚实信用原则,使行政机关疲于告知,造成行政资源的极大浪费,已经构成滥用政府信息公开申请权。	①无直接解释、与滥用诉权的关系无阐述; ②恶意诉讼,无理缠诉,不具有值得保护的正当利益,违背立法目的,不断提出申请,造成资源浪费; ③违背诚实信用构成滥用诉权,还是滥用诉权违背诚信原则,没有说清楚。
(2017)鲁02行终303号	在交警部门已多次告知并已经向原告公开道路交通事故责任认定的全部证据后,原告仍然违背《政府信息公开条例》的立法目的,执意不断围绕交通事故责任认定问题多次不断提出内容重复、不符合法定条件的政府信息公开申请,违背了诚实信用原则,使行政机关疲于告知,造成行政资源的极大浪费,已经构成滥用政府信息公开申请权。	①无直接解释、与滥用诉权的关系无阐述; ②恶意诉讼,无理缠诉,不具有值得保护的正当利益,违背立法目的,不断提出申请,造成资源浪费; ③违背诚实信用构成滥用诉权,还是滥用诉权违背诚信原则,没有说清楚。

续表

案号	诚实信用原则原文表述	该表述的特点或问题
(2017)陕01行终4号	知情权是公民的法定权利,但公民必须在现行法律框架内申请获取政府信息,并符合法律规定的条件、程序和方式,符合立法宗旨,能够实现立法目的。如果公民提起政府信息公开申请违背了《中华人民共和国政府信息公开条例》的立法本意且不具有善意,就会构成知情权的滥用。涉及信息公开滥诉行为的客观表征即为申请主体群体化、申请数量多且重复、申请内容复杂化、申请动机多样化以及滥用救济程序。通过分析和审查田荣辉等人的行为是否符合上述特征,并从是否缺乏诉的利益、诉讼目的是否正当、是否有悖诚信等因素来考量;从行使权利的方式必须符合正当的要求,行使权利不得损害国家的、社会的、集体的利益和其他公民的合法自由和权利来认定,田荣辉等人反复多次提起琐碎的、轻率的、相同的或者类似的诉讼请求,甚至明知无正当理由而反复提起诉讼,其起诉明显缺乏诉的利益、目的不当、有悖诚信的起诉原则,违背了诉权行使的必要性,丧失了权利行使的正当性,足以认定构成滥用诉权。故田荣辉等人的上诉理由不能成立,依法应予驳回。	①无直接解释、与滥用诉权的关系无阐述; ②恶意诉讼,无理缠诉,不具有值得保护的正当利益,违背立法目的,不断提出申请,造成资源浪费; ③违背诚实信用构成滥用诉权,还是滥用诉权违背诚信原则,没有说清楚。
(2017)苏06行终622号	奚学开在已经知晓了省政府5314号征地批复的情形下,向南通市国土资源局申请公开所谓的《通地转县函〔2012〕22号文通知》的事实根据,明显缺乏诉的利益、目的不当、有悖诚信,违背了诉权行使的必要性,因而也就失去了权利行使的正当性,显然是滥用政府信息公开申请权,不应得到支持。	①无直接解释、与滥用诉权的关系无阐述; ②恶意诉讼,无理缠诉,不具有值得保护的正当利益,违背立法目的,不断提出申请,造成资源浪费; ③违背诚实信用构成滥用诉权,还是滥用诉权违背诚信原则,没有说清楚。
(2016)苏06行终611号	保障当事人的诉权与制约恶意诉讼、无理缠诉均是审判权的应有之义。对于个别当事人反复多次提起轻率的、相同的或者类似的诉讼请求,或者明知无正当理由而反复提起的诉讼,人民法院对其起诉应严格依法审查。本案钱海军所提起的涉拆迁的政府信息公开诉讼因明显缺乏诉的利益、目的不当、有悖诚信,违背了诉权行使的必要性,因而也就失去了权利行使的正当性,属于典型的滥用诉权行为。	①无直接解释、与滥用诉权的关系无阐述; ②恶意诉讼,无理缠诉,不具有值得保护的正当利益,违背立法目的,不断提出申请,造成资源浪费; ③违背诚实信用构成滥用诉权,还是滥用诉权违背诚信原则,没有说清楚。

续表

案 号	诚实信用原则原文表述	该表述的特点或问题
(2017)鲁0203行初21号	在交警部门已多次告知并已经向原告公开道路交通事故责任认定的全部证据后,原告仍然违背《政府信息公开条例》的立法目的,执意不断围绕交通事故责任认定问题多次不断提出内容重复、不符合法定条件的政府信息公开申请,违背了诚实信用原则,使行政机关疲于告知,造成行政资源的极大浪费,已经构成滥用政府信息公开申请权。	①无直接解释、与滥用诉权的关系无阐述; ②恶意诉讼,无理缠诉,不具有值得保护的正当利益,违背立法目的,不断提出申请,造成资源浪费; ③违背诚实信用构成滥用诉权,还是滥用诉权违背诚信原则,没有说清楚。
(2017)鲁02行终307号	在交警部门已多次告知并已经向原告公开道路交通事故责任认定的全部证据后,原告仍然违背《条例》的立法目的,执意不断围绕交通事故责任认定问题多次不断提出内容重复、不符合法定条件的政府信息公开申请,违背了诚实信用原则,使行政机关疲于告知,造成行政资源的极大浪费,已经构成滥用政府信息公开申请权。	①无直接解释、与滥用诉权的关系无阐述; ②恶意诉讼,无理缠诉,不具有值得保护的正当利益,违背立法目的,不断提出申请,造成资源浪费; ③违背诚实信用构成滥用诉权,还是滥用诉权违背诚信原则,没有说清楚。
(2015)宣中行初字第00026号	保障当事人的诉权与制约恶意诉讼、无理缠诉均是审判权的应有之义。对于个别当事人反复多次提起轻率的、相同的或者类似的诉讼请求,或者明知无正当理由而反复提起的诉讼,人民法院对其起诉应严格依法审查。徐后凤所提起的相关诉讼因明显缺乏诉的利益、目的不当、有悖诚信,违背了诉权行使的必要性,因而也就失去了权利行使的正当性,属于典型的滥用诉权行为。	①无直接解释、与滥用诉权的关系无阐述; ②恶意诉讼,无理缠诉,不具有值得保护的正当利益,违背立法目的,不断提出申请,造成资源浪费; ③违背诚实信用构成滥用诉权,还是滥用诉权违背诚信原则,没有说清楚。

●行政赔偿和行政补偿竞合下的司法进路
——陈山河与洛阳市人民政府、洛阳中房地产有限责任公司行政赔偿案评析

杜仪方*

摘　要：在实践中，违法行为与合法行为可能导致同一损害后果，并由此形成行政赔偿和行政补偿竞合的情形。在陈山河案中，一审、二审、再审就案件责任性质、责任承担形式和金额标准作了不同判断，但裁判或在结果上不符合正义或欠缺说理过程。公报案例在裁判摘要中创设性提出“任何人不得从自己的错误行为中获益”这一原理，并引领本案从赔偿转为补偿，这一做法尽管符合个案正义却可能对未来法制产生负面影响。本案应在适用国家赔偿制度的前提下，对《国家赔偿法》规定的“支付赔偿金为主要手段”作扩大解释，以实现当事人权利保障。

关键词：行政赔偿；行政补偿；支付赔偿金；产权调换

在我国传统公法责任体系中，“违法赔偿、合法补偿”几乎是无须多言的规则。① 然而在一些特殊案件中，却可能存在违法行为与合法行为导致同一损害后果的情形。这就形成了行政赔偿和行政补偿竞合的问题。本文以“陈山河与洛阳市人民政府、洛阳中房地产有限责任公司行政赔偿

* 杜仪方，复旦大学法学院副教授，法学博士。

① 主流学说普遍认同行政赔偿和行政补偿的核心区别是违法与合法。参见沈岿：《国家赔偿法：原理与案例》，北京大学出版社 2017 年版，第 13 页。当然，也有观点指出行政赔偿与行政补偿的界限正在消弭，但这一观点立足于行政赔偿中“违法”要件的多元表现使得二者界限不再清楚，并不意味着两项制度可重合。参见王锴：《从赔偿与补偿的界限看我国〈国家赔偿法〉的修改方向》，载《河南省政法管理干部学院学报》2005 年第 4 期。

案”为对象,②解构一审、二审、再审以及公报案例中司法的判断进路,并提出行政赔偿和行政补偿竞合下的处理方式。

一、基本案情和问题整理

(一)案件事实

2002年4月30日,陈山河从洛阳市房地产管理局瀍河分局处以购买方式取得争议房屋。2002年5月30日,洛阳市房地产管理局给陈山河颁发了洛市房权证(2002)字第x180121号房屋所有权证。2002年8月19日,陈山河根据洛阳市人民政府成立的新街道路建设及周边环境整治工程指挥部(以下简称指挥部)的安排,将其房屋及附属物交给了指挥部。8月20日,陈山河宅院内的房屋及附属物全部被拆除。

洛阳市中级人民法院(2004)洛行初字第11号行政判决认为,洛阳市人民政府组建的指挥部组织有关部门,对陈山河房屋及附属物实施拆迁违反法定程序,判决确认违法。陈山河进而向洛阳市人民政府、原审第三人洛阳中房地产有限责任公司(原中国房地产开发集团洛阳房地产开发公司,以下简称中房公司)要求行政赔偿。

一审河南省洛阳市中级人民法院判决洛阳市人民政府应该对陈山河合法权益造成的损失承担国家赔偿责任,并判决洛阳市人民政府在30日内支付给陈山河房屋拆迁补偿款94,706.52元。陈山河、洛阳市人民政府均不服一审判决,向河南省高级人民法院提起上诉。二审河南省高级人民法院判决驳回上诉,维持原判。陈山河向最高人民法院申请再审。

(二)问题整理

如果抽离事实部分,本案可以简化为:在原本由拆迁征收所构成的行政补偿事件中,由于拆迁程序违法而引发行政赔偿责任。而本案的特殊之处在于,对于当事人而言,即使洛阳市政府的行为没有违反法定程序,其房屋所有权最终也会基于合法的拆迁行为而灭失,而违法强制拆迁行为同样也导致该房屋灭失。可见,当合法行为和违法行为对当事人造成的损失重合时,就导致了行政补偿和行政赔偿这两项原本泾渭分明的制

---

② 该案载于《最高人民法院公报》2015年第4期,《陈山河与洛阳市人民政府、洛阳中房地产有限责任公司行政赔偿案》。

度在本案中产生竞合。在此背景下，首先需要明确的问题是，本案所涉及的纠纷究竟应适用何种制度，是行政赔偿还是行政补偿？而该问题将构成本案的前提性争点。

在此基础上，本案还存在以下两项具体争点：第一，拆迁人和行政机关违法实施拆迁，被拆迁人能否主张实行房屋产权调换？第二，若可以实行房屋产权调换，但无适当房屋实行产权调换时，如何确定款项标准？

概言之，本案共涉及三项主要争点，分别为责任性质、责任承担方式以及金额标准。以下将围绕上述三项争点就一审、二审和再审的裁判文书以及公报案例中的裁判摘要逐一展开进行分析。

二、一审、二审判决：传统进路下的道德困境

（一）责任性质

一审河南省洛阳市中级人民法院（2005）洛行初字第11号判决认定了洛阳市人民政府的国家赔偿责任。

洛阳市人民政府组建的指挥部组织有关部门对陈山河房屋及附属物实施拆迁，违反法定程序，该强拆行为已被洛阳市中级人民法院（2004）洛行初字第11号行政判决确认违法。洛阳市人民政府应该对陈山河合法权益造成的损失承担国家赔偿责任。

二审河南省高级人民法院（2005）豫法行终字第00115号判决同样认为本案应该适用国家赔偿制度。“本案是国家赔偿案件，陈山河以洛阳市人民政府违法损坏了其房产为理由请求国家赔偿，只能适用国家赔偿制度，在赔偿方式上也只能适用法定的国家赔偿方式。”

可见，一审和二审法院均认为，本案应当被归为国家赔偿案件。应当说，两级法院均判决认为行政机关应就其违法行为承担国家赔偿责任，符合国家赔偿制度的基本理念。

然而，一审和二审法院在作出国家赔偿的判断上却略有不同。一审采取的是基于违法行为直接认定国家赔偿的模式。法院的思路在于，当洛阳市人民政府的强拆行为已经被洛阳市中级人民法院通过生效判决确认违法时，洛阳市人民政府当然应就该违法行为所造成的损失承担赔偿责任。不同于一审法院基于违法行为而作出的直接认定，二审法院判断方式突出强调了当事人的诉讼请求。二审法院在已认定“本案是国家赔

偿案件”这一前提的基础上,又补充了“陈山河以违法损坏了其房产为理由请求国家赔偿”后方得出“只能适用国家赔偿制度”的结论。据此推断二审法院可能的判断逻辑如下:在本案是国家赔偿案件的前提下,在当事人同时也就该违法行为请求国家赔偿时,才能适用国家赔偿制度。而如果基于上述逻辑进行反向推衍,则难免会产生一个疑问:尽管是国家赔偿案件,但是如果当事人并未请求国家赔偿而作出了其他请求(如补偿请求),法院是否就存在不适用国家赔偿制度的空间?基于本案判决,对此不得而知。

(二)责任承担方式

有意思的是,尽管一审法院认定了案件的国家赔偿性质,但却没有进而适用《国家赔偿法》的相关规定来确定责任的承担方式,而是参照适用了《1997 年拆迁安置补偿标准》。法院指出,“《1997 年拆迁安置补偿标准》不违背法律规定,人民法院审理行政赔偿案件时可以参照。鉴于陈山河的房屋已经被拆除,评估已失去了客观条件,其赔偿标准可参照《1997年拆迁安置补偿标准》规定。”尽管并未明示责任承担方式,但是由于其所参照适用的《1997 年拆迁安置补偿标准》只规定了金钱补偿,因此一审法院事实上将金钱责任作为本案的责任承担方式。

二审在与一审判决认定事实一致的前提下,另查明,陈山河在一审的《行政赔偿起诉书》中所提出的诉讼请求的第二项是“依法要求 104.31 平方米营业房的产权调换”。因此,相较于一审的留白,二审法院在明确国家赔偿的基础上着重对于责任承担方式的选择作了如下说明:

虽然《城市房屋拆迁管理条例》第二十三条规定,拆迁补偿的方式可以实行货币补偿,也可以实行房屋产权调换。但本案是国家赔偿案件,陈山河以洛阳市人民政府违法损坏了其房产为理由请求国家赔偿,只能适用国家赔偿制度,在赔偿方式上也只能适用法定的国家赔偿方式。《中华人民共和国国家赔偿法》第二十五条第一款规定,国家赔偿以支付赔偿金为主要方式。本案的赔偿方式应适用赔偿金的方式。产权调换是拆迁程序中的补偿方式问题,与本案国家赔偿程序中的赔偿方式无本质关系,本案不能以产权调换为赔偿方式。因此对陈山河有关产权调换的请求不予支持。

可见,对于责任承担方式的选择,二审法院的逻辑在于:由于本案应适用国家赔偿制度,因此赔偿方式也就应依照国家赔偿的法定赔偿方式,即《国家赔偿法》第25条所规定的支付赔偿金。③ 另一方面,尽管当事人请求了产权调换,并且该方式也是《城市房屋拆迁管理条例》所规定的行政补偿的法定方式,④但是由于本案国家赔偿的性质已被确认,因此不能以当事人所请求的产权调换作为赔偿方式。可以说,二审判决的上述逻辑非常清楚且一以贯之。

(三)金额标准

如前所述,一审虽然在明确制度时毫无疑问适用国家赔偿制度,但是在确定具体的金额标准时,却在判决主文和判决结论中均使用"补偿"的表述,并且直接适用了《1997年拆迁安置补偿标准》中的数额标准。"……以上9项共计为94,706.52元,洛阳市人民政府应给予补偿……判决洛阳市人民政府在30日内支付给陈山河房屋拆迁补偿款94,706.52元……"

与之相对,二审法院明确赔偿制度后就将"赔偿"贯彻于判决始终,使用了赔偿方式和赔偿数额等用语。不仅如此,二审法院还对于一审判决中所使用的"补偿"表述进行了纠正,采用了"一审法院确定陈山河的赔偿数额"这样的表达方式。另外,尽管二审法院在确定赔偿数额时,最终依旧适用了《1997年拆迁安置补偿标准》,但是其并非直接适用而是在没有标准下的参照适用,并就此说明理由:"由于陈山河的房屋已经被拆除,陈山河在诉讼中没有提供其他标准,一审法院参照《1997年拆迁安置补偿标准》确定陈山河的赔偿数额,不违背法律规定,符合公平原则,应予支持……"

(四)一审、二审判决陷入的道德困境

尽管一审和二审判决就案件责任性质的认定在判断过程上略有不同,但是二者都明确了本案的国家赔偿性质。同时,不同于一审在认定国

③ 本案裁决适用的是当时有效的1995年《国家赔偿法》的规定,2010年《国家赔偿法》作出修改。1995年《国家赔偿法》第25条规定了国家赔偿的方式,在2010年《国家赔偿法》中该条文变为第32条,而内容并未作出改变。为与裁判文书内容保持一致,本文沿用1995年《国家赔偿法》的相关条款编号。

④ 本案裁决适用的是当时有效的2001年《城市房屋拆迁管理条例》,该条例已被2011年颁布的《国有土地上房屋征收与补偿条例》废止,现已不再具备法律效力。

家赔偿责任性质后再转而适用补偿的责任承担方式和标准,二审则更为坚定地走赔偿的路径。二审不仅明确了国家赔偿案件应适用《国家赔偿法》中的法定赔偿方式,更是对于一审中的补偿方式以及标准进行了纠正,强调只有当赔偿没有可适用的标准时才可参照相关补偿标准。应当说,相较于一审在赔偿和补偿之间的摇摆不定,二审判决明显逻辑更为顺畅、表述也更加清楚。

然而,二审看似水到渠成的判断过程却可能使法院判决在结论上陷入明显的道德困境。

1. 道德困境之一:赔偿的责任方式少于补偿

如果拆迁过程不存在违法,本案就应是一个典型的征收补偿案件。根据《城市房屋拆迁管理条例》第 23 条的规定,拆迁补偿的方式可以实行货币补偿,也可以实行房屋产权调换。这意味着在一个正常的行政征收补偿案件中,行政机关的责任承担存在支付货币或给予产权调换这两种方式。

然而,拆迁过程中如果行政机关的行为存在违法,原本的行政补偿案件就会由于该违法行为的出现从而转为国家赔偿案件。这意味着,按照二审的判断,当事人由此所遭致的损失只能通过《国家赔偿法》所规定的"支付赔偿金"的方式来实现。也就是说,行政机关的违法行为反而帮助其实现了责任承担方式的单一化。换言之,在此进路下,至少就责任承担方式而言,无过错的当事人由于行政机关的违法行为而丧失了要求产权调换的可能性。就这个角度而言,一审在明确国家赔偿制度后转而采用行政补偿的责任承担方式,这一看似矛盾的转折背后相信也是自有其考量。

不仅如此,二审所作出的上述判决还可能有违《国家赔偿法》之立法目的。《国家赔偿法》第 1 条规定了"为促进国家机关依法行使职权"而制定本法,然而根据本案二审的判断方式,行政机关在拆迁过程中所采取的违法手段不仅帮助了其迅速达成征收目的,避免陷入与当事人反复商谈的泥潭中,同时该行政机关也无须因为违法行为在责任承担方式上付出更多的成本。本案中的洛阳市政府正是借助其违法的拆迁行为,摆脱了本来可能要承担的产权调换责任。当违法成本过低甚至为负时,这就可能会对将来类似情况下行政机关的处理方式产生负面导向,并进而有损依法行政的进程。

2. 道德困境之二:赔偿的金额标准等同于补偿

当然,一种可能存在的情形是,尽管违法导致的赔偿在责任的承担方式上更为单一,但是如果基于国家赔偿途径能够给予当事人更为有利的实质性保护,则也能在一定程度上弥补责任形式上的欠缺。换言之,在现有法制框架下,基于国家赔偿能给予当事人的损害回复金额是否会高于通过行政补偿所实现的损失填补?

然而很遗憾,上述假设并不存在。《国家赔偿法》第28条规定:"侵犯公民、法人和其他组织的财产权造成损害的,按照下列规定处理:(一)处罚款、罚金、追缴、没收财产或者违法征收、征用财产的,返还财产;……(四)应当返还的财产灭失的,给付相应的赔偿金……"在本案中,在当时人的房屋已经被拆除也就是应当返还的财产已经灭失的情况下,按照《国家赔偿法》的规定,行政机关应给予相应的赔偿金。至于何为"相应的"赔偿金,《国家赔偿法》没有作出明确规定。

在本案中,一审法院考虑到"陈山河的房屋已经被拆除,评估已失去了客观条件",同时,"《1997年拆迁安置补偿标准》不违背法律规定,人民法院审理行政赔偿案件时可以参照",由此确定具体数额。二审在确定赔偿标准时的判决思路和一审基本类似,也以"陈山河的房屋已经被拆除"为前提,并同时指出"陈山河在诉讼中没有提供其他标准",因此"一审法院参照《1997年拆迁安置补偿标准》确定陈山河的赔偿数额,不违背法律规定,符合公平原则"。

综上可得,在本案适用国家赔偿制度所规定的金钱赔偿方式的前提下,当标的物灭失后,国家赔偿的赔偿标准最终依旧只能被落实为补偿标准。当然,就补偿标准的选择尚存有争议,但是至少可以明确的是,在本案中,当事人无法基于适用国家赔偿制度而获得超越补偿的额外好处。

三、再审裁定:从行政赔偿到行政补偿的跨越

(一)责任性质

再审在判定洛阳市政府的责任时作出了如下表述:

洛阳市人民政府组建的指挥部在2002年组织有关部门对陈山河房屋及附属物实施拆迁,违反法定程序,该强拆行为已被洛阳市中级人民法院(2004)洛行初字第11号行政判决确认违法。因此,对该拆迁行为给陈

山河合法权益造成的损失,原审法院判决其承担相应的责任并无不当。

尽管再审裁定依然从违法行为出发来确定本案的责任性质,然而在肯定了原审法院并无不当的同时却没有明确作出“赔偿”的表述,而是使用了“相应的责任”这一相对暧昧的用语。当然,基于上下文文意,我们能够推定此处所言之“相应的责任”即为二审法院所认定的国家赔偿责任。但是同样值得注意的是,再审裁定不仅在此处回避了“赔偿”用语,在裁定主文的说理部分中通篇未提及“赔偿”。个中考量,值得深思。

(二)责任承担方式和标准

虽然未明言,但是既然再审明确了“原审法院判决其承担相应的责任并无不当”,那么可以确定其也承认二审所认定的国家赔偿责任。那么,再审的法律适用是否也和二审一样,采用《国家赔偿法》所规定之金钱承担方式呢?然而再审裁定却在此话锋一转,用了“但”作为转折。

但原审判决认为陈山河的房屋已被拆除,评估已失去客观条件,故参照《1997年拆迁安置补偿标准》确定陈山河房屋价值,显属不当……陈山河配合拆迁工作,服从相关政府部门的要求,在未依法获得补偿安置的情况下,将房屋及附属物交由相关部门拆除,其自身并无过错,不应承担相应的损失。拆迁人中房公司和洛阳市人民政府及其职能部门有义务保证陈山河得到公平合理的补偿安置。

注意,裁定书在此时出现了“公平合理”以及“补偿”的用语。当然,有了一审判决的先例后,我们也有理由怀疑,此处的“补偿”可能仅是裁定书在用词上的不当甚至错误。然而,裁定中的以下论述却旗帜鲜明地表明了本案中法院适用补偿责任承担方式的立场。

陈山河有权要求根据拆迁当时有效的《城市房屋拆迁管理条例》第二十三条和第二十四条的规定,主张实行房屋产权调换或者要求根据被拆迁房屋的区位、用途、建筑面积等因素,通过房地产市场评估来确定货币补偿金额。如拆迁人和洛阳市人民政府无适当房屋进行产权调换,则应向陈山河支付生效判决作出时以同类房屋的房地产市场评估价格为标准的补偿款,以保证陈山河选择产权调换的权利。

据此可以发现,再审法院在肯定国家赔偿制度后完全未提及适用《国家赔偿法》以及《国家赔偿法》所规定的法定赔偿方式,而是直接适用了《城市房屋拆迁管理条例》的规定,肯定了当事人具备《城市房屋拆迁管理条例》所规定的选择“产权调换”的权利。

在此基础上,法院进而指出,“如拆迁人和洛阳市人民政府无适当房屋进行产权调换,则应向陈山河支付生效判决作出时以同类房屋的房地产市场评估价格为标准的补偿款”,就此对相关金额标准也进行了明确。

（三）再审可能的进路

那么,从明确国家赔偿制度,到选择不适用《国家赔偿法》而适用《城市房屋拆迁管理条例》,这中间的跨越究竟是如何实现的？遗憾的是,再审裁定书并未就此作出明确说明。为此我们只能结合相关制度去推断本案再审裁定的可能进路。

1. 可能的进路一:法律适用错误

正如上文所言,本案中一审和二审基于《国家赔偿法》的规定所得出的判决结果既无法充分保障相对人的权利,也无法敦促行政机关依法行政,故有违《国家赔偿法》第1条“为保障公民、法人和其他组织享有依法取得国家赔偿的权利,促进国家机关依法行使职权”之立法目的。然而,对于在具体案件中适用法律规范可能违反立法目的,此时该如何适用法律的问题,我国国家赔偿制度并未作出明确规定。

在民事诉讼制度中,《民事诉讼法》及相关司法解释对类似情况下的法律适用作了相对明确的规定。2007年《民事诉讼法》第179条第1款第（六）项规定,当事人的申请符合“原判决、裁定适用法律确有错误的”的,人民法院应当再审。同时,最高人民法院《关于适用〈中华人民共和国民事诉讼法〉审判监督程序若干问题的解释》第13条又进一步规定,对于原判决、裁定适用法律、法规或司法解释“明显违背立法本意的”,人民法院应当认定为2007年《民事诉讼法》第179条第1款第（六）项规定的“适用法律确有错误”。综合上述两项规定可以得出,在民事诉讼中对原判决、裁定适用法律、法规或司法解释明显违背立法本意的被认为属于适用法律错误,据此逻辑则可以反推认为,对违反立法目的的法律在民事诉讼制度中应不予适用。

基于此,本案中法院可能的裁判思路是:本案表明“原审法院判决其承担相应的责任并无不当”,因此认为对于违法行为本应适用《国家赔偿法》,但是由于适用该法对“自身并无过错”的当事人“显有失公平”,因此违反了《国家赔偿法》的立法目的,故不予适用。进而在保障给予当事人

"公平合理补偿"的前提下,裁判适用本案基础拆迁行为所涉之《城市房屋拆迁管理条例》。如果上述推论成立,本案可以说明确了我国国家赔偿制度中法律适用的情形,也是对适用法律、法规"确有错误"的具体解释。

适用该项进路的优点在于,可以在法秩序的框架内解除原审判决所导致的道德危机,并且填补国家赔偿制度可能存在的漏洞,对于法律不予适用的情况作出了说明。然而该进路也欠缺一定的逻辑周延性,主要表现为:在明确国家赔偿制度的前提下,即使《国家赔偿法》中的相关条款由于违反立法目的确实不应被适用,那么如何就能由此适用国家赔偿制度以外的补偿制度中的相关规范呢?

2. 可能的进路二:尊重当事人的选择

进路一成立的前提是,基于再审裁定的前后文语境认定"原审法院判决其承担相应的责任并无不当"中"相应的责任"为国家赔偿责任。而进路二则着眼于"相应的责任"这一表述的模糊性。在此基础上可能的思路是:对于当事人而言,由于行政机关的合法行为与违法行为对其产生了一个损害后果,当事人既具备基于合法行为提起行政补偿的权利,也存在基于违法行为要求获得国家赔偿的权利。换言之,此处出现了当事人赔偿请求权与补偿请求权的竞合。权利竞合时应如何处理,公法领域的现有制度未能就此作出规定。

在民法领域,当一个自然事实符合多个法律构成要件从而产生多个请求权,而这些请求权的目的又只有一个时,该情形被称为请求权竞合。⑤我国《合同法》第122条规定了违约和侵权的竞合:因当事人一方的违约行为,侵害对方人身、财产权益的,受损害方有权选择依照本法要求其承担违约责任或者依照其他法律要求其承担侵权责任。对此,民法学界通行的做法是充分尊重了受害人的意愿和权利,允许受害人选择请求权。受害人既可以基于侵权行为提起侵权之诉,也可以基于违约行为提起违约之诉,受害人可以在两项请求权中作出选择,却不能在法律上同时实现两项请求权。⑥

---

⑤ 参见王利明、董安生:《合同责任与侵权责任竞合的比较研究》,载《法学研究》1989年第1期。

⑥ 参见段厚省:《请求权竞合研究》,载《法学评论》2005年第2期。

而上述理解也符合二审和再审的判断进路。上文多次提及,二审和再审都反复强调了当事人的诉求。之所以在判决结果上存在不同,可能正是因为在两次诉讼中当事人的诉求不同。二审在适用国家赔偿法且作出国家赔偿的判决结果的条件之一是“当事人请求国家赔偿”,而再审对于产权调换的认可也是基于当事人在再审期间提出了产权调换的要求。依照这一进路,本案究竟是国家赔偿案件还是行政补偿案件,本身似乎并无定论,法院适用赔偿制度还是补偿制度将主要依赖于当事人所作出的请求。

当然,再审的上述进路均是建立在分析和推测之上,实践中究竟是如何实现从行政赔偿到行政补偿的制度跨越,再审裁定书并未作出明确说明。

四、公报案例裁判摘要:新原理的创设

在《最高人民法院公报》(以下简称《公报》)2015 年第 4 期中,陈山河案的再审裁定被作为公报案例发布。作为惯例,在列举裁定书之前,《公报》都会针对该案归纳出裁判摘要。本案裁判摘要如下:

“任何人不得从自己的错误行为中获益”。拆迁人和相关行政机关违法实施拆迁,导致被拆迁人长期未依法得到补偿安置的,房价上涨时,拆迁人和相关行政机关有义务保证被拆迁人得到公平合理的补偿安置。被拆迁人选择实行房屋产权调换时,拆迁人和相关行政机关无适当房屋实行产权调换的,则应向被拆迁人支付生效判决作出时以同类房屋的房地产市场评估价格为标准的补偿款。

(一)裁判摘要的进路

在我国,《公报》案例中裁判摘要的功能主要是概括和抽取判决中的判例规则,并有意省略案件事实和法律推理过程,以形成抽象的、一般的规则形式。[⑦] 裁判摘要一般仅用四五句话归纳裁判全文,如何选择和概括必然会带有一定的主观色彩,甚至可以说是对于裁判文本重新进行解读。在本案中,《公报》案例的裁判摘要从第二句开始,基本都可以在再审裁定书中找到原文。但是相较于再审裁定文书中法官就案件性质和责任方式

---

⑦ 参见宋晓:《裁判摘要的性质追问》,载《法学》2010 年第 2 期。

等所进行的大篇幅讨论，通过选取所形成的摘要在思路上显得更为简明。

1. 责任性质。如前文所述，再审裁定书一方面肯定了二审判决所确认的国家赔偿责任，但同时又使用了“相应的责任”这一模糊表述。而《公报》案例的裁判摘要则更为直接，摘要中“赔偿”的表述从未出现，“补偿”则出现两次。更进一步，在逻辑上，裁判摘要也不再肯定本案的国家赔偿性质，在原审和再审裁判中被重点强调的违法行为仅作为补偿无法实现的原因被提及，裁判重心完全落于如何实现补偿安置。可以认为，裁判摘要对于本案的责任性质认定为补偿。

2. 责任承担方式和标准。既然性质被认定为补偿，那么责任承担方式和标准也就顺理成章遵循补偿的相关规定，以产权调换或者补偿款的方式保障当事人的权利。

(二)“任何人不得从自己的错误行为中获益”

值得注意的是，裁判摘要以“任何人不得从自己的错误行为中获益”作为开篇。该句为《公报》在编辑时新增，并不存在于再审裁定文书中，一审二审判决更是从未提及。而裁判摘要更是专门对这句话加上了引号，可以推断该部分内容应为引用。

“任何人不得从自己的错误行为中获益”这一表述成名于1889年美国纽约上诉法院所作出的里格斯诉帕尔默案(RIGGS V. PALMER)。该案的争议焦点为继承人杀害被继承人后是否还有继承权的问题。最终，法院判决继承人因其犯罪行为被剥夺获得遗产的权利，并在判决中留下了如下说理过程：⑧

立法者为和平、秩序和公正地转移财产而制定的普遍法律，如果产生赞同或支持人们为快速占有遗产而杀害被继承人的结果，并将其视为立法者的目的，没有比这更为不合理的了，这样的立法目的是不可思议的。因此，我们不能被法律中的一般性语言所困扰。另外，所有法律和合同在

---

⑧ 案件大致事实如下。纽约州16岁少年帕尔默，为提前获得其祖父所立遗嘱中留给自己的财产，用毒药杀死了自己的祖父。帕尔默因此获刑遭到监禁。帕尔默的姑姑里格斯到法院状告帕尔默，要求剥夺帕尔默对其爷爷遗产的继承权。此案在当时引起极大争议，不少人(包括部分法官)以“纽约州法律并未明确禁止继承人杀死被继承人当然丧失继承权”为由，反对剥夺帕尔默的继承权。该案判决书引自赵玉增译：《里格斯诉帕尔默案判决书(中英文对照)》，参见民间法与法律方法网：http://www.xhfm.com/2006/1114/1421.html，2018年2月1日最后访问。

其执行和效果上都受普通法所确立的普遍基本原则的规制。诸如任何人都不得通过欺诈行为而获利,不得通过自己的错误行为而获利,不得依据自己的不义行为主张权利,更不得通过犯罪行为而获得财产等。

该判决在上述说理过程中至少表达了以下几层含义:第一,当适用法律规则所得出的结果有违立法者目的时,则不应拘泥于法律规则本身;第二,法律规则应受普通法所确立的基本原则所规制;第三,"任何人不得从自己的错误行为中获益"可被认为是普通法所确立的一项基本原则。由此,基于美国判例制度中的遵循先例,"任何人不得从自己的错误行为中获益"在美国法上可以被认为是一项高于法律规则之基本原则。

在本案中,"任何人不得从自己的错误行为中获益"作为首句体现裁判摘要主旨。如前所述,相较于再审裁定书从默认国家赔偿到适用行政补偿,《公报》的裁判摘要在抽取主旨时完全忽略违法行为所致国家赔偿的法定方式和标准,而以补偿贯穿始终。而不同于再审裁定在国家赔偿和行政补偿之间的留白,裁判摘要通过"任何人不得从自己的错误行为中获益"为裁判摘要的判断方式作出了说明。结合这一统领性的语句,可以得出裁判摘要的逻辑在于:当由于行政机关的违法拆迁这一"自己的错误行为"而导致被拆迁人无法得到补偿安置的,行政机关不能由此免除应给予被拆迁人的公平合理补偿,也就是不能从而"获益"。

基于上述原理所作出的裁判,不仅可以在结果上避免陷入一审、二审的道德困境,也能为再审适用补偿制度提供一定合理解释,而善恶因果的理念更是符合一般人质朴的正义观。应当说,上述处理方式在过程和结果上均能实现个案正义。然而,随着案例制度在我国逐步推广,这一偏离具体法律制度而仅从原理出发的裁判摘要又会对于我国法制产生何种影响呢?

(三)对法制可能产生的影响

毋庸置疑,裁判摘要一旦形成就会对未来法制产生影响。一方面,最高人民法院指导案例、公报案例等案例制度切实发挥了指导审判和创制规范的作用,并且业已在实践中对后续裁判产生了事实上的拘束力。[9] 而

---

⑨ 参见牟绿叶:《论指导性案例的效力》,载《当代法学》2014 年第 1 期。

当裁判摘要以庄重和威严的方式冠于指导案例或公报案例之首时,隐藏于其中的权威和拘束力更是势必会对未来法官施加遵从压力。[10] 另一方面,我国在设计公报案例的裁判摘要时,几乎照搬了大陆法系对于裁判摘要的设置模式,使裁判摘要基于其抽象、一般的规则形式可以离开案件事实而独立存在。[11] 因此本案中"任何人不得从自己的错误行为中获益"的裁判摘要理论上也将脱离案件本身,对今后我国的相关判决乃至法律制度产生影响。而笔者认为,未来适用此摘要时至少可能存在以下风险:

第一,"任何人不得从自己的错误行为中获益"是否能被适用于行政法领域?这一原则在美国法中源于民法领域,用于防止个人基于其违法行为而获得好处。而在本案所指引的事实中,"人"指代的是行政机关,"错误行为"指代的是违法行政行为,"获益"指代的则是实现行政目的。在公法中行政行为公益取向性和遵循依法律行政的大背景下,行政机关"获益"本身就不应具备正当性,而用"获益"指代违法行政的结果则更值得商榷。

第二,"任何人不得从自己的错误行为中获益"是否能被广泛适用于我国?在里格斯诉帕尔默案中,法院适用"任何人不得从自己的错误行为中获益"的前提是认为"在普通法国家中的法律中存在其基础"。但是我国法制尤其是公法上从未存在该项基本原则及其基础,相对关联性最强的为《宪法》第 33 条所确立的"尊重和保障人权原则",但是尊重和保障人权依然无法与"任何人不得从自己的错误行为中获益"这一原理完全对接。当理论和实务中对行政法基本原则已经逐步达成共识时,新设一项原理的意义和风险仍待评估。

第三,"任何人不得从自己的错误行为中获益"是否可能导致法制的虚无化?如果按照美国判决的思路,"任何人不得从自己的错误行为中获益"可以明确排除法律规则的适用。而在我国公法理念中,只有在某些特殊情况下,相应问题缺少行政法具体规则的调整,或者法律给行政主体或行政争议处理机关留下较广泛的自由裁量余地时,才能直接根据行政法

---

⑩ 参见宋晓:《裁判摘要的性质追问》,载《法学》2010 年第 2 期。

⑪ 参见解亘:《案例研究反思》,载《政法论坛》2008 年第 4 期。

基本原则作出相应行为和裁决相应争议。[12] 可以看出,当存在规则时,我国行政法的基本原则并不能直接调整和规范行政行为的实施和行政争议的处理。也就是说,即便其能够作为我国行政法的一项原理,基于我国现行公法理论,其也无法优先适用于已经存在的法律规则。或者再退一步,假设该原理能够优先于规则进行适用,那么在我国以成文法为主体的法制环境下,可能会因此导致实定法的落空并进而使我国法制落入虚无主义的深渊。

由此可见,上述裁判摘要所带来的影响究竟是积极还是消极,仍有待观察。此外,当我国公报案例的功能在制度上仍未完全明确之前,通过裁判摘要去创设一项原理,其依据及可行性如何也同样值得考量。

五、其他可能的进路:对《国家赔偿法》相关条款作扩大解释

尽管公报裁判摘要的进路能够使本案实现较为圆满的解决,但是其也可能带来一定风险。如果摒弃上述略显独树一帜的路径,回归规范法学的框架,现行公法救济制度对此案就真的一筹莫展了吗?

首先需要明确的是,本案究竟是何性质?尽管一审、二审、再审以及公报案例分别对此作出了各不相同的判断,但是笔者依然认为本案应适用国家赔偿制度。国家赔偿制度的设立,既是为了填补当事人受损的权益,同时也能够对违法行为进行监督,进而反向促进国家机关依法行使职权。[13] 因此,当出现国家的违法行为时,国家赔偿制度的适用应优先于同为损害填补的行政补偿制度。[14] 而国家赔偿之所以在本案中遇到"瓶颈",并非是国家赔偿责任性质的定位存在问题,而是确认制度性质后随之而来的法定赔偿方式和金额标准不利于保护当事人的权利。在此背景下,本案理想的解决思路并不是因此否定赔偿性质,而应该是在肯定国家赔偿的基础上适用更为有效的赔偿方式和标准。

就赔偿方式而言,《国家赔偿法》第25条(现《国家赔偿法》第32条,下同)第1款规定:"国家赔偿以支付赔偿金为主要方式。"本案中一审、二

---

⑫ 参见姜明安:《行政法与行政诉讼法》,北京大学出版社2015年版,第65页。

⑬ 参见全国人大常委会法制工作委员会国家法室编著:《中华人民共和国国家赔偿法解读》,中国法制出版社2010年版,第3~5页。

⑭ 参见陶凯元:《法治中国背景下国家责任论纲》,载《中国法学》2016年第6期。

审判决均在确认国家赔偿责任后适用该条款,以赔偿金作为责任承担方式。然而如上文所述,赔偿金无论是方式还是数额均无法实现当事人权利的充分救济,更会因此对国家机关依法行政产生反作用,进而有违国家赔偿法的立法目的。由此,本案确实不宜适用《国家赔偿法》第 25 条第 1 款。

除金钱赔偿外,《国家赔偿法》第 25 条第 2 款还规定了其他赔偿方式:"能够返还财产或者恢复原状的,予以返还财产或者恢复原状。"在国家赔偿法立法之初,学者就已经认识到:在我国现有体制和传统下,恢复原状确实比金钱赔偿更适于填补被害人损失、恢复受害人合法权益,如恢复工作、职务、工资级别、户口、住房等往往比金钱赔偿更为重要。⑮ 那么,上述赔偿方式能否适用于本案呢? 一方面,返还财产应以原财物仍然存在为前提,相关案例可见"莫树坤诉湖州市城乡建设委员会房屋拆迁行政赔偿案"[浙江省湖州市城郊人民法院行政判决书(1999)城郊行初字第 34 号]。⑯ 在本案中,房屋已经被拆除,返还财产显然已经不可能。另一方面,恢复原状也要以受损害的财产或其他权利能够被恢复为前提,只有当赔偿机关认为恢复原状既有可能又有必要时,可以主动采取恢复原状的赔偿方式。⑰ 而本案中争议房屋即使没有经历违法拆除,也会基于合法征收程序而灭失,此时对其恢复原状没有任何必要。可见,返还财产和恢复原状不宜适用于本案。

可见,现行立法所明示的国家赔偿方式确实无法使本案得以妥善解决,这也许正是二审转而适用行政补偿制度、再审在赔偿和补偿之间的踌躇徘徊,以及《公报》案例裁判摘要创设新原理的原因。然而,现行国家赔偿制度确实就束手无策了吗? 值得注意的是,《国家赔偿法》第 25 条第 1 款在规定支付赔偿金时采用的用语为"主要方式"。这意味着,支付赔偿金仅是《国家赔偿法》所规定的主要方式而非唯一赔偿方式,除此之外立法为其他方式留有可能性,而返还财产和恢复原状正是对其他方式进行的列举而非穷尽。在此背景下,本案更为便利的进路也许在于,通过对

---

⑮ 参见肖峋:《关于国家赔偿法的几个问题》,载《中外法学》1991 年第 1 期。

⑯ 参见沈岿:《国家赔偿法:原理与案例》,北京大学出版社 2017 年版,第 430 页。

⑰ 参见姜明安,《行政法与行政诉讼法》,北京大学出版社 2015 年版,第 586 ~ 587 页。

《国家赔偿法》第 25 条第 1 款所规定的“主要方式”进行扩张解释，将“产权调换”纳入国家赔偿的赔偿方式，在实现当事人的诉求的情况下使得类似问题得以妥善解决。而如果无适当房屋实行产权调换时，再以同类房屋的房地产市场评估价格为标准，来计算赔偿款。这一进路既可以实现国家赔偿的制度目的，也能避免由于国家赔偿制度的适用而使当事人权益受损。

上述解释无疑是对现有《国家赔偿法》所规定的法定赔偿方式的扩张，但是相较于通过《公报》案例的裁判摘要凭空创设一项新的法律原理，这应该是更为便宜和妥当的方式。

六、结语

行政赔偿和行政补偿，这两条几乎永远平行的线，却因为一个案件而实现交错。针对这一案情简单的案件，各级法院综合运用了各种判断方法甚至比较法上的原理进行分析和解释，可以想象法院在法律规范和社会现实之间的左右为难，作出的裁判也都可谓是用心良苦。尽管一审、二审、再审裁判在说理过程或者裁判结论上存在一定的疏漏或不足，但都是在规范法学的框架内作出，而《公报》案例中裁判摘要的抽取和论证却超出了司法者应有的解释权限，因此可能会为整体法律秩序带来较大风险。毋庸置疑，法院固然可以在法律和事实之间作出一定的妥协和协调，但如果司法裁判全然突破现有法律制度，这样的判决即使在当下符合个案正义，却可能对法制产生长远的负面影响。恪守规范法学的底线，妥善运用法解释方法逐渐拓宽现行法律的适用领域和范围，才是司法所应扮演的角色。

会议综述

●软法与行业治理

——中国行为法学会软法研究分会2017年年会综述

刘一玮*

2017年11月19日,中国行为法学会软法研究分会2017年年会在深圳大学召开。本届年会由中国行为法学会软法研究分会、北京大学法学院软法研究中心主办,深圳大学、深圳大学法学院承办,本次年会共收到参会论文40余篇,来自北京大学、清华大学、中国政法大学、中山大学、最高人民法院、深圳市政法委等多家高校和实务部门的近70位专家学者参加了本次大会。

深圳大学副校长黎军教授,清华大学公共管理学院教授、中国行为法学会软法研究分会学术委员会委员于安教授,中国政法大学诉讼法学研究院、中国行为法学会软法研究分会副会长高家伟教授等出席了开幕式。开幕式由北京大学法学院副院长王锡锌教授主持。在开幕式上,深圳大学副校长黎军教授对于中国行为法学会软法研究分会年会在深圳大学召开表示热烈欢迎,黎军教授介绍了深圳大学及法学院的概况,指出软法对行业发展、行业治理有着重要且深远的影响,并预祝软法研究分会2017年年会成功召开。北京市社科院法学所成协中副研究员代表第九届、第十届全国政协副主席罗豪才教授宣读了书面致辞。罗豪才教授对本次会议的召开表示祝贺,围绕着本届年会的主题提出了四点想法:首先,要坚持硬法软法协同治理的大格局;其次,行业治理中应更加注重软法规则;再次,突出行业组织在软法规则创制、实施中的核心作用;最后,要更加重

* 刘一玮,河北承德人,北京大学法学院博士研究生,研究方向行政法与地方法制。

视软法规则的合法性、一致性。其后,高家伟副会长代表中国行为法学会软法研究会会长沈岿教授宣读了《关于调整、增补副会长、秘书长、副秘书长提议的说明》,并且对为本届年会成功举办作出贡献的各方表示了衷心感谢。

本届软法研究分会年会的主题是“软法与行业治理”,设置了“行业治理”“软法的理论创新”“软法的运用与实践”三个主题报告单元。围绕上述具体报告议题,与会专家学者开展了广泛、深入、热烈的讨论与交流。现将本届年会的报告及讨论综述如下:

一、行业治理

现阶段行业协会作为连接政府公权力主体与企业私权利主体的纽带,在我国市场经济快速发展的过程中发挥着日益重要的作用。伴随着政府职能转变、行业协会改革等社会大背景,行业协会内外部治理的理论与实践问题凸显出来。借助软法自律与他律相结合的规制机制,行业协会在明确自身法律地位、划定自治行为边界、完善内部运作方式等方面不断发展。

(一)行业协会的法律定位

行业协会的性质与法律定位是健全与完善行业治理时需要首先解决的本体论问题。有学者在对比了政治学上英美多元主义模式和德国法团主义模式的基础上,认为法团主义模式下被法律赋予特定组织身份的公法社团具有公法属性,其成立的目的在于通过分权授能的方式将不同阶层、集团的利益整合到国家权力结构之中。公法社团概念的形成与演进受到团体自治理论的直接影响。公法社团作为介于国家和公民之间的自治主体,通过行使被法律赋予的自治权,进行自我规范与管理,分担国家的行政职能。德国既存的各类职业团体和行业协会是公法社团的主要组成部分。从社会团体发展的现状来看,我国的社会团体法律制度与德国公法社团制度体系具有较强的契合度。随着我国社团的复苏与发展、政府职能转变等潮流,众多具有自治属性的行业协会和中介组织发展壮大,逐步剥离原本由政府行使的管理职权,承担起整个行业的治理任务。可以说,我国行业自治团体的发展就是法团主义所强调的国家对社会自由化现象重新整合的过程。在我国自治团体的制度完善方面,结合中共中央办公厅、国务院办公厅印发的《行业协会商会与行政机关脱钩总体方案》的原则与要求,实行自治团体的分类规制则十分必要。具体而言,我国的自治团体应当分为三类:经法律法规授权行使行业管理职能的行业协会、非竞争性公益类行业协会与非营利性竞争性行业协会。不同类型的行业协会在组织性质、自治权限、治理结构、诉讼救济制度等方面均存在差别。① 不过有学者认为,虽然我国的社会团体存在着浓厚的法团主义色彩,但是该种理论的解释能力有限,只适用于自上而下成立的社团。特别是从动态角度观察,随着行业协会与政府脱钩、行业协会自身不断壮大的趋势,德国法团主义模式的适用空间将进一步缩小,未来对于我国行业协会的解释力更加有限。②

(二)行业协会的内部运作

行业协会的内部运作是行业治理的核心命题,涉及行业协会治理的规范依据、行业协会惩戒权限、行业标准的概念构成与治理功效等内容。有实务专家认为,章程作为行业治理的具体依据是行业协会的根本大法,具有对内和对外两个面向。对内而言,行业协会的各项事务除了符合法律法规规章和国家政策的要求外,还受到章程的制约与保护;对外而言,章程是登记管理机关对行业协会实施监督管理的重要依据。当然,章程的制定与修订亦需要符合上位法规定且体现协会成员的共同意志。以深圳市为例,依据国务院《社会团体登记管理条例》《广东省行业协会条例》《深圳经济特区行业协会条例》等规定,深圳市民政部门研究制定了《深圳行业协会章程示范文本》,并对行业协会章程的制定与修改提出了一些不能触碰的最低要求。③ 此外,有学者以《数据流通行业自律公约》的发布为例,认为该类自律公约作为软法的体现,弥补了我国数据流通领域国家法的缺位与不足,对加强互联网行业自律、促进互联网行业有序稳定发

① 参见李昕:《法团主义模式下行业协会的公法属性》,载《中国行为法学会软法研究分会年会论文集》,第130~142页。

② 参见北京大学深圳研究生院教授金自宁在年会"行业治理"主题报告单元所发表的评论。

③ 参见孙景明:《软法与行业治理》,载《中国行为法学会软法研究分会年会论文集》,第194~199页。

展具有重要意义。④

在行业协会进行内部管理的过程中,对违规协会成员采取相应惩戒措施的情况屡见不鲜。有学者以深圳市房地产中介协会处理的一起行业冲突事件为例,认为授予行业协会惩戒权十分必要。应然层面而言,是基于学理上对行业协会的职能定位;实然层面而言,是源于行业协会存在以强制手段保障行规行约实施的内在需求,以及政府职能转变的外部政策推动。行业协会作为惩戒主体是否具备惩戒能力、行业协会惩戒权设定是否合法、惩戒权能否转委托、惩戒程序是否正当、惩戒方式及种类、惩戒行为能否纳入司法审查等问题,应当被重视并深入研究与探讨。⑤

针对行业标准的问题,有学者指出,行业标准作为软法与硬法的结合体,在社会生活中的重要性日渐突出。行业协会参与制定行业标准有助于提高行业标准的科学性与可操作性。行业标准的软法性质主要源于行业协会作为自治主体行使自治权。行业标准可以从主体要素、内容要素、行为要素三个方面来描述其法概念构成。行业标准作为行业治理的重要工具,能起到弥补政府公共治理不足,补强硬法治理短板,推动公域之法治进程的作用。⑥

(三)行业协会的自治边界

行业协会自治边界划定及自治权行使事项范围的问题一直受到理论与实务界的关注。有实务专家结合"长春亚泰足球俱乐部诉中国足协案"提出了行业协会自治范围与司法审查介入限度的问题。其认为纯粹关于行业协会内部的管理事务,如协会对会员的管理、机构设置、协会内部选举及相应决策等,属于行业协会的自治范围,司法权应当保持谦抑性而不予干预。当行业协会依据法律法规的要求对协会成员作出处罚决定时,应当判定此时行业协会行使了行政处罚权,而非依据协会章程享有的自治权。因行业协会自治行为产生的纠纷,不应通过司法途径解决,而应诉

---

④ 参见刘长秋、马彦:《软法视野下的〈数据流通行业自律公约〉研究》,载《中国行为法学会软法研究分会年会论文集》,第153~161页。

⑤ 参见周卫:《行业协会如何有效行使惩戒权——基于一起行业惩戒事例的分析》,载《中国行为法学会软法研究分会年会论文集》,第289~302页。

⑥ 参见徐靖、周粤:《行业标准的法概念分析》,载《中国行为法学会软法研究分会年会论文集》,第249~261页。

诸行业协会内部既存的权利救济机制,如成立纪律委员会等负责解决。⑦

(四)行业协会的外部关系

与西方国家侧重关注行业协会与会员的关系不同,我国对行业协会的研究基本上均涉及行业协会与政府的关系,即政会关系问题。由于以往此类研究多关注行业协会的法团主体特征与依附式发展问题,有学者试图通过对广州市四个具有代表性的行业协会进行半结构化的深度访谈,并辅之以行业协会的内部文件与新闻报告等资料,归纳出三种行业协会的特点以及政会关系类型,从软法理论的视角为政府与行业协会的良性互动提供有效建议。根据政治性与资源性的不同,行业协会与政府之间可分为强关系、弱关系与中关系。这三类关系不同的行业协会在创办主体、职能分配、领导选任、经费支持、自身定位、与会员关系等方面均存在着差异。并且行业协会与政府的不同关系类型会直接影响到行业协会与其会员的相互关系。该学者进一步指出,虽然上述三类行业协会的特征与定位不同,但是新兴软法理论在行业治理中的运用,有助于政府更有针对性地处理其与行业协会的现实关系,从而促进行业治理目标的达成。⑧

二、软法的理论创新

在"软法的理论创新"主题报告单元,专家学者们主要结合软法理论本身的法秩序要素,阐述软法规范体系与我国传统礼治文化秩序的融合路径,剖析作为软法研究范畴的党内法规、法律序言以及大学章程等校内规范性文件,揭示域外规制软法行为经受司法审查的历史沿革。

(一)软法治理秩序与礼治文化秩序的融合

在构建现代软法治理秩序的过程中,有选择地借鉴和吸收我国传统礼治文化积淀下来的优秀因素,有益于软法规范的发现、解释与适用。有学者指出,我国传统礼治文化秩序本质上是以权力理性为基础的社会纵向协作关系,而现代软法治理秩序本质上是以契约理性为基础的社会横

⑦ 最高人民法院行政审判庭原审判长蔡小雪法官在年会"行业治理"主题报告单元所作的专题发言。

⑧ 中山大学粤港澳发展研究院曹旭东副教授在年会"行业治理"主题报告单元所作的专题发言。

向合作关系。作为法律规范秩序的软法治理模式之所以能与中国传统礼治文化秩序相互融合,根源于两类秩序的共同落脚点均是公民的社会主体性。但是,契约理性在性质和功能上都优先于权力理性,因而应当在发展软法规范体系的基础上,吸收传统礼治文化因素,建立以契约理性为主、以权力理性为辅的新型官民合作关系,进而培育公民的现代契约法治观念,最终建构中国传统特色与世界先进性兼备的软法规范体系。⑨

(二)软法研究范畴的扩展

1. 作为软法的党法

十八大以来党内法规制度建设不断加强。党的十八届四中全会决定中进一步强调,党章作为最根本的党内法规,全党必须一体严格遵行。完善党内法规制定体制机制,加大党内法规备案审查和解释力度,注重党内法规同国家法律的衔接,提高党内法规执行力和适用性等。对此有学者指出,运用软法理论解释党内法规制度体系具有很强说服力。党内法规是管党治党的规矩,只适用于调整党内关系,既具备政治属性,又具备法律属性。党内法规属于软法的研究范畴,是党员和各级党组织的自律规范。虽然党内法规与国家法的关系十分复杂,但是仍然需要有关学者直面现实、解决这一理论问题。⑩ 针对运用软法理论解释党内法规的研究,有学者认为党内法规的外延比较广泛,可以进一步分类与细化。其中不乏具有党内强制力的规范,那么这种党内规范的强制力是否属于软法效力的表现形式值得探讨。⑪

2. 作为软法的《民族区域自治法》序言

《民族区域自治法》序言是典型的软法规范。但是针对序言价值定位和效力机制的理论研究付之阙如。对此,有学者在比较考察我国宪法和港澳基本法序言效力的基础上,深入解析《民族区域自治法》序言的效力,并认为《民族区域自治法》序言不仅具有正式法律效力,且可细分为规范

---

⑨ 参见高家伟:《试论传统礼治文化秩序与现代软法治理秩序的融合》,载《中国行为法学会软法研究分会年会论文集》,第48~65页。

⑩ 上海社会科学院法学所刘长秋教授在年会"软法的理论创新"主题报告单元所作的"作为软法的党法研究"专题发言。

⑪ 中南财经政府大学《法商研究》编辑部谭冰霖在年会"软法的理论创新"主题报告单元所作的评论。

性效力和执行性效力。序言中除了少数语句仅具有规范性效力外，大部分语句兼具两种效力。序言的规范性效力更多地聚焦于规范的制定领域，而执行性效力则突出序言相应表述在实际执行过程中所体现出的规制价值。序言规范性条款的效力体现在通过法律确认而赋予特定表述、判断以法律属性，宣示其规范内容；而序言执行性条款的效力则借助立法性、宪法规范效力传导机制、软法性机制加以实现。其中，软法性实现机制主要是通过“社会利导—处罚体系”的双重机制对《民族区域自治法》序言的法效果要素进行整体性解释。⑫

3. 作为软法的大学校内规范性文件

近年来，大学自治作为软法研究的重点领域受到理论界与实务界的广泛关注。有学者从《国家教育事业“十三五”规划》出发，在“依法治教”重要思想的指导下，认为现代大学的法律治理既包括国家教育法律法规层面的“硬法”治理，又涵盖章程、校纪校规层面的“软法”治理，“硬法”与“软法”共同构成了高等学校行政权力与学术权力运行的规则尺度。随着政府简政放权改革的推进和办学自主权的扩大，高等学校校内“软法”扮演起愈加重要的角色，发挥着对硬法规则的补强作用。软法治理高度契合大学自治与学术自由的本质特征。作为软法的大学校内规范性文件必须严格遵循公共权力行使的一般规则，即“无法律即无行政”，以及不与国家法律、法规、部委规章相抵触的基本法治规则。现代大学治理中的软法规则制定需要奉行正当程序原则，校内规范性文件的制定与修改需要符合正当程序的最低要求。⑬

(三)规制软法行为的司法审查

有学者提炼总结出规制软法行为这一概念，指代行政主体倾向于采取的指令、通告、指南、风险提示等诸多不直接影响规制对象权利和义务的行为，并认为这类规制软法行为因未直接给利害关系人创设权利和义务，所以游离于司法审查范围之外，已然沦为规制部门的自主领域，存在较强的违法风险。该学者围绕着法国最高行政法院审查规制软法行为的

---

⑫ 参见郑毅：《论作为软法的〈民族区域自治法〉序言效力》，载《中国行为法学会软法研究分会年会论文集》，第269～288页。

⑬ 参见徐靖：《现代大学软法治理的规则逻辑》，载《中国行为法学会软法研究分会年会论文集》，第262～263页。

判例变迁，明确了一些软法行为因对利害关系人造成了侵害成为越权诉讼的对象而经受司法审查，并解析规制软法行为合法与否的两个司法判断标准：其一是强制性标准，即规制软法行为的内容是否构成一种强制性的表达；其二是显著影响标准，即规制软法行为从性质上会产生显著的重要影响，特别是经济方面的影响，或其目的旨在以显著的方式影响受众的行为。总之，行政法官不能以规制软法行为没有创设义务为由而忽视对该类行为进行司法监督。[14]

三、软法的运用与实践

在“软法的运用与实践”主题报告单元，专家学者们主要针对软法理论对公共卫生政策、公立医院法人治理结构产生的影响，软法向基层社会治理实践输出的知识资源以及跨国间软法硬化的可能性等问题进行了研讨。

（一）软法与医疗卫生

有学者认为，在“一带一路”建设的大背景下，沿线各国在卫生政策、医学科研、人才培养、医药贸易等方面的沟通合作不断深化扩展。中国为构筑全球公共卫生安全屏障贡献了更多的“中国力量”与“中国智慧”，其中就包含软法对卫生政策领域所发挥的积极作用。当然，软法治理的勃兴亦给卫生行业规制形式带来了新挑战。[15] 另外，随着当前公立医院综合改革的不断推进，有学者具体分析了软法在我国公立医院法人治理结构中的发展空间。其认为借助软法对公立医院法人治理结构进行规制有着先天优势，具体体现在：其一，软法对改革中错综复杂的利益主体进行规制时，能够实现最小化成本、最大化共赢的目标。其二，软法的适用能够保证政府对公立医院在“放权”与“控权”之间来去自如。其三，软法能辅助公立医院因地制宜地实施改革措施，营造出自主开放的治理环境。在公立医院法人治理结构建立的过程中，软法应当通过硬法的引导而增强

---

⑭　参见成协中：《规制软法行为的合法性空间——以法国最高行政法院的判例变迁为中心展开》，载《中国行为法学会软法研究分会年会论文集》，第 14 ~ 25 页。

⑮　参见胡汝为等：《软法视角下的“健康丝路”》，载《中国行为法学会软法研究分会年会论文集》，第 89 ~ 93 页。

效力，软法规则的制定主体应当多元化，软法规则的形式应当更加丰富等。⑯

（二）软法与基层社会治理

软法在我国基层治理实践中亦大有作为。有实务专家总结了将软法融入本县区基层社会治理实践后出现的创新做法，如在社区深入开展以“居民会议、议事协商、民主听证”为主要形式的决策实践，让社会组织和社会工作人才等参与到社区治理之中，加强针对独居老人、残疾人员等重点群体的关爱服务，利用互联网积极探索“线上＋线下”的居民互动模式等。这些创新性举措突出体现了软法在理念上的民主性、主体上的多元性、内容上的广泛性、程序上的参与性、参与上的平等性和体系上的开放性等内涵。因此，软法在最大程度上弥补了硬法在基层社会治理中的短板，运用柔性机制与手段，在基层治理实践中发挥了主导性作用。⑰

（三）软法硬化的可能性

针对软法在不同国家间运作的实践，有学者通过对比美国、欧盟在新化学物质领域的不同监管模式，展示跨国间软法硬化的可能性，从而否定了基于规制套利出现的规制放松竞争现象。具体而言，美国在《有毒物质控制法》框架内选择了以自觉申报、市场调节和选择性核查为基础的软法模式，而欧盟则通过 REACH 法规（REGULATION concerning the Registration, Evaluation, Authorization and Restriction of Chemicals）强调以强制性规制和命令式调控为基础的硬法模式。当其他国家的化学品制造企业试图将产品出口到欧盟时，就不得不考虑欧盟既有的规制模式，从而倾向于接受该规制模式。在全球化进程下，随着贸易去壁垒化，一个体量足够大的市场的规制硬化则有可能促使全球规制硬化。⑱

四、有关软法的其他讨论

除了上述三个主题报告单元外，本届年会还探讨了现象学视野下法

---

⑯ 参见曹磊：《软法在公立医院法人治理结构中的运用》，载《中国行为法学会软法研究分会年会论文集》，第1～13页。

⑰ 参见朱寒松、欧阳文湘：《软法在南京市建邺区基层社会治理的创新实践》，载《中国行为法学会软法研究分会年会论文集》，第304～309页。

⑱ 参见黄岳：《规制套利和跨国间软法硬化：以新化学物质监管为例》，载《中国行为法学会软法研究分会年会论文集》，第123～129页。

生成与演化的一般理论、作为软法的柔性行政法律制度及其运行机制、以我国地方行政程序立法为样本而展开的对示范性立法的分析、我国网贷行业自律的缺陷与完善、环境规制的反身法路向、我国食品安全领域中的自我规制以及全球化潮流中产业发展的软法之治等内容。总体来讲,专家学者们的议题涵涉广泛,不仅结合本届年会的主题深入挖掘了软法在效力、范围、与硬法关系等方面的理论潜力,而且通过解析软法在党内法规体系构建、大学自治具体落实、公共医疗卫生政策形成与公立医院有序改革、基层社会有效治理等方面发挥的重要作用,突出软法在国家政治、经济、社会、生态建设等各方面均不可或缺,已然成为填补硬法规制效果的理性选择。穿插在年会中针对各单元主题报告的评论与意见也不乏入木三分、掷地有声的真知灼见。软法理论从被质疑到被接受、被自觉运用的过程,表明了该理论先天具有的解释工具优势。在建设社会主义法治国家、法治社会、法治政府的进程中,在推进国家治理体系、治理能力现代化的当下中国,不应忽视软法所承担的重要使命与角色,而应提倡软法与硬法一道作为实现上述目标的有力武器。

图书在版编目(CIP)数据

行政法论丛. 第24卷 / 沈岿主编. -- 北京 : 法律出版社, 2019
ISBN 978-7-5197-3460-2

Ⅰ. ①行… Ⅱ. ①沈… Ⅲ. ①行政法学-文集 Ⅳ. ①D912.101-53

中国版本图书馆CIP数据核字(2019)第085083号

行政法论丛(第24卷)
XINGZHENGFA LUNCONG(DI-24JUAN)

沈 岿 主编

责任编辑 黄倩倩 张 康
装帧设计 李 瞻

出版 法律出版社
总发行 中国法律图书有限公司
经销 新华书店
印刷 北京建宏印刷有限公司
责任校对 郭艳萍
责任印制 陶 松

编辑统筹 学术·对外出版分社
开本 710毫米×1000毫米 1/16
印张 19.5
字数 285千
版本 2019年7月第1版
印次 2019年7月第1次印刷

法律出版社/北京市丰台区莲花池西里7号(100073)
网址/www.lawpress.com.cn
投稿邮箱/info@lawpress.com.cn
举报维权邮箱/jbwq@lawpress.com.cn
销售热线/400-660-8393
咨询电话/010-63939796

中国法律图书有限公司/北京市丰台区莲花池西里7号(100073)
全国各地中法图分、子公司销售电话:
统一销售客服/400-660-8393/6393
第一法律书店/010-83938432/8433 西安分公司/029-85330678 重庆分公司/023-67453036
上海分公司/021-62071639/1636 深圳分公司/0755-83072995

书号:ISBN 978-7-5197-3460-2
定价:79.00元